雲南文庫

百人百部

当代云南社会科学百人百部优秀学术著作丛书

全球化与民族文化多样性

缪家福/著

云 南 人 民 出 版 社
云 南 大 学 出 版 社

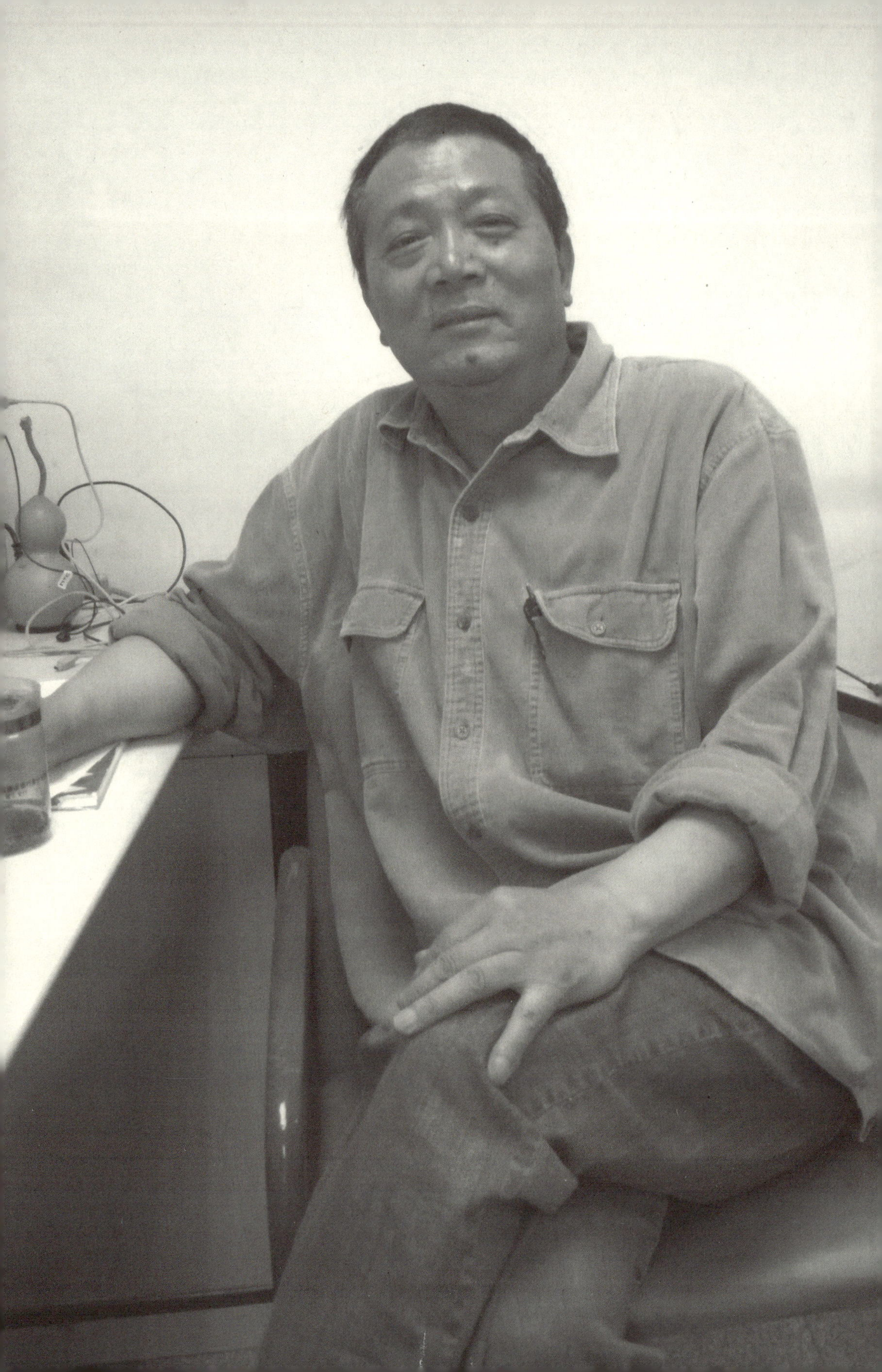

作者小传

缪家福，1953 年出生于昆明，长期从事民族政治、民族宗教理论的研究和教学工作。目前供职于中共云南省委党校、云南行政学院，担任学院、马克思主义哲学二级教授教职。近二十年来，在全国发表了若干篇有关民族文化和宗教方面的论文及其他形式的科研成果近 200 万字。其中，2004 年主持中国统一战线理论研究会重大课题《新世纪新阶段我国民族问题的基本特点和发展趋势》获得中央统战部颁发的优秀奖；著作《世纪之交的民族宗教——云南少数民族宗教形态与社会文化变迁》获 2000 年全国党校系统第三届优秀科研成果二等奖；论文《民族地区思想道德建设的特点及规律探析》获 2000 年云南省党校、行政院校系统第一届（1996—1998）优秀科研成果二等奖；论文《论禅境意象与审美意象》获云南省人民政府（1979—1989）十年社科优秀成果三等奖。

近三十年来，作者先后参与并组织完成了一批国家及省部级“八五”、“九五”、“十五”和“十一五”课题。1999 年主持完成国家社会科学基金课题：《全球化与民族文化多样性》。其最终成果《全球化与民族文化多样性》由人民出版社出版。2004 年主持完成中国西南民族研究会课题:《用科学发展观指导“三江流域”水能资源开发建设》；2004 年主持中国统一战线理论研究会重大课题：《新世纪新阶段我国民族问题的基本特点和发展趋势》。该课题完成后，被评为全国统战理论研究会四个优秀课题之一。2005 年主持完成中国统一战线理论研究会重大课题：《统一战线与社会主义和谐社会建构》。2005 年主持国家社会科学基金重点课题：《党的执政能力与提高民族工作水平研究》。2006 年主持完成云南省省院省校合作课题:《云南少数民族地区和谐社会建构中的特殊政策研究》，其最终成果《民族多样性和谐——云南少数民族地区和谐社会构建的特殊性与政策研究》由中共中央党校出版社 2010 年 7 月出版。2006 年作为首席专家，主持国家社会科学基金重大课题：《构建西南少数民族地区和谐社会重大理论和现实问题研究》（目前在研）。其中若干篇文章登载于核心期刊并为人大报刊复印资料全文转载，产生了较好的社会效益及公众影响。

图书在版编目（CIP）数据

全球化与民族文化多样性 / 缪家福著. — 昆明：
云南人民出版社, 2012.4
（当代云南社会科学百人百部优秀学术著作丛书）
ISBN 978-7-222-09108-5

Ⅰ. ①全… Ⅱ. ①缪… Ⅲ. ①民族文化 - 研究 - 世界
Ⅳ. ①G03

中国版本图书馆CIP数据核字（2012）第057426号

责任编辑： 殷筱钊　梁　爽
美术编辑： 王睿韬　刘　雨
责任印制： 段金华

书　名	**全球化与民族文化多样性**
作　者	缪家福　著
出　版	云南人民出版社 云南大学出版社
发　行	云南人民出版社 云南大学出版社
社　址	昆明市环城西路 609 号（650034） 昆明市翠湖北路 2 号云南大学英华园内（650091）
电　话	0871-4113185 0871-5031071　5033244
网　址	www.ynpph.com.cn　http//www.ynup.com
E-mail	rmszbs@public.km.yn.cn　market@ynup.com
开　本	787mm × 1092mm　1/16
印　张	20
字　数	290 千
版　次	2012 年 4 月第 1 版第 1 次印刷
印　刷	昆明卓林包装印刷有限公司
书　号	ISBN　978-7-222-09108-5
定　价	48.00 元

《云南文库》编辑说明

《云南文库》是云南省哲学社会科学“十二五”规划的重大项目。编辑出版《云南文库》是落实云南省委、省政府建设民族文化强省的重要举措，是繁荣发展云南哲学社会科学的重要途径，是树立云南文化形象、提升云南文化软实力的基础性工程。

中国学术文化的发展不仅有共性，还有很强的地域性。一国有一国之学术，一方有一方之学术。学术研究是社会发展的动力，是社会智慧的结晶，是文化建设的重要构成部分。云南虽地处边疆，仍不乏丰厚的学术研究传统。尤其明清以来，云南与中原的文化交流日臻密切，省外名宿大儒进入云南的代不乏人，而云南的文人学士也多有游宦中原者。在中原文化的熏陶下，云南的文化学术遂结出累累硕果，文化名人辈出，如杨慎、李贽、李元阳、师范、王崧、方玉润、许印芳等，其总体集中性的代表成果是《滇系》和《云南备征志》。至清末，云南学子开始走出国门到海外留学，成为云南与世界沟通的桥梁，也成为改造社会和推进云南文化学术发展的中坚。但由于交通不便，信息闭塞，云南的学术成果并未为内地所认知。更有甚者，清乾隆年间，四库全书馆在全国征集历代遗书，云南巡抚李右江得到云南先贤的著述，但害怕其中有什么不恰当的内容，竟私藏起来不上报，使得《四库全书》仅从它处收录了3种云南人著述，成为云南文化史上的一大缺憾。辛亥革命后，云南学人痛感地方文化学术之不彰，在地方政府的支持下，赵藩、陈荣昌、袁嘉谷、由云龙、周钟岳、李根源、方树梅、秦光玉等一批当时最负盛名的云南学者倾力收集整理云南文献，于1914年至1923年编成刻印《云南丛书》初编，共152种1064卷，及不分卷者47册；1923年至1940年编成刻印《云南丛书》二编，共69种133卷。另编定31种待刻，后由于抗日战争爆发，整个《云南丛书》的编辑刻印工作中止。历时26年编刻的《云南丛书》把保存下来的历代云南重要地方文献网罗殆尽，是云南有史以来地方文化的一次最系统的总结，对云南的文化建设发挥了不可估量的作用。

学术创新的根基是学术积淀和传承。从编辑刻印《云南丛书》之时算起至今，其间经历了抗日战争、新民主主义革命、社会主义革命和建设、改革开放的新的历史时期。在这近一百年的历史中，云南的学者为抗击日本侵略者和新中国的解放事业，为社会主义新文化的建设贡献了自己的聪明才智，也为云南地方经济、社会、文化的发展创造了一大批研究成果，并形成了自己的风格和特色。今天，文化建设又站在一个新的历史起点上。整理和出版云南学术史和文化史上的优秀成果，是继承优秀的地方历史文化遗产，建设有中国特色的社会主义新文化和民族文化强省的基础性工作。只有站在前人的肩上，我们才看得更远，走得更实。这也是我们编辑出版《云南文库》的初衷。

比之编刻《云南丛书》的时代，云南的经济政治社会文化已经发生了翻天覆地的变化，云南不再是一个封闭落后的边疆省份，而是成为了我国面向南亚、东南亚开放的桥头堡，其战略地位日益突出。云南的文化创造力也大大发展了，学者力量的壮大、学术成果的丰富早已不可同日而语。今天的《云南文库》不可能像当年《云南丛书》一样收录所有的文献资料，只可能是好中选优、优中选精，尽可能地把最能体现云南学术文化水平和云南学术特色的成果收录进来，以达到整理、总结、展示、交流和传承文化，弘扬学术，促进今日云南文化学术的建设与繁荣之目的。功在当代，利在千秋。

《云南文库》分为三个系列。

一是《云南文库·学术大家文丛》，收录云南学术大家的作品。

二是《云南文库·学术名家文丛》，收录中华人民共和国建立以前出生的云南学术名家的作品。

三是《云南文库·当代云南社会科学百人百部优秀学术著作丛书》，收录中华人民共和国建立以后出生的一代学者的优秀作品。

我们将使《云南文库》成为一个开放的体系，随着云南民族文化强省建设的推进而不断丰富它的内涵，不断发挥其在社会主义精神文明建设和云南文化建设中的积极作用。

《云南文库》编辑委员会

2011年6月

目录

绪论：全球化与民族文化多样性 …… 1
一、全球化：一个融入我们日常生活的政治话语 …… 1
二、马克思全球化思想的当代意义 …… 7
三、全球性与民族性：世界历史运动的内在逻辑 …… 17
四、多维的世界与多维的思维 …… 27
五、全球化与民族文化多样性的研究框架 …… 36

第一章　全球化是民族国家利益矛盾的展示过程 …… 37
一、西方全球化理论 …… 38
二、全球化和经济全球化的内涵 …… 43
三、关于全球化问题争论的几种观点 …… 50
四、全球化是民族国家利益矛盾的展示过程 …… 58
五、全球化背景下民族文化冲突的表现形式 …… 60
六、“文明冲突论”与“民族国家利益论” …… 63
七、“全球利益”与“民族国家利益” …… 70

第二章　经济全球化与民族主义三次浪潮 …………………………… 73
一、经济全球化的三次浪潮透视 …………………………………… 73
二、民族主义三次浪潮审视 ………………………………………… 95

第三章　经济民族主义与经济霸权主义 ……………………………… 119
一、经济民族主义 …………………………………………………… 119
二、经济霸权主义 …………………………………………………… 133

第四章　文化民族主义与文化霸权主义 ……………………………… 144
一、"经济全球化"和"文化全球化" ……………………………… 144
二、文化民族主义与文化宽容精神 ………………………………… 149
三、"文明冲突论"与"中国威胁论"：文化霸权主义的呓语 …… 151
四、文化全球化与文化本土化 ……………………………………… 158
五、文化全球化与本土化要处理好的五个关系 …………………… 163

第五章　全球化视野下民族文化的保护与传承 ……………………… 166
一、经济全球化与民族文化 ………………………………………… 166
二、全球化思考，民族化行动 ……………………………………… 171
三、文化的挑战与文化的自信 ……………………………………… 175
四、文化的传承与积累 ……………………………………………… 181
五、传统文化的维系 ………………………………………………… 184
六、民族文化的建设 ………………………………………………… 185
七、坚持文化的民族主体性 ………………………………………… 187
八、云南案例：民族文化多样性基因库建设 ……………………… 192

第六章 “全球化”背景下的民族关系特点及其发展趋势……… 209
一、以“全球化”的眼光来研究民族关系的基本特点及其发展趋势 … 210
二、新世纪、新阶段民族关系的基本特点 ……………………… 227
三、新世纪、新阶段民族问题的基本发展趋势 ………………… 252

结束语：从世界文化的碰撞中理解全球化与民族化的多样性互动
…………………………………………………………………… 262

主要参考文献……………………………………………………… 293
总论：…………………………………………………………… 293
第一部分：……………………………………………………… 294
第二部分：……………………………………………………… 294
第三部分：……………………………………………………… 297
第四部分：……………………………………………………… 299
第五部分：……………………………………………………… 300
第六部分：……………………………………………………… 301

后 记 ……………………………………………………………… 303

绪论：全球化与民族文化多样性

全球化作为描述未来发展趋势及其特征的基本概念，20世纪90年代以来已成为各门学科关注的热点。全球化进程在过去相当长时期是以资本主义全球扩展为体现形式的，今后在较长时期内也依然会带有这种特点，但全球化并非仅仅意味着资本主义的全球化，而其另一面则是各个国家、民族、地区等不同共同体的积极参与、平等对话和相互交融。全球化过程本质上是一个充满内在矛盾的过程。世界经济越是全球化，经济中的民族利益就越突出，民族化倾向问题就越严重。对于民族国家来说，全球化是一柄双刃剑。它既给民族国家带来机遇，又使民族国家面临严峻挑战，但总的来说是机遇大于挑战。全球化进程不仅仅是世界走向一体或统一的过程，更是民族文化多样性并存的过程。全球化的未来不应该是一元的、单一模式的普遍化，而应该是多元化并存、多种模式共生的局面。没有多样性就没有全球化。

一、全球化：一个融入我们日常生活的政治话语

语言的变化是社会变迁最深刻的印证。当我们突然发现在大众传播媒体上大量出现关于全球化问题的用语后，我们才蓦然意识到，在20世纪末的中国，国际关系中的事例和术语已大量进入了老百姓的语言。“全球化”、“恐怖主义”、“经济一体化”、“人权”、“主权”、“国际接轨”、“霸权主义”、“新干涉主义”、“冷战思维”、“遏制”、“世界贸易组织（WTO）”、“融入国际社会”、“国际机制”、“维和”、“全方位外交”、“首脑会晤”、“全民公决”、“弹劾”、“经济制裁”、“萨达姆”等等成了人们茶余饭后的话题，人们不仅在讨论国际事务时使用它们，也将之大量转用于对国内事件和人际关系的评说。这反映了，全球化不再是一些决策者和专家们的专属领域，它已成为寻常百姓的关注热点，而且日益潜入和贴近我们的日常生活与工作。

正是全球化把我们紧紧地捆绑在一起。

当1492年哥伦布发现新大陆，全球化的进程刚刚启动时，世界上还无严格意义上的全球化命题；当1848年马克思、恩格斯在《共产党宣言》中提及“资产阶级，由于开拓了世界市场，使一切国家的生产和消费都成为世界性的了”，并宣布“相互依存”时代已经到来时，全球化随着国际关系演变的脚步由欧洲向世界扩张，而我们那些故步自封的先辈们却被鸦片战争中的英国大炮弄得斯文扫地，只知世间有“天朝大国”，不知全球化为何物；当中华民族受尽百年耻辱，重新屹立于世界东方很长一段时间后．由于长期处于与世界隔离的状态，除了深知祖国必须自强自主、反抗霸权主义和帝国主义以外，我们的祖辈父辈往往倾向于将中国的繁荣昌盛理解为完全是自力更生的国内事务。国际关系中的全球化进程被许多人漠视，更离芸芸众生遥不可及。

但是，全球化不断加速的步伐，科技革命与世界生产力的进步，国际相互依存的发展，不断地推动着国际事务与国内事务的深刻融合。可以说，全球化已经与我们息息相关，须臾不可轻怠。当代世界已经不止一次地显示，美国华尔街股市的暴跌，能够在几分钟之内波及香港金融业，几天之内可能引发香港经济的滑坡，几个月内导致大量工人和职员的失业。美国国会通过一项减少外国纺织品进口配额的议案，就很有可能使得中国几十家纺织厂停产，华北、西北大量的棉农卖不出棉花。1999年5月科索沃危机中，以美国为首的北约袭击中国驻南联盟大使馆，全国各界义愤填膺，举行了各种示威活动，强烈抗议北约军队侵犯中国主权的暴行，中美关系急转直下，一周之内中国沪深两地股市指数下跌60多点，令大量股民和许多投资者唏嘘不已。2000年，围绕中国是否应加人世贸组织，以及如何参加展开大讨论，因为进入世贸组织后的中国，一方面大中型国有企业的生存危机在近期内将更加严重，经济转型中的各种矛盾将更加激化，另一方面，中国又会从加入世贸组织中获得巨大的、长远的经济好处，利弊得失涉及每个人的切身利益。1998年年终，上海某大报发布的民意调查统计数据显示，在上海市民最关心的6件大事中，国家安全首次入围。这意味着全球化中的国际关系问题与我们利害攸关。全球化的时代正在到来。

在全球化进程加速发展的今天，国际社会的经济联系、政治进程密切联动，国际争端无论发生在哪里，都有可能与自己的国家、民族和同胞的命运难脱干系。科索沃对中国来说只是原南斯拉夫联盟的一个自治省，甚至许多欧洲人也不知道它的具体位置。1999 年 3 月 24 日，以美国为首的北约绕开联合国对南联盟进行了空袭。5 月 8 日以前，在大多数中国人眼里，这只是一场远在天边的霸权主义者欺负弱者的战争，很少有人将该危机与祖国的遭遇和同胞的命运联系起来。5 月 8 日，出乎世人预料，北约军队用 3 枚“战斧式”巡航导弹从几个不同方向精确地击中了中国驻南联盟大使馆，造成了使馆严重毁坏，3 人死亡、多人受伤的重大惨剧，从而导致中美关系急转直下，中国民众反应强烈，数以十万计的大学生走上街头游行示威，最强烈地抗议美国和北约对国际法基本准则的粗暴践踏和对中国主权的公然挑衅。人们可以从这次事件中得出许多结论，但其中有一点是确凿无疑的：在全球化进程加速发展的今天，国际经济、政治、文化一体化。国际关系的变化，时时刻刻都与我们的国家、民族和同胞的命运联系在一起。

全球化对于我们每个人，在经济上和生活上都有双重影响。就经济而言，由于国际经济与国内经济的相互交融，我们每个人的钱包都直接或间接地受到国际贸易、国际金融和国防预算开支等因素的巨大影响。全球化中的国际关系影响个人福利的一个重要方面是，各国的对外贸易直接关系到国内工作岗位的增加或减少。一般情况下，一个国家对外出口的增长，会产生国民经济的增长效应，大量地创造就业机会。美国 1991 年统计的数字显示，每 10 亿美元的出口增长可以为美国增加 20 万个就业岗位，所以美国至少有 8840 万个就业岗位来源于高达 4420 亿美元的对外贸易额。出于同样道理，一国贸易如果出现了巨额赤字，既进口大大高于出口，也会大量减少该国的就业岗位。以美国为例，美国在 20 世纪 80 年代出现了持续的高额外贸赤字，1987 年曾高达 1592 亿美元，这对美国工业领域的就业带来了极大压力，50% 的纺织工人和 30% 的金属加工工人以及 8 万个机械制造工人一度失去了昔日的工作。中国也是如此，限于国内统计上的不足，我们虽然无法用基本的数据来说明年度外贸萎缩对于国内就业的负面影响，但以我国第一大出口产品的纺织品来说，由于美国对华贸易赤字连年递增，美国已多次扩大对华进口的限额。致使我国纺织业的全行业亏损，估计国有纺织行业亏损额高达 80 亿元人民币，涉及职工下岗人数居全国各行业之首。全球化中国际经济的变化对于个人经济情况的影响还表现在，我们每个人的消费支出与世界市场的原料供应有着密切联系。目前，我国拥有私人汽车的家庭越来越多，对汽油消费的需求也不断增加。有统计显示，到 2010 年，中国的个人、企业和事业用油总量将达到每年 10 亿吨以上，大约相当于国际石油贸易量的 80%，中国的石油资源并不丰裕，增加用油供应的一个重要渠道就是加大原油进口。可以预见，21 世纪世界石油市场的一点点价格变动，会像 20 世纪 70 年代影响美国那样，将猛烈地影响届时中国各个车主的支出和社会消费秩序，由此，中东地区的国际形势，石油输出国组织的活动，以及美国的中东政策，自然将纳入拥有汽车的中国公民的国际视野。实际上，非但汽车用油，即便寻常百姓的液化气用油也会直接或间接受到世界石油价格波动的影响。

国际金融关系的变化也能够对老百姓的钱包施加影响。一般认为，当一个国家的本币升值时，居民就可以用手头的钞票以较低的价格购买外国进口商品，而当该国货币迫于周边国家和世界主要国家走低的经济形势和金融危机压力而贬值时，钱就不值钱了。我们都不会忘记，苏联解体后，俄罗斯在国际货币基金组织（IMF）和世界银行（WB）的要求和支持下，实行卢布自由兑换，引发了高通货膨胀，物价飞涨，卢布的购买力一落千丈。无数平民百姓饥寒交迫，就连前总统戈尔巴乔夫每月 3900 卢布的退休金，贬值后也只能买到 1 双鞋子、7 斤鸡肉和 10 升牛奶。这同样可以解释，1997 年亚洲金融危机爆发后，泰国、新加坡、印度尼西亚、菲律宾、韩国等亚洲国家纷纷竞相使本国货币贬值。为了确保中国经济不在金融危机面前倒下，维护广大人民群众的切身利益，并稳定亚洲金融形势，中国政府多次宣布人民币不贬值，并拿出了 40 亿美元支持东南亚稳定币值。

全球化中的国际关系的变化，除了在国际贸易、国际金融等方面影响个人的经济收入和消费外，还会在环境和战争等方面损害人们的身体健康和日常生活质量。生态环境问题或环境安全，源于世界人口的爆炸性失控增长，以及各国向大气层无节制地大量排放废气等因素。生态环境问题日益威胁着整个人类的生存和可持续发展，严重地损害着各国人民的身体健康，如今已经成为国际社会最关注的“全球性问题”之一。据联合国人口基金会预测，

2000年世界人口达63亿，到2050年世界人口将达100亿。在生态总量既定的情况下，人口总量的陡增就会不断接近或超过生态环境为经济增长提供的自然资源供应极限，破坏或毁灭短期无法再生的耕地、森林、草地。一些发展中国家的粮食危机系数增加，计划生育的实施必要性和难度相应加大，一旦国内动荡，就会产生数以百万计的国际难民，由此加剧邻国和其他有关国家的经济危机和就业难度。由于石油等不可再生能源儿将消耗殆尽，世界各地已经或正在建立起数以百计（421座在运行，105座正在建造）的核反应堆，以缓解用电不足。但是，核废料的处理不当和核反应堆运行中的任何疏漏，正如1985年苏联的切尔诺贝利事件一样，这将给核泄漏地区人民带来无尽的灾难。另外，全世界废气排放和对地球产生的显著“温室效应”和对臭氧层的破坏已为大家所共知，前者能够引发冰川融化、温带北移、洪水频发和生态恶化，后者则能使人们接受过多的紫外线而患多种皮肤病，其中最为致命的一种叫做黑瘤。有统计显示，美国患此病的比例1935年大约为1∶1500，1994年上升至1∶120，到2000年达到1∶90。总之，世界生态环境问题正在给世界人民带来巨大的痛苦，每年有近1350万婴儿死于营养不良和卫生落后，差不多有25%的现存动植物种类将于2020年前濒于灭绝，这些问题的解绝不是靠单个国家所能奏效的，必须汇集多数国家的“精诚合作”、“众志成城”，始能有望成功。因此，如何建立有效的全球环境保护机制，已经进入国际合作的紧迫议事日程。

面对全球化浪潮，每一个公民，作为社会一分子的个人，是完全可以发挥自己的微薄之力，以适当的方式对全球化和国家对外政策及国际关系施加影响的。从近现代国际关系史来看，虽然国际关系几乎纯属国家之间的关系，外交行为的主体为主权国家及其法律上的代表——国家元首、政府首脑、外交部官员和驻外使节，这客观上限制了各国广大人民群众参与国际事务的机会。但是自第二次世界大战以来，这种情况发生了根本性的改变，外交逐渐发展为政府外交、议会外交和公众外交几种不同形式。国际关系大舞台上的主要角色，除了主权国家之外，还有像联合国、IMF、欧盟这样的国际组织，通用汽车公司、可口可乐、美国电报电话公司之类的跨国公司，以及包括伊斯兰原教旨主义、绿色和平运动等。通过这些不同于国家的集团或组织，平民百姓可以借助多种手段为国家利益和人类利益“进言”，个人正在享受着越来越多的国际活动空间；在冷战正酣的年代，美国某跨国公司驻英国的子公司敢于违背国家禁令与苏联做生意，从而在一定程度上推动了两大国对话和东西方缓和；几个绿色和平运动志愿者驾驶小船，将可能造成核污染的法国舰只阻挡于南太平洋水域之外。就对外政策方面，在许多国家里，公民可利用各种合法方式对本国的对外政策施加影响。如在加入欧盟问题上，主要欧洲国家采取了公民投票的方式来决定国家的未来命运：爱尔兰人和法国人支持本国加入欧盟，而丹麦人则反对政府这样做；又如，在美国，数以万计的工人和环境保护主义者在西雅图世贸组织峰会期间举行大规模示威活动，导致制定世界贸易新“游戏规则”的“千年谈判”无果而终；在瑞士，公民通过全民投票否决了加入 WB 和 IMF 的提议；在中国，越来越多的专家学者、大学生、普通市民通过发表论文和见解、接受媒体采访、向有关部门提供咨询及方案，积极参加主管部门组织的民意调查、座谈会等方式，坦陈对环境保护政策、国家安全、加入世贸组织和北约轰炸中国驻南联盟使馆等诸多问题的不同看法等。

除此之外，由于国际相互依存的发展，国际交流的机会增多，交往和联系渠道也越来越多样化，民间外交的力度和效率都有大幅度提高，每一个个人都有可能利用自己的国际交流机会，如经商、学习、文化交流、访问、旅游、通信或网上对话等方式，通过相识、沟通国际友人，增进相互了解和缔结友谊，而对化解国家之间的互不信任和敌对有所裨益。1996 年，一伙日本右翼军国主义分子非法冲上钓鱼岛，企图强占我国领土，挑起中日争端，此事激起了包括大陆、台湾和香港在内的广大中国人的愤怒，香港、台湾纷纷成立民间的保钓联盟或者保钓协会，推动了中国人民的保钓浪潮，也给日本政府以极大的政治压力，最后只好迫使那伙右翼分子撤走在岛上建的灯塔标记和界碑。

当然，也应该承认，由于历史上政治、文化传统的原因，包括中国在内的不少发展中国家，个体的公民，甚至民间社团和新闻媒介，在参政议政方面的功能还很不完善，人们往往以对权威的尊重代替自己直接参政议政而对国家的对外政策施加影响。但是，随着社会主义民主政治的不断发展，人民群众参政议政的机会正在增多；随着网络通讯技术的高度家庭化、实用化，人民群众参政议政的技术手段也更加有效和多元；随着市场经济体制的日益完善和经济全球化的纵深演进，人民群众的切身利益与国际政治、世界经济发展休戚相关，也迫切需要他们认真关注国际关系的变动。这种趋势是任何人都改变不了，也是任何人都不应该忽视的。

如果我们既认识到全球化对我们来说是重要的，又相信我们完全可以通过适当的方式积极参与其中，那么，我们就会更加有意识地加入到全球化之中，将自己的发展纳入与国际关系发展趋势相一致的轨道，从而实现个人发展舞台的国际化。既然全球化时代给我们提供了如此广阔的国际舞台，我们就应该努力抓住这些机会，迎接挑战，将自己铸造为一个具备世界胸怀和人类关怀的现代人、地球村的世界公民。跳出个人利益的狭隘框架，以博大的胸怀来思考全人类的命运和世界的前途，我们就会发现，全球化对于人类发展的机遇和人类危机都是史无前例的，21 世纪也许是人类何去何从的关键世纪，我们每一个地球人都应负起历史的责任，逐步确立全人类的忧患意识，以及全人类利益优先的意识，为建设更加美好的祖国和地球村，做出我们每一个人应有的贡献。这使我们想起了美国著名的全球化理论家卡尔·多伊奇意味深长的几句话：

“在我们这个时代，研究国际关系就等于探求人类的生存之道。如果人类文明在未来 30 年内横遭毁灭的话，那么，凶手不是饥荒，也不是瘟疫，而是对外政策和国际关系。我们能够战胜饥荒和瘟疫，但却无法对付我们自己铸造的武器威力和我们作为民族国家所表现出来的行为……国际关系和对外政策是如此重要，仅仅把它们留给专家们去研究是远远不够的……既然我们的生活如此深受国际事务的影响，我们对国际事务的反应又如此至关重要，那么，我们就必须增强自己的理解能力、决断能力和行动能力。”

二、马克思全球化思想的当代意义

在当今，无论人们用怎样的语言来描述 20 世纪下半叶以来的世界发展趋势，恐怕都很难回避“全球化”这样的字眼。全球化作为一种客观的历史现象或过程，对整个世界历史的发展产生了深刻的影响。在今天，没有一个国家的经济发展可以脱离全球化的范围，也没有一个国家的内部问题不受到全球化因素的影响。但是，当人们越来越多地谈到全球化时，却往往忽略了对全球化进程的内在矛盾及其所决定的价值冲突做文化学的分析。人们往往把“全球化”进程理解为同质的、和谐的、统一的过程，进而对全球化的历史作用做了简单化的理解。其实，全球化是一个充满了矛盾和价值冲突的文化过程。在一定的意义上，全球化实质上就是资本主义经济、政治、文化在全球的扩展，资本主义的内在矛盾决定了全球化进程中的两难向度和双重作用，决定了这一进程中有经济价值、政治价值、文化价值等方面的冲突。在当代国际关系的文化博弈中，参与全球化进程的主体是在一定的社会关系特别是经济关系中的利益主体。对于不同的主体而言，全球化的客观进程，会对不同的主体产生不同的，甚至是对立的经济作用或文化意义。所以，要正确地评价全球化进程及其历史作用，必须首先要认识全球化的本质和其内在的价值矛盾及其文化意义。在这方面，马克思对于“世界历史”的研究可以给我们许多有益而且可贵的方法论启示。

“世界历史”：马克思的全球化思想

马克思在《德意志意识形态》和《共产党宣言》等著作中对全球化与生产力发展的关系、资本主义与全球化的关系、全球化与人的发展的关系、全球化的发展趋势等问题，做了极其深刻的分析和论述。当然，在马克思所处时代,“全球化”概念尚未产生，马克思当时是用“世界历史”概念来表达其全球化思想的。

生产力的发展是全球化的基础。马克思在总结人类社会发展，特别是资本主义社会发展特征的基础上，明确指出：全球化是与人的社会活动相联系的客观历史过程。“历史向世界历史转变”，绝不是某种纯粹的思想活动，而是一个客观的物质过程；绝不是与人的活动无关的自发的过程，而是人们实践活动的产物。“这种活动、这种连续不断的感性劳动和创造、这种生产，正是整个现存的感性世界的基础”。而与人的物质实践活动相联系的世界历史过程，说到底就是以生产力的发展为基础的社会发展过程。只有随着生产力的发展，地域性的存在才能够转变为世界历史性的存在。因此，生产力的发展是历史向世界历史转变的基础，是全球化的最终决定力量。同时，马克思还认为，生产力的发展与全球化进程不是单向的，而是双向互动的关系。“大工业建立了由美洲的发现所准备好的世界市场。世界市场使商业、航海业和陆路交通得到了巨大的发展。这种发展又反过来促进了工业的扩展。”由此可见，生产力的发展和全球化是一个相互影响的历史过程。生产力的发展推动了全球化进程，全球化又促进了生产力的进一步发展。

资本主义是全球化进程的历史起点。马克思充分肯定了资本主义在全球化过程中的重要历史地位和革命作用。正是由于资产阶级在它不到一百年的阶级统治中所创造的生产力，比过去一切世代创造的全部生产力还要多、还要大，从而把一切民族甚至最野蛮的民族都卷到文明中来。“一切等级的和固定的东西都烟消云散了，一切神圣的东西都被亵渎了。”这就是资产阶级时代不同于过去一切时代的地方。为了“不断扩大产品销路的需要，驱使资产阶级奔走于全球各地。它必须到处落户，到处开发，到处建立联系。”“资本主义的发展，开拓了世界市场，使一切国家的生产和消费都成为世界历史性的了。”“过去那种地方的和民族的自给自足和闭关自守状态，被各民族的各方面的互相往来和各方面的互相依赖所代替了。物质的生产是如此，精神的生产也是如此。”资本主义的发展使物质生产和精神生产都成为世界性的，所有这一切表明人类发展的历史开始转变为世界历史。

全球化对人类社会具有双重影响。从根本上说，全球化是历史的进步。历史只有发展成为世界历史，才能保护社会生产力。生产力以及与此密切相关的科学技术，都不是从属于某个国家和民族，而是具有普遍的世界意义。因此，生产力和科学技术的发展，是与世界的普遍交往相关联的。地域性的社会，对生产力的发展具有不可避免的局限性，它在很大程度上制约甚至破坏生产力的发展。“只有当交往成为世界交往并且以大工业为基础的时候，只有当一切民族都卷入竞争斗争的时候，保持已创造出来的生产力才有了保障。”“即只有当历史进入到全球化进程之中，生产力才真正成为世界的生产力，它才有可能得到保护并产生历史性的飞跃。在资本主义条件下，生产力之所以获得巨大发展，很大程度上取决于世界历史的形成。与此同时，马克思也深刻揭露了全球化过程中资本主义的历史弊病。尽管资本主义的发展使历史进入到世界历史，但是由于“新发现的土地的殖民地化，又助长了各国之间的商业斗争，因而使这种斗争变得更加广泛和更加残酷了”。所以，在资本主义条件下，“单个人随着自己的活动扩大为世界历史性的活动，越来越受到对他们来说是异己的力量的支配，受到日益扩大的、归根结底表现为世界市场的力量的支配。”资本主义开辟了世界历史，但资本主义制度又最终成为世界历史进一步发展的束缚。这是全球化进程中不可避免的历史现象。

全球化发展的结果是共产主义。全球化为共产主义的生成创造了重要条件。没有世界历史的发展，便不会有共产主义的形成。共产主义是以生产力的普遍发展和与此相联系的世界交往为前提的，因而，它绝不是地域性的存在。共产主义只有作为“世界历史性的”存在才是可能的。同样，共产主义是以生产力的巨大增长和高度发展为前提的，“因为如果没有这种发展，那就只会有贫穷、极端贫困的普遍化；而在极端贫困的情况下，必须重新开始争取必需品的斗争，全部陈腐污浊的东西又要死灰复燃。”只有随着生产力的发展，人们的普遍交往才能建立起来，从而使地域性的个人转变为世界历史性的个人。“每一个单个人的解放的程度是与历史完全转变为世界历史的程度一致的。”也就是说，只有在共产主义条件下，才有可能克服资本主义的种种弊端，真正实现人的解放和人的全面发展。总之，在马克思看来，全球化的历史起点是资本主义，而全球化的历史终点则是共产主义。当然，从资本主义到共产主义的历史过程，不是自发的，而是与人的活动相联系的、自觉的历史过程。因此，我们只有积极参与全球化进程，大胆吸收资本主义的优秀成果，并克服资本主义的弊端，才能在全球化的进程中最终实现共产主义。

社会主义复兴：全球化发展的总趋势

马克思关于全球化的论述至今已有150多年的历史。这期间，世界历史发生了巨大变化。在全球化进程中诞生了与资本主义对立的社会主义制度。此后，社会主义经历了曲折发展，资本主义也发生了许多新的变化。历史的发展呈现出不同于马克思所处时代全球化的许多新特点。但不可否认的是，马克思关于全球化思想的科学性与合理性，从根本上说已经并将继续被全球化的历史发展所证实。

伴随着全球化进程的曲折发展，特别是苏联社会主义模式的解体和资本主义发达国家的新变化，在世界范围内的全球化问题的讨论中，流行着这样一种观点，即认为全球化就是资本主义化。美国学者弗兰西斯·福山认为，社会主义与资本主义对立的历史行将结束，全球化的结果是社会主义和资本主义的趋同，历史在竞争中只留下“最后一个人”，其内涵是资本主义的经济、政治和文化体系将一统天下，历史的终结就是资本主义的全球化。

从表面上看，20世纪末的历史，的确为上述观点提供了某些现象上的支持，但就历史的过程和本质而言，这种观点带有极大的片面性。事实上，当代全球化是以生产力发展和科学技术进步为基础的各国经济、政治、文化相互联系的国际化过程。社会主义的诞生，为全球化注入了新的价值趋向，并对资本主义的进程产生了重大影响。社会主义在发展中的挫折和失误，则是由于某种社会主义模式脱离了全球化的结果。只要把社会主义的发展融入全球化进程之中，并吸收资本主义发展中作为人类共同创造的优秀成果，就能够在全球化的进程中最终实现社会主义的复兴。

社会主义制度是在全球化的进程中诞生的。历史的事实表明，全球化开始于资本主义，“资本主义生产方式是发展物质生产力并且创造同这种生产力相适应的世界市场的历史手段”，资本主义生产方式和世界市场的形成是全球化的重要标志。我们必须承认，资本主义所开创的全球化，在把文明带给世界的同时，也把资本主义的矛盾带给了世界。资本主义促进了社会生产力的巨大发展，但资本的对外扩张所引发的两次世界大战，也给我们这个地球造成了深重的历史性灾难。我们也必须承认，正是随着资本主义的发展和全球化的兴起，产生了与资产阶级意识形态相对立的马克思主义。伴随着马克思主义理论的广泛传播，在两次世界大战中，许多国家爆发了无产阶级革命，确立了社会主义制度，形成了与资本主义对立的社会主义阵营。当然，社会主义并没有像马克思曾经设想的那样，产生在资本主义比较发达的国家，而是诞生在资本主义尚未充分发展的、经济相对落后的国家。社会主义之所以能够在这些国家产生，恰恰说明社会主义与全球化是不可分割的。“一切历史冲突都根源于生产力和交往形式之间的矛盾……由广泛的国际交往所引起的同工业比较发达的国家的竞争，就足以使工业比较不发达的国家内产生类似的矛盾。”由于资本的对外扩张，使资本主义的内在矛盾伴随着全球化扩展到尚未完全进入资本主义社会的国家，并引发了这些国家的无产阶级革命。这就充分表明，马克思主义理论的形成和社会主义制度的诞生，其重大的历史背景都是与资本主义开创的全球化联系在一起的，它们分别是对全球化进程的理论和实践的回应。更确切地说，是全球化发展的历史规律的正确反映和集中体现，是对全球化过程中资本主义价值观念的批判。马克思主义对资本主义的批判，社会主义在世界范围内的兴起和以前苏联为代表的社会主义取得的辉煌成就，极大地推进了历史的进程，为全球化注入了前所未有生机与活力。

与资本主义的发展相比，社会主义在前进中遭受了巨大挫折。社会主义的曲折发展，说到底是社会主义的体制和社会主义的某种模式同全球化进程的脱节，也是同社会主义自身价值的严重背离。马克思早就指出：无产阶级夺取政权之后，为了巩固社会主义制度，必须“尽可能快地增加生产力的总量”。历史的发展表明，社会主义制度大都在生产力相对落后的国家产生，尽快增加生产力的总量是这些国家更为艰巨的历史任务。而在社会主义条件下，要迅速发展生产力，就不能脱离全球化，不能脱离同资本主义的联系。不断吸收资本主义创造的、属于人类共同财富的文明成果来发展社会主义，这恰恰是社会主义理论的重要内容，是社会主义的价值取向。然而，在社会主义建设取得初步的辉煌成就之后，一些社会主义国家的领导人，被暂时的成就冲昏了头脑，他们以教条主义的态度对待社会主义理论，片面强调意识形态领域的斗争，忽视了社会主义经济建设；片面强调生产关系的变革，忽视了生产关系要与生产力水平相适应；片面强调社会主义的优越性，忽视了对社会主义存在的许多不完善的方面的改革；片面强调计划经济的作用，忽视了市场经济在发展社会主义经济中的重要地位；片面强调社会主义自身体系的完满性，忽视了社会主义体系的开放性；片面强调与资本主义对立的一面，忽视了与资本主义统一的一面；片面强调在短期内彻底战胜资本主义，忽视了社会主义与资本主义并存的长期性。这些脱离实际的指导思想，导致了对社会主义认识的偏差，形成了脱离实际的社会主义模式和各项方针政策，违背了全球化进程的客观规律，使社会主义偏离了全球化的轨道，使世界范围的社会主义运动进入低潮。

需要明确指出的是，社会主义的曲折发展，绝不是社会主义的失败，而是社会主义与全球化进程相脱离的结果。传统社会主义模式与全球化发展轨道的偏离，并不表明社会主义与全球化不相容，更不表明社会主义对资本主义价值批判的错误。而是表明社会主义在很大程度上与全球化进程的主观偏离，表明我们一度对社会主义价值趋向的理解发生了较大的偏差。只要我们在认真总结社会主义经验教训的基础上，纠正以往对社会主义的误解，树立正确的思维方式，确立正确的发展战略，制定正确的方针政策，建立与社会生产力发展相适应的经济体制，把社会主义的发展融入全球化之中，研究全球化发展的客观规律，在实践中不断探索适合本国国情的社会主义建设的崭新道路，就一定能实现社会主义的新发展。全球化发展的总趋势，不是社会主义的终结，而是社会主义的复兴。当然，这是一项长期而又艰巨的历史任务。

积极参与全球化：我国当代社会发展的战略选择

目前，在全球化进程中，发达资本主义国家占有其他国家不可比拟的优势地位，这是不争的事实。正是从这种现象出发，国内学术界存在着一种观点，以为全球化就是资本主义向全球的扩张，是资本剥削关系的全球化，是国际资本对无产阶级和劳动人民剥削关系的全球化。进而认为对外开放是“引狼入室”，实行市场经济是“搞资本主义”，创办经济特区是“走资本主义道路”，吸引外资是“收购中国”，外商进入中国是“八国联军又来了”，参与全球化是“迈进陷阱”，加入世贸组织“应缓行”，等等。应当说上述观点持有者的愿望是好的。但必须指出，这些观点具有非常大的商榷空间。

这里首先涉及对全球化本质的认识问题。全球化是以生产力和科学技术发展为基础的生产和消费的国际化过程。全球化的开端无疑是与资本主义的生产方式联系在一起的，但是，全球化与资本主义没有永恒的和必然的联系，全球化并不等于资本主义化。正如市场经济也是发端于资本主义，但市场经济并不等于资本主义一样。关于社会主义能不能搞市场经济的问题，我国曾经有过激烈的争论，但实践的发展雄辩地证明：“计划多一点还是市场多一点，不是社会主义与资本主义的本质区别。”实际上，社会主义与市场经济的结合是生产的社会化和现代化的必然要求。因此，我们不能把市场经济和资本主义等同起来，不能把搞市场经济说成是搞资本主义；同样，我们也不能把全球化和资本主义等同起来，把参与全球化说成是资本主义化。市场经济和全球化是联系在一起的，要发展社会主义市场经济，就不能不参与全球化。离开了全球化，终究要离开市场经济。

邓小平总是站在世界历史的高度看问题。他说："应当把发展问题提到全人类的高度来认识，要从这个高度去观察问题和解决问题。"早在 1984 年他就指出："现在的世界是开放的世界，中国在西方国家产业革命以后变得落后了，一个重要原因就是闭关自守。建国以后，人家封锁我们，在某种程度上我们也还是闭关自守，这给我们带来了一些困难。三十几年的经验教训告诉我们，关起门来搞建设是不行的，发展不起来。"邓小平的这些重要论述，同马克思主义的全球化思想本质上是一致的，是对马克思全球化思想的发展，是当代马克思主义的全球化理论，是我国参与全球化进程的重要指导思想。

要实现当代中国的发展，就必须积极参与全球化，并在把握全球化客观规律的同时，用社会主义的价值观念影响全球化进程。除此之外，别无选择。当历史转变为世界历史，即历史进入全球化时期，一个国家和民族的对外开放，不是主观的愿望，而是历史的必然。历史的发展表明，闭关自守不能发展，落后就要挨打。在中国历史上，我们有过令世人赞叹的辉煌。但是，当世界历史进入全球化时期，中国却以世界的泱泱大国而盲目自豪，长期闭关锁国，与世隔绝。"一个人口几乎占人类三分之一的大帝国，不顾时势，安于现状，人为地隔绝于世并因此竭力以天朝尽善尽美的幻想自欺。"长期闭关自守，把中国搞得贫穷落后、愚昧无知，使中国与西方的距离越拉越大。结果，西方的坚船利炮打破了中国古老而陈腐的大门，中国人民遭受了百年的屈辱。经过几代人的浴血奋战，我们才结束了这段惨痛的历史。新中国建立初期，由于西方的封锁和主观认识上的某些偏差，我们一直处于封闭、半封闭状态，直到"文化大革命"的十年浩劫。党的十一届三中全会之后，我们才真正结束了长期自我封闭的历史，开始了对外开放的新时期。深刻的历史教训告诉我们，国家要发展，就不能不对外开放，特别是随着人类历史向全球化的转变，社会化大生产和市场经济的发展，各国之间的经济联系日益密切，经济活动的国际化已成为不可阻挡的客观趋势，任何一个国家都不可能独立于世界之外进行本国的现代化建设。

要积极参与全球化进程，我们就必须大胆吸收和借鉴世界各国，特别是发达资本主义国家的一切文明成果。“社会主义要赢得与资本主义相比较的优势，就必须大胆吸收和借鉴人类社会创造的一切文明成果，吸收和借鉴当今世界各国包括资本主义发达国家的一切反映现代社会化生产规律的先进经营方式、管理方法。”对外开放，首先是经济和技术的开放。要吸收国外的资金、资源，特别是人才资源，先进的生产技术、生产管理经验，特别是资源的配置方式，以促进我国社会生产力的发展。此外，对外开放，还应包括制度和文化的开放。全球化不仅是经济全球化，同时也是政治全球化和文化全球化。早在1956年，毛泽东就指出：“我们的方针是，一切民族、一切国家的长处都要学，政治、经济、科学、技术、文学、意识的一切真正好的东西都要学。”当代世界，两种社会制度并存，资本主义和社会主义都处在全球化过程之中，伴随着全球化进程的加快和我国对外开放的深化，必然要求两种不同社会制度之间，从过去的绝对对立和斗争转化为在合作中竞争，在交往中交锋。而在合作和交往中，我们必须大胆吸收和借鉴发达资本主义国家的人民创造的、实际上是人类共同的文明成果。事实上，生产力的发展不仅是个先进技术和管理的问题，而且还有制度和文化层面的问题，即政治体制和文化体系对解放和发展生产力具有巨大反作用。我国改革开放的实践表明，所有制结构的调整，资源配置方式的变革，社会生活的民主化和主体意识的觉醒，都为我国社会生产力的发展带来了活力。因此，我们的对外开放应当是全面的，包括经济、政治和文化等各个领域。只有这样，才能在全球化的进程中，把我国的社会主义现代化建设全面推向前进。

要参与全球化进程，还必须制定适合我国国情的发展战略。我们要研究全球化的规律，把握全球化的特点，并从我国的客观实际出发，制定参与全球化的方针和策略。从总体上说，我们必须处理好以下几个关系。一是机遇与挑战的关系。全球化既为我们提供了良好的发展机遇，也使我们面临着严峻的挑战。拒绝全球化，采取关门主义的策略，就会坐失良机；但我们也必须看到，参与全球化绝不是一次免费的午餐，在前进的道路上，无疑是坎坷不断、荆棘丛生，甚至会付出某些代价。这就要求我们及时地抓住机遇，冷静地面对挑战。二是合作与竞争的关系。参与全球化，既意味着合作，也意味着竞争，而竞争与合作总是联系在一起的。经济全球化就是生产和消费在国际范围内的相互联系、依存和渗透，其中隐藏着激烈的竞争。在目前的全球化进程中，尽管资本主义国家处于优势地位，社会主义国家处于劣势地位，但我们也要看到，历史的发展是与参与历史进程的主体的活动相联系的。我们要在同资本主义国家的合作中，以社会主义的价值体系影响全球化进程，并逐步取得竞争的优势地位。三是原则性与灵活性的关系。我们参与全球化的基本价值原则是自我发展，是实现社会主义现代化。在不违背这个大原则的前提之下，可以采取一些比较灵活的政策和策略。四是对外开放与自力更生的关系。我们要毫不动摇地坚持对外开放的基本方针，但我们的立足点还是依靠自己的力量。我们要引进先进技术，但必须把技术引进和技术开发与技术创新结合起来，以形成自己的技术优势；我们要利用国外的资金，但又必须高度重视自己的积累；我们要吸收国外的管理经验，同时要注重总结自己的管理经验，培养自己的管理人才。五是世界性与民族性的关系。参与全球化，就要打开国门，实施“走出去”的发展战略，使中国走向世界，让世界了解中国。然而，走向世界并不是否认民族的特性。恰恰相反，只有民族的，才能真正成为世界的。丧失了民族特色和民族在世界中的地位，就根本谈不上世界性。“凡是民族作为民族所做的事情，都是他们为人类社会而做的事情，他们的全部价值仅仅在于：每个民族都为其他民族完成了人类从中经历了自己发展的一个主要的使命。”因此，参与全球化和保持我国的民族特色本质上是一致的。六是发展经济与维护国家主权的关系。参与全球化，犹如一把双刃剑，它能够推动我国的经济发展。但是，随着不同国家经济联系日益密切，以及西方某些国家利用全球化所推行的“超越遏制战略”，必然对我国的国家主权和经济安全造成威胁。对此，我们必须予以高度警觉，制定相应的对策。当然，更为根本的是，我们要通过参与全球化使我国迅速强大起来。一个国家在世界中的地位，说到底是与其经济地位紧密联系的，经济实力的增强才是国家主权和经济安全的基础。总之，全球化对我们既有利，也有弊，但总体说来是利大于弊。我们要在参与全球化的过程中，审时度势，趋利避害，不断总结经验教训，以最小的代价获取最大的利益，通过积极参与全球化，加快我国的社会发展，探索社会主义在全球复兴的道路。

三、全球性与民族性：世界历史运动的内在逻辑

正如在马克思和恩格斯所处的时代，历史向世界历史转变是一个可以经验的事实一样，在当今的时代，全球化也已经是一个可以经验的事实。它的影响无处不在，涉及经济、政治、思想文化各个领域，并在各个国家的经济与社会发展中产生了强烈而深刻的影响，全球化也成为人们经常谈论的重要话题。然而，由于人们在全球化进程中所处的地位、历史文化传统、价值认同背景以及实践范围和学科视野不同，因而对于全球化的发展历程及其内涵和特点的指认，并没有达成共识。

经济全球化是我们这个时代最重要的特征之一。但经济全球化的实质是什么，至今众说不一。最典型的认识有三种。一是“经济要素全球流动论”，认为全球化是指经济增长要素特别是资本要素、知识要素、技术要素乃至人力要素在市场法则的驱动下所出现的全球性流动和组合。二是“国际分工论”，认为经济全球化是国际分工的深化和世界经济发展的一个新阶段，是伴随着贸易国际化的大发展而出现的生产国际化、金融和服务的国际化、经济关系的国际化。三是“资本主义生产方式全球扩散论”，认为所谓的经济全球化，实质上是资本主义生产方式的全球扩散，是资本主义基本矛盾的全球普遍化。笔者认为前两种观点虽然都有一定的道理，但还没有真正触及经济全球化的实质；笔者赞成第三种观点，但认为这种表述仍显得过于简单。辩证唯物主义告诉我们，事物的实质或本质，应该包括由事物的特殊矛盾所规定的因果性、必然性和规律性等方面，它是事物内部所包含的一切因果性、必然性和规律性的综合。因而，从辩证唯物主义的观察视角出发，全球化的实质至少有三个层面的内容：从因果性考察，经济全球化是资本主义社会基本矛盾在当代条件下发展的结果；从必然性考察，经济全球化是由于资本的普遍性本质而导致资本主义生产方式的全球扩散，并导致资本主义基本矛盾的全球普遍化；从规律性考察，经济全球化是资本主义走向全面危机和社会主义因素全球性成长的过程。

首先，从因果性考察。20世纪下半叶形成的新一轮经济全球化的浪潮，

引发和推动的因素至少应当包括如下几方面。

由于泰罗制危机所导致生产的转移应是引起全球化浪潮的一个基本因素。泰罗制是一种科学管理模式。它的基本方法是尽量减少不必要的动作，把工作必要的动作时间精确计算出来，让工人按标准工作时间完成工作量，工资与其挂钩。泰罗制方法主要建立在三个原则基础上:（1）体脑分工明确。设计人员负责设计，管理人员负责监督，工人只需循规蹈矩地完成简单的动作;（2）专业化分工细致之极;（3）相信有一种最佳模式：无论在任何设计、生产、管理上都需要找到最佳模式。泰罗制管理模式所体现的生产关系，正如列宁所说的，是榨取血汗的科学制度，它“既是资产阶级剥削的最巧妙的手段，又包含一系列的最丰富的科学制成就”。以泰罗制为基本方式所构筑起来的资本主义的生产关系，尽管在一段时期内为资本主义生产力的发展赢得了巨大的成功，但是随着科学技术的发展，这种僵化的管理模式在 20 世纪 60 年代开始出现巨大的危机，它再也不能适应以新科技带头的生产力的发展，相反，它束缚了生产力的发展。最明显的表现是生产线上的工人再也不能满足于像机器一样，每天重复一种动作，人们希望能找到某些创造性的工作。伴随着工人劳动积极性的下降，泰罗制企业的生产也不断下降。于是，企业为了减少生产成本，把泰罗制生产转移到国外，以寻求降低生产成本的可能。70 年代西方国家掀起了一股工业“重组”的潮流，把泰罗制生产方式扩大到了发展中国家。可以说，生产的全球化从那时就开始了。

凯恩斯主义的失宠和新自由主义的实践应是引起全球化浪潮的又一基本因素。在西方国家，一方面泰罗制的危机引起了生产的停滞，另一方面各国政府在战后一直信奉凯恩斯主义政策，以为只要扩大公共开支就可以刺激增长，所以预算赤字庞大，造成通货膨胀压力严重。第二次世界大战以后，特别是从 20 世纪 60 年代以后，美国及西欧的各国政府基本上都是用凯恩斯的政策刺激就业与发展。就美国来说，从援助西欧发展的马歇尔计划到美国总统约翰逊的“伟大社会”计划，无一不可看到凯恩斯主义的影子。美国总统尼克松曾经说过，我们都是凯恩斯主义者。西欧国家在执行凯恩斯主义方面走得比美国更远。西欧国家政府不仅通过预算政策、汇率政策等手段干预市场，还建立了许多国有企业，以保障就业和刺激增长。这一切无疑要以扩大公共开支为基础，它可以保证充分就业，但也造成预算赤字和巨额公债，从而造成了高通货膨胀率。到70年代，一方面是泰罗制失效，另一方面是石油危机，使生产出现停滞。70年代后期西方国家普遍形成了“滞胀”局面：通货膨胀与生产停滞及失业骤增并行。

从滞胀开始，人们对公共开支刺激增长的凯恩斯学说产生了怀疑。一直反对凯恩斯学说的新自由主义经济理论开始抬头。1974年获诺贝尔经济学奖的新自由主义经济理论家哈耶克指出，扩大国家的干预便会影响市场的正常功能，而且，会引起个人对国家的依赖，破坏个人的积极性。哈耶克声称，战后西方的凯恩斯社会——国家主义模式，只对官僚集团有利，国家需要对社会生活的一切领域进行干预，所以必须增加新的官僚阶层的权力和人数，有必要在社会福利上更大手大脚一些，甚至有必要在预算问题上马马虎虎。而且，国家干预的理论使官僚集团在任何形势下都立于不败之地。危机时，需要增加公共开支以刺激需求，掌握公共开支审批权的官僚因而广泛受益，其各种关系户也能利益均沾；繁荣时，社会收入增加，官僚集团也跟着受益无穷。哈耶克严肃地指出了正是由于这双重弊端带来了凯恩斯政府管理模式的失效。他认为只有放松管制，才能重新促进竞争，重新调动生产的积极性，走出滞胀的怪圈。

20世纪70年代以后，西方各国政府为了摆脱滞胀，纷纷实践新自由主义。新自由主义在北美、西欧被落实为政府政策后，出现了一次国有企业私有化、同类企业兼并、放松经济和金融管制、降低关税等放松对贸易控制的高潮，这就给市场以充分自由，让市场来决定资源的最佳分配。市场支配一切的结果便是企业开始大批跨国投资，把全球化推向了高潮。

发展中国家对发展的追求纷纷采取外向型发展战略应是促进全球化浪潮的重要因素。第二次世界大战前，这些国家都处于帝国主义和殖民主义的统治下。第二次世界大战以后，国际关系格局的演变，社会主义与资本主义两大阵营的对峙，特别是第三世界人民的民族解放斗争，使大部分前殖民地半殖民地国家获得了独立。独立后，首要的任务就是发展，搞现代化。但是，这些国家经济一般相当落后，既缺少资金又缺少技术。发达国家在经济放松管制与通讯技术进步的促进下，金融资本迅速跨国自由流动；于是发展中国家纷纷采取了外向型的经济发展战略，借用外来的资金、技术和外部的市场迅速发展成为新兴的工业国。发达国家的企业和投资基金为了占领新兴市场，竞争更加激烈，既给发展中国家带去动力，也给他们带去风险，从而使发展中国家深深地卷入全球化的过程。

以电信技术为主导的新技术应是推动全球化浪潮的关键因素。得益于新技术，由电子计算机、各种通讯技术组成的电子技术革命，是一场意义深刻的变革。不仅信息产业成为全球经济中最大最有活力的企业，而且它带来了一场信息革命，大大加快了地球上各个地区信息交流的速度，降低了通讯成本，从而使各国、各地区都处于一个联系紧密的生产、贸易、信息和通讯网络之内。民族国家的经济界限被冲破了，全球化成为一种不可逆转的趋势，谁也无法从这个趋势中脱身。经合组织 1997 年提交给部长理事会的报告——《全球化与环境》指出，“全球化既是信息革命的原因，也是它的结果。电信技术不断改善，电子计算机功能不断加强，价格不断下降，互联网等电信网络迅速发展，这些因素推动着全球化。这些通讯技术有助于克服地理上的距离造成的障碍，各种各样的人都参与跨国活动。社会政策传统上只涉及个体公民的问题，但现在也越来越受国际问题的影响，受到全球新闻媒介的注意。”

通过全球化的因果性考察，我们看到，全球化是一种“多因一果”现象，但每一因素在全球化的发生和发展中所起的作用是不同的。泰罗制的失效导致生产的转移，凯恩斯主义的失宠和新自由主义的实践，则是引起新一轮经济全球化浪潮并引导其方向的基本因素，而这两者正是反映了资本主义的生产力和生产关系、上层建筑和经济基础的矛盾的新发展。发展中国家的发展要求以及采取外向型经济发展战略，投合了西方国家跨国投资、跨国经营的新动向，但它们是受动者，主动者是西方资本主义发达国家。发展中国家在西方发达国家所引导经济全球化浪潮中只是充当了配角，而当代的最新科学技术主要在发达国家。一方面新技术本身就代表着资本主义生产力的新发展，标志着资本主义生产力和生产关系、经济基础和上层建筑矛盾统一的新阶段，另一方面，它直接给经济全球化提供了科学的手段，使其插上腾飞的翅膀。通过以上分析，我们可以看到，全球化的实质首先表现为资本主义社会基本矛盾在当代条件下发展的结果。

其次，从必然性来考察。经济全球化是资本主义发展的合乎规律的确定不移的趋向，在资本主义丧失生命力之前，这是不可避免的。而规定这一趋向的，是资本的普遍本性。资本运动受追逐利润或剩余价值的动力所驱使，具有无限扩张性。马克思恩格斯早在150年前，在《共产党宣言》中就揭示了资本向世界扩张的内在必然性及其结果。马克思恩格斯指出，“资产阶级，由于开拓了世界市场，使一切国家的生产和消费都成为世界性的了。”“不断扩大产品销路的需要，驱使资产阶级奔走于全球各地。它必须到处落户，到处开发，到处建立联系。”“资产阶级，由于一切生产工具的迅速改进，由于交通的极其便利，把一切民族甚至最野蛮的民族都卷到文明中来了。”而这一趋势首先源于经济上的必然性，从本质上说，它是资本的无限增殖和扩张本性的外在表现。马克思说：“资本主义生产过程的动机决定目的，是资本尽可能多地自行增殖。也就是尽可能多地生产剩余价值”。然而，由于资本有机构成不断提高和平均利润的下降趋势，迫使资本冲破国内市场的狭隘界限而走向世界市场。从这个意义上说，“资本主义生产方式是发展物质生产力并且创造同这种生产力相适应的世界市场的历史手段”，全球化趋势从一开始就是资本力量自发作用的结果。我们再从资本主义的实际的发展史看，资本的国际流动或国际运动在资本主义自由竞争阶段就已经存在。在这一阶段，资本国际化的主要特点是，商业资本、借贷资本和产业资本伴随着商品输出跨出国界。在垄断资本主义阶段，资本输出成了垄断资本国际化的主要特点。第二次世界大战前产业资本国际化还没有达到世界规模，这一阶段资本输出的主要形式是借贷资本。战后产业资本开始大规模国际化，并导致国际金融市场和国际贸易的空前发展。20世纪70年代以后，西方各国放松资本流动的管制，发达国家的资本更是以多样化的投资形式和多样化的金融产品，长驱直入地进入世界的每一个角落。可见，资本没有国界，资本是天生的国际派。一部资本主义的发展史，就是资本风风火火闯全球的历史。

资本闯全球，也就意味着资本主义生产方式的全球扩散。国际资本的载体和主角是跨国公司。跨国公司的历史可以追溯到16世纪英国创立的东印度公司。但现代意义上的跨国公司实际上是19世纪以后出现的。20世纪70年代以后，伴随着科学技术的狂飙突进，跨国公司在全球范围内长足前进。据英国 1993 年第 3 期《经济学家》杂志统计，1970 年，跨国公司有 7000 多家，到 1993 年跨国公司已达 3.8 万家。90% 的母公司是西欧、北美、日本等发达国家的，控制着 20.7 万家外国子公司。前 300 家跨国大公司控制着世界 1/4 的生产资金，有 5 万亿美元之多。事实上，跨国公司落脚到哪里，资本主义的生产方式就渗透到哪里。美国杜克大学的德里克教授归纳了资本主义生产方式全球扩散的特征：（1）国际分工形成，生产过程全球化；（2）生产的无中心化，新的高技术的“汉撒联盟”开始出现，指出哪个国家和地区是全球资本主义的中心变得日益困难；（3）跨国公司已经取代国际市场而成为经济活动的中心，在生产过程非中心化的背后，生产权仍高度集中在跨国公司；（4）生产的跨国化是全球前所未有的统一的根源，也是全球前所未有的分散化的根源；（5）资本主义的生产方式在资本主义历史上破天荒地真正成为全球的抽象，而脱离了其欧洲历史的渊源。

资本主义生产方式全球扩散的过程也是资本主义基本矛盾全球普遍化的过程。资本主义的基本矛盾是生产的社会化和生产资料的私人占有的矛盾。在全球化过程中，生产、分工的日益社会化和国际化，私有化运动的扩展，跨国公司垄断地位的登峰造极，无不昭示着资本主义基本矛盾的全球蔓延。这种矛盾最集中地表现在发达国家与发展中国家的关系上。发达资本主义国家不仅剥削本国工人阶级所创造的剩余价值，而且通过资本扩张的形式，按照自己的需要来普遍重构发展中国家经济，并剥削这些国家的“经济剩余”，从而制造出以西方发达资本主义国家为中心、发展中国家为边缘的国际分层体系。在这种体系中，西方资本主义国家充当了全球性的统治阶级，而发展中国家则沦为国际上的被剥削阶级和依附者。事实上，在经济全球化进程中，发达国家和发展中国家在形式上是完全平等的，但形式上的平等掩盖着事实上的不平等，两者无论是现实前提还是历史条件都不平等。在剧烈的国际竞争中，“马太效应”愈益明显，结果是强者越强，弱者越弱。发展中国家为应对竞争压力，不得不做出各种调整，竞相提出优惠政策，放松限制，甚至接受各种苛刻条件。发达国家始终占有竞争的主动地位和垄断优势，相反，发展中国家处于被动地位，发展缓慢，甚至被边缘化，从而使南北贫富差距越来越大。1960 年全世界 20% 的最富有国家人均国内生产总值是占人口同样比例的最穷国家的30倍，这一差距现已经扩大到60倍。这表明，资本主义社会所固有的基本矛盾即生产的社会化和资本主义私人占有之间的矛盾，以及资本主义个别生产的有计划与整个社会生产的无计划之间的矛盾，通过经济全球化转嫁到发展中国家。正如有的学者指出的那样：“资本主义时代是资本主义生产关系在整个人类占据统治地位的时代。在一定范围内，南北关系正是资本主义生产关系的具有全球性质的延伸和扩展。无论是富国和穷国的关系，还是‘全球的北方’和‘全球的南方’的关系，归根到底都是资本与雇佣劳动的关系。”

由此可见，经济全球化在其深层的意义上，是由资本的普遍本性引起的资本主义生产方式的全球扩散和资本主义基本矛盾的全球普遍化过程。

再次，从规律性考察。全球化的过程也是资本的逻辑展开的过程。马克思曾经揭示资本的运动逻辑。资本通过将自身矛盾的普遍化的方式来克服自身的矛盾，以向国外转嫁危机的方法来摆脱危机。但是，资本不可遏制地追求剩余价值的普遍性，在资本本身的本性上受到了限制。资本的全球化是生产社会化的必然趋势，然而资本对他人创造的剩余价值的贪婪攫取性，本身又是生产社会化的最大的障碍，当全球化发展到一定阶段时，这种障碍将再也无法克服，因而驱使人们利用资本本身去消灭资本。这正是历史赋予社会主义运动的神圣使命。所以，从资本运动的规律来看，全球化的最终结局，不是资本主义最终摆脱危机，而是在危机中死亡，最终必将是资本主义的全球化被社会主义的全球化所取代。

资本的这一逻辑在展开过程中成长着三股力量：生产力的变革性力量、危机的破坏力量和全球交往的建设力量。这三股力量产生于资本的逻辑展开的过程中，又直接推进了资本的这一逻辑进程。

1. 生产力的变革性力量

人类社会的发展过程中，生产力发展具有决定性的推动作用；生产力的发展产生了资本主义的生产方式，而生产力是一个最活跃的因素，当然要求社会不断改变其生产关系，以适应生产力的发展。正如《共产党宣言》中所说的：“资产阶级除非对生产工具，从而对生产关系，从而对全部社会关系不断地进行革命，否则就不能生存下去。”由于资本的贪婪本性，资产阶级到处落脚，到处开拓，挖掘一切潜力去发展生产力，从而刺激了科学技术的突飞猛进，科学技术反哺于经济，不仅唤起了地底下的生产力，甚至唤起了地外的生产力。同时，跨国经济的统一运作有可能为不发达地区或发展中国家带来吸取新技术、新文明和发展经济的机遇，正像过去的殖民统治“赐给”殖民地以这样的机遇一样。这样，就可能带来全球生产力的大发展。生产力每前进一步，都要求生产关系做出相应的改变，以适合生产力的发展。从亚当·斯密的“自由放任主义”到凯恩斯的“国家干预”，再到今天西方的“新自由主义”，正是从理论上折射着资本主义生产关系适应生产力的发展而做出的改变。但是，资本主义生产的社会化和私人占有之间的矛盾，限制了生产关系适应生产力发展的弹性空间。当生产力进一步发展突破资本主义生产关系所能容纳的限度时，全面变革资本主义生产关系就势在必行了。当然，我们现在还很难预测资本主义生产关系能够容纳生产力的发展的弹性空间还有多大，但是，在经济全球化的现实进程中，全球性的经济危机难以预测、难以驾驭，就足以说明资本主义生产关系的弹性限度已经非常有限。

2. 危机的摧毁性力量

资本的普遍化伴随着资本主义市场经济的普遍化。资本主义市场经济由于其个体竞争原则使然，本身具有极大的盲目性和自发性。加上资本对利润的无穷贪欲，疯狂追求投机暴利，使世界市场成为一个大赌场，使它充满了偶然和凶机，充满了陷阱和旋涡。当它限于一国之内的时候，它还可能受到本国政府的某些干预而给予纠正，但是，当它扩展到全球范围，在不可能有“世界政府”干预的情况下，这种盲目性就可能到达登峰造极的地步。而且科学技术越发展，经济越发达，这种盲目性所导致的经济活动的变数越多，不可测性越显著，人们对它的控制越显得无能为力。索罗斯最终将他的基金会更名为“量子基金”，是受到量子物理学中测不准原理的启示，他深感金融业毫无理性可言。经济活动的不可测导致了危机的测不准，这就失去了对危机的防范能力。20世纪末的亚洲金融危机就是最好的说明。它突然间席卷亚洲，威胁整个世界，破坏了整个世界经济的正常秩序。人们对它的发生、发展和结果简直束手无策。亚洲金融危机震撼了整个世界，包括西方学者和政要在内的越来越多的有识之士呼吁应该控制金融资本在全球范围内的自由流动。但是，应该清醒地看到，资本主义内在矛盾不消除，全球金融危机就不可避免，任何全球性经济危机都不可能避免。同时还可能导致其他一系列无法防范的毁灭性危机的产生，如生态危机、文明危机、主权危机，甚至生存危机等等。这些危机正在摧毁着资本主义本身。法国前总理若斯潘援引美国经济学家莱斯特·索罗斯的话说："资本主义的道路上出现了裂缝，这些裂缝孕育着地震。人们不知道地震会在什么时候、什么地方和以什么方式爆发，然而，却知道它总有一天会爆发。"连索罗斯都认为全球资本主义体系行将瓦解。

3. 全球交往的建设性力量

资本在全球扩张的过程中造成了自身的否定因素，不仅在于生产力的变革性力量和危机的摧毁性力量，还在于通过全球的普遍交往，为否定资本主义的新社会形态提供了建设性力量。

首先，普遍交往使现存社会主义冲破了狭隘地域限制而走向世界，为社会主义的真正实现创造了前提。马克思在《德意志意识形态》中指出："由于普遍的交往，一方面，可以发现在一切民族中同时都存在着'没有财产的群众'这一事实（普遍竞争），而其中每一民族同其他民族的变革都有依存关系；最后，狭隘地域性的个人为世界历史性的、真正普遍的个人所代替。不这样，（1）共产主义就只能作为某种地域性的东西而存在；（2）交往的力量本身就不可以发展成为一种普遍的因而是不堪忍受的力量：它们会依然处于家庭的、笼罩着迷信气氛的'境地'；（3）交往的任何扩大都会消灭地域性的共产主义。共产主义只有作为占统治地位的各民族'立即'同时发生的行动才可能是经验的，而这是以生产力的普遍发展和与此有关的世界交往的普遍发展为前提的。"经济全球化使在经济落后国家获得胜利的社会主义走出了国门，通过普遍交往，更好地吸收资本主义几百年来创造的文明，加快生产力的发展；通过普遍交往，突破地域性所导致的落后的、家庭式的、笼罩着神秘气氛的状态，以建立起世界历史性眼光；从而使社会主义在世界范围内不断壮大；地域性的社会主义导致国家不得不加强它的权力，以应付贫困和由此造成的动乱而出现的来自国内和国外的压力，普遍交往的发展和生产的非国家性跨国经营的高度发展，将使共产主义关于国家消亡的目标得以实现。

总之，普遍交往的扩大和全球化趋势的发展为社会主义的真正胜利创造了前提。

其次，普遍交往使社会主义市场经济与资本主义市场经济共存于世界市场体系中。资本主义市场经济由于几百年的发展，已经建立起比较完备的运行机制和法规体系，还处于初期阶段的社会主义市场经济在全球普遍交往过程中，可以汲取资本主义市场经济运作的成功经验，以更好地发展自身，并在全球化过程中不断壮大社会主义市场经济的力量，扩大社会主义市场经济的作用。同时，尽管目前由于历史的原因，社会主义市场经济还刚刚起步，经济全球化主要由资本主义市场经济主导。但是，由于资本主义的基本矛盾的不可克服性，使资本主义市场经济显现出巨大的缺陷，社会主义市场经济则可以在与资本主义市场经济全球竞争的过程中，逐步影响和改造资本主义市场经济。事实上，资本主义每一次危机后的变革，都自觉不自觉地从马克思主义中汲取共产主义因素，只是资产阶级不愿意直截了当地承认罢了。全球普遍交往加速了社会主义对资本主义的改造进程。

再次，普遍交往使无产阶级成为世界历史性的，从而为彻底否定资本主义、争取社会主义全面胜利提供了主体前提。马克思说，“各个相互影响的活动范围在这个发展进程中越是扩大，各民族的原始封闭状态由于日益完善的生产方式、交往以及因交往而自然形成的不同民族之间的分工消灭得越是彻底，历史也就越是成为世界历史”，也就越有助于实现人的全面发展和解放。这是因为，“每一个单个人的解放的程度是与历史完全转变为世界历史的程度一致的”。只有实现普遍交往和全球化，“单个人才能摆脱种种民族局限和地域局限而同整个世界的生产（也同精神的生产）发生实际联系，才能获得利用全球的这种全面的生产（人们的创造）的能力。”尽管现存的全球化趋势是一种盲目的、自发的和异化的力量而与作为主体的人相对立，“单个人随着自己的活动扩大为世界历史性的活动，越来越受到对他们来说是异己的力量的支配……受到日益扩大的、归根结底表现为世界市场的力量的支配。”但是，正如马克思所说的“无产阶级只有在世界历史的意义上才能存在，就像它的事业——共产主义一般只有作为‘世界历史性’的存在才有可能实现一样。”无产阶级也正是在这种普遍交往中，最终挣脱资本主义异己力量的支配，而最终获得自由和解放。

从这里我们可以看到，虽然经济全球化是生产方式的全球扩散，是资本主义基本矛盾的全球普遍化，但并不像一些人所说的，“意味着资本主义的全面胜利”，资本主义正在陷入全面的危机，社会主义正面临着前所未有的发展机会。

总之，对于全球化不仅要从现象、结构上来理解，还要从过程、本质上来理解。全球化是人类随着主体能力的提高，特别是由于物质生产和交往的普遍化，不断超越空间障碍和制度、文化障碍而在全球范围内实现经济、政治、文化的全方位沟通融汇，通过竞争与合作而达成越来越多的共同利益、共同文化。

四、多维的世界与多维的思维

当今世界的全球化趋势和全球化道路，是世界历史发展的一个新阶段。以近代以来的社会化大生产和交往的普遍化以及世界市场的开辟为契机，资产阶级开创了世界历史的新时代。由于生产力水平的提高、国际分工的深化、科学技术的进步、各种知识体系的扩散、世界市场的扩大，以及跨国公司的发展，世界历史深入发展并进而出现了全球化的趋势。

世界历史的发展进程主要经历了三个阶段：一是以英国为首的欧洲资本主义文明中心对其他文明中心的侵蚀、扩张以及英国霸权地位和单一中心的确立。二是资本主义中心由英国向美国的转移。第二次世界大战之后，美国的资本主义中心地位得以确立，它以自己占优势地位的经济和军事力量向其他国家、民族和地区推行其社会制度和价值观念。但美国的制度与文化的全球扩张遇到了以前苏联为首的东欧集团和独立后的第三世界国家的挑战，使得前者并没有将自己转化为一种全球化的力量，而后者虽取得了民族的独立，却也无力摆脱美国在经济、政治和文化诸领域的巨大影响。三是两极对立的冷战格局消失，世界出现了多极化趋势，形成了参与全球社会发展过程的活动主体多极化的局面。人们在全球交往活动中既开始认识到了人类的许多共同利益，并在沟通认同的过程中形成了一些全球共识和全球行动，同时也在全球化进程中认识到了自己的特殊利益和文化特质，强化了自己的身份意识，并对于自己存在和发展的权利有了更为强烈而明确的认识。

全球化趋势对于各个民族国家的经济、政治、文化和社会生活已经并将继续发生巨大而深刻的影响，我们只有正视全球化的现实，把握全球化的本质特点，方能树立正确的全球思维，利用全球化的机遇，应对全球化的挑战；从哲学层面来看，当前的全球化趋势主要有如下几个特点：

1．整体相关性

在全球化浪潮中，各个民族国家都被卷入了世界性的交往关系之中，都作为一个系统而与世界整体系统中的其他民族国家进行经济、政治和文化的交往。全球化并不是一种单一的不可分析的趋势，而是由经济、政治、文化的全球化趋势以及人口、环境、生态等全球化问题交织而成的动态过程和世界体系。

经济全球化是当代世界全球化浪潮的主流，无论是经济体制、经济主体还是经济活动都出现了全球相关互渗的趋势。世界上几乎所有的国家和地区都相继建立了市场经济体制，或者对自己原有的体制做出应对市场经济的适应性调整，实行开放性政策，从而使各个国家和地区的生产、经营、贸易、金融、科技、资源整合为一个相依共存的经济体系。经济的全球化作为一种新的经济关系体制，包括了生产、贸易、经营、金融、科技等多个方面的全球化。

在全球化浪潮中，无边界的经济为了实现自身的增值和追求利益的最大化，在世界范围内扩张和流动。对于经济超越国界的全球化扩张需要有世界水平的政治加以规范和控制，需要实施这种规范和控制的世界性组织，同时也需要制定具有普适性、世界性的法律，以解决资本的跨国流动与民族国家的固定疆界之间的矛盾。民族国家由于受到有边界的能力的限制，不能解决经济全球化所产生的所有问题，因而需要世界性的组织和世界性的法律对其做出世界范围内的政治解决。欧洲一体化以及许多大陆集合体的区域化，能够对足够大范围内的需求做出反应，并能够形成足够大规模的一极应付金融流动。联合国作为由诸多民族国家组成的世界体系，尽管其运行机制、实际影响力等方面尚不如人意，但它所倡导的许多原则，它对于国际问题的政治解决的努力，预示了政治全球化的方向。

伴随着经济、政治全球化的推进，文化全球化的趋势亦日趋明显。在民族主义、地区主义和民族文化复兴的同时，每一个文化体系也在与其他文化体系的碰撞交融过程中检视自身，寻求与其他文化体系的沟通、融汇、吸收、借鉴以谋求新的发展途径。更为重要的是，在经济、政治全球化以及人口、环境、生态等全球性问题面前，人们逐步形成了一些新的思维方式和价值观念，全球性思维、和平与发展、代内公平与代际公平等等，日益成为人们普遍接受和认同的思维方式和价值观念。各种文化的相互尊重、理解、宽容、吸收、融合，以及共同的思维方式和价值观念的形成，是文化全球化的重要标志。

2. 多极主体性

全球化的多极主体性源于交往的多极主体性。交往是主体之间的交往，无论是个体、群体还是民族国家或民族社会，其作为参与交往活动的一方，都有自己的因历史文化传统和现实的经济社会条件不同而形成的差异和特质，都有自己的特殊利益和生存发展权利；同时，参与交往活动的各方又有共同的利益追求，因而能够在交往活动中协调互动，构成一个包含着差异性的利益共同体。因此，参与交往的每一方对于对方的主体地位和合理利益的确认和尊重，是合理性交往的前提条件，而在交往活动中追求共同利益和每一方的生存与发展，是交往活动的目的。这样，交往活动就是一个双向建构的过程：一方面在多极主体的基础上建构起全球共同体；另一方面，以交往活动的返自身性而实现主体的自我重构，从而形成了具有独特个性的多极主体状态。在世界历史背景下，特别是在由于生产力巨大发展、生产的国际分工深化、全球市场形成、交往在经济政治文化诸领域全面展开，人类进入全球化时代的条件下，人们的交往活动既受整体性的全球化进程的制约，同时在全球化的交往活动中也加深了对于自己的独特的文化传统、价值观念、合理利益的认识，增强了对于自己的身份地位的辨识和确认。

全球化是多极主体交往互动的时代，但世界范围内多极主体的相互交往作为一种合理的交往方式并非一开始就存在着。在世界历史和全球化发展的早期，尽管资产阶级充当了历史进步的不自觉的工具，但由于其惟利是图的本性和追求资本增值和利益最大化的欲望，它是以单一主体性的态度和单一的“主——客”交往观对外进行扩张活动的。他们把自己视为活动主体和绝对的价值主体，而把其他国家和民族贬为被征服、统治、控制、支配的客体，将西方文化和文明奉为惟一的文化和文明，将西方的制度和价值观奉为惟一合理的制度和价值观，将西方的现代化历程奉为惟一的社会发展模式，使非西方的国家和民族被迫卷入不平等的世界经济、政治和文化体系之中。世界历史和全球化发展早期阶段的根本特点就是西方国家的单一主体性和不平等交往。然而，这种以西方国家为单一主体的不平等交往一开始就遭到了殖民地国家人民的反抗和抵制，他们为摆脱被动和从属地位进行了艰苦卓绝的斗争。进入20世纪以来，非西方国家和民族利用两次世界大战的机遇获得了社会主义革命的胜利或民族解放运动的胜利，使西方国家的世界殖民主义体系彻底崩坏。第二次世界大战之后，以西方发达国家为蓝本的现代化模式又在全球范围内遭到失败，为避免西方现代性的“耗尽”，非西方国家的政府和人民开始探索适合自身特点的社会发展道路；由于科学技术的发展和国际分工的深化，世界历史进程上从外在的由一个中心向外辐射的方式转变为各个国家和民族内在的相互依赖，由单一动力中心的扩展转向多种动力的相互作用；各个国家和民族在整体关联和全球交往中也逐步形成了对于自己的历史文化传统的回归和认同意识以及自身的身份辨认意识；由于全球性环境和生态问题的加剧，使人们越来越清楚地认识到，任何一个国家和民族的发展都通过自然环境和生态系统的中介而与其他同样是发展主体的国家和民族发生相互作用。总之，任何一个主体在世界范围的交往活动中都会遇到其他主体，其行动都会影响其他主体并受到其他主体的制约。世界经济、政治、文化交往的多极化格局要求人们必须破除单一主体观念，树立各个国家和民族共生共荣的多极主体观念。

3．各种矛盾纠结缠绕

确认了全球化的多层次和多极主体性，也就确认了全球化是多维度的而不是单维度的，是充满了矛盾和冲突而不是无矛盾的，它对于各国社会发展的效应是双重的而不是只有正效应或只有负效应，全球化实际上是由各种矛盾相互缠绕而构成的一个矛盾体系。

其一，是统一性与多样性并存。在讨论全球化问题时，有人认为全球化就是使东方趋同于西方，是经济社会的一致化和同质化。基于这一观点，或有人主张舍弃多样性而追求全球一致性，或认为要以自己的历史文化传统去抵御全球趋同，这是一些片面而极端的观点。实际上，全球化是共性与个性、统一性与多样性交织的，如市场经济体制已超越了其起源的国度而为许多国家所采取；民主政治日益成为世界各国的政治追求；对于人的尊重以及对于人的价值的崇尚已日益成为普遍的价值尺度……但各个国家的市场经济体制、民主政治制度以及人的生存与发展状况又有不同的特点和样态。有些学者还从文化的角度分析全球化的统一性与多样性，他们认为文化趋同只是全球化进程的一个方面，目前的全球性文化更应该是多元化的和多数意义上的文化。如弗里德曼从西方霸权衰落的角度诠释了全球体系内多元文化并存的现象，即在中心国家出现了后现代主义倾向，在一些加速实现工业化的国家推崇现代主义，而在一些国家和地区却仍然保存着传统主义。曾经主张文明冲突论的亨廷顿也不得不对西方中心论的文化观做出调适。

其二，是整合趋势与分化趋势并存。全球化是一种整合与一体化的趋势，如国际组织增加及其作用日渐增大，国家间的开放和一体化运动日趋活跃，资本全球流动，信息全球共享。但在全球一体化的同时，各个国家、民族和地区的特殊性与独立性也得到了空前的关注和强调。

其三，是经济的全球化流动与民族国家的非全球性并存。民族国家曾经在支持海外扩张、技术创新、对外贸易、开创世界历史和全球时代的过程中发挥了积极作用。但随着全球化时代的到来，经济的无国界流动与民族国家的非全球性便发生了矛盾。一方面是经济的跨国主体和跨国活动日益增加，超越了传统意义上的国家主权和边界，因而人们对于国家在经济管理中的作用只能持谨慎的肯定态度；另一方面，民族国家的继续存在实际上不同程度地构成了对经济跨界流动的限制。

其四，是人类的共同利益和不同国家、民族的地区特殊利益并存。谋求经济繁荣、政治民主、世界和平以及人与自然和谐共生的可持续发展，是人类的共同利益；但由于经济社会发展的不平衡，以及各个国家和民族的文化传统、价值观念的差异，又客观地存在着不同的利益追求。随着全球化的推进，人类的共同利益将会越来越多，但在全球化进程中出现的人类共同利益与诸多特殊利益的矛盾，是一个必须处理好的问题。

其五，是世界化与本土化并存。全球化已经或正在侵蚀、突破民族国家的界限，越来越多的国际性标准和国际性规范为世界各国所认同、接纳和遵守，但各个国家和民族在对外开放与国际惯例接轨的同时，亦始终立足本国的传统、国情和特点，将国际惯例与本国实际结合起来，使国际惯例、国际准则本土化。

全球化过程中的这一系列矛盾是一种客观存在，或者说这些矛盾本身就是全球化的内在逻辑，无视或否认这些矛盾是不明智的。我们既不能拒斥全球化，将自己置于全球化之外，走孤立发展的道路；也不能放弃本民族和国家的主体性，背离本民族和国家的历史文化传统，忘记自身合理的利益追求，侈谈全人类整体的和普遍的利益。将全球性和民族性结合起来，才是一种明智的态度和理性的选择。

世界历史向纵深发展和全球化时代的到来，将各个国家和民族卷入了相互联系、相互依赖、相互渗透的多维世界有机系统之中。任何一个国家和民族在谋求社会发展时，必须立足于自己的历史文化传统和国情特点，同时也必须确立与全球化浪潮相适应的多维思维方式，从全球化的大趋势思考问题和解决问题。在全球性思维中，系统整体性思维、多极主体性思维、多向度思维是各个国家和民族构想自己的发展道路、处理与其他国家和民族的关系所应遵循的一些重要的方法论原则。

1. 系统性思维

以实践为基础的每一个社会系统、每一个民族国家本身都具有开放性的特征，其一方面向自然界开放；另一方面向其他社会系统、其他民族国家开放。第一个维度开放使社会能量得以积聚，使人类的主体能力得以提高；随着人类实践能力的提高和社会能量的积聚，在第一维度开放的基础上转向第二维度的开放，各个社会系统、各个民族国家在相互交往中获得了新的社会能量，并学会了获得社会能量的方式，缩短了探索主体、客体以及主客体关系的规律所用的时间。节约、减少了为之探索所付出的投入和代价，并且使不同国家和民族的各种文化特质与要素接触融合，加快了人类社会发展、文化积累和文化创造的进程。近代以来，以机器大工业为基础的社会化大生产、资产阶级受利益驱动开辟的世界市场，创造了各个国家和民族相互依赖的世界历史时代。而现代市场经济的发展，造成了社会的开放性和竞争性；科学技术的普及和推广应用以及与之相应的生产组织方式、思想认识方式，造成了不同社会的相互理解和接近；以电子计算机为标志的信息革命彻底改变了人类的信息传播方式，促进了全球的信息交流和文化沟通；人类实践和发展过程中出现的环境污染、生态恶化等日趋严重的负面效应，也成为全球性的并需要全球合作才能解决的问题。

总的来说，世界历史的进一步发展使人类社会进入了整体化、互联化、依存化的全球化时代，即全球作为一个社会整体而存在，所有国家和民族在经济、政治、文化诸方面普遍相关，国际合作与协同已成为每一个国家和民族发展的基础和必要前提。在世界各个国家和民族形成一个有机的社会大系统的情况下，其中的每一个民族国家作为世界性社会大系统中的子系统，必须以开放的心态，从与其他民族国家的相互联系、依存和合作的视角思考自身的发展问题，制定经济社会发展的战略、策略和政策。

2. 多极性思维

全球化是一个经济、社会与文化发展超越了民族国家的界限而在全球范围内运行的，各个民族相依并存、互渗互动的整体相关的历史进程。但这种整体相关性并不意味着全球趋同，实际上，参与全球化进程的主体是多元的和多极的。世界性的社会大系统、世界共同体不是不可分析的单一性实体，不是各部分都相同、一致的整体，而是由在过去、现在和将来虽然相互连接但又各不相同的部分所构成的。在全球性的世界体系中，处于不断运动中的各种经济的、政治的和文化的范型，各个民族国家的经济、政治与文化，尽管必然在互依并存中获得完善和发展，但也具有自身的运行方式和特点。全球化进程中的两种趋势是相伴而生的，一方面是整合的、统一的趋势和人类共同利益越来越多；另一方面是分化的、多样性的趋势，以及作为参与全球化进程的各主体对于自己的身份地位的确认和自己的文化特点及特殊利益的强调。在这种情况下，单一主体、自我中心的观念已经过时，是己非人、只顾自己的利益而不顾其他活动与利益主体的利益的思维方式和行为方式也失去了其合法性。此外，每一极主体在谋求自己生存与发展的过程中，也通过自然的、社会的和文化的中介确确实实遇到另一极乃至多极主体的存在，并使自己追求利益的活动受到其他主体的制约。在这种情况下，各级主体必须树立多极主体的观念，“既要自己活也要别人活”，在自己的实践活动中与其他主体协同动作，在追求自己的利益时也要顾及其他人的利益，在追求特殊利益时也要谋求和维护人类整体的利益，从而逐步实现个体、群体、社会和全人类共同利益的协调统一。

3. 多向度思维

全球化是一个复杂的矛盾统一体，是一把双刃剑，对于每一个民族国家的发展既有正效应，也有负效应；既是发展的机遇，也是严重的挑战。因此，我们在回应全球化浪潮时，就应当有一种多向度思维：一方面要抓住机遇，利用有利的条件来发展自己；同时也要清醒地认识到全球化给我们带来的挑战，尽可能消除其不利影响。譬如生产要素在全球范围内的高速流动，资源在全球范围内的最佳配置，即经济的全球化，是全球化的基本趋势。它一方面是国际生产力的发展特别是科学技术进步的产物；另一方面是各国为获得超额利润、发展本国经济、提高国际地位而做的制度安排。科学技术的创新，生产力的飞跃性发展，生产要素在国际上的自由流动，有助于实现以最有利的条件生产、在最有利的市场销售这一原则，具有促进各国经济发展和增加社会福利的功效。对于发展中国家来说，经济全球化可以带来更多的引进外资和先进技术的机会；通过制成品国际贸易的扩张，带来更多的扩大国外市场、增加国内就业的机会；可以缩小产品和生产要素的国际价格差距，促进国内收入水平的提高；有助于弱化导致国内经济和社会不稳定的诱因等等，这是经济全球化的正效应。同时，经济全球化也可能给发展中国家的经济带来一些负面影响。其一，影响发展中国家的经济主权。经济全球化是在发达国家的国际制度的安排下进行的，参与经济全球化的发展中国家必须遵守已有的国际条约、协定和惯例，被迫出让某些经济管理权力。其二，影响发展中国家的产业结构。处于国际分工体系边缘地带的发展中国家，由于经济社会发展水平和科学技术水平较低，容易接受发达国家转移的低层次产业和国际分工中的一些劳动密集型的生产环节，导致产业的单一性和从属性。其三，影响发展中国家的市场占有。发达国家的跨国公司进军发展中国家，使发展中国家的国内市场被外资逐步占有，而国外市场则早已被先发的发达国家瓜分和占领。发展中国家市场占有份额的减少，将会制约其经济的进一步发展。其四，影响发展中国家的金融市场。在国际金融体系尚不健全的情况下，金融市场波动不定，金融投机活动猖獗，国际货币合作的风险较大。若发展中国家在扩大利用外资规模时对本国金融市场监管不力，发达国家的投机资本乘虚而进入，就会酿成严重的金融危机。其五，影响发展中国家的经济制度。发达国家在经济全球化过程中始终企图将自己的经济制度、经济模式强加给发展中国家，使发展中国家的经济制度与发达国家的经济制度接轨，将其纳入全球资本主义体系。发展中国家为了应对经济全球化的负面影响，在制定经济安全战略时，必须坚持国家利益原则，同时兼顾各国乃至人类的共同利益。必须坚持经济安全、政治安全和军事安全的统一及其相互促进，协同发展；必须加强国际的和区域间的合作，利用双边和多边的合作力量来保障国家的经济安全；必须坚持动态平衡的原则，密切关注世界经济的变化走向，并对国家的经济安全战略和政策措施随时做出适应性调整，在动态过程中保持一种相对稳定和平衡。必须坚持系统原则，依靠国家、地方、企业以及国民的广泛参与，来实现国家的经济安全。此外，对于政治、文化全球化的正负效应，也应当有清醒的认识和恰当的处置。

总之，世界历史的形成、深化和全球化趋势的日益明朗，使生产力普遍增长和交往普遍发展，这是人类向理想的社会制度——共产主义迈进的物质基础和必备条件。资产阶级作为历史的不自觉的工具，一方面造成了以全人类的互相依赖为基础的世界交往，另一方面发展了人的生产力，使物质生产成为在科学的帮助下对自然力的统治。然而，世界历史和全球化的体系基本上是按照资产阶级的利益、资本主义制度的模式和资产阶级的价值观建立起来的，是以发达国家利用其先发优势对发展中国家进行经济上的剥削、政治上的干预和文化上的渗透为特征的，其本质就是不平等、不公正。因此，全球比进程绝不是各个国家和民族的利益完全一致，也不是发达国家和发展中国家牧歌式的携手共进，而是一个矛盾、对立、冲突不断产生又不断解决的过程。而要从根本上解决问题，使全球化进程在本质上有利于各个国家和整个人类，就要在生产力进一步发展的基础上进行制度革命，扬弃世界历史和全球化的资本主义形式，使人与自然的物质变换、使人与人的交往活动、使社会资源的配置和社会财富的争配掌握在真正代表整个人类利益的世界性机构手中。“只有在伟大的社会革命支配了资产阶级时代的成果，支配了世界市场和现代生产力，并已使这一切都服从于最先进的民族的共同监督的时候，人类的进步才不再像可怕的异教神像那样，只有用人头做酒杯才能喝下甜美的酒浆。”①

五、全球化与民族文化多样性的研究框架

本书以马克思主义历史辩证法为指导，运用国际关系学、政治学、经济学、民族学、跨文化心理学等多学科，借鉴赛义德的后殖民文化理论、詹姆逊的后现代文化逻辑论、福山的“历史终结论”、施莱辛格的“帝国衰亡论”、亨廷顿的“文明冲突论”、多元文化主义等理论。从系统分析、综合比较，对全球化与民族文化多样性的关系进行多视角、多层面、多维度的比较分析与研究。以丰富对全球化与民族文化多样性问题的研究。

---

①《马克思恩格斯全集》第9卷，人民出版社1961年版，第252页。

第一章　全球化是民族国家利益矛盾的展示过程

“全球化”成为各个阶层流行的话语是20世纪后5年的一个重要现象。① 在新千年到来的当代世界，这个现象依然会继续存在，并且从物质上到观念上更全面深刻地影响着、改变着包括个人、民族、国家以及整个社会结构的存在，用新的选择和挑战组成了让各方濒于应付的困境。② 如果可以把我们所处的时代称为“全球化时代”的话，那么我们目前尚无十足的把握来预测这个时代的前景。这不仅是因为这个时代的长时段特征中蕴涵着太多的中短期风险和不测，而且更因为上个时代留下的等级、压迫和不平等等遗产，依然梦魇般地纠缠着我们的身心与制度；媒体的无端鼓噪，单一化了发热的头脑。不论是简单的乐观还是绝望的悲观，都有置我们于劫难不复的可能。

在这样的时代中，务实的乐观和清醒的思考是我们辨别全球化进程的路向和定位自身在全球化进程中的位置所必需的。③ 因此，对于全球化我们不能采取简单的价值判断，或者用“二元论”和“二分法”来归纳和分析全球

---

①亚洲金融危机后，特别是在我国政府加入世贸组织之际，国内学术界对全球化的研究迅速成了热点。在不到两年时间内，国内出版的关于全球化的编著和译著不下数十种之多。这不仅表明人们更加关心全球化问题，也表明对全球化的研究正在进一步深入；不仅表明国内学者对全球化的研究在深化，也说明国外学者对全球化的研究仍在向前推进。

②近几年来，无论在西方还是在中国，出现了大量关于全球化的论著。总的来说，这些著作在内容上大多或是应景之作，或是临时抄攒；而在态度上或者流于攻击，或者敢于赞扬。不仅缺乏清晰的分析方法，更缺乏系统的理论建构和严密的逻辑推导。造成的结果似乎是，没有一个人能够说清楚全球化究竟是什么，存在什么样的问题，发展的前景如何。

③例如，在世界贸易组织的网页上，列举了世界贸易组织十大好处和十大罪状。十大好处是：（1）自由贸易体制有利于推进和平；（2）可以建设性地解决争执；（3）制定的规则使所有人的生活更容易；（4）更自由的贸易减少了生活成本；（5）提供了更多的产品选择；（6）贸易提高了收入；（7）刺激了经济增长；（8）贸易的基本原则使生活更有效率；（9）政府可以不受院外活动的干扰；（10）世界贸易体制鼓励好政府。十大罪状是：（1）世界贸易组织支配着政策；（2）世界贸易组织为了自由贸易不惜代价；（3）商业利益优先于发展；（4）商业利益优先于环境；（5）商业利益优先于健康和安全；（6）世界贸易组织破坏了工作，加剧了贫困；（7）在世界贸易组织中小国无能为力；（8）世界贸易组织是强大的院外集团的工具；（9）弱国被迫加入世界贸易组织；（10）世界贸易组织是不民主的。

化问题。全球化理论不仅仅是一种理论，而是一个理论群，其中包含多种理论。全球化本身是一个复杂的历史现象，包含了诸多层面和维度，从全球化在这些理论中的地位角度看，基本可以分为两类：一类是把全球化本身作为研究的对象；另一类是把全球化作为研究具体问题的重要参照背景，讨论背景与对象之间的互动关系。可以说，前一类是严格意义上的全球化理论，而后一类则是广义上的全球化理论。而对于研究者来说，我们实际在扮演的则是观察者和参与者的双重角色。①

一、西方全球化理论

在目前对全球化的研究中，西方全球化理论被划分为三大类：第一，极端全球主义者；第二，怀疑论者；第三，变革论者。②

1．极端全球主义者

极端全球主义者指的是这样一些人，他们认为经济全球化已经带来了新的历史时期，包括民族国家在内的各种旧的制度在经济全球化面前或者完全过时或者正在失去存在的基础，市场成为决定和解决所有问题的惟一力量。通常，这类观点被统称为全球主义。但全球主义实际上可以分为两大类：一类是在西方社会居主导地位的新自由主义，③ 另一类是某些西方马克思主义者的观点。

全球主义有两个基本特征：（1）用一维的观点看待全球化，认为全球化

①作为观察者应该与观察对象保持适当的距离，合理的距离创造了思考的理性；而作为参与者，由于自身的地位以及各种社会关系的存在，自身利益受到全球化的直接影响，又难以保持认识的客观性。这种角色冲突造成的认识上的两难困境集中体现为全球化认识和全球化理论的多样性和冲突性。

②极端全球主义者（hyperglobalizers）、怀疑论者以及变革论者（transformationalists）。他们之间在看待全球化的概念、动力、产生的社会经济后果、对于国家权力和治理的影响，以及历史轨迹等方面存在着鲜明的区别。

③这方面最突出的代表有福山。他的《历史的终结和最后的人》一书所宣扬的就是自由民主主义统一全球。在全球化问题上，他认为全球化这股力是正在使国际关系发生革命，并为更和平、更繁荣的世界的出现奠定着基础。全球化通过3种方式来终结传统冲突：（1）消费文化的全球扩散，缩小了文化之间的价值差距；（2）民主的全球扩展使政府不会发动战争；（3）世界统一为一个单一的全球市场使国家更加相互依赖，而生活水平的提高使它们更少攻击性。另一个代表是大前研义（Kenichi Dhmae）。他在1995年出版的《民族国家的终结》一书中天真地宣布了民族国家的终结。他认为从4个“I”（投资、工业、信息技术以及消费者个人）4个方面可以看出国界的作用正在消失，民族国家正在终结。“简单地说，从经济活动的角度讲，民族国家已经失去了它们作为今天无国界的全球经济中的有意义的，有参与单位的作用。”（参见[英国]戴维赫尔德等著、杨冬雪等译《全球大变革全球化时代的政治、经济与文化》，社会科学文献出版社2001年4月版。）

是由单一因素决定的，体现为一维的过程。在全球主义者眼中似乎只有经济全球化，其他层面的全球化或者被有意忽视或者被纳入经济全球化的从属；（2）他们是潜在的市场决定论和经济主义。全球主义者相信，市场的扩展推动了全球化的出现和发展，而全球化体现了市场的至上地位以及民族国家的消亡。极端全球主义者对问题对象的简单化很容易获得现象学上的证明，并且成为普通认知的标准，因此有不断蔓延、趋于垄断的危险倾向。①

2．全球化的变革论者

变革论的许多提倡者来自社会学领域，② 变革论者肯定了全球化作为现象的存在，同时强调了全球化的动态性和渐进性。尽管变革论者力图摆脱西方中心论的束缚，把非西方社会的地位和作用纳入研究的视野，但是无法走出自己制造的困境。③

3．全球化的怀疑论者

在一片全球化赞美声中，怀疑论者的声音似乎越来越弱，但是这并没有减弱其观点的应有价值。④ 他们的基本观点有两个：（1）现在的所谓全球化实际上只是国际化。国家依然是经济的主要范围和管理者。⑤（2）全球主义宣

---

①简要地说，这种垄断的危险体现在3个方面：（1）不利于对全球化的多元化讨论，容易沦为某些利益集团的意识形态工具，巩固它们的话语霸权优势；（2）容易忽视对全球化其他层面的分析，片面地认识全球化，用效率来代替对其他社会价值的维护和追求，导致行为上的经济化和短期化。1999年11月，西雅图会议引发的大规模抗议不过是对这种经济主义的集中对抗；（3）由于全球主义实际上是以西方经验为基础的，所以如果把其得出的一些结论无条件地推广使用，容易误导非西方社会的认识和实践。在这方面，最突出的就是对民族国家与全球化关系的判断。全球主义夸大了国家在全球化中的失效，从而使一些发展中社会只强调解除管制，忽视了国家的必要调节，从而导致了在市场失效和政府失效的同时，使整个社会失去了必要的保护机制。

②例如英国的吉登斯，德国的贝克，美国的罗伯逊等人。这些人把全球化看做是一个社会变革过程，因此强调多维度的全球化和全球化的多种动因。这种多元的视角直接导致了过程论内部的多样化。有人把全球化看做是现代性向全球扩展的过程（吉登斯、贝克），有人认为全球化先于现代性，直接推动了现代性的扩展（罗伯逊），有人把全球化看做是交往过程的扩展和深化。

③因为变革论者的基本理论假设有两个：（1）全球化是一个缘起于西方的现象，非西方社会外在于这个过程，处于被动地被吸纳的地位；（2）全球化是一个自然的过程，不可抗拒。这两个假设很容易把过程论引入全球主义的圈子中，在某种程度上“莱斯讲座”成为全球主义更合理的表述。变革论的主要代表吉登斯1999年在英国BBC广播电台就全球化做了演讲。他把对全球化的判断分为两种：彻底变革（radical）和怀疑论。他本人属于前者。这种分类显然把极端全球主义和变革论放到了一个阵营中，而且变革论似乎已经上升到发达国家的官方观点，以回避或者减弱新自由主义遇到的强烈批评，同时掩盖自己的既有特权和现有地位维护的想法。

④怀疑论者的主要代表有汤普森、赫斯特以及韦斯等人．他们力图通过历史比较的方法来证明全球主义在对全球化判断上犯了夸大事实和有意误导公众的错误。

⑤汤普森和赫斯特提出要把全球化和国际化区分开来。经济国际化的根本特点依然是交换，是在相对不同的国家经济体之间进行的，公司和部分的竞争过程在实质上是由国家层次上发生的过程决定的。而全球化意味着出现了新的经济结构，而不仅仅是在既有的经济关系中更大的贸易量以及投资

扬的国家终结的观点不但夸大了事实，而且带有强烈的意识形态偏见。[①] 怀疑论者虽然指出了全球化的现有局限性，但是并没有否认国际化、跨国化这些经济发展趋势的存在，而且更重要的是，他们对现实更加低调的认识以及对现有制度的肯定，一定程度上有利于发展中国家认识目前的现实。

全球化作为一个历史现象在广义上可以溯源到人类在地球上出现的时候，而在狭义上是指16世纪以来的事情。从总体上讲，大多数人采取的是广义的历史分期，但是在具体分析中又把狭义的历史分期作为重点。全球化分为前现代、现代早期（1500~1850）、现代（1850~1945）以及当代（1945年以来）4个阶段。全球化产生的影响可以分为决策、制度、分配以及结构性四种影响。

虽然在当代，国际或者全球相互联系绝不是一个崭新的现象，但是全球化采取的特定形式可能由于历史时代的不同而有所区别。要认清全球化在不同时代的崭新特征需要某种分析框架，以把这种比较历史研究组织起来。因为没有这样一个框架就难以辨别出不同时代全球化的最重要特征，它们之间的连续性或者区别。因此，他们提出全球化的历史形态是对全球化进程进行系统性比较分析的基础。而全球化的历史形态指的是“在不同的历史时代中，全球相互联系的时空特点和组织特点”。

为了描绘全球化的历史形态，需要有某种特定的分析框架。为此，这里提出四种维度。它们分别是：全球网络的广度；全球相互联系的强度；全球流动的速度；全球相互联系的影响。在此基础上为了勾画全球化的组织轮廓又提出了另外四种维度：基础设施、制度化、分层化以及交往的方式，以此，利用它们对全球化进行定性和定量的分析，同时，在具体分析中，再使用不同的统计和其他指标来衡量这些维度，以使对全球化历史形态的描绘更加准确。

这样的重大变化。他们通过对世界金融市场的特点、世界贸易和对外直接投资的模式、多国公司的数量与作用以及发展中世界的经济增长前景等因素的分析指出，所有这些事实表明，没有出现向全球化经济发展的强大趋势，现在的世界经济依然由主要的发达国家主导着。

①韦斯认为，信奉新自由主义经济哲学的英语国家的政治领导人在夸大全球化影响，强调民族国家失效的过程中起到了重要作用。为了赢得选民的支持，他们把自己采取的紧缩政策说成是“全球经济趋势”下的必然。因此，全球主义者不仅夸大了国家的乏力，而且过于简单化。对各个国家的情况不加区别。

利用上面所列的8种维度，可以从逻辑上区分出4种全球化的类型。它们分别是：

类型一代表了这样一个世界：在从经济到文化的所有社会生活领域或层面上，全球网络不断扩展，而且具有高强度、高速度以及高度影响。这可以被称为密集的全球化。对于一些怀疑论者来说，19世纪晚期的全球帝国接近这种类型。

类型二指的是具有高广度、高强度、高速度，但是影响程度低的全球网络。由于其影响受到了大幅度缓解和调节，这可以被称为分散的全球化。虽然它在历史上没有对应物，但现在是事物的一种状态，从规范上讲，当代经济全球化的许多关键方面体现了这种状态。

类型三的特征是，全球相互联系虽然具有低强度、低速度，但有高广度和高度影响。可以把它称为扩张的全球化，因为它的特征更体现在其扩展和影响上，而不是流动速度上。在现代早期西方帝国主义的扩张最接近这种类型。在扩张过程中欧洲帝国主义基本上占领了全球，对其他文化产生了重大影响。

类型四可以被称为稀疏的全球化。因为全球网络的高广度并没有伴随着高强度、高速度或者高度影响，后者依然处于低度状态。把欧洲与中国和东方联系在一起的早期丝绸贸易和奢侈品贸易类似于这种类型。

这样的一种对于全球化的分类，有助于避免怀疑论和极端全球主义解释的简单化以及对全球化趋势方向进行更加猜测性分析的陷阱，而且这种分类承认全球化不仅有复杂性而且有历史偶然性。

上述分析框架的应用采取的是动态比较的方法，所谓的动态比较指的是国别横向比较与历史纵向比较的有机结合。通过对全球化具体领域的分析，可以把两种方法统一在一起，既避免了只谈论某个领域所容易导致的空泛，也避免了由于过于专注某个国家的具体情况而导致的“只见树木，不见森林”的褊狭。

当然也要看到，全球化是一个不平衡的历史进程，其中既有根深蒂固的等级和不平等，也滋生着新的控制关系和差距。而这些新旧问题在特定的时间、地点有可能激化，成为颠覆全球化进程的力量。任何一种全球化理论如果忽视了权力、等级以及不平等这些范畴，就难以对全球化本身进行准确的把握，对存在的问题有效地确认。固然，现有的相互依存、整合、普世主义以及趋同等概念从不同角度揭示了全球化的现象学表现，但是潜藏着理论上的误导以及被某些力量所垄断，成为自己意识形态的危险。相互依存概念假定社会或政治行为者在权力关系上是对称的：整合指的是经济和政治统一过程，在这个过程中出现了共同体感、共同的命运以及共同的治理制度。把全球化理解为一个单一世界或者共同体形成是完全错误的。把全球化与"普世主义"联系在一起也是一样，因为全球显然不是宇宙（the universal）的同义词。对于所有的民族或共同体来说，他们经历的全球相互联系程度不同，而且方式也不同。从这个角度，也要把全球化与趋同区别开来。

"全球化"这个概念出现后很快被西方吸纳进自己的意识形态，作为更新的重要部分。而"克林顿主义"的核心概念就是"全球化"。作为美国在世界中发挥作用的战略准则，今天的"全球化"已经发挥了二十世纪五六十年代"自由世界"一样的功能。马修·沃特森（MatthewWatson）在评论吉登斯在"莱斯讲座"中的观点时指出："居于支配地位的全球化话语已经被提升到这样一个高度：它似乎'无所不在'。之所以如此，至少部分原因是它给一个上升的社会阶级的政治利益以特殊地位，排除了其他阶级的发言权，这样一种话语使某些世界观具有了'正确性'，把它们简化为'常识'。但是它显然是西方常识，只在这里被认为是正常的；只有有限的（主要是）西方个人拥有这种话语，它把一个'萎缩世界'的经验提升为全球经验，虽然世界也许确实全球化了，但是某些人的经验显然比其他人的更加全球化。"毫无疑问，全球化是一个过程，但是问题是究竟是一个参与的过程还是垄断的过程？是一个被动地接受过程，还是一个积极地应对的过程？是一个中心化下的多样化过程，还是一个多样化共存的过程？这些矛盾才是全球变革的核心。

目前在全球化理论研究方面所具有如下一些共同特点。

首先是全球化研究的跨国性。全球化研究始于西方发达国家，但现在，无论是西方国家还是东方国家，发达国家还是发展中国家，全球化都成了一个共同的话题。全球化是一项真正的跨国研究（transnational studies），或者说是一种真正的超国家理论（super national theory）。

其次，全球化理论的综合性。全球化首先是一个经济发展过程，但是归根结底，它是一个整体性的发展过程。无论人们愿意与否，随着经济全球化过程的展开，文化、艺术、伦理、学术和政治的全球化过程也或多或少开始出现了。与此相适应，全球化理论具有很大的综合性，至少包括了经济全球化、政治全球化、社会全球化和文化全球化等基本内容。

再次，全球化理论的包容性。全球化理论是各种政治倾向和学术倾向的一个交汇点，它不同于其他带有某种单一政治或学术倾向的理论，如新左派或新右派理论、现代化理论、后现代主义理论、后殖民主义理论、社群主义理论，更不用说自由主义理论、保守主义理论、新马克思主义理论等。在全球化理论中我们可以听到具有上述各种政治或学术倾向的学者的声音。

最后，全球化理论的内在矛盾性。全球化过程本质上是一个内在地充满矛盾的过程，它是一个合理的悖论：它包含有一体化的趋势，同时又含有分裂化的倾向；既有单一化，又有多样化；既是集中化，又是分散化；既是国际化，又是本土化。相应地，在全球化研究中，充满着各种对立的观点。有人把全球化当做福音，有人则认为它是灾难；有人把它视为人类的出路，有人则视它为发展的陷阱等等，不一而足。

全球化理论的这些特征，决定了全球化研究将是21世纪很长一个时期内各国学者的共同课题。中国积极参与全球化进程，不仅意味着努力融人国际经济贸易体系，也意味着更多地参与国际学术讨论或对话，在诸如全球化这样的重大理论问题上，能够更多地听到中国学者的洪亮声音。

二、全球化和经济全球化的内涵

1. 全球化内涵的不同论争

何谓全球化（Globalization），这是各国政府尤其是学术界争论的热点问题。但是，迄今为止，人们对全球化并未有一个确切的定义。这是因为：一方面，就全球化所造成的影响的广度和深度而言，它不仅涉及世界的各个角落，而且涉及到经济、政治、文化等各个领域，由于每个民族、国家及社会不同领域在全球化的进程中，所受到的震动和获得的收益是截然不同的，从而使得不同国家和学科看到的全球化画面存在一定的差异，甚至较大的差异；

另一方面，就每个个体和团体在全球化进程中所处的背景而言，由于每个个人和团体在全球化进程中所处的位置不同，受冲击的程度以及各自的传统、价值观和认知背景不同，所以对全球化做出的解释会有所不同。

就目前所能见到的资料看，比较有代表性的观点有：

（1）普遍联系说。这是里斯本小组的观点。①

（2）网络化说。这种观点以德国科隆大学社会学研究所所长于而根·弗里德里希斯博士为代表，他认为："全球化既是一种状态，又是一个过程"；"全球化的过程不是别的，而是一种不断强化的网络化。"②

（3）过程说。国内学者杨雪冬等人认为：全球化就是人类不断地跨越空间障碍和制度、文化等社会障碍在全球范围内实现充分沟通（物质的与信息的）和达成更多共识与共同行动的过程。③

---

①1995年该小组出版的《竞争的极限——经济全球化与人类的未来》一书中认为，经济与社会的全球化是一种新现象，它可以采取各种不同的形式与表现方法……直到现在还很难找到一个得到普遍承认的定义。他们依据安东尼·麦克劳与他的助手的建议，对全球化做出了如下定义：全球化涉及的是众多国家与社会之间多种多样的纵向横向联系，从这些联系中形成今日的世界体系。它描述了这样一种发展过程，在这个过程中，世界部分地区所发生的事件、所做出的决策以及所进行的活动，对于距离遥远的世界其他地区的个人和团体都能产生具有重大意义的后果。全球化由两种不同的现象构成：作用范围（或横向扩展范围）与作用强度（或纵向深化程度）。一方面，这个进程席卷了这个星球的大部分地区，或者说在世界范围内发生影响，所以这个概念具有一种空间的内容。另一方面，它意味着形成世界共同体的众多国家与社会之间的相互作用关系、横向联系和相互依赖性都在不断加强，横向的扩大与纵向的深化同时进行……因此全球化远远不是一种抽象概念，而是现代生活的一个众所周知的典型特征……当然全球化并不意味这个世界从政治上已经实现了统一，经济上已经实现了一体化，或者文化上已经实现了同一化。全球化在很大程度上是一个十分矛盾的过程，它的影响范围十分广泛，结果又是多种多样的。（参见[葡]里斯本小组著、张世鹏译：《竞争的极限——经济全球化与人类的未来》，第38~40页，中央编译出版社2000年版。）

②根·弗里德里希斯博士认为，可以将这种不断强化的网络化概括为三个要点：（1）依赖性的设想。这种经济活动的网络化对于所有参与者都产生反作用。全球化的经济发展不仅调控各民族的发展，而且还调控各城市与城市地区的发展。一个国家的发展，比以往任何时候都更加紧密地依赖于世界上其他国家的发展。（2）转移的设想。由于科技产业革命导致的信息传送成本、运输成本大幅度降低，跨国公司把它的部分生产部门以及部分服务监督职能机构转移到低工资国家，从而获得更大的利润。信息技术、运输技术越是发展，这种国际网络就越扩大。（3）集中化设想。全球化的势头越猛烈，越是把企业的各部分业务活动转移到世界各地的许多生产基地，对于监督控制和协调工作的要求也就越强烈。而这种协调组织工作的任务也就更多地集中到少数几个国家的大城市中，使这些城市发展成为极其专门化的服务中心。（参见张世鹏、殷叙彝编译：《全球化时代的资本主义》，前言，中央编译出版社1998年版。）

③这个过程具有以下特点：（1）全球化是一个多维度过程，这不仅指全球化在多领域、多层面上发生，而且还指全球化的参与者是多元的，既有国家、民族、国际组织、企业，还有各种各样的共同体以及个人。（2）全球化是统一和多样并存的过程，全球化在推动了统一性增强的同时，也为更多的参与主体提供了发言的机会和展示自己特点的条件。（3）全球化是一个不断出现冲突的过程，出现冲突的主要原因是新旧事物和意识的矛盾以及参与主体间的矛盾。（参见杨雪冬、王列：《关于全球化与中国研究的对话》，胡元梓、薛晓源主编：《全球化与中国》，第3页，中央编译出版社1998年版。）

（4）广义——狭义说。这种观点认为：全球化是一个可以从多种角度加以探讨的概念，其内涵十分丰富。广义的全球化是泛指人类从彼此分隔的多中心时代逐步走向全球性社会的历史变迁过程。而狭义的全球化则是指现代意义上的全球化，它所揭示的是一个以全球主义意识形态为基础的一种世界发展的整体化趋势，体现的是所有国家利益的时代。①

（5）二律背反说。这种观点认为：全球化过程本质上是一个内在的充满矛盾的过程，是一个矛盾的统一体。②

（6）特有现象说。这种观点认为：全球化是现代化的特有现象。本世纪以来，现代化的内涵不断丰富，表现为新兴产业的出现更迭以及从经济层面向政治文化层面的全面发展，同时现代化的外延也在扩大。这就是全球化过程，即越来越多的地区和国家被卷入现代化。③

（7）优劣势序列说。这种观点认为，全球化不是什么新名词，它并不意味着全球范围的平等竞争，更不是什么世界大同或人类发展的趋同现象。事实正相反，全球化乃是一种权利的优劣势序列，甚至这种序列比以往任何时候都突出。全球化的主要特征表现在：一是经济和金融领域中资本的全球运作方式；二是科技领域中快速更新的技术和产品在标准化方面的全球效应；三是发达国家和发展中国家文化冲突表面化的全球规模。④

（8）跨学科说。这种观点认为，全球化是一个跨学科的问题，对其下

---

①参见文军：《迈向全球化时代的十大发展趋势》，载《中国软科学》，1997（8）。

②这种理论认为，首先，全球化是普遍性与特殊性，或者说单一化与多样化的统一。一方面，全球化是一种单一化，它体现为各国、各民族和各种不同的文明体系之间在生活方式、生产方式和价值观念上的某种趋同化。但是另一方面，与上述单一化过程相伴随的则是特殊化和多样化。其次，全球化是整合和分裂，或者说一体化和分裂化的统一。全球化是一种整合，是一体化，它具体表现为国际组织的增加，尤其是跨国组织的作用前所未有地增大；但在全球一体化的同时，各个国家、各个民族和各个地方的特殊性和独立性却比以往任何时候都得到强调。再次，全球化是集中化与分散化的统一。全球化的一个重要内容就是资本、信息、权力和财富的日益集中，尤其是日益集中于跨国公司。然而另一方面，资本、信息、权力和财富分散化的趋势也有增无减。最后，全球化是国际化和本土化的统一。总之全球化是这样一个矛盾的统一体，是一个相反相成的过程，是一个悖论。（参见俞可平：《全球化的二律背反》，俞可平等主编：《全球化悖论》，第21~23页，中央编译出版社1998年版。）

③参见罗燕明：《关于全球化问题的学术讨论：全球化是现代化的特有现象》，载《马克思主义与现实》，1997（2）。

④参见孙津：《全球化与体制改革》，胡元梓、薛晓源主编：《全球化与中国》，第56~57页，中央编译出版社1998年版。

定义时不同学科的科际结合十分重要，目前似乎只能笼统地说，全球化是全球范围内各地域、各民族、各国家之间日益紧密的联系，这种联系导致各地域、各民族、各国家之间相互作用的加强，从而影响和改变着人类运动方式，特别是生活方式和思维方式。[①]

上述对全球化的不同看法，可谓仁者见仁、智者见智，从宏观和微观角度对全球化的内涵做了积极的探讨。

综上所述，我们可以得出以下认识：

（1）全球化是一个具有整体意义的概念，应从时间、空间及内容上运用系统的、全面的、动态的观点加以考察。

（2）在时间上，人类社会的全球化进程始于近代，是一个不断演化、逐步加深的过程，就我们目前的认识能力而言，我们还无法确定它的最终状态和归宿。

（3）在空间上，全球化涉及到不同的民族、国家以及经济、政治、文化各个领域。

（4）在内容上，主要指不同民族、国家在众多领域加强沟通，取得共识，遵守共同的规则，采取共同的行动。

因此，全球化是自近代社会以来，以生产力的迅猛发展和科学技术水平的快速提高为动力，人类不断地跨越空间障碍及制度、文化等社会障碍，在全球范围内逐步实现物质的和信息的充分沟通，不断取得共识，在众多领域制定共同遵守的规则，采取共同行动的过程。

2. 有关经济全球化内涵的不同看法

经济全球化作为全球化问题的子命题，是全球化的主要内容。但是，如何进行准确的界定，同样是国内外学术界关注的重要课题。在已公开发表的众多论文中，许多学者从不同的视角对经济全球化问题做了积极有益的探讨。

如法国学者雅克·阿达在其《经济全球化》一书中指出：论述全球化，就是回顾资本主义这种经济体制对世界空间的主宰。目前，资本主义在空间进行的拓展已经遍及世界的各个角落，而全球化既是这一空间拓展的表现，

---

①参见丁志刚：《如何理解全球化——与金重远教授商榷》，载《探索与争鸣》，1998（2）。

也是并且首先是一个改变、调整以致最后消除各国之间各种自然和人为的疆界的过程。全球经济整体的各个组成部分之间的不断相互融合，赋予它一种特有的力量。[①] 在这里，雅克·阿达将经济全球化视为资本主义经济体制在全球范围内的扩展。

里斯本小组认为，经济全球化意味着整个世界由民族资本主义向世界资本主义过渡。全球化过程是民族国家体系终结的开端。经济全球化日益挖掉了民族国家的一个基本支柱，这就是民族市场。民族空间作为最重要的战略经济空间被正在出现的全球空间所取代。资本主义的历史已经突破了民族边界。一个新的阶段，全球资本主义时代已经开始，它将决定今后几十年社会的发展。[②]

于而根·弗里德里希斯博士认为：我们可以把全球化的经济理解为在真实的时间内，在这个星球范围内统一运作的一种经济。这是一种在资本流动、劳动力市场、信息传送、原料提供、管理和组织等方面实现了国际化，完全相互依赖的经济。[③]

国内许多学者也对经济全球化的内涵进行了积极的探讨。有的学者从世界经济发展的角度指出：第二次世界大战以后，以电子技术为中心的新技术革命，无论从深度和广度，或从对人类社会发展的影响来说，都远远超过前两次，从而使经济国际化又有了重大的新发展，出现了一系列新特点，达到了全新的历史阶段，即全球化阶段。[④]

有的学者从动态的角度认为，经济全球化的内涵是逐步延伸和扩大的。它首先体现在世界统一大市场的正在形成；其次反映在跨国公司进行跨越国界和地区界限的生产和经营，实施全球范围内最佳的资源配置和生产要素组合，对世界经济全球化起着越来越大的助推器作用；再次表现在信息技术日

①参见[法]雅克·阿达著，何竟、周晓幸译：《经济全球化》，第3~4页，中央编译出版社2000年版。

②参见[葡]里斯本小组著，张世鹏译：《竞争的极限——经济全球化与人类的未来》，第43~45页，中央编译出版社2000年版。

③他认为经济全球化这个概念大体可以分为以下五个过程：（1）信贷资金的筹集、发放和使用日益集中化，并由此产生金融业对于生产的统治日益加强这一后果。（2）“知识结构”与“专家系统”的作用日益增长。（3）全球范围内卖主控制市场的局面日益发展。（4）一个跨国经营者阶层的发展。（5）一种跨国经济外交的出现，以及民族国家权力的全球化。

④参见李琼：《论经济全球化》，载《中国社会科学》，1995（1）。

新月异，互联网络迅速延伸和扩展，一个全新的“网络社会”正在形成，硕大的地球正变成一个小小的“地球村”：最后反映在金融市场急剧膨胀，全球化的金融大市场正在形成。[①]

还有的学者从经济全球化发展的现实角度认为：“全球化实际上是资本主义全球化”，“经济全球化就是资本主义制度全球化”，“经济全球化有利于当代资本主义的发展，这是因为，世界统一大市场的形成，资本主义国家开辟了更大的商品市场，获得了更广阔的投资场所；生产进一步跨越国界，在世界范围内形成新的资本主义生产体系。”[②] “从根本上来看，经济的全球化，是一场以发达国家为主导，跨国公司为主要动力的世界范围内的产业结构调整。”[③]

也有学者认为，“全球化是指经济范畴，不是讲政治、军事领域，因而无姓社姓资属性，不宜提资本主义全球化。”“不要把经济全球化同社会制度属性联系起来。在经济全球化过程中，不同的社会制度对社会生产力的内容有趋同的成分。”[④]

更多的学者是从经济全球化的表现形式和最终可能导致的经济后果的角度确定其内涵的。他们多视角地对经济全球化做了理论概括，提出：

“经济全球化是指世界各国在全球范围内的经济融合。”[⑤]

“所谓经济全球化，指在国际范围内统一运作的一种经济，无论资本流动、劳动力市场、信息传送、原料提供、管理和组织等均实现国际化，亦称“全球的网络化”。

“经济全球化指的是所有经济活动和经济过程均被纳入一个以计算机、通讯技术和网络技术联结起来的全球性网络，在全球范围内寻求资源的最佳配置。”

“世界经济全球化系指世界各国经济在生产、分配、消费环节的全球一

①参见李长久：《经济全球化的进展、内涵和影响》，载《世界经济》，1997（7）。
②沈强：《当代资本主义与世界经济全球化——当代资本主义问题研讨会纪要》，载《当代世界》，1998（9）。
③龙永图：《关于经济全球化问题》，载《光明日报》，1998-10-30。
④沈强：《当代资本主义与世界经济全球化——当代资本主义问题研讨会纪要》，载《当代世界》，1998（9）。
⑤薛荣久：《经济全球化的影响和挑战》，载《世界经济》，1998（4）。

体化趋势，是生产能力存量在全球范围内的转移活动。”①

“经济全球化指的是经济增长要素特别是资本要素、技术要素乃至人力要素在市场法则的驱动下所出现的全球性流动和组合，以至于国别经济和区域经济越来越多地被纳进入了一个一体化的全球经济体系之中。”②

“经济全球化主要是指生产要素以空前的规模和速度在全球范围内流动、国际经济联系变量连续变化而导致的一国市场同国际市场的融合，并最终朝着无国界方向转变的一种过程和现实。”③

“经济全球化是世界经济发展的一个新的更高的阶段，是各国经济对外开放和国际化的结果，同时也是各国经济体制市场化的结果。经济全球化作为一股无法回避的世界经济发展浪潮，已经并将继续改变世界经济乃至各国经济的运行机制和发展方式，使越来越多的国家融人世界经济的整体之中。”④ 等等。

我们认为，对于经济全球化内涵的理解，可以从社会生产力发展的内在规律及其与生产关系的联系中去把握。

首先，经济全球化是一个历史进程，是现代经济发展的一种趋势。世界各国不可能离开这一进程而获得独立发展，如果无视这一进程，将会阻碍本国经济的发展。但是，也不能将经济全球化视为追求的目标，因为经济全球化的高潮才刚刚开始，人们还无法预料它的最终结果，只能充分利用其为本国利益服务。

其次，经济全球化是生产力超越国界，生产要素在全球范围内自由流动和优化配置，促进全球经济不断增长的进程。在这一进程中，世界各国、各地区通过市场的纽带，逐步推动国内统一市场向全球统一市场过渡，最终形成具有规范各经济实体经济行为的全球统一规则，并建立了全球经济运行机制，以保证各经济行为主体之间的自由、公平竞争，从而极大地推动了跨国公司的全球化战略，促进了全球产业结构的新一轮调整，加速了全球经济的

①辛棋：《世界经济的全球化趋势及我国的战略对策》，载《世界经济研究》，1997（1）。
②胡元梓、薛晓源主编：《全球化与中国》，第212页，中央编译出版社1998年版。
③俞可平等主编：《全球化悖论》，第233~234页，中央编译出版社1998年版。
④李琼：《进入21世纪的世界大趋势——经济全球化与世界多极化》，中国人民大学复印报刊资料（世界经济），2000（5）。

快速增长。

再次，经济全球化实际上是全球经济市场化的过程。经济全球化之所以在20世纪八九十年代出现新的浪潮，其中一个重要的原因就是市场经济体制成为世界绝大多数国家的选择。市场经济与社会制度、意识形态无关，同样经济全球化也与社会制度、意识形态无关。作为一种经济体制和经济运行机制，它可以被不同社会制度的国家所采用。如果没有全球经济的市场化，今天的经济全球化浪潮可能会大打折扣。

最后，经济全球化是世界各国利益再分配的过程。世界各国在参与经济全球化的过程中，都要追求本国利益的最大化，这是不争的事实。但是，由于经济全球化主要是由西方发达资本主义国家推动的，目前通行的市场规则和国际惯例在相当大的程度上体现和反映了它们的利益和要求，况且发达国家的经济实力和科技水平在世界经济中居于支配地位，是全球经济的“中心”和经济全球化最大的受益者；而发展中国家由于其经济文化发展相对落后，处于世界经济的“边缘”或“半边缘”状态，特别是一些处于“边缘”状态的国家，如某些非洲国家，它们在参与经济全球化的进程中，所付出的成本和收益往往会出现不对称的现象，发展中国家要想在经济全球化的进程中争得同等的权利，获得较大的收益，仍有很长的路要走。

三、关于全球化问题争论的几种观点

目前，关于全球化问题的争论主要有以下几种观点：

首先，关于全球化是不是新现象或新发展的问题，可以说，大致存在着肯定和否定两种看法。① 在认为全球化是新现象或历史发展新阶段的看法中，时间最短的只有一二十年。② 还有的研究认为，全球化启动于19世纪中叶到第一次世界大战时期，但那时的世界经济进程很难被称为全球化。③ 不难理

①但问题并不如此简单，因为涉及新或不新的界限究竟划在哪里这样一个问题。

②即认为全球化只是对20世纪80年代中期以来国际分工发展和经济生活国际化的概括，因此，目前还处于初级阶段（沈鹦如，1998）。更长一点的，认为全球化是20世纪最后30年特殊历史条件的产物（COX，1997）；或者是第二次世界大战以来的产物，是战后世界经济发展的主要特征之一，是全新的历史阶段，出现了一系列新特点（李琮，1995；陈宝森，1996）。

③因为今天的全球化比较那个时期有着深刻的技术内涵，世界经济涉及的范围更广，各国市场的融合更容易（国际货币基金组织，1997）。

解，把全球化看做新现象或新阶段的都是近年的研究。他们有些虽然看到全球化的历史联系，但更强调全球化的新特点或新内容。认为全球化不是新现象的观点大多并不否认世界经济有新的发展，不过，这些看法更强调历史过程。在时间判断上同样存在不同意见。① 把全球化与资本主义发展联系在一起的观点通常不把全球化当做新现象，认为它不过是用来说明一个发展已久的过程的新名词。世界体系论认为现代世界体系的存在已有几百年的历史。②

其次，对全球化是不是一个线性过程的问题，把全球化说成是科技进步或生产力发展必然结果的看法似乎倾向于肯定的回答。③ 把全球化经济看做日益加深的相互依赖，甚至各国经济的同质化趋势。许多强调世界经济历史过程的研究则注意到，全球化不是一个没有中断甚至逆转的线性过程。④ 当然，注意到全球化非线性发展的人不一定反对存在着一个经济关系国际化的长期趋势。但即使这一点也并不是没有争议的。

另一个重要而又有争议的问题是，全球化在什么程度上削弱了民族国家的作用。⑤

①例如，认为近几十年来发展起来的全球经济是经济关系国际化长期过程的一部分（Axfrd，1995），认为经济全球化并不是什么新东西，而是国际分工的深化和世界经济发展的阶段性特征（戎殿新，1997；汤普森，1998）。

②还有人指出，由于资本主义始终是一个全球性的制度，世界政治经济并没有比100年或150年前更加全球化（塔布，1998）。

③这些研究喜欢用比较级形容词描述全球化发展。例如，说各国生产越来越国际化，多国或跨国公司的主导作用越来越明显，贸易和外国投资更加活跃，国际资本流动达到空前规模，各国相互依赖的程度日益加深等等，同时借助大量证据，尤其是20世纪80年代中期以来的发展，来支持世界经济发生重大变化、越来越趋于一体化的看法（ThomPson，1992；Campanella，1992）。

④有研究表明，19世纪后期，国际经济中货币、货物和人员流动比最近30年更为开放（GlynandSutcliffe，1992）。如果以商品贸易对国内生产总值的比率作为国际经济一体化的标志，那么，1993年的一体化水平与1913年的情况类似（汤普森，1998）。全球化过程在19世纪末就曾轰轰烈烈地展开，不仅当时交通、通讯技术的突破拉近了人们的距离，跨国投资和贸易达到相当高的水平，而且劳工的流动性甚至比今天还要强（戴维·黑尔，1999）。

⑤一方面，强调全球经济的人提出“无边界世界”的观点（ohmae，1990），用民族国家界限的破除来描述全球化的世界经济。事实上，早在二十世纪六七十年代，有关跨国公司的一些研究就指出，民族国家作为一个经济单位正在消失（Kindleberger，1969；Johnson，1975）。另一方面，大部分国际经济现实主义著作则坚持认为，国家仍然是国际调整和管理的主要工具，即便是跨国公司也仍然从属于各个国家，并没有失去国籍（KaPstein,1991-1992）。在这两种观点之间存在一系列看法。有的承认跨越国界的生产网络和全球通信流动具有改变传统经济模式的潜力，但民族国家仍在全球经济管理以及决定公司和本国成功中起重要作用；国内条件，例如生产要素、国内需求质量，国内竞争程度以及一国国内的经济制度仍是决定一国竞争力的主要因素，它们随着全球化过程的发展和不确定因素的增加而变得更加重要（Porter，1990；Retch，1992）。有的则指出。全球化力量被过分渲染了，所谓国界消失的看法不符合事实（Wade，1996：汤普森，1998）。侧重战略管理的研究则从最新发展入手，例如廉价和强大的电子计算机和通信、对外投资和融资障碍的扫除等，具体探讨大公司是否变成了独立于国家的“世界选手”（PrahaladandD02,1987;BartlettandChoshal，1989：Bartlettetal.eds.1990）.

同时，大量的研究也都注意到全球化在经济领域和政治、文化领域发展的不平衡。① 事实上，地区、国家和各种力量对全球化的抵制一向存在，因为现代世界经济的发展始终是建立在一个古典矛盾，即全球互相依存性和民族自主性的悖论之上。

此外，全球化的动力也是一个不可回避的问题。②

关于全球化的发展趋势，学术界也存在有若干不同的看法：

人类现在面临的是一个什么样的世界？它正在发生怎样的变化？朝着什么方向发展？这是近年来政治家、企业家和学者讨论十分热烈的问题。全球化趋势的争议正是企图回答这样的问题。因为这一看法直接关系到如何看待世界的发展方向，并决定国家、团体、个人今后的基本选择取向，因此至为重要。③

1. “和谐论”的观点

（1）“生态危机论”的主要观点认为：当代生态状况的恶化导致了人类严重危机，而由于民族国家的削弱以及问题的全球性要求全世界合作通盘解决才能奏效，人类利益的一致性带来了第一次全球革命。早在20世纪70年代初，罗马俱乐部就在计算机模拟全球发展的分析结果中指出：如果目前世

---

①有些研究更强调这种不对称，不平衡的状态，提出在估计不同的整体秩序和冲击时要更谨慎（Giddens，1993；Axfoed，1995）。全球化过程的不对称性在动荡的20世纪90年代十分明显，与全球经济自由化密切联系的多边组织或体系受到地区贸易集团和“微型多边主义”的挑战（Campanella，1992；Ruggie，1992）。

②概括起来大致有这样一些说法：1. 根本动力是生产力的发展，或者说，是现代科学技术和生产力的进步（辛来，1997；李琼，1995，1996）。2. 主要动力是各国的跨国公司或者企业，它们是市场经济高度发达的产物，最后发展到在全球范围内配置资源，尽管这个历史过程也反映了生产力的不断扩张（陈宝森，1996；龙永图，1999）。3. 最重要的动因是这些因素的结合：分工的深入和市场的扩大，科学技术的进步和跨国公司的发展（罗肇鸿，1995）。还有的把世界生产力看做经济全球化的原因，把追求利润、取得竞争优势和谋求经济发展看做推动力（薛荣久，1998），或者把国际贸易和国际资本流动看做经济全球化的“源泉”等等。另外，近年来，随着计算机带动的科学创新被看做新的知识经济的基础，有人认为这使竞争优势中例如技术、劳动力、土地和资本等传统因素的重要性下降，智力成为全球经济中财产的新形式和创造财富的基础（Handy，1994）。把全球化与资本主义世界经济联系在一起的研究，认为资本主义世界经济的动力是资本扩张，目的是通过剥削剩余价值不断进行资本积累，认为资本在全球的扩张冲动完全由资本积累的内在逻辑决定。这种观点，虽然看上去也主要着眼于经济层面，但资本积累是一个比单纯技术、生产力、企业或者国际贸易都远为复杂的社会经济过程，所以，这类研究显然不局限于生产力或纯经济分析。

③近十余年来，国外思想界有关全球化趋势的争论已为国内知识界所熟知，在国内也引起了讨论，但讨论多仅从某一两个角度去观察，尚缺乏从多角度的视野对其做出评述。在此谨对国外有关争论的主要两派意见——和谐论与新冲突、新竞争论做一介绍，并给予一定的评析，以期对全球化趋势做出更为全面的估计。

界的人口、工业化、污染、食物生产、资源消耗的增长趋势持续而不改变的话，那么在今后一百年中地球上将出现增长极限。罗马俱乐部在1992年更提出，世界正处在形成一个新型态全球社会的初级阶段。一方面能源、环境、基础研究或公平性的问题，单靠市场机制无法解决，有待政府介入。另一方面，国家间相互依存的关系加深、地区经济同盟的陆续崛起、国际往来的频率加速、跨国经营活动的急剧扩张，使国家主权受到侵蚀，民族国家的角色越来越不重要。由于环境、能源、人口、粮食和经济开发等问题的互动关系，个别解决其中某一问题已无意义，通盘解决又超出了每一国家的单独能力，因此必须在一种全世界的合作策略下同时解决所有的问题。

（2）“国家终结论”的主要观点是：经济的国际化导致民族国家过时。欧曼（Ohmae）认为，近二十多年的发展造成了金融、投资、贸易、消费的跨国自由流动，使活跃的跨国公司成为经济活动真正有意义的单位，他们决策的主要考虑是市场优势、靠近资源产地、廉价劳力等竞争因素，不再受制于国家因素，因而传统的民族国家的中间人角色在很大程度上失去作用。由于民族国家中间人作用的过时，坐到全球会议桌上来解决问题的单位，就不再是有人为政治边界的国家，而是有真正市场繁荣的地理单位，如“地区国家”。也有的学者认为，主要的国际关系行为者应由跨国公司来取代。

（3）“历史终结论”是由福山（Fukuyama）提出来的，其主要观点是：冷战结束的意义远超过了“自由民主”制度的胜利，而意味着“自由民主”制度成为人类意识形态进化的终结和人类政府的最后形式，这就导致了“历史的终结”。历史是指单一的连贯的进化过程，人只要满足其基本需求，历史就终结。“自由民主”制度解决了人类两大基本需求，一是现代科学技术和市场经济的发展，满足了人的物质需求；二是“自由民主”给予人的尊严和人的价值，满足了人渴望被承认的精神需求。人类社会制度没有更好的安排能够满足这些愿望，因此不可能有进一步的历史变革了。当然，这不是说生死的自然循环结束，也不是说不存在问题了，而是说人类在重要原则和制度上不会有进一步的发展了。

（4）“经济增长终结论”的主要观点是：人类的物质进步已接近极限，人类的本质进步才刚刚起步。佩克（Paepke）认为，由于全球化的发展，人类社会的经济成长已到顶，但是另一种完全不同类型的进步，却正在浮现，这就是人类的自身进步。过去的物质进步虽然改变了人类生活条件，却未触及自身进步的基本特质，即过去的进步只改变了人类的外表装饰，未来的进步则直接向人类本质改善进军。

2. 新冲突、新竞争论的观点

（1）“文明冲突论”是亨廷顿（Hentington）提出来的，他认为冷战虽结束，人类新的冲突仍不可避免，冲突的主要根源将不是意识形态或经济因素，而是文化上的差异，未来全球政治冲突主要将发生在不同文明背景的国家和集团之间。但冷战后的世界在某种意义上仍是两个世界，一边是占支配地位的西方文明，另一边是非西方文明。现在非西方文明的权力正在上升，具体表现在东亚国家的经济增长和对西方显露的过分自信，以及伊斯兰国家的回教原教旨主义势力的扩大，西方国家与他们之间的冲突是今后世界稳定的最大危险。与文明冲突论相应的还有进行新冷战的“围堵中国论”，该观点认为中国这样的社会主义国家经济迅速增长，政治上有很大的不确定性，已“严重影响”到美国和西方国家的安全，故应当像冷战时期对苏联那样给予围堵。

（2）“南北分裂论”认为：在全球化下世界经济出现两极分化，国家之间的差距十分明显，导致了南方与北方的对立。“新马克思主义”认为，资本主义的世界体系是以中心地区发达国家依靠经济优势对边缘地区落后国家的剥削而维持的，全球化给不发达国家的工业化带来了更多的困难。冷战结束后，南北之间的关系有恶化的趋势，已被许多学者所认识：一方面不少第三世界国家经济发展持续衰退，陷入空前债务危机，致使许多第三世界国家的购买力低下，反过来也限制了发达国家的贸易出口，造成世界经济的恶性循环；另一方面由于南北之间的差距扩大和南方国家的人口暴增，导致南方向北方的大量移民，带来一系列国际问题，加剧了南北冲突，这被欧洲传媒称为21世纪的最大危险。

（3）“新的国家竞争论”是波特（Porter）提出来的，他反对有关全球化使国家重要作用丧失的观点，认为这与提倡避免竞争一样是错误的。波特指出，国家对于一国经济的竞争有重要作用，因为竞争优势是通过高度地方化的过程建立与维持的，国家的经济结构、价值观、文化、制度和历史的差异性对竞争的成功产生深远影响；此外，在全球化下国家看起来不重要了，但另一方面也可以说更重要，这表现在一个国家如果采取错误的策略就会破坏该国的竞争优势。生产率是一国经济有竞争力的关键因素，各国政府必须确定正确的目标，即促进使经济繁荣的生产率的增长，努力给企业以刺激，推动企业利用本国优势去竞争，而不是采取反生产率的办法，如给予企业补贴、扩大协作、暂时性保护等。此外，冷战结束后，一些国家的领导人也相继指出，国家安全领域的军事竞争的重要性已让位于经济竞争，尤其是科技竞争，因此各国皆大力发展本国经济和科技，带来了新一轮的国力竞争。

3. 对全球化发展趋势两种理论的评价

（1）“和谐论”的缺陷

和谐论看到了国际政治经济正在发生变化的方面，即经济的国际化和由此导致的跨国联系侵蚀着国家主权，民族国家已不再像以往那样起作用；而且由于冷战终结，大国之间严重的冲突消逝，人类今后的发展将更注重福利、生态环境、人权等人类自身进步问题，这无疑有其合理的因素。但是和谐论有三个重要的不足：一是过分夸大了国家主权的丧失程度，认为民族国家不起作用了，已不再是国际政治经济的主要行为者，这明显不符合目前和今后相当长时期的国际政治经济现实。二是和谐论有的意见忽视了新冲突、新竞争，表现出过分乐观。三是和谐论过分从西方角度看问题，夸大了全球化的发展，没有重视不发达国家的贫困。

（2）新冲突、新竞争论的缺陷

新冲突、新竞争论看到国际政治经济延续以往的方面，即全球化下民族国家仍在发挥作用，它们之间的冲突、竞争并未因冷战终结而结束，因此各种文明之间以及民族主义引起的冲突、南北经济差距扩大带来的关系恶化、国家在科技与经济竞争中的主导作用等问题是国际政治经济中要面对的新挑战，这些观察也无疑具有其合理的因素。但是新冲突、新竞争论同样有其片面性的地方：一是有过分夸大冲突的倾向，这主要表现在“文明冲突论”上。文明的差异、意识形态的不同固然是引起国际冲突的重要原因，但并不是惟一原因，只有加上不沟通、不理解、不求同存异，才会形成对立导致冲突。二是有片面认识全球化造成的国际分工后果的倾向，这主要表现在“南北分裂论”上。全球化下南北经济差别继续扩大固然不可忽视，应使北方国家认识到南方国家的不发展终会阻碍北方国家的发展；但全球化造成的国际分工除了有利于北方国家巩固自己的优势外，也对南方国家的发展起到了一定促进作用，产业的转移使亚洲四小龙变成为新兴工业国家和地区，也使中国与许多东南亚国家加速了现代化，它一方面巩固不平等，另一方面又消除不平等，最终将朝着较为合理的国际分工发展。对于发展中国家来说，与其对全球化造成的国际不平等现象抱怨哀叹、愤恨不平，还不如考虑如何因利乘便，顺势而为，主动加入国际分工中获取更多的利益。三是未看到国际政治经济开始发生质的变化，即人类社会的相互依存产生了某种摆脱国家长期以来处于自然状态的力量，正在走向和平合作的新时代。尽管目前国际社会趋同的力量还不大，在和平合作的同时仍然充满矛盾冲突，甚至是武力冲突，但在全球化推动下，较小的趋同力量会不断增长是可以预见的。不过，人类利益根本一致的趋同力量与民族国家间利益差别的异化力量是一个此长彼消的长期过程，只承认前者不承认后者固然滑人不现实的理想主义，然而看不到全球化将不断加强前者，则易成为保守派或顽固派，陷入或左或右的冷战思维泥潭而不能自拔，同样不能正确回应全球化的挑战。

当今的全球化现象是在信息科技革命推动下，各民族国家在政治、经济、社会、文化各个领域全面加强交流导致全球相互依赖程度不断加深，产生了既有冲突又有合作、既有同化又有异化的新一轮人类社会融合过程，其本质上是人类社会趋同力量的逐渐扩大从而将导致现存民族国家体系演变的漫长历史过程。但是全球化趋势的争论与辨析表明，全球化是一个复杂的发展现象，在认识全球化下国际政治经济走向时有两个需要十分留意的地方：

首先，全球化下的世界有双重特征，一方面国际政治经济正在产生新的变化，出现了相互依存和利益趋同的趋势；另一方面国际政治经济又在很大程度上保持原有状态，国家之间仍然处在无政府状态的争斗之中。对于国际政治经济新变化与原有状态的估计是否准确，不仅是一个理论问题更是一个现实问题，这里需要现实主义而非理想主义的态度，需要辩证的观点而非僵化的观点。

其次，全球化趋势的争论所产生的各种观点都有一定建设性同时又或多或少具有一定的缺陷，没有一种意见或观点能够解释全球化趋势的全部方面，惟有从多角度和用多种观点去分析，才能对真实的全球化发展获得比较全面的认识。

因此，就当前全球化的发展而言，一方面我们在看到经济相互依存和跨国经济发展的同时，不能将主权国家只是部分失去原有意义的现象夸大为完全或大部失去原有意义，甚至不清醒地以为人类整体利益高于一切的时代真的降临了，国家已不再是国际政治经济的主要行为者。另一方面，我们在看到国家间新冲突、新竞争的同时，也不能将这些冲突与冷战时期的冲突竞争完全等同起来，因国际上某些人士重弹冷战旧调就恢复地缘政治的过时心态，甚至转移自己注意力的重心，将保持冷战思维的国际暗流夸大为国际主流，忘记世界已进入了和平与发展的新时代。

全球化的发展既有利于西方发达国家的发展，也在一定程度上有利于发展中国家的发展，一方面我们既不能因为全球化有利于西方国家的发展就放弃参与全球化的进程，另一方面我们也不必因为参与全球化的进程就对西方国家力图巩固自己地位的行为三缄其口。全球化带来的信息在全球范围的迅速传递虽有利于在信息技术上占优势的西方国家推行文化霸权，可是这也给发展中国家声张自己的立场留下了空间，问题是怎样利用它来表达自己的声音，而不要把这些空间完全拱手留给西方国家。

特别是对于中国这样具有悠久历史和博大精深的文化传统的国家，如何善于包装自己的文化并利用全球化的信息传播使之在世界上发扬光大，声名远播，这是绝对值得一试的事情。不让别人专美于前，惟有自己要懂得效法于后。21世纪的中国经济与文化将进一步得到大的发展，中国人的自信心也将进一步确立，我们的祖先深谙“远人不服，则修文德，以来之”的道理，当今之世我们也有必要在全球化的浪潮中借助中华文化的形象来折服世人，加强内部的凝聚力，这也许是对付西方文化霸权更为高明的办法。全球化为一切优秀文化在世界上风行提供了有利条件，它不仅包括“西化”，也可以包括“中化”，正如麦当劳、汉堡包可以在中国受青睐，中式餐馆也可以在全世界各地开花一样，西学、中学其实可以互为体用，只要它们的确是好的东西，反倒是相互排斥才是全球化下的不正常现象。中国是文化礼仪之邦，历来重视文化外交的作用，因此，“中国化”非但何惧之有，而且应当全力促进。全球化下的竞争不仅是经济与科技的竞争，还包括文化的竞争，中国在这方面的优势远没有发挥出来，是值得下工夫的事情。

四、全球化是民族国家利益矛盾的展示过程

恩格斯指出：“唯物史观是以一定历史时期的物质经济生活条件来说明一切历史事变和观念、一切政治、哲学和宗教的。”[①] 全球化与民族文化的关系也应这样来理解。不过，为了突出问题对各国、各民族在全球化与民族化过程中的生存状态的一个侧面，特把“利益矛盾”提出来加以讨论。在限定的意义上，全球化是一个包容着多重矛盾且处于生成中的世界性现象，全球化与民族化始终是围绕利益问题而展开的。马克思认为，“人们奋斗所争取的一切，都同他们的利益有关”；“革命的开始和进行将是为了利益，而不是为了原则”。[②] 物质利益需求的满足是人类生存与发展的前提。人们的利益需求的满足程度是衡量社会发展水平的尺度之一，同时也是衡量全球化现象合理性的尺度之一。

全球化作为一种人类社会现象，其实质是人类利益实现形式的转换与更新。[③] 马克思曾从利益的角度，以“世界历史性”概念对全球化问题进行了合理的解说与把脉。他认为，由“民族历史”向“世界历史”的转变，不是“自我意识、宇宙精神或者某个形而上学怪影的某种抽象行为，而是纯粹物质的、可以通过经验确定的事实，每一个过着实际生活的，需要吃、喝、穿的个人都可以证明这一事实。”[④] 而这一“事实”，究其实质来讲是一种利益事实。正是在利益的驱动和追逐中，资本主义在攻击性发展观的引导下，凭借

①《马克思恩格斯选集》第2卷，人民出版社1972年版，第537页。

②《马克思恩格斯全集》第1卷，第82、551页。

③维护自身的存在和发展，关心自身利益的得失的逐利行为和自利倾向，是一切生命有机体，亦是任何社会群体的首要法规。人首要的关怀就是对自身利益的关怀。人类在社会关系日趋复杂、社会实践日趋深入、人的利益欲求不断膨胀等诸因素的作用下，其利益的获得方式也在发生着相应的变化。传统的生产方式，已难以满足人们的利益需求。因此，资本主义的出现，为利益实现空间的扩展带来了极大的便利。

④《马克思恩格斯全集》第3卷，第52页。

资本的渗透力量和市场的扩张本性，开拓并推动了经济全球化进程。利益的吸引及其本身魅力，迫使资本主义“不断扩大产品销路的需要，驱使资产阶级奔走于全球各地。它必须到处落户，到处创业，到处建立联系”，并“按照自己的面貌为自己创造出一个世界”。[①] 全球化进程，既是资产阶级利益驱动下的结果，又是实现其更大利益所依附的客观空间。

当代，全球化发展的广度与深度，自然已超出资本主义初期对“世界历史”的开拓程度。但是，当我们把其放置于人类社会发展规律中加以审视，可以说，全球化是人类利益实现空间逐步扩张的逻辑结果。全球化的出现，是人类历史发展的必然阶段，也是人的利益实现的当代形式。这深刻反映出人类社会发展的连续性特点。

在对全球化问题的理解上，有两种认识倾向需引起注意。一是庸俗经济决定论倾向，认为全球化的内在逻辑，必然导出“经济一体化”、“政治趋同化”与“文化同质化”，并由此出发侈谈“全人类价值”、“普世伦理”。这种一相情愿的虚构“太平盛世”的道德浪漫主义，体现着绝对理想化的认识态度。二是有人看到了全球化的矛盾现象，并认为全球化不可能产生出一个“普世主义”的价值观和发展原则，不可能开掘出全球政治、文化的统一性，反而产生了基于文化的新认同以及不同文明集团之间冲突的文化模式，“因此不同文明集团之间的冲突，就成为全球政治的中心”。[②] 这种理解，虽揭露了全球化背景中的矛盾态势，但把冲突原因主要归结为文明、文化却不乏轻薄。这两种倾向有着一个共同的“病症”，即对全球化所赖以形成的利益基础弃置不顾，由于前提与方法的失误，因而其结论也就误入歧途。两种理解都没有触及到全球化实质，因而对全球化及其矛盾态势也就不具备真正的解释力。

①《马克思恩格斯选集》第1卷，第254、255页。
②[美]塞缪尔·亨廷顿：《文明的冲突与世界秩序的重建》，新华出版社1998年版，第13页。

五、全球化背景下民族文化冲突的表现形式[①]

随着人类交往空间的扩大和联系形式多样化条件的出现，人类的冲突会越来越复杂、激烈。这是一个规律性的现象。社会系统中的一切矛盾与冲突，归根到底都与利益有关，利益是或隐或显地诱发冲突的根源，它不断地在发挥着对社会的离散功能，塑造着社会中的分化力量。作为一种客观趋势，全球化是人类达到一定阶段所必然出现的社会现象，其推进过程，也是利益冲突日益复杂化的过程，利益冲突是全球性矛盾形成与发展的根源性条件。马克思以“世界历史”概念透视全球化的第一缕曙光时，并没有把世界理解为风平浪静，而是在这一进程的开拓中看到了不同民族、不同势力、不同社会形态之间的利益对立。并认为，虽然资本主义引发了全球化现象，但全球化所激发出的多样性矛盾反而孕育着灭亡资本主义的条件。“我们赞成自由贸易，因为在实行自由贸易以后，政治经济学的全部规律及其最惊人的矛盾将在更大的范围内，在更广的区域里，在全世界的土地上发生作用；因为所有这些矛盾一旦拧在一起，互相冲突起来，就会引起一场斗争，而这场斗争的结局则将是无产阶级的解放。”[②]

那么，全球化激化人类的利益矛盾，其中的机理是什么呢？这是因为：

首先，全球化提供了人的交往空间，容纳了更多的利益差别，这是利益矛盾产生的前提性条件。利益矛盾是人的社会关系广泛性与交往形式复杂性孕育出的结晶物。全球化把世界的人、财、物纳入到同一个舞台，把人类的不同利益追求及实现方式聚拢到同一空间。利益冲突起源于利益差别。人们

①对全球化问题的理解，有两种认识倾向需引起注意。一是庸俗经济决定论倾向，认为全球化的内在逻辑，必然导出“经济一体化”、“政治趋同化”与“文化同质化”，并由此出发侈谈“全人类价值”、“普世伦理”。这种一相情愿的虚构“太平盛世”的道德浪漫主义，体现着绝对理想化的认识态度。二是有人看到了全球化的矛盾现象，并认为全球化不可能产生出一个“普世主义”的价值观和发展原则，不可能开掘出全球政治、文化的统一性，反而产生了基于文化的新认同以及不同文明集团之间冲突的文化模式，“因此不同文明集团之间的冲突，就成为全球政治的中心”。（[美]塞缪尔·亨廷顿：《文明的冲突与世界秩序的重建》，新华出版社1998年版，第13页）这种理解，虽揭露了全球化背景中的矛盾态势，但把冲突原因主要归结为文明、文化却不乏轻薄。这两种倾向有着一个共同的“病症”，即对全球化所赖以形成的利益基础弃置不顾，由于前提与方法的失误，因而其结论也就误入歧途。两种理解都没有触及到全球化实质，因而对全球化及其矛盾态势也就不具备真正的解释力。

②《马克思恩格斯全集》第4卷，第295~296页。

对利益的需求、利益实现的手段、利益占有的多寡，诸种因素的交汇，为利益的冲突提供了可能。

其次，从利益主体的角度审察，全球化的参与主体，是由边界清晰的不同民族国家所构成的。民族国家既是全球经济活动的主体，也是全球政治活动的主体。全球化，实质上是民族国家作为主体为了追求效益最大化而在全球范围内形成的普遍性交往活动。全球化是不同民族国家追求自身利益、追求发展的结果。在当代,"民族国家利益优先、至上"仍然是世界主导的原则，全球化是一个利益主体、利益目标"个性化"的时代。"凡是有某种关系存在的地方，这种关系都是为我而存在的。"① 任何利益主体的需求，从其产生的那一刻起，就带有自我实现和自我满足的动力基因和目标方向，利益冲突的发生也就在所难免。

再次，从人的交往活动来看，任何人与人的交往，实质上就是利益的交往。"在每一件经济的交易里，总有一种交易的冲突，因为每个参加者总想尽可能的取多予少。"② 利益主体在错综复杂的交往形式中，在民族国家利益至上原则的支配下，必然导致不同利益之间的区分与对立。这正是当前为什么全球化进程发展得如火如荼，却形成政治多极化、文化多元化局势的深刻原因。全球化只是民族国家实现自身利益的手段与工具，而不是目的。

全球化中的利益矛盾，是以多种形式体现的。

首先，经济冲突是最直接的利益冲突。利益是人的需要在经济关系上的表现，一定的社会经济关系是利益的社会本质。从根本上说，社会中的一切经济关系，都是利益关系。③ 经济利益冲突的直接表现：

一是发达国家与后发展国家之间的矛盾。发达国家控制着世界性经济组织，制定着有利于自身的游戏规则，而后发展国家则在经济全球化中处于被动、弱势地位。全球化中不同国家的利益实现，主要围绕着控制与反控制、垄断与反垄断的斗争而展开。

---

①《马克思恩格斯选集》第1卷，第35页。
②[美]康芒斯：《制度经济学》（上），商务印书馆1962年版，第144页。
③经济的全球化突出了竞争性特点，民族国家利益只有通过竞争才能实现，经济的竞争实质上是利益分配的必然方式。利益的冲突与竞争是一个相互作用的过程。

二是全球化所引发的另一后果，则是造成悬殊的贫富分化。占世界人口约17%的24个发达国家，拥有世界生产总产值的79%，而占世界人口83%的发展中国家，仅占世界生产总值的21%。全球化在促进发展效率的同时，又带来发展的不公平，使利益矛盾有所深化。这种态势必定引起贫富国家对全球化认识态度与参与方式上的背离。

其次，政治冲突间接地反映着经济利益矛盾。经济利益是产生政治利益的根源，政治冲突始终是围绕经济利益而展开的。“土地占有制和资产阶级之间的斗争，正如资产阶级和无产阶级之间的斗争一样，首先是为了经济利益而进行的，政治权力不过是用来实现经济利益的手段。”① 全球化进程中，世界上政治制度的多元性、政治格局的多极化发展，为不同国家在实现自身利益时形成政治冲突提供了条件，政治霸权主义总是希望整个世界纳入资本主义系统，由此引起国际政治颠覆与反颠覆、干扰与反干扰的斗争。正如日本学者星野昭吉所认为的：“从以近代国家为构成单位的国际社会的形成开始，各国国家利益的形成和追求成为现实国际政治展开的动因。”② 冷战后的世界政治的内在动因仍然是国家利益，特别是国家安全和国家经济利益。

再次，文化上冲突是经济利益矛盾在价值观念上的体现。经济利益及其矛盾绝不是一个单纯的经济问题，而是内蕴着不同的价值文化观念的对立。德里克认为：“全球化也具有意识形态性，因为它试图根据一种比任何东西都更有效地服务于一些利益的新的全球想像来重新建构世界。”③ 这是因为，经济利益的获取，需要文化价值观念的支撑，而在全球化中如何按照不同国家的意志安排其秩序，也需要价值文化加以维护，文化的冲突也就成为利益冲突的副产品和伴随物。一方面，经济全球化不仅没有牵引出全球性的同质文化，反而对文化民族性与世界性紧张关系有所激发。另一方面，随着文化帝国主义的形成和文化霸权话语的加强，也激起了不同国家对自身文化阵地的坚守和价值观念的强固，民族国家之间的文化冲突开始加剧。“文化成了一种

①《马克思恩格斯选集》第4卷，第246页。
②[日]星野昭吉：《变动中的世界政治》，新华出版社1999年版，第25页。
③[美]阿里夫。德里克：《全球化的形成与激进政见》，载《全球化与后殖民批评》，中央编译出版社1998年版，第3页。

舞台，上面有多种多样的政治和意识形态势力彼此交锋。文化绝非什么心平气和、彬彬有礼、息事宁人的所在；毋宁把文化看做战场，里面有多种力量崭露头角，针锋相对。”[①] 文化冲突源于经济利益的对立，继而又激发着利益矛盾。二者相互作用，使全球化矛盾日趋复杂化。

六、“文明冲突论”与“民族国家利益论”

塞缪尔·亨廷顿于1993年在美国《外交》季刊夏季号上发表了其长文《文明的冲突？》，提出了文明冲突论。亨廷顿的理论有两个出发点：第一，美国在冷战后应如何维护其霸权利益。亨廷顿看到，冷战的解体向世界释放出了新的力量（如大国增多，民族主义和宗教势力的作用加强等），这些新的力量向美国的利益发起了冲击。亨廷顿于是就为美国献计献策。第二，亨廷顿从冷战的对抗模式出发，提出了冷战后国际关系的另一个对抗模式——文明的冲突，为冷战后暂时失去对手的美国寻找新的敌手。基于这两个出发点，亨廷顿提出了他的“文明冲突论”。

文明冲突论的基本论点是：冷战后新形势下全球冲突的主要根源不再是意识形态或者是国家间经济利益的摩擦和对立，而是不同文明之间的矛盾；相同文明的国家和集团将在未来的全球冲突中凝结在一起；儒家文明可能与伊斯兰文明联合起来，形成对西方文明的挑战。它具体包括以下几个观点：（1）亨廷顿认为，冷战后精神信仰重于经济利益，以宗教而不是以种族特性和民族区别的文明是个人为之“殊死搏斗的东西”，是个人效忠的对象。他认为由于宗教差别的折射，人们对文明之间的差异有了更直观的感受，增强了相同文明内部的自我意识和认同感以及人们对不同文明的敌视。这就是为什么文明会成为冷战后人们的效忠对象和全球冲突的原因。（2）亨廷顿根据宗教差别把世界划分为七大文明群体（它们是以基督教为标志的西方文明，以伊斯兰教为标志的伊斯兰文明，以儒教为标志的儒家文明，以东正教为标志的俄罗斯——斯拉夫文明，日本文明，拉丁美洲文明，非洲文明），并演绎出：相同文明间产生合作，而不同文明之间产生冲突；西方文明与联合起来

①[美]萨伊德：《文化与帝国主义》，载《马克思主义与现实》1999年第4期。

的非西方文明——儒家文明与伊斯兰文明联盟之间产生冲突。(3)亨廷顿为美国提供了战略建议：美国应加强同西方文明内部尤其是北美与欧洲之间的团结与合作，并保持强大的军事力量和加强在国际机构中的影响力，与敌对的文明对抗；美国应孤立伊斯兰文明和儒家文明，并限制它们扩充军事力量与进行军事合作，防止它们结成联盟。只有这样，美国等西方国家才能维护自己的利益。

"文明冲突论"与"国家利益论"有着十分密切的理论关联。

国家利益的观点渊源流长。但系统的国家利益论则是由17世纪的法国红衣大主教黎显留首创，以后才不断完备起来的。国家利益论的主要观点是：国家利益是一个国家依据国内外政治、经济、军事形势及力量布局而确定的关于自己这个国家的生存发展的最高价值；它的基本内涵包括两类八项，即生存利益或自保利益(它包括主权独立、领土完整、政治统一、经济安全等四项)和发展利益或次要利益(它包括经济与科技发展，国际威望或国际影响力，宗教文化利益，民族统一要求和民族分离等)。亨廷顿所谓的"文明"即指国家利益中的宗教文化利益。国家利益论认为，国家利益是一个历史的范畴，它随国家的产生而产生，也将随国家的消亡而消亡。国家利益具有国家属性，受国家的政治、经济、军事形势和文化价值等的制约。国家利益还有其阶级属性，不同的阶级组成不同的利益集团，从而影响国家对国家利益的界定及追求，但阶级属性往往从属于国家利益的国家属性。由于国家利益的历史性和国家属性及其与之相关联的阶级属性，国家利益在不同的时期体现出不同的特点，被深深打上了时代、国家性质、阶级属性的烙印。

国家利益在历史上曾以各种形式在国际关系中发挥过巨大作用。[①] 冷战后国家利益主要表现为有限国家利益，它有两层含义：其一即指国际间各国的利益一定程度上被限制在国际规定允许和易于被相关国家接受的范围之内，并且在很大程度上受到相互利益与共同利益的制约；其二，在生存利益

①这些形式主要有：存在的理由(由黎显留提出，意思是民族国家以任何手段追求国家利益都是正当的)，国家利益——重商主义，国家利益——自由主义，国家利益——强权政治，国家利益——帝国主义，国家利益——战争主义或军国主义，国家利益——法西斯主义，国家利益——民族主义，国家利益——霸权主义，国家利益——意识形态。

基本得到保障的情况下（生存利益中经济安全会前所未有地突出出来），各国重视发展利益，但只能是有限的发展利益，其中，有限的经济利益与科技发展上升为全球范围的首要利益。有限发展利益——经济中心主义是冷战后国家利益最明显的表现形式。在地区或次地区范围内，宗教文化差别，民族分离主义凸显，但它取代不了全球性的经济中心主义的潮流。

国家利益把个人及其代表——某一政治实体（如利益集团，跨国公司，非国家国际组织，国家，国家集团等）——主要是民族国家纳入国际社会，并左右着它们的国际行为——进行利益融合与冲突的行为。利益融合与冲突决定于“风险——利益”机制。当风险大于利益时，该机制的作用后果是利益融合；当风险小于利益时，该机制的作用后果是利益冲突。与此相适应，利益融合产生国际合作；利益冲突产生国际冲突。然而，“风险——利益”机制的作用后果往往是复式的，它在国际上的投射就是：合作与冲突相互依存、相互作用并相互转换。

国家对国家利益的取向因国家之不同而不同，因国际国内形势之变化而变化。在战时，国家的生存利益毫无疑问地上升为首要地位；在和平时期，国家的发展利益会备受重视。军国主义的国家会追求极端化的国际威望——通过侵略显示武力，甚至粉碎敌国。爱好和平的国家会把和平共处，平等互利，人类共同的繁荣与进步视为国家所追求的发展利益。冷战后霸权主义、军国主义已不能适应历史发展的潮流，国家所追求的只能是有限的发展利益。

国际关系分析家和外交决策人一直重视国家利益在国际关系中的重要性。从 17 世纪的黎显留到当代的基辛格都把国家利益奉为一个国家对外政策中的准绳。汉斯·摩根索甚至断言，忽视国家利益的做法只会招至国家的灭亡。

上述两种理论作为当代国际关系研究中截然不同的两种理论，其不同点主要表现在以下三方面。第一，从方法论上来看，“文明冲突论”是“一点论”，它把国际关系做了绝对化的理解——相同文明的国家之间产生的是合作而没有冲突，而不同文明的国家产生的是冲突而不是合作；国家利益论是两点论，它认为国际间既有冲突也有合作，而且冲突与合作相互依存、相互作用并相互转换。第二，关于国际冲突的根源方面，“文明冲突论”认为，冷战后，冲突的根源是以信仰或宗教敌视为特性的文明差别；国家利益论则认为，国际冲突的根源是利益差别。第三，在描述宏观背景中的国际关系方面，“文明冲突论”主张以“文明”差别作为对外政策中党同伐异的标准，因而推论出国际关系是文明之间的关系的结论；国家利益论则主张对外政策应着眼于国家利益，并认为国际关系中既无永久的敌人也无永久的朋友，有的只是利益融合与利益冲突。

那么，当代国际关系是利益关系还是“文明的冲突”呢？

若要认识清楚这一问题，我们必须首先要弄清楚：怎样探索国际关系（是用一点论还是两点论探索国际关系）？国际冲突的根源是文明还是国家利益？文明因素可能取代国家利益，成为国际关系的主轴吗？

任何事物都是一个矛盾统一体。如果用一点论的方法观察事物，那么我们只能片面地、静止地、绝对化地看待事物，继而错误地认识事物。只有用两点论的方法，我们才能做到全面地、发展地看待事物，从而正确地认识事物。国际关系本身就是一个矛盾统一体，因而分析国际关系也如同分析任何事物一样。国际关系是一种冲突与合作相互交织并相互演化的矛盾统一体。实际上，即使在冷战期间美苏之间那种“泾谓分明”的关系之条件下，美苏之间并非只是单纯的合作或冲突，而是一个对抗与对话、紧张与和缓、合作与冲突、军备升级与军控谈判等现象交织演进的互动过程。冷战后的世界更不可能只表现为冲突或是合作。任何研究者都必须注意这一点。

国家利益论从方法论上来说是两点论。它从国家利益出发，并推论出：国家利益把国家纳入国际社会，并使它们之间进行利益融合或利益冲突，从而导致国际合作或国际冲突；国际关系是合作或冲突以及二者相互影响的关系；国家从国际交往中实现利益目标。它以全面的发展的眼光看待国际关系，因而也就正确地认识或解释了国际关系。

“文明冲突论”用“一点论”的方法研究国际关系，把国际关系中的两大现象——合作与冲突孤立地、静止地、片面地看待，以致导出糟糕的结论；某些国家之间只有冲突而无合作，而某些国家之间又只有合作而无冲突；冲突永无止境，而合作又永不变化，冲突与合作毫无任何关系。导致“文明冲突论”这一错误的根源在于亨廷顿一点论的方法，这主要体现为以下几点：第一，亨廷顿过分夸大了文明因素在国际关系中的作用，从而不可避免地使其理论带上了巨大的片面性。第二，亨廷顿静止地、片面地看待文明，他闭口不谈文明的融合性和发展变化，而只关注文明中宗教差异的顽固性。第三，亨廷顿对文明这一概念的界定是片面的，因而也就有疑问。他把文明绝对地域化和褊狭化起来（褊狭化即指亨廷顿给他所说的“文明”铸入宗教的内核），殊不知文明是一个跨地域的历史范畴，是一种由生产方式和意识形态共同作用所决定的社会生活状态。第四，亨廷顿片面地夸大了相同“文明”的各政治单位之间的亲合性，同时也夸大了不同文明之间的排他性，从而夸大了文明的内聚力因素或敌对因素。以上种种因素使得“文明冲突论”对国际关系的解释不可避免地带上重大缺陷。

因此，只有用两点论的方法，即用国家利益论才能做到正确地分析冷战后的国际关系及其形势。

其次，国际冲突的根源是文明因素还是国家利益的差别呢？

冲突是一种社会现象。美国社会学家刘易斯·科泽尔在其1956年出版的专著《社会冲突的功能》中给冲突下的定义是：冲突是一场“争夺价值以及少有的地位、权力和资源的斗争。敌对者的目的是压制、伤害和消灭对方。”科泽尔是从社会学角度给冲突下定义的。那么什么是国际冲突呢？国际冲突是一种社会冲突，是国际间的利益集团、国家或跨国组织——主要是民族国家之间，为谋求或维护自身所认定的价值——国家利益的斗争，敌对者旨在通过压制、削弱、瓜分对方的利益，伤害甚至消灭对方来实现既定的利益目标。国际冲突主要表现为：外交对抗与外交通牒；制裁威胁，制裁与贸易战；禁运威胁，部分禁运与完全禁运或封锁；军事演习或显示武力，战争威胁，军事干涉，有限战争和总体战；军备竞赛与心理战；边界争端，民族纠纷与跨国的宗教文化纷争等多种形式。其中有暴力的，也有非暴力的；有显性的，也有隐性的；有政治性、经济性、军事性的，也有宗教文化性的。

从国际冲突的定义我们可以看出，国际冲突实质上是价值冲突或国家利益冲突；冲突是实现国家利益的手段；敌对者因国家利益而冲突，并通过冲突实现利益目标。西方学者从不同学科的角度探索国际冲突的根源，并已取得很多成就。国际关系心理学家从“俄狄甫斯情结”寻找理论依据；国际关系生物学家求救于达尔文的进化论；国际政治学家从政治思想、政治制度等领域寻找国际冲突的根源；国际经济学家致力于生产、商品、货币等领域。这些研究共同的缺陷在于只是从某一领域或侧面去寻找国际冲突的根源，因而只是部分地说明了问题。我们总不能把伊拉克入侵科威特的原因可笑地归结为俄狄甫斯恋母找父的心理情节吧！亨廷顿也犯了同样的毛病——从社会中的某一因素——他所理解的“文明”去寻找国际冲突的根源，他所得出的结论必然也就是片面的。亨廷顿所谓的“文明”只是国家利益的一个因素。它从属于国家利益。

冷战后世界上所发生的主要冲突有：波黑冲突，海湾战争，科索沃战争，美国攻打伊拉克的战争，美国与俄罗斯在北约东进问题上的战略较量，美日、美欧以及中美之间的贸易冲突，非洲一些国家的内部冲突（如在卢旺达、安哥拉、索马里、贝宁的内战和在贝宁、阿尔及利亚、刚果等的内部动荡）。我们几乎就根本不能够把上述任何一场冲突的原因归结为“文明”。以波黑冲突为例，那里有三种矛盾（克族、塞族和穆族之间的矛盾）与六种力量（克族、塞族、穆族和他们各自的幕后支持者德、俄、美）和一个组织（北约）。克、塞、穆三方虽有民族宗教分歧与历史积怨等方面的冲突因子，但核心因素则是波黑的土地。德、俄、美三方主要是为了扩大自己在巴尔干半岛的影响力或国际威望。北约介入的原因则主要是担心波黑冲突扩大化，从而殃及欧洲安全。当“代顿协议”就土地问题的规定被各方接受以后，波黑冲突各方也就息兵了。由此可见，冷战后国际冲突的根源不可能是亨廷顿所说的文明，而只能是国家利益、尤其是有限的发展利益。

再次，“文明”能否取代国家利益，成为冷战后国际关系的主轴呢？

冷战后国际形势的急剧转换，根据目前已经日益趋于明朗的局势来看，大国的战略调整业已就绪，大国关系明朗化，有限的国家利益是大国关心的核心问题。而“文明”因素在这一过程中所起的作用很小。其中，主要的大国，中、美、日、德、俄五国关系是一种竞争与共处、合作与冲突并存的关系。五国之间既有共同利益，也有利益差别，但五国之中的任何一方既不能毫无节制地追求自身所认定的利益目标，也不可能无条件地迎合其他四国或任何一国的利益。相互钳制，相互融合与相互冲突，相互协调（双边或多边谈判）是五国利益关系的最大特点。

这其中，利益协调是五国关系的主要方面；制裁威胁或制裁，外交上的讨价还价甚至外交争吵或外交对抗是五国之间冲突的主要形式。由此可见，在五大国的战略调整和相互关系中，国家利益是核心因素。其中经济利益和国际威望两大因素起决定性作用。

同时，当前世界政治经济区域化、集团化、一体化向纵深发展，其根本原因是世界各国在安全利益和经济利益上相互依存加深与共同利益增多。世界政治经济已基本形成了两个塔式建筑，一个是就安全问题进行多层次合作与协商的世界政治塔，另一个是就经济利益开展合作与协商的世界经济塔。① 两个塔式建筑之形成标志着世界政治经济一体化已基本成形。它把国家利益置于可限制的范围之内，制约主权国家的国际行为。但是还应指出的一点是，世界政治塔与世界经济塔还远远不是世界政府，其运作在很大程度上要受到主权国家尤其是受到世界主要国家的制约。

所以，在冷战后世界一体化的进程中，是国家利益而不是文明把相同文明的国家与不同文明的国家纳入了国际合作及其框架——世界政治塔和世界经济塔。

当然，世界形势的总体是趋于缓和，但是，其中仍有一些潜在的危机（如领土争端，民族分离主义，宗教分歧，黑非洲的部族纷争与民主化进程中的动荡等）有可能激化为次地区性冲突。因此，和平与发展仍然是冷战后世界的主题。和平是安全的同义语，发展是经济利益的代名词。因此，文明也不能够取代和平与发展，上升为冷战后世界的主题。

---

①所谓世界政治塔，指的是世界政治已构成了由最高一层联合国，第二层地区性政治军事组织（如北约，欧洲政治联盟，东盟区域论坛，上海合作组织，非洲统一组织，独立国家联合体，阿拉伯联盟，日美安全体系等），第三层世界主要国家（美、中、日、德、俄五大国与法国、英国、巴西、印度、南非五强国）和最下一层世界上所有民族国家组成的塔式一体化样式。所谓世界经济塔，指的是世界经济已构成由最高一层联合国及其相关机构世界贸易组织与世界银行和亚欧会议（1999年开始启动），第二层地区性会议与组织（如欧洲经济联盟，北美自由贸易区，亚太经济与合作组织），第三层区域性组织（如东盟，石油输出国组织，海湾合作委员会，独立国家联合体，西非经济共同体，拉丁美洲的经济一体化组织等），第四层前述10国，第五层世界所有民族国家所组成的多层次的塔式一体化样式。

七、"全球利益"与"民族国家利益"

在对全球化矛盾的讨论中，民族性与全球性、世界性的关系，一直构成人们的焦点话语。由于脱离了"利益"这一基础与根据，这种"矛盾"是否存在值得怀疑。

首先，什么是全球利益？全球化是否就会引导全球利益？当前人们所谈的"全球利益"，往往是一个模糊概念，有人把全球化过程当做"全球利益"本身，这更是一个错误的命题。由于讨论的出发点与前提性问题的不确定性，因此在分析当代世界发展时也就形成了许多难以经得起推敲的结论，从而诱导着人们对"全球化"的理解陷入扑朔迷离之境。[①] 事实上，全球化是非平衡的历史进程，不是终极的固定模式。全球化不仅保留了旧有的不平等的经济政治模式和等级制，而且为新的不平衡模式的产生提供着空间。况且，从当代人类所关注的对象上，民族国家利益仍是激发世界活力的主流倾向，而全球性利益则是一种非主流的倾向。在当代，既不存在人类的全部共同利益，也不存在完全整合不同利益、消解人类利益矛盾的共同体。[②]

其次，全球化进程中，其利益矛盾的实质，究竟是民族国家之间的利益冲撞，还是民族国家与全球利益的冲突？[③] 就利益角度审视，利益的关系或冲突，首先是利益主体的关系或冲突。那么，究竟谁是"全球利益"的主

①应该承认，全球化把不同群体的利益追求放置于一个广阔的世界平台上，在利益的追逐中形成的共同规则，促使不同民族通过某些利益与价值观的让渡，而维系着全球化进程的秩序。当代世界性组织的大量出现，它们虽然没有从根本上销蚀国家的权力与民族利益，但确实有着对民族国家利益的局部超越趋向，从而造成全球化发展中的世界性"合力"外观。同时，环境问题、核战争问题，确实是关涉到全人类利益的问题。但是，有必要指出，全球化所显示出的"整合力量"，只是一种可能。"全球利益"也只是具有片面的意义。各民族国家的交往与联系，并不意味着人类利益的完全统一。人类在全球性问题与危机面前尽管有着协同作战的需要，并产生着相互依存的共同命运感，但并不可能消弭全球的社会经济、政治、文化鸿沟。

②至于有人认为全球化必然引申出"全人类利益"，甚或把全球化等同于全球利益本身，这更是一种误解。全球化是利益矛盾的聚合体。全球化过程中自然逐步销蚀部分利益矛盾，但同时又产生出更为复杂的利益矛盾。利益矛盾与全球化如影相随，伴其始终。另外，全球化，只是人们利益实现手段及其交往形式的全球化，并不是人们在利益上的"全球化"。全球化进程中控制与反控制行为本身，已说明全球化进程中的利益分化事实。

③所以提出这一问题，是基于这样一种事实。当前，人们一直就世界文化与民族文化的关系纠缠不休。但是，什么是全球文化？我们是否从各种民族文化中整合出同质的"全球性"文化？正由于人们对此缺乏清醒理解，因而，其所侈谈的"全球文化"，可能就是"西方文化"。近代以来所形成的"西方中心论"，已深深地沉淀于人们的意识框架，因此，在谈论文化冲突时，自觉或不自觉地把西方文化等同于"全球文化"，并把其作为审视民族文化的背景与依托。

体？谁是全球利益主体的另一方面？在政治多极化、经济利益分化的当代，对此我们还难以做出明晰而确定的回答。[①] 索罗斯认为，在全球化背景中，“全球资本主义正在迅猛地向世界各地扩张，它带来的利益极为诱人，与此同时，它还严厉地惩罚了那些试图躲避这一全球体系的国家。”[②] 这部分地揭示出全球化的实质，即全球化中的利益矛盾，首先是民族国家之间的利益矛盾。在此意义上，连一些西方学者也指出，全球化“实质上是美国化”,“是资本主义化”。任何民族及其利益都有其独立性，全球化追求的是一种丰富和多样化的生存环境。[③]

再次，真正而全面的“全球利益”，究竟是世界的现实性存在，还是人的“理想性追求”？[④] 20世纪80年代，戈尔巴乔夫曾经喊出过“全人类价值高于一切”的口号，把其作为所谓“新思维”的产物而到处宣扬，并以此作为确定国内外政策的理论基础，最终使第一个社会主义国家土崩瓦解，这一教训是深刻的。当然，利益矛盾的存在，也对人类“整合”价值、利益观念提出了要求。不通过规则、秩序的约束，全球化就像脱缰的野马，把人类这驾马车拖到无序、混乱的陷阱。为了使全球化开拓出人类的真正文明，强调人类价值，强调人类共同利益，这是必需的。但是，这种秩序的建立，仍然是在承认民族利益的前提下，以控制民族利益的矛盾为目标。况且，这种矛盾

①在当代，全球化矛盾的主体仍然是民族国家。西方一些人之所以侈谈“全人类利益”、“全人类价值”，是因为，为了实现自身的利益，西方国家凭借其强大的经济、政治、科技和军事势力，不仅左右着全球的经济政治“新秩序”，而且在思想文化上同样从整体上试图控制全球。政治霸权主义总是希望把整个世界纳入资本主义系统，把全球化视作世界政治统一的客观条件，试图以其制度观、价值观、人权观统摄世界，进而根除政治上的“异己”力量，消除世界上政治多样性并存的现实状态。按照他们的理解，全球化进程就是资本主义全球扩张的进程，是西方文化挤压非西方文化的过程。他们认为全球化起源于“西方中心”，是这个中心模式在全球的扩展。全球化的结果应该是西方模式的全球普遍化。

②[美]乔治·索罗斯：《走向全球的开放社会》，载《全球化与世界》，中央编译出版社1998年版，第265页。

③进一步的事实是，为了不至于在全球化中消失自我，反而激起不同民族对自身利益的执著，激起对自身政治制度与文化方面的依恋。显然，全球化进程中民族国家之间的冲突是不可避免的。

④一般情况下，人类的利益可视为两类：一类是当时客观条件所能够提供的利益，可视之为现实利益；另一类是由于客观条件的不具备，而不能在现实中实现，但在未来发展中可以得到满足的利益，可以视之为理想利益。理想利益实际上就是人们奋斗所追求的、将来有可能要实现的利益目标。真正而全面的“全球利益”，即属此类。由于利益主体是民族国家，利益目标是着眼于民族国家的需求满足，因而，民族国家利益及其间的矛盾是现实性的。由于不同国家经济、政治、文化差异的存在，真正的全球的普遍性价值与利益，只能在“理想状态”中存在。如果混淆了人类利益的现实性与理想性状态，就会在理论与实践上出现混乱。

的控制方式，并不一定导出人类“普遍价值”，不能否定民族国家之间利益矛盾在全球化中的主体地位。

第二章　经济全球化与民族主义三次浪潮

在过去的世纪里，曾经发生三次全球化浪潮，人们仍然记忆犹新。不论是英国、法国、德国，还是美国、日本，他们所走过的西方式的现代化道路也经历了三次浪潮。而今，“欧洲殖民主义业已终结，美国霸权正在消退，西方文化的衰微接踵而至”。而1989年的东欧剧变，1991年8月的苏联解体，又使民族主义甚嚣尘上。而追溯民族主义的历史，人们发现民族主义也经历过三次浪潮。在新世纪之初，当经济全球化作为不可抗拒的世界经济发展潮流已经展现在我们人民面前时，追溯这三次浪潮的潮起潮落，可以使人们更准确地把握全球化与民族化的具体走向。

一、经济全球化的三次浪潮透视

经济全球化作为一个历史进程，它于何时起步，学术界存在有不同的看法。

有的学者认为，全球化进程发端于15世纪末的欧洲，大致经历了这样三个阶段：第一阶段，从15世纪全球化进程起始到19世纪70年代大英帝国霸权的确立。这一阶段突出的特点是：以英国为代表的欧洲国家在世界范围内进行大规模的拓殖，将世界纳入西方势力的控制之下，大英帝国成为西方中心的中心；第二阶段，从1880年一直到1972年美元本位的终止，经历了欧洲中心向美国中心的转变；第三阶段，从20世纪70年代一直到现在，而且还会继续下去。在这个时期中，最突出的特点有两个，一是美国霸权的衰落，其政治影响和文化影响在全球范围内及国内均受到批判或抵制，二是全球化进程的参与者呈现出多元化局面。[①]

①参见杨雪冬、王列：《关于全球化与中国研究的对话》，胡元梓、薛晓源主编：《全球化与中国》，中央编译出版社1998年版，第4~5页。

有的学者认为，就广义而言，经济全球化描述的是自20世纪70年代后期第三次科技革命以来，当代资本主义发展的一个重要新趋势，即20世纪八九十年代世界经济结构的一种新变化。[①]

还有的学者则明确提出，经济全球化始于第二次世界大战以后。20世纪六七十年代，发达国家之间贸易往来和相互投资获得巨大发展，各种国际经济机制开始形成，跨国公司成为世界经济增长的发动机，大批发展中国家进入国际经济体系。各国经济相互渗透，相互依存，趋于一体。到80年代，经济全球化的雏形已经显露。但是由于历史的原因，大多数实行计划经济的国家向市场经济的转轨刚刚起步，发展中国家的经济总量在整个世界经济中所占的比重偏低，信息技术的手段不足，经济全球化进程尚缺乏巨大的物质保障。进入90年代以来，国际政治经济出现历史性变革，经济全球化呈现加速发展之势，生产要素的跨国配置，加强了相互依存的全球分工体系。信息技术促进了全球资本流动和技术转移，使经济周期率出现新的变化。今天，经济全球化已成为强劲的时代潮流。[②]

以上学术界对经济全球化历史分期的不同看法，反映出他们观察问题的视角有所不同。实际上，经济全球化的发展作为一个历史的进程，是世界经济发展到一定阶段的必然结果和客观产物。它经历了经济国际化和经济全球化两个既相互联系、又有所区别的大的发展阶段，并于18世纪后期至19世纪中后期、19世纪末至20世纪初及20世纪后期掀起了三次经济全球化的浪潮。

1. 经济全球化发展进程的两大阶段和三次浪潮

经济全球化就其发展的程度而言，经历了经济国际化和经济全球化两个不同的阶段。经济国际化是经济全球化的前提和基础，而经济全球化是经济国际化发展的最终结果。经济国际化是指各民族国家随着相互间贸易与投资关系的发展，开始了市场的统一与融合。在此基础上，实现了诸如资本、劳动力等生产要素和技术在国际间的流动。国际化是国民经济对外开放和融人世界经济的过程。这一过程大体经历了从15世纪末到20世纪初400余年的

①参见张世鹏：《论资本全球化》，载《当代世界与社会主义》，1997（2）。
②参见汪道涵：《全球化·“东亚模式”·中国经济》，载《世界知识》，1999（21）。

历史。而经济全球化则是指在各国经济国际化的基础上，随着国际分工的深入和世界市场的扩大，各国经济相互作用、相互渗透、相互依存的程度日益加深，经济过程和经济活动的全球性不断加强，尤其是第二次世界大战后跨国公司的迅猛发展和科技信息革命的快速扩散，使经济全球化得到了前所未有的推动，最终形成目前汹涌澎湃的经济全球化浪潮。经济全球化的进程刚刚开始，我们还无法确切地预料它的结果。但是，如果没有长期以来经济国际化的发展，就不会形成今天经济全球化的局面。

15世纪末，哥伦布发现美洲新大陆，拉开了经济全球化的帷幕。它不仅诱发了欧洲殖民主义国家的对外侵略扩张，而且使资本主义在欧洲萌生，同时促进了东西方之间的商品交流，初步形成了以商品贸易为主体的世界市场，第一次使生产与消费都具有了世界性的特点。

一方面，世界市场的形成和发展是以殖民主义扩张为基础的。“美洲金银产地的发现，土著居民的被剿灭、被奴役和被埋葬于矿井，对东印度开始进行的征服和掠夺，非洲变成商业性地猎获黑人的场所：这一切标志着资本主义生产时代的曙光。这些田园诗式的过程是原始积累的主要因素。”[①]

另一方面，世界市场和商品贸易的发展也极大地开启了人们的智慧，促进了社会生产力的快速发展。17世纪欧洲的科学革命以及随之而来的工业革命，最终酿就了以蒸汽机为基础的、以商品贸易为主要特征的第一次经济全球化浪潮。

从18世纪60年代开始，首先在英国，接着在法国、美国、德国，相继发生了工业革命；进入19世纪，蒸汽机开始应用于海陆交通运输事业。[②] 交通、通讯工具的发明和被采用，极大地促进了资本主义在主要欧美国家的发展，推动了国际贸易的迅猛扩张。

上述材料表明，随着工业革命的逐步展开，以英国为代表的欧洲列强用

①《马克思恩格斯选集》，第2版，第2卷，第265页，人民出版社1995年版。

②如：1814年，英国人斯蒂芬逊发明了蒸汽机车；1816年，法国第一艘蒸汽船利兹号下水；1818年，美国轮船萨班娜号第一次横渡大西洋成功；1830年，英国曼彻斯特——利物浦铁路通车；1835年，美国人莫尔斯发明电磁式电报机（1844年实际应用）；1840年，阿姆斯特朗发明水力发电机；1851年，英国多佛尔至法国加莱之间海底电缆敷设使用；1861年，德国的赖尔斯发明了发电机；1866年，德国人西门子发明了直流发电机；1869年，苏伊士运河通航，美国横穿大陆铁路通车。

大工业的重炮，轰开了一切尚隔绝于世界市场之外的闭关自守的民族和国家的大门，将它们卷入世界贸易的旋涡。这是因为机器大工业所提供的产品，远非工场手工业可比，它以物美价廉取胜，不仅可以征服国内市场，而且可以开拓、占领、扩大国际市场，使其商品源源不断地供应到世界各地。与此同时，西方列强还将它们的社会制度、文化、价值观念等强加给许多落后国家和地区，使落后国家和地区依附于西方国家，从而确立了西方在世界的中心地位。这种以少数西方国家为主导型的近代大工业发展模式，通过经济和非经济手段，在给亚洲、非洲、南北美洲许多国家带来灾难性后果的同时，也大大加速了世界经济全球化的进程。19 世纪 70 年代以后，工业革命的深入和世界贸易内容的调整，开始酝酿着新一轮经济全球化的浪潮。

19 世纪末 20 世纪初，以第二次科技革命为技术支持和以资本输出为主要内容的第二次经济全球化浪潮来临了。这次科技革命所造成的最直接的社会经济后果之一就是促进资本主义生产力的迅速发展。1870 年至 1913 年期间，整个世界的工业生产增长了 5 倍多，这一速度超过了以前的任何时期。另一重要社会经济后果是促使资本主义从自由竞争阶段进入到垄断阶段。垄断资本为了获取高额利润，一方面继续加强商品输出，使国际贸易的规模大幅增长，1870 年国际贸易额为 106 亿美元；1913 年已扩大为 404 亿美元，40 多年增加了近 4 倍。另一方面，进行资本输出，主要是借贷资本输出，使资本输出成为金融资本对外扩张的重要手段。[①] 与此同时，汽车和电话、电报的广泛使用，为整个经济的发展提供了新的交通、通讯手段，使世界各国的经济从流通领域到生产领域更紧密地连接在一起。

然而，资本主义经济发展的不平衡规律导致了其相互间矛盾的加深，特别是随着一些后起的资本主义国家经济实力的增强，它们要求按照新的实力对比重新划分势力范围和瓜分殖民地，由此导致其冲突频频发生，终于在 1914 年爆发了第一次世界大战。战争使得正在迅速发展的经济全球化浪潮

①据不完全资料统计，1870年主要资本主义国家对外投资仅为79亿美元，到1913年则高达385.5亿美元，净增4.6倍。参见宋则行、樊亢主编：《世界经济史》（修订版）上卷，经济科学出版社1998年版，第325~326页。

中断了。[①] 随着第一次世界大战的临近结束，世界上第一个社会主义国家诞生。此后不久，苏维埃俄国宣布废除西方列强强加给俄国的不平等条约，没收西方投资者在俄国的财产，引起西方国家的恐慌，使贸易保护主义倾向加深。[②] 20 世纪 20 年代贸易保护主义成为各主要资本主义国家竞相采用的政策。资本主义各种矛盾的加剧，最终导致 1929 年 10 月纽约市场股票价格暴跌，世界性的经济大危机爆发。全球性的经济大危机，使得贸易保护主义进一步泛滥，主要资本主义国家之间的贸易战、经济战接连不断，为防止全球性经济衰退影响到本国，各国纷纷采取以邻为壑的政策，限制资本外流，使国际资本的流动陷于瘫痪。资本主义无法克服的冲突与矛盾，导致法西斯主义抬头，1933 年希特勒上台，主要资本主义国家间的经济矛盾已经无法用经济手段解决，军事手段成为解决矛盾的首选。1939 年 9 月，第二次世界大战爆发。在这场人类经历的最大浩劫中，世界经济发展中所取得的许多成果化为灰烬，经济全球化进程倒退了数十年，甚至上百年。

第三次经济全球化浪潮是在战后逐步形成的。从 20 世纪 50 年代开始，一场波澜壮阔的当代新科技革命悄然兴起，为战后各国经济的恢复和发展提供了动力和技术支持。

一方面，资本主义国家间的经济联系和交往比以前有了进一步的加强。战后，美国登上了世界经济霸主的宝座，成为世界上最大的债权国并拥有当时世界黄金储备总量的 80%。为了实现美国称霸世界的梦想，在美国政府的倡导和推动下，西方国家建立了以美元为基础、实行汇率固定但可调整的布雷顿森林货币体系，即以美元为中心的资本主义世界货币体系。此后，以美国为首的主要西方国家又于 1947 年在日内瓦签订了关税及贸易总协定，勾勒出其多边贸易体制的基本框架。加上以欧洲开放市场为前提的“马歇尔计划”的实施，使欧洲经济的恢复完全控制在美国的手中，最终形成以美国为中心的市场开放体系。与此同时，随着民族解放运动的高涨，许多殖民地国家相

①当时，伦敦、纽约的股票交易所被迫关闭，各主要资本主义国家出现了贸易保护主义倾向。1915年英国制定了保护性关税，1917年法国颁布了禁止普通进口令……

②它们严格限制资本流动，提高关税。1919年英国重新实行帝国特惠关税制，法国在从量税之外设置从价附加税，禁止食品出口。

继获得独立，为避免这些国家向社会主义国家靠拢，美国以提供援助为诱饵，强迫这些国家实行美国式的自由市场经济体制。在20世纪五六十年代，自由市场经济体制的建立和扩展以及跨国公司的快速发展，为新一轮经济全球化浪潮的到来创造了条件。

另一方面，一些社会主义国家的相继诞生，极大地加强了社会主义的力量。为了防止和打破以美国为首的西方资本主义国家的颠覆和经济封锁，以前苏联为代表的社会主义国家之间加强了彼此间的经济合作，于1949年成立了经济互助委员会。经互会对于发展成员国之间的相互贸易，促进前苏联和东欧国家经济的发展起到了一定的作用。① 但是，由于前苏联并未真正按照平等互利的原则办事，而是力图借此获取更多的经济利益，促进其战略目标的实现，侵害了其他成员国的利益，从而导致经互会内部在经济合作得以加强的同时矛盾也在加深。与此同时，社会主义国家理论上的失误，特别是斯大林“两个平行市场”理论的提出，否定了社会主义国家同资本主义国家发展经贸关系的必要性，严重影响了与西方国家的经济交往，并且成为社会主义国家在新的国际条件下实行闭关锁国方针的理论依据，严重制约了社会主义国家科技和经济的发展，造成了极其有害的后果。

因此，在这一时期不同社会制度国家间的经济联系和交往主要局限于各自的阵营之内，即：此时的经济全球化实际上只是“半球化”，也就是说，世界经济的发展是分别在东西两个半球内单独进行的。

自20世纪70年代后期起，经济全球化发展的一些新趋向不断涌动，使各国经济发展的全球性的特征不断凸现。由于70年代西方资本主义国家普遍受到经济“滞胀”的困扰，使西方国家长期奉行的凯恩斯主义显得无能为力。在这种背景下，西方国家纷纷对其经济政策进行改革调整，各国政府逐步放松了对经济活动的管制，取消了种种束缚企业活动的规章制度，把企业

①特别是随着各成员国经济实力的不断增强，前苏联同经互会各国之间的经济联系日益广泛，经互会的作用日渐突出，不仅实行了经互会成员国之间的经济一体化，而且还推动了相互间科技、外贸和金融货币等方面的一体化。到20世纪70年代经互会已发展成为拥有10个正式成员国，地跨欧、亚、拉美的一个经济集团，其人口占世界总人口的10%，国民生产总值占世界的25%，在世界经济中成为一支不可忽视的力量。（参见俞正梁等编著：《战后国际关系史纲》，世界知识出版社1989年版，第57页。）

推向市场；政府不再介入市场机制发挥作用的部门和领域，政府只对市场机制不灵或未能很好发挥作用的领域和部门进行干预和调节，而对那些市场机制起作用的领域和部门不再介入，尤其是对金融、交通运输、信息通讯等服务业采取了自由化措施。这些措施刺激了金融创新和信息革命，增强了企业间的竞争和经济体制的活力。同时，美国宣布美元与黄金的比价脱钩，各国相继实行汇率自由浮动制度，放松了对资本的管制，推动了欧洲美元市场的形成，加速了国际资本流动，在一定程度上缓解了资本主义的内在矛盾，推动了经济全球化的发展。

而广大发展中国家经过长期的探索之后，对本国的经济发展战略实行重大调整。第二次世界大战后获得独立的发展中国家最初采用的通常都是以进口为导向、依靠国有企业、以重工业为目标、以计划体制和保护主义为手段的经济发展战略。20 世纪 70 年代之后，一批采取了出口导向经济发展战略，更多地依靠私营部门和市场机制的东南亚国家和地区，成功地实现了经济的持续增长，一跃成为新兴工业化国家和地区，为其他发展中国家寻求现代化之路树立了榜样和提供了启示。在东南亚国家和地区的启发下，发展中国家纷纷改变发展战略，新的一批新兴工业化国家在东南亚地区兴起。中国于 1979 年重返国际经济舞台，其他众多发展中国家也逐步走向开放，各国经济发展进程中对外开放性的加强，为经济全球化的进一步发展注入了新的动力。

到 20 世纪 80 年代末 90 年代初，整个世界经济发生了重大变化，作为推动经济全球化发展的重要载体——市场经济体制，在全球范围内取得了绝对的优势。世界上绝大多数国家，无论是原有的资本主义国家，还是社会主义国家，亦是广大发展中国家，都将建立和完善市场经济体制作为本国经济体制改革的价值目标取向。在市场经济体制的基本框架内，世界各国的经济联系进一步得以增强。一个具有全方位、双方互动特征的全球化时代来临了，这是真正意义上的经济全球化和一体化过程。正如联合国前秘书长加利在 1992 年纪念哥伦布发现美洲 500 年的大会上所说的，“第一个真正的全球性的时代已经到来”。这是一场由市场经济推动的全球化运动。今天的人类社会不再是一个人为的、简单的拼盘，而是一个有机的系统和整体。[1]

2. 第三次经济全球化浪潮形成动因分析

面对汹涌澎湃的经济全球化浪潮，人们在不断地思考，经济全球化背后的主要动因是什么？这是国内外众多学者争论的一个问题。

美国著名历史学家伊曼纽尔·沃勒斯坦（Wallerstein）认为，资本主义在全球化过程中起着核心作用。他指出：资本主义发展的逻辑最终必然达到全球范围，它从16世纪在欧洲诞生到今天已经真正达到全球范围……整个世界都是在这个单一的我们称之为资本主义世界经济的社会分工的架构之内运作的。

而英国社会学家J. 罗西瑞（J. Rosenau）从现代社会科学技术的巨大功能出发，把技术及其改造能力看做全球化的首要动力。他认为工业主义和后工业主义是全球社会政治变迁的动力，技术进步对增强全球相互联系具有重大意义。他说："正是技术……才如此巨大地缩短了地理的和社会的距离。这是通过喷气式飞机、计算机、地球卫星以及许多其他的发明，比以往更迅捷和安全地跨越空间和时间传输着人员、商品和观念。正是技术深刻地改变了人类事物发生的规模……一句话，正是技术促进了地区、民族和国际共同体的相互依赖。"

另一位英国社会学家吉登斯（A. Giddens）则提出，全球化是资本主义、国际体系、军事主义、工业主义四个相互分离但又相互交错的侧面共同推动的结果，每一个侧面都是全球化的一种动力。他特别强调，不能将全球化简单地理解为西方制度在全世界的蔓延和其他文化的消亡，而是一个复杂的、非连续性的和偶然的过程，这个过程是由一系列不同的而又相互交错的逻辑推动的。这是一个不均衡的发展过程。[2]

国内学者也提出了自己的观点。有的认为，经济全球化是生产社会化和经济国际化发展的新阶段，生产力的发展是推动经济全球化的根本动力。有的认为，现代技术革命在更深的层次推动着世界经济朝着全球化的方向前

---

①参见胡元梓、薛晓源主编：《全球化与中国》，中央编译出版社1998年版，第74页。
②参见岳长龄：《西方全球化理论面面观》，载《战略与管理》，1995（6）。

进。[①]

我们认为，第二次经济全球化浪潮之所以出现在20世纪80年代末90年代初，是由多种原因促成的。归纳起来，其中起决定性作用的主要有以下原因：

（1）冷战的结束使和平与发展逐步成为世界主题，是第三次经济全球化浪潮形成的国际条件

1945年2月，随着德日法西斯国家的失败成定局，第二次世界大战接近尾声，世界反法西斯同盟中的三个大国，苏联、美国和英国在苏联的克里米亚半岛的雅尔塔召开会议，对战后世界政治等重大问题进行讨论和磋商，达成了一系列协定和谅解，最终确立了雅尔塔体系，为战后两极格局的形成奠定了基础。

雅尔塔体系的形成，可以说是少数大国、特别是美国和苏联经过幕后密谋，通过双方的一系列讨价还价，签订有关条约，在世界范围内划分各自的势力范围的产物。在雅尔塔体系的框架下，美苏两个超级大国在全球范围内展开了激烈的争夺。

冷战，是两个超级大国争夺世界霸权的主要表现形态，而这又是以双方的军事实力为后盾的，因此轮番升级的军备竞赛成为当时引人注目的焦点。美苏之间疯狂的核军备竞赛不仅对世界安全构成严重的威胁，而且对自身产生了严重的负面影响，成为它们逐步衰落的主要根源。[②] 通过第二次世界大战后20多年不断升级的疯狂的军备竞赛，削弱了一个超级大国——美国；拖垮了另一个超级大国——苏联。20世纪七八十年代，尽管美国政府通过加强军备，保持了对苏联的军事优势，但却部分地"埋葬"了美国经济上的优势，巨额的财政赤字成为美国经济的一大疾瘤和衰退的标志；而过分追求军

①参见李琮：《论经济全球化》，载《中国社会科学》，1995（5）；辛棋：《世界经济全球化的动力》，载《世界经济研究》，1997（1）。

②正如恩格斯早在19世纪70年代在《反杜林论》一书中就鲜明地指出的那样，资本主义所推崇的"暴力的胜利是以武器的生产为基础的，而武器的生产又是以整个生产为基础，因而是以'经济力量'，以'经济状况'，以可供暴力支配的物质手段为基础的"。"……暴力不能铸造金钱，它最多只能夺取已经铸造出来的金钱"，"军国主义统治着并且吞噬着欧洲。但是这种军国主义本身也包含着自身毁灭的萌芽。各国之间的相互竞争，使它们一方面不得不每年在陆军、海军、火炮等方面花费更多的金钱，从而越来越加速财政的崩溃……"（《马克思恩格斯选集》第3卷，人民出版社1995年版，第509、513~514页。）历史的发展进一步印证了恩格斯这一论断的正确性。

事实力的、速度型的苏联经济，从20世纪70年代开始出现“停滞”，使苏联逐步沦为拥有原子弹的发展中国家，并为苏联的最终解体埋下了伏笔。

20世纪80年代末90年代初，东欧国家的剧变和苏联的解体，使得存在了40多年的冷战格局最终瓦解，多极化成为不可逆转的世界潮流，“经济优先发展”成为世界各国的共识。

为了发展经济，一方面，自由主义经济思潮在世界各地广为流传，以美国为首的西方国家，大肆鼓吹自由贸易、自由投资、自由市场的经济思想和制度，甚至将实施自由化、私有化、市场化的程度，与提供的经济“援助”结合起来，要求发展中国家和经济转型国家开放市场，降低关税和减少贸易壁垒，客观上推动了世界各国、各地区经济在市场经济基础上的融合，促进了全球范围内生产要素的自由流动和合理配置。在一定意义上，经济自由化思想是经济全球化的催生剂。

另一方面，市场经济体制成为世界绝大多数国家的共同选择。随着冷战的结束，东欧国家通过走私有化道路，建立起资本主义市场经济体制；俄罗斯及其他独联体国家则寄期望通过激进的“休克疗法”式的经济体制改革，一步跨入资本主义市场经济的门槛；中国人在长期的实践中，也逐步认识到计划经济体制的不足和弊端，从1978年起，开始了一场具有革命性意义的、渐进的、深入的、全面的改革。中国改革开放的总设计师邓小平通过认真总结社会主义建设的经验教训，深入比较计划经济与市场经济的联系与区别，提出一个全新的观点。认为：“计划多一点还是市场多一点，不是社会主义与资本主义的本质区别。计划经济不等于社会主义，资本主义也有计划；市场经济不等于资本主义，社会主义也有市场。计划和市场都是经济手段。”[①] 从而为中国的经济体制改革指明了方向，进而中国共产党人将建立和完善社会主义市场经济体制作为经济体制改革的基本目标。将发展市场经济与坚持社会主义有机地统一起来，是中国共产党人对马克思主义的重大贡献，是对科学社会主义的重大发展。全球范围内统一的市场经济体制的拓展，为经济全球化的迅速发展提供了体制保障。

---

①《邓小平文选》第3卷，人民出版社1993年版，第373页。

（2）战后跨国公司的迅猛发展是推动经济全球化的重要动力

跨国公司，顾名思义就是以一国为基地，跨越国界，在其他国家从事生产经营活动的企业。与一般企业相比，跨国公司具有以下特点：在经营目标上，跨国公司以全球战略为发展宗旨，在整个世界范围内安排投资、生产、销售、科研等一系列经营活动，经营策略灵活，应变能力很强；在内部管理上，跨国公司为了保证实现全球战略，实行集中的管理体制，把分散在世界各地的子公司和分支机构组成一个整体，形成内部一元化的经营体系。

从 20 世纪 50 年代至今，全球跨国公司得到迅猛发展。主要表现为：

A．对外直接投资规模迅速扩大。① 跨国公司已成为国际直接投资的主体，对整个世界经济的发展起着举足轻重的作用。

B．跨国公司的数目大大增加。20 世纪 50 年代，全球跨国公司仅有数千家；据联合国跨国公司中心公布的数字，到 1980 年，全球跨国公司已达 1.5 万家左右，其国外子公司达 3.5 万家左右。② 从某种意义上说，跨国公司已经主宰了世界经济的命运。

C．跨国公司的主体发生了较大变化。跨国公司起源于资本主义国家，直到二十世纪六七十年代，世界上的跨国公司主要是存在于发达资本主义国家，由一些大的垄断财团进行控制。自从 80 年代以来，世界跨国公司的格局发生了新的变化，一些新兴工业化国家和地区，作为一种新的经济力量登上了世界经济的舞台。与此同时，因改革开放带来巨大发展的中国的跨国公司，随着国家综合国力的迅速增强，成为世界跨国公司中不容忽视的新生力量。③ 已形成一批实力较强的跨国公司。

---

①有关资料表明，1945年，发达国家全部对外直接投资总额为200亿美元左右，1983年增加到6250亿美元，年均增长7.8%，在将近40年中增长了30倍。到1995年，这个数字扩大到2.2万亿美元。如果根据联合国跨国公司中心的估算，每1美元的直接投资一般可创造3.8美元的销售额，那么2.2万亿美元的直接投资即可创造出8万多亿美元的销售额。国际直接投资创造的销售额已大大超出世界出口总额，前者大约要高出后者1/3。国际直接投资创造了跨国公司并推动跨国公司的持续发展。

②据最新的《1999年世界投资报告》统计，全球跨国公司已突破6万家，它们在国外开设分公司达到了50万家。在20世纪90年代中期，跨国公司已控制了整个世界生产的40%，全球科技研究与开发费用的80%~90%，国际技术贸易的60%~70%，国际投资的90%。[参见邹红华：（浅谈世界跨国公司的特点和趋势），载（国际观察），1996（3）。]

③改革开放以后，中国的跨国公司几乎是从无到有地迅猛发展起来，截止到1998年年底，经国家外经贸部批准或备案的境外投资企业共5666家，总投资额为63.3亿美元。（参见国家统计局编：《新中国五十年》，中国统计出版社1999年版，第267页。）

D. 跨国公司的产业分布范围进一步扩大。发达国家跨国公司早期的对外直接投资主要集中于铁路业和矿业、石油业等基础设施和生产初级产品的行业。第二次世界大战之后，跨国公司的投资结构发生重大变化。20世纪五六十年代，跨国公司的对外直接投资总额的80%投向资源开发和制造业；20世纪70年代中期之后，金融银行业、保险业、旅游业、房地产业等第三产业成为跨国公司直接投资的重点，出现了制造业与服务业并重的局面；20世纪90年代以来，发达国家跨国公司直接投资的重点再次发生重大转换，越来越多的资金投向服务业、技术密集型制造业和高新技术产业，如计算机网络技术产业、现代通讯技术产业、生物工程技术产业等。

E. 跨国公司直接投资的流向发生新的变化。一方面，发展中国家逐步成为发达国家跨国公司直接投资的重点。1984年至1994年间，除1989年外，发达国家流向发展中国家的直接投资稳步增长。这是20世纪90年代国际直接投资全球发展趋势的一个显著特征。1991年发展中国家吸引到的外资达390亿美元，绝大多数来自发达国家；1992年为510亿美元，1993年则高达800亿美元，达到当时历史最高水平。其中中国成为吸收外资最多的发展中国家，从1993年至1998年中国连续6年在利用外资方面，居全球第二位，仅次于美国；从1979年到2000年年底，中国实际利用外商直接投资金额达3466.03亿美元。另一方面，发达国家成为吸收外资与对外投资兼容、以对外投资为主的国家。1993年发达国家对外直接投资达1810亿美元，其中1000多亿美元流向发达国家，美国成为全球既是对外直接投资最多，也是吸收外资最多的国家。如1993年美国对外投资为500多亿美元，而吸收外资为320亿美元，两方面都居世界首位，是世界上最大的债权国和债务国。

F. 跨国公司的规模迅速膨胀。进入20世纪90年代以来，跨国公司为了建立“战略联盟”，实施全球经营战略，抢占21世纪世界经济的制高点，掀起了兼并狂潮。[①] 近年来，这股兼并风潮呈现越刮越猛之势。跨国公司的迅

①据美国证券数据公司统计，1988年美国企业合并、兼并交易额为3530亿美元，到1996年达到6588亿美元，增加了87%。在美国大企业强强联姻风潮的推动下，欧洲、日本也掀起了兼并风潮。1996年全球企业兼并交易额达11400万亿美元，比1995年的8600亿美元增加了32.56%，其中跨国合并、兼并交易额为2700亿美元，比1995年增加了30%。[参见李长久：《经济全球化的进展、内涵和影响》，载《世界经济》，1997（7）。]

猛发展对整个世界经济产生了重大影响，它不仅使全球社会化大生产达到新的阶段，使国际技术、人才以及文化交流达到新的水平，而且使世界各国的经济联系进一步加强，从而极大地推动了经济全球化的进程。

（3）当代新科技革命的快速发展是推动经济全球化实现的必备条件

20 世纪 50 年代以来，在全球范围内兴起了一场新的科技革命。这场新科技革命对当代世界经济的发展和经济的全球化产生了深远的影响。

首先，当代新科技革命使得构成生产力的诸要素发生了质的变化，进而促使生产力的内在结构和产业结构也发生了根本变化。

从生产力构成要素的角度而言。一方面，作为生产力中的首要因素——劳动者，已从原来的“体力型”，转化为“文化型”进而转化为“科技型”，专业技术人员在社会生产中的作用日益增强，特别是在发达国家或新兴工业化国家和地区，专业技术人员已经或正在成为劳动者的主体，在整个社会发展中发挥着越来越重要的作用。[①] 另一方面，生产工具原来在很大程度上被作为人的肢体和体力的延伸，所以在工业文明的条件下，人们主要依靠依据物理机械原理制造的普通机器进行生产；而在新科技革命的条件下，人的智能在生产工具中得以进一步延伸，人类生产越来越多地依赖智能机器。计算机和机器人在社会生产的各个领域作为必备工具，而被广泛地采用，从而为人类生产范围外延的扩大提供了条件。同时，各种人工合成材料和复合材料的出现，使新材料作为一个高科技含量的产业脱颖而出。大量新材料的使用，使人类生产在很大程度上逐步摆脱天然材料和一般的劳动加工材料的束缚，促使大量的新产品不断涌现。所有这些变化表明，在新科技革命的推动下，知识已成为生产力发展中至关重要的另一要素。科技知识的传播和在生产中的广泛运用，不仅使劳动者的技能和智能得到进一步的开发，而且创造出前所未有的物质财富，为人类生产的发展开辟了广阔的前景。

从生产力的内在结构和产业结构的角度而言。一是科学技术日益成为社会生产力发展的先导，现代科学技术、教育、信息、组织管理已成为影响生

①现代经济的发展表明，国家间竞争实质是人才的竞争，一个国家的竞争力从根本上取决于人才的培养和全民科技水平素质的高低。

产力发展的决定性力量。[①] 二是科学技术的发展促使产业结构发生了某种质的变化。工业文明的创立，使机器生产取代了手工劳动，工业生产逐步取代农业生产，在社会生产中占据了主导地位，并逐渐形成了三大产业结构，即：第一产业农业，第二产业工业，第三产业服务业，第二产业构成了整个社会生产的基础。但新科技革命使原来的产业结构比例发生了根本性的变化。随着教育、科技、卫生、服务等行业的蓬勃发展，第三产业逐渐取代了第二产业，占据了社会生产的主导地位。[②] 第三产业从业人员和产值在整个社会中所占的比重是衡量一个国家社会进步和文明发展程度的重要尺度。三是现代科学技术使三大产业的内涵出现了质的飞跃。第三产业由于新技术、新材料、新能源的不断涌现，产生了大量新的产业部门；第二产业在新科技革命的推动下，迅速向自动化、电子化、智能化过渡；尤为突出的是第一产业，在新科技革命的影响下，农业加速实现产业化的进程，使农业生产成为工业劳动的一种形式，并逐步向自动化、电子化过渡，从而使得长期存在的城乡生活方式的重大差别逐步消失。所有这些，都极大地促进了全球生产力的发展，并为日益扩大的世界市场提供着越来越多的物质和精神产品。

其次，新科技革命极大地推动了国际间产业结构的调整和转移，促使整个世界经济形成新的产业布局。

一方面，新科技革命推进了国际产业地区分布的梯度转移。由于新科技革命使得科技成果积累的速度大大加快，促使大量高新技术产业不断产生，导致发达国家将传统产业向发展中国家转移的步伐加速，从而推动了发展中国家的工业化进程，使越来越多的发展中国家加入到工业产品的生产中去，随着这些国家工业化比重的增加，使它们逐渐成为以工业生产为主的世界经

①马克思早就指出："随着大工业的发展，现实财富的创造较少地取决于劳动时间和已耗费的劳动量，较多地取决于在劳动时间内所运用的动因的力量，而这种动因自身……取决于一般的科学水平和技术进步，或者说取决于科学在生产上的应用。"[《马克思恩格斯全集》，第46卷下，第217页，人民出版社1980年版。]现实生产力的发展充分证明了这一论断的正确性。在20世纪初，西方主要发达资本主义国家经济增长中，科学技术的因素仅为5%~20%；到70年代上升到60%；80年代则进一步上升为80%以上；有人预测，在未来的知识经济条件下，科学技术在经济增长中的作用将上升到90%以上。

②在一些主要发达国家，第三产业从业人员的比例高达60%~70%，创造的产值占国民生产总值的一半以上。

济体系中的一员。[①] 另一方面，新科技革命推进了产业层次的梯度转移。20世纪80年代以前，西方国家的产业转移以劳动密集型和污染程度较高的产业为主。近年来，这种情况发生了一定的积极变化，出现了以转移资本密集型和技术含量较高的产业为主的现象。发达国家越来越多地把汽车、家用电器等资本和技术含量较高的产品转移到发展中国家去生产。[②] 诚然，在产业层次的梯度转移过程中，跨国公司起了重要的作用，它不仅是产业转移的载体，而且是知识技术转移的主要媒介。

同时，新科技革命使得产业梯度转移的模式发生了新的变化。由于知识、高新技术日益成为各国和各跨国公司最重要的无形资本，其中的核心技术被视为公司的“大脑”，将其作为公司最重要的资产或保密性技术专利，用法律手段予以严密保护。[③] “大脑”作为各大公司的中枢神经系统，是由一系列核心技术组成的。如今天超级计算机的秘密并不在于其硬件技术或电子技术，而在于把软件与硬件元器件的排列组合相结合的构筑技术。[④] 各跨国公司在进行直接投资和技术转让时，总是将与知识相关的核心技术留在本土，而将硬件和非核心技术转移到世界其他国家或地区去生产，由此形成新的“大脑——手脚”产业梯度转移模式。这一新的模式进一步说明，当今世界，

---

①以亚太地区的梯度分工体系为例，美日跨国公司对东亚国家的大举投资以及随后的技术转移，导致了东道国经济的迅猛发展和技术水平的迅速提高。这进一步引发了东亚国家和地区，特别是“四小龙”为了经济转型和产业升级而对外进行的直接投资。东亚各国和地区相互之间的直接投资与美日的直接投资结合在一起，使得亚太地区形成了一种动态发展的梯度结构国际分工体系。有的学者按照亚太地区不同国家和地区的经济结构和发展水平，将其划为三个层次：第一层次为美国和日本，它们已将劳动密集型产业和传统的资本、技术密集型产业大部分转移到东亚地区，国内则大力发展高新技术产业；第二层次为“四小龙”，其产业结构正在转向资本和技术密集型，而将失去比较优势的劳动密集型产业转向东盟四国和中国大陆地区；第三层次为东亚和其他发展中国家，重点发展劳动密集型产业，资源密集型产业也占据相当的比重。这三个层次相互渗透补充，形成一个新的国际分工体系，并将随着各国经济的发展、经济结构的调整和对外投资的扩展而产生新的变化。

②如1996年，日本制造商在海外生产的彩色电视机数量首次超过本土的产量。据日本兴业银行估计，1998年，日本厂商在海外生产的彩色电视机将占到生产总量的80%。同时，众多发达国家的厂商们也不像过去那样只是转移产品生产的最后一道总装工序，而是转移体现生产技术的零部件的生产。如日本丰田汽车公司已计划将它在东南亚国家生产的汽车零部件从先前的12种增加到100种。

③这是因为，一项技术如果是核心技术的话，它将导致产品或产品系列成倍增长，或对公司的生产过程有着强有力的影响，或者有助于解决经济发展过程中诸如成本增长因素、短期因素、能源和环境等一系列紧迫的难题，从某种意义上说，它最终决定着公司的竞争能力和前途命运。

④以美国硅谷为例，它是世界微电子尖端技术的中心和发源地，但发展至今日，硅谷自己生产的只是计算机的“大脑或中枢神经”——软件和微处理器（CPU），其他大部分电子零件则主要来自东南亚国家地区。

谁掌握了知识，谁就掌握了经济增长源，掌握了经济增长的主动权。①

最后，新科技革命使整个世界经济、科技的联系更为紧密，并为经济全球化的形成提供了必要的技术手段。

从当代科学技术发展的层面看，根据联合国有关组织的分类，现代高新技术产业包括：信息技术产业、新材料技术产业、空间技术产业、海洋技术产业、有益于环境保护的高新技术产业和管理软科学技术产业等。而每一项高新技术产业中又包含众多分支。② 由于受多方面条件的限制，任何国家都不可能在层出不穷的高新技术领域中全面领先，在许多领域要求它们相互合作，才能更好地有所突破和发展。如美国和俄罗斯加强空间技术领域的合作，就是突出的例证。

从当代新科技产品生产的层面看，如巨型飞机、航天器、原子能电站、大规模集成电路以及新型汽车等产业的发展，从原材料供应、产品设计、制造到产品销售等各个环节，都不是一个国家所能完成的，它需要许多国家的资源和技术的配合与协作。一个国家，无论其资源多么丰富，资金多么雄厚，技术多么先进以及市场多么广阔，都不可能独立地进行现代化生产和完成产品的销售。现代科学技术的发展促使世界各国在经济上相互依赖的程度大大增强，经济的发展从一国经济走向国际经济并最终形成全球经济。

从当代新科技产品的功能和作用层面看，它为经济全球化的发展提供了必要的手段和交往的工具。现代化交通工具迅速地将生产所需用的零部件从一国运送到另一国，并将产品运送到世界各地进行销售；通讯卫星，大大提高了信息的传递速度，使大量的信息在瞬间传送到全球的不同角落。产品的专业化、零部件的专业化和工艺流程的专业化在主要发达国家得到充分的发展，形成了产品零件、配件、部件和技术开发的国际化。越来越多的国际型

①对于新科技革命引发的全球产业结构的梯度转移，我们必须有清醒的认识，既要看到它为加强发达国家的高新技术的垄断地位，获取高额利润起到了重要作用，同时也为发展中国家的发展提供了难得的发展机遇。作为任何一个发展中国家要想利用有利时机，加速自身发展，必须解决好两个方面的问题。一是如何借发达国家在国际间进行产业转移之机，大力移入劳动密集型和资本密集型产业，提高整个国民经济的发展水平；二是如何制定自身的发展战略，发展自身的技术密集型产业，积极扶持本国高新技术产业的发展，使自己尽快地融入经济全球化的进程之中，并占据相对有利的地位。

②仅以现代高新技术的核心产业——信息技术产业为例，它包括计算机技术、微电子技术、光电子技术、芯片技术、大规模集成电路技术、光纤技术、网络技术、软件技术等诸多方面。

产品的出现，使全球经济具有了整体性的特征。

（4）世界贸易组织（WTO）的建立，为推动经济全球化新一轮高潮的到来提供了组织保证

世贸组织的前身关贸总协定是在第二次世界大战之后，经过两年多的酝酿和筹备，于1948年1月1日临时实施的，一直到1995年1月1日世界贸易组织成立，共存在了47年。关贸总协定最重要的特点是它的契约性。各缔约方通过契约的形式，努力创造一个有保障的国际贸易环境，形成多边贸易体制，推动贸易自由化的持续进行。在关贸总协定存在的47年中，前后共进行了8轮多边贸易谈判，使各缔约方的关税均有了大幅度的降低。发达国家的加权平均关税从1947年的平均35%下降至4%左右。国际贸易规模从1950年的607亿美元，增加至1995年的4.37万亿美元，世界贸易的增长速度超过了世界市场的增长速度。[①] 而且形成了一套有关国际贸易政策与措施的规章制度和法律准则，成为各缔约方处理彼此间权利与义务的基本依据，并具有一定的约束力；缓和了各缔约方的贸易摩擦和矛盾；为维护发展中国家的利益起到了一定的积极作用。

同时，关贸总协定也不可避免地存在其局限性。[②] 由于关贸总协定存在的内在缺陷，很难适应世界贸易快速发展的需要，妨碍了经济全球化的进程。1986年新一轮乌拉圭回合谈判开始，由于各成员国矛盾尖锐，在农业贸易、服务贸易、市场准入、反倾销规则和建立新机构等问题上迟迟未能取得一

①参见郑志海、薛荣久主编：《世界贸易组织知识读本》，中国对外经济贸易出版社1999年版，第16页。

②这些局限性主要表现在如下几个方面：其一，关贸总协定仅是根据《关贸总协定临时适用议定书》生效的临时协定，并不是正式生效的国际公约，没有自己的组织基础，仅是一个政府间的行政协议。其二，关贸总协定的权威性有限，参加关贸总协定的各缔约方仅是同意临时接受关贸总协定的法律义务，一旦这些法律义务同国内的现行立法相违背，就无法贯彻执行。其三，关贸总协定管辖的贸易范围有限，它仅管辖货物贸易，而农产品和纺织品、服装等则不受关贸总协定自由贸易的约束。这既与世界性产业结构向服务业、第三产业转变，以及国际服务贸易和投资的迅速发展不相适应，也与贸易有关的知识产权保护的要求不相适应。其四，关贸总协定解决贸易争端的机制不完善，一旦出现贸易争端，在做出决策时要求所有缔约方"完全协商一致"，只要有一个缔约方不同意争端解决专家小组的仲裁结果，则该争端解决专家小组提供的报告就不能通过。因此，使关贸总协定很难在公正、客观的基础上按关贸总协定本身的规则就缔约方之间的贸易争端做出裁决，有贸易大国操纵和控制争端解决结果的可能性。其五，关贸总协定的约束力有限，因为关贸总协定是各缔约方在经济贸易利益关系调整过程中妥协的产物，它是由一些"原则"和一系列的"例外"所组成，这种先天不足使得对缔约方在援引例外条款时的越轨行为，难以受到有效的约束。

致。直到1993年12月15日，所有问题才最终得以解决。1994年4月15日，在摩洛哥的马拉喀什举行的会议上，125个参加方的绝大多数部长在协议上签了字。1995年1月1日，世界贸易组织开始运作，最终取代关贸总协定。

世贸组织的目标是建立一个完整的包括货物、服务与贸易有关的投资及知识产权等更具活力、更持久的多边贸易体系，它包括关贸总协定中贸易自由化的成果和乌拉圭回合多边贸易谈判所取得的所有成果。为了有效地实现这一目标，世贸组织规定各成员国应通过达成互惠互利的安排，大幅度削减关税和其他贸易壁垒。在国际经贸竞争中，消除歧视性待遇，坚持非歧视贸易原则，对发展中国家给予特殊和差别待遇，扩大市场准人程度及提高贸易政策和法规的透明度，实施通知与审议的原则，从而协调各成员国的贸易政策，共同管理全球贸易。①

世贸组织的建立，标志着世界经济、国际贸易进入了一个制度化、结构化的新阶段。特别是它所制定的关于国际贸易、投资、服务等方面的制度和规则，得到多数国家和地区的认可，成为规范全球经济运行的统一制度和规则，为全球统一大市场的完善和自由公平竞争环境的营造，为推动经济全球化的发展提供了组织保证。在新世纪之初，中国经过十八年的艰苦谈判，最终加入世贸组织，融入了世界经济全球化的进程。

3．经济全球化的三大基本特征

（1）生产的全球化，这是推动经济全球化发展的强大动力。它不仅加速了全球统一大市场的形成，而且促进了全球范围内专业化分工的进一步细化，实现了人力、物力、技术资源在全球的最佳配置。一方面，各跨国公司

①与关贸总协定相比，世贸组织具有以下特点：（1）世贸组织是具有国际法人资格的永久性组织，是一个常设性、永久性存在的国际组织。（2）世贸组织管辖范围广泛，它不仅管辖货物贸易的各个方面，还第一次将与货物贸易有关的投资措施纳入多边贸易体制的管辖范围，并努力通过加强贸易与环境保护的政策对话，强化各成员国对经济发展中的环境保护和资源的合理利用，将货物、服务、知识产权融为一体，并置于其管辖范围之内。（3）世贸组织成员国承担义务的统一性。世贸组织成员国不分大小，对其所管辖的多边协议一律必须遵守，以“一揽子”方式接受世贸组织的协定、协议，不能选择性地参加某一个或某几个协议，不能对其管辖的协定、协议提出保留。（4）世贸组织争端解决的机制以法律形式确定了其权威性。由于一国参加世贸组织是由其国内的立法部门批准的，世贸组织成员国需遵守世贸组织各协定、协议的规定，执行其争端解决机构做出的裁决。（5）世贸组织成员国更具广泛性，世贸组织成立不到5年，截止到1999年5月31日，其成员已达135个。另外还有20多个国家和地区正在积极申请加入中。世贸组织成员的经济贸易占世界经济贸易的近95%。（参见郑志海、薛荣久主编：《世界贸易组织知识读本》，中国对外经济贸易出版社1999年版，第49~51页。）

用全球化的眼光安排本公司的经济活动。在哪里开发资源最有利，就在那里进行开发；哪里发展技术最有效，就在那里发展；哪里生产零部件最经济，就在那里生产；哪里有市场，就在那里最佳地结合市场的需求将零部件装配成不同规格的产品，满足不同用户的多样化需要。产品的设计、研制、开发、生产、组装以及销售突破了地区和国界的限制，实现了全球化的大生产。① 另一方面，"国际性综合产品"（即全部或部分零部件由许多国家生产而组装合成的产品）日益增加。②

（2）贸易的全球化，这是推动经济全球化发展的重要载体。第二次世界大战后，国际贸易有了飞速增长。③ 随着贸易交往的增加，使得世界市场的联系程度日趋紧密，当这种紧密联系达到一定的程度，各国就必然产生拆除贸易壁垒的要求和愿望，从地区性的互惠互利、关税同盟、自由贸易协定等逐步向全球性多边贸易体制演进，希望形成一个全球性的统一大市场。随着贸易的扩大和全球市场的逐步统一，使得各国经济的对外贸易依存度大大提高。④ 而且国际贸易的内涵发生了重大变化，初级产品在货物贸易中的比重持续下降，工业制成品贸易在全球货物贸易中的比重持续上升，新型服务贸易、资本密集型和知识密集型贸易发展迅速，居服务贸易的主导地位。贸易的全球化不仅将世界各国的经济紧紧地连接在一起，而且将各国经济拉上了一个共同的轨道，共同进退，从而大大加快了经济全球化的进程。

---

①目前，世界近6万家跨国公司及其遍及世界各地的子公司，已渗透到绝大多数国家的许多产业或部门。

②如美国波音公司生产的波音747客机，所需的450万个零部件来自6个国家的1500家大企业和1.5万家中小企业，波音公司所完成的不过是客机的设计、关键零部件的生产和产品的最终组装而已。再如，日本马自达汽车公司生产的玛雅塔敞篷车，在美国加州设计，在日本筹资，在英国制造样车，主要零部件来自日本，而销售市场在美国。参见李长久：《经济全球化的进展、内涵和影响》，载《世界经济》，1997（7）。

③1950年~1960年间，世界商品贸易总值由563亿美元增加到1283亿美元，10年增长了1.28倍，平均每年递增8010。20世纪60年代以后，世界贸易的发展速度进一步加快，1970年增加到3138亿美元，与1960年相比增加了1.45倍，年均增长率提高到8.5%。（参见宋法棠主编：《走进全球经济》，解放军出版社2000年版，第84页。）到1980年全球商品出口总额达到18753亿美元，商品进口总额为20049亿美元；1996年全球商品进出口总额突破10万亿美元大关，达到109534亿美元。[参见世界银行编、蔡秋生等译：《1998~1999世界发展报告：知识与发展》，中国财政经济出版社1999年版，第228~229页。）1997年，尽管受到亚洲金融危机的冲击，整个世界贸易形势依然向好。其中，世界商品贸易出口额达到52950亿美元，服务贸易出口额为12950亿美元，分别比上一年增长了3%和20/0。

④1980年全球贸易总额占世界各国国内生产总值（GDP）的39%，而到1996年，这一比例上升到43%，（参见世界银行编、蔡秋生等译：《1998~1999世界发展报告：知识与发展》，中国财政经济出版社1999年版，第228~229页。）也就是说，世界各国GDP总值的2/5以上是靠对外贸易实现的。

（3）金融的全球化，这是经济全球化的重要组成部分。金融全球化的最基本特征表现为：随着国际资本大量迅速流动，各国相互开放金融市场，多数国家的金融机构和金融业务跨国发展，巨额国际资本通过国际金融中心在全球范围内快速运转。[①] 目前，金融全球化发展迅速，到1998年年底，国际货币基金组织共有182个成员国，资本账户比较开放的约有70多个国家，其中共有20多种有代表性的可兑换货币。跨境银行债权总额，1992年为1855亿美元，1997年年底增加到9038亿美元；国际融资总额，1992年为2149亿美元，1997年增至8.8万亿美元；到1999年，全球游资已达7.2万亿美元；十大外汇交易市场的日均外汇交易额已接近1.5万亿美元；全球证券市场证券市值高达25万亿美元。[②] 而全球虚拟经济规模已是天文数字。

尽管金融全球化是由发达国家首先推动起来的，它们在其中一直起着主导作用，其基本运作规则也主要由发达国家所制定，反映了垄断金融资本的利益。但是，金融全球化的快速发展，一方面，降低了融资成本，为发展中国家增加了资金来源，有利于资金流入国提高金融管理水平。另一方面，扩大了发达国家和发展中国家的差距，特别是对巨额短期投机资本缺乏有效监督，增加了发达国家和新兴市场国家风险，不断引发国际金融市场动荡。总而言之，如果没有20世纪90年代以来金融服务的日益全球化、资金的大量跨国流动、债券的跨国发行与交易，就没有今天经济全球化的发展。金融的全球化大大地加速了经济全球化的进程。

4．经济全球化的发展新态势

从总体上讲，与二十世纪五六十年代以前的世界经济相比，当今世界范围内的经济全球化浪潮呈现出一系列前所未有的新态势。

（1）经济发展模式从工业经济向信息经济转变。20世纪50年代以前的世界经济，在相当大程度上仍属于工业经济的范畴，它是以大规模的商品货

①20世纪90年代以来，国际资本流动表现出异常强劲的势头。据统计，1993年，国际融资净额只有2750亿美元，1997年猛增至75850亿美元。1990年全球流向新兴市场的私人资本只有444亿美元，1996年增至3360亿美元。（参见国际清算银行：《第68期报告》，1998。）另据世界银行统计，全球外国直接投资额1990年约为1916亿美元，到1996年这一数字猛增至3146.96亿美元，增加了64.2%。（参见世界银行编、蔡秋生等译：《1998/99世界发展报告：知识与发展》，中国财政经济出版社1999年版，第231页。）

②参见国际货币基金组织：《世界经济展望》，1998。

物、劳务及资本的国际交流为其基本形态；而当今的经济全球化浪潮则是与信息经济相联系的，全球化的世界经济借助于信息技术和计算机网络技术将整个世界更为紧密地连接在一起，为人们提供了一种更为快捷、方便的国际交流手段。[①] 信息经济的形成，极大地推动了生产力的巨大发展，加速了以知识为基础的经济全球化高潮的到来。从这个意义上说，当代信息技术是经济全球化实现的载体，如果没有当代信息技术的快速发展，就不会有 90 年代如此规模的经济全球化浪潮。

（2）社会分工从垂直型向水平型转变。第二次世界大战前的世界经济和当今的全球化经济都是建立在一定的国际劳动分工基础上的。但是，前者的国际劳动分工，基本上是一种垂直型分工，即一些先进的资本主义国家专门从事工业制造业生产；而经济落后的国家则主要扮演农业国或原料供应国的角色。后者的国际劳动分工，主要表现为一种依据各国经济和科学技术发达程度不同的水平型分工。整个世界经济呈现出追赶、竞争、交叉的新的发展态势，即：不仅发达资本主义国家仍从事科技含量已大大提高的制造业生产，大力发展高新技术产业；发展中国家也积极推进本国的工业化进程，大力发展制造业和高新技术产业。当然，由于各国的科学技术水平不同，目前发达资本主义国家主要致力于高科技产业的发展，而一般制造业仍是发展中国家的支柱产业。而且经济全球化条件下的国际劳动分工日益细化，不仅世界各国在制造业、高新技术产业方面有较为明确的分工，而且在同一部门的不同产品，同一产品的不同零部件和工序方面也有更为细密的分工。

（3）连接世界市场体系的纽带从有形方式向有形与无形相结合的方式转变。以往世界经济中连接世界各国经济交往的纽带基本是通过有形的方式进行的，即主要表现为商品交换和资本输出，尤其是借贷资本的输出。而今天在经济全球化的条件下，不仅有形方式空前扩大，如国际货物贸易、借贷资本、对外直接投资、劳务贸易、人员流动、旅游业等得到迅猛发展，而且无

---

①到1996年，世界最大的500家公司中已有800"/0在网上设立了网址，有186个国家和地区的1200万台电脑连接上网，用户达6000万。据IBM公司估计，在2000年，有1亿台电脑入网，用户达5亿，一个全新的网络社会正在形成，硕大的地球正在变成一个小小的“地球村”。据有关机构预测，到2001年，全球的信息产业产值将达到35000亿~50000亿美元，成为世界第一大产业。（参见宋法棠主编：《走进全球经济》，解放军出版社2000年版，第50页。

形方式后来居上，如科技成果的转让的规模不断扩展，信息技术及其传播速度日新月异。这两种方式的相互结合、互相促进，最终形成一个较为完整发达的世界市场体系。这一世界市场体系对促进全球的经济贸易增长发挥了重要作用。① 据联合国《1994 年世界投资报告》称，到 1993 年年底，全球跨国直接投资总额为 21250 亿美元。当代世界市场体系的不断扩大，使世界各国被越来越深地纳入这个无所不包的世界市场体系之中。

（4）国际经济交往的方式从“线型模式”向“网络型模式”转变。以往的国与国之间的经济交往基本呈现为一种线型模式，无论是国际贸易或是国际金融活动，大都是一个国家单独同另一个国家直接进行的，经济交往的渠道非常有限。经济全球化条件下的国际经济交往则呈现为一种全方位、网络型模式。一个国家的对外经济交流是以世界上所有国家为对象的，被网罗在全球经济关系的网络之内，直接或间接地与世界各国发生联系。实际上，当今世界各国经济已经越来越成为世界整体经济的一个组成部分，各国的社会再生产过程在很大程度上是在世界范围内进行的，在某种意义上成为全球再生产过程中的一个环节，从而使各国经济日益交织、融合在一起。诚然，我们绝不能以此否定民族国家经济的独立意义。

（5）参与国际经济交往的主体由“一元”向“多元”转变。以往参与世界市场的主体主要是国家，国际经济交往通常是在国家之间进行的，企业的作用十分有限。当资本主义发展到垄断阶段，一些大垄断组织结成国际垄断同盟，其目的是共同垄断、分割世界市场，对发展国际经济关系，扩大国际经济交往，并未起到明显的推动作用。在经济全球化条件下，世界市场的主体是多元的，参与世界市场的不仅有国家，而且有企业，即现代跨国公司和跨国金融机构，特别是现代跨国公司和跨国金融机构在世界经济全球化的过程中发挥了重要作用。

---

①世界贸易商品出口额从1980年的18750亿美元增至1996年的53980亿美元，增长了近2倍；商品进口额相应地从2万亿美元增至55550亿美元，增长了近1.8倍。尤其是技术贸易和劳务贸易增长迅速，20世纪70年代末全球的技术贸易额仅为3000亿美元左右，目前已突破1万亿美元，仅信息技术的贸易额已超过1500亿美元，1982年~1994年世界服务贸易（包括劳务输出、承包工程、旅游、金融服务等）增长近2倍，在全球贸易总额中所占的比重已超过1/4；对外直接投资迅猛增长，1990年，世界外国直接投资额为1916亿美元，1996年年底达到3147亿美元。参见世界银行编、蔡秋生等译：《1998/99世界发展报告：知识与发展》，中国财政经济出版社1999年版，第228~229页。

（6）国际经济交往的节奏由平稳向快捷方向的转变。以往的世界经济，由于受交通工具和通讯手段的限制，全球经济交往所需的时间相对较长，发展速度相对平稳。而在经济全球化条件下，由于交通工具和通讯手段的现代化，特别是现代信息技术的迅猛发展，为国际间的经济交往提供了非常方便快捷的手段，巨额资金通过国际互联网在瞬间就可以划拨到指定银行的专用账户上去；美国华尔街、英国伦敦金融市场的变化在短短的几秒钟内就可以传遍世界；跨国企业所需的某些零部件当天就可以从西半球运抵东半球；即使是成千上百万吨的粮食、石油，在短短的几天之内就可以从一个大洲运抵另一个大洲；旅客乘坐喷气式客机几个或十几个小时就可以从美洲飞抵欧洲、亚洲……总之，地球现在变"小"了，变得像一个"村落"了。

二、民族主义三次浪潮审视

民族主义，既是一种理念和原则，又是一场实践和运动。一般地说，民族主义是建立在近代民族这个特殊的人类共同体的基础之上，并为谋求民族权益，包括生存、平等、独立、发展等权益服务的一种社会政治思潮和实践运动。具体地说，民族主义是历史上形成的对民族历史和文化的认同、归属、忠诚的一种强烈情感和持久意识；是强调本民族的特性和传统，维护本民族权益，处理民族问题和对外关系的行动准则与价值观念。也是实现民族要求的实践和运动。自从近代民族国家成批涌现以来，民族主义作为一支相对独立的力量，一直发挥着极为重要的作用，是影响世界历史进程的最为活跃、最为持久的因素之一，也是决定诸多民族、国家、国家集团之间竞争、合作或冲突的纽带和桥梁。历史进程表明，民族主义是塑造20世纪世界面貌的主要因素之一。

1. 民族主义的三大特征和两种类型

一个世纪以来的历史事实表明，民族主义恰似一把锋利无比的双刃剑，它既能够充当构建民族国家、维护或巩固国家统一和民族尊严的守护神，又可能转化为威胁或破坏国家稳定和统一的破门槌；既能成为反帝反殖反霸的开山斧，也可以变成为地区动乱、侵蚀国际秩序的杀手锏！

20世纪的民族主义具有以下三大特征：

特征之一：发展方向的全球化。

20世纪民族主义既是一种理念和原则，又是实践和运动，它在世界各大洲、各地区、各国家均有表现，从而具有全球化的特征，尽管在不同的历史时期，在不同类型的国家，其表现形式、具体内容、程度强弱、历史作用有所差异。这是因为，由于久远的历史渊源和复杂的现实因素，各个地区、各个国家、各个民族都有发展差异、利益差异、文化和情感差异。正是这种种差异使各个民族的民族主义得以顽强地保有其生存空间和群众基础，并以不同形式存在和发展，呈现出全球化的特征。

特征之二：内容性质的多元化。

近代世界民族主义从它出世之日起到20世纪初，都是与世界资本主义意识形态和社会制度紧密联系在一起的。但自从诞生第一个社会主义国家和为数众多的民族主义国家，即世界划分为两种制度和三类国家以来，民族主义以各种表现形式普遍存在于各种社会制度的各类国家，从而使其内容、性质趋于多元化。也就是说，民族主义与各种意识和社会制度既有联系，又有区别，而且在实践中往往以民族利益为界标，在某种意义上超越于政治化了的意识形态之上。

鉴于以上情况，国内外一些学者认为，民族主义本身是中性的，如同水一样。水，既能载舟，亦能覆舟；既可以成为各民族“沟通”的通道，亦可以变化为各民族“隔离”的壕堑。时代在前进，国家在演化，民族主义的性质和内容也随之发展和嬗变。民族主义的发展和嬗变，主要取决于两个因素。首先，取决于作为民族化身的统治阶级或统治集团的意图和导向。这是因为，在各个不同的历史时期，在各个不同的国家，都有不同的阶级或集团在政治上起支配或主导作用，他们都是按照自己的观点和利益来理解“民族利益”，执行其内外政策的。因此，民族主义在不同的历史时期和不同的国家均服务于各种不同的利益集团，并且具有不同的性质。一个国家的民族主义向哪个方向发展演变，是良性的抑或恶性的，从根本上说，取决于作为民族主导力量的统治阶级或统治集团内外政策的导向。其次，还取决于该民族当时所处的国内外现实环境，即“大气候”。由于国际环境和国内形势的制约和牵动，民族主义往往呈现出不同的姿态和流向，影响乃至改变国家、地区、世界的历史进程和面貌。因此，我们应根据唯物史观的基本原理，深刻认识内因是民族主义发展和嬗变的根源，外因是它发展和演变的条件，它是两者相互作用的产物。

特征之三：类型的复杂化。

近代民族主义在它产生之初，某类型往往比较单纯，首先表现为追求和维护民族国家的独立和统一的政治民族主义。随着时代的交替、社会的演化，以及追求目标的不同，所处地位的差异，民族主义经常与经济、文化、宗教、地域等因素相结合。从而使其类型复杂化，成为复合型的民族主义，如经济民族主义、文化民族主义、宗教民族主义、地区民族主义等。

如上所述,20世纪民族主义波涛起伏，特征各异，性质不同，地位有别，构成了一幅斑驳陆离的复杂图景。究竟应该如何对其进行分析？世界各国学者和政界歧见纷呈。

西方发达资本主义国家学界和政界有些人主张，20世纪民族主义可分解为西方型与非西方型（或反西方型）；或界定为民主的与非民主的（或反民主的）；或划分为自由与非自由的（或反自由的）；或甄别为建设性的与破坏性的。第三世界国家和中国的一些学者则认为可区分为压迫型与反压迫型，或称为扩张型或防卫型两大类。

西方型与非西方型（或反西方型），此说源远流长，由来已久，可谓观点泾渭分明，界限壁垒森严。持此论的可能有两种人，一是书斋里的学者，他们的本意可能企图从学术角度探讨20世纪的民族主义，但由于固守成见，或者说以西方的民族观、价值观作为评判标准，从而得出不符实际的、片面的结论，把20世纪的民族主义简单化地划分为西方的和非西方的两大类，如此划分客观上不利于化解和消除西方民族与非西方民族长期积淀起来的、很深的民族心理藩篱。二是带有深重的阶级偏见，或戴有色眼镜和具有冷战思维的政界或学界名人，他们千方百计总想找出一个反西方的假想敌，有意无意、或明或暗地为某些西方大国追求霸权利益而欺压其他民族的行径辩护。[1]

---

①前几年美国著名学者亨廷顿所提出的名噪一时的“文明冲突论”难脱其嫌。亨廷顿断言，文明间的冲突将主宰今后的全球政治，其中最可能的是西方文明与非西方文明的冲突，尤其是儒教文明和伊斯兰文明相结合的势力对西方文明最具“威胁性”，西方各国要联合一致认真加以防范和对付。

总之，把民族主义划分为西方与非西方的甚至反西方的，实质上就是敌视属于不同文明—文化圈的国家和民族，把它们作为敌手来对待，企图加以遏制、围堵，这在理论上是谬误的，其运用于现实国际政治则更是危险的。

至于把民族主义划分为民主的与非民主的（或反民主的），或自由的与非自由的，也亟须商榷。这是因为，民主、自由之类字眼或口号，本是法国资产阶级革命时代提出的，无疑具有巨大的历史进步性。但是，随着时代的进步、社会的进化，民主、自由之类字眼的内涵、外延都有了丰富、发展和变异。而且，不同时代、不同国家、不同民族、不同阶级对民主和自由各有各的理解和取舍，如同对"民族利益"有不同的理解和取舍一样。因此，用抽象、空泛、模糊、凝固的民主、自由或反其道而行之来概括20世纪、尤其是当代民族主义是不恰当的，因为它使人难以捉摸或把握，更不可能有统一的标准，难免以西方的意识形态和价值观来强加于民族主义之嫌，也易于使人产生削足适履之感，因为20世纪的民族主义是如此纷繁复杂，把它们统统纳入一种固定模式是难以办到的。进一步讲，把符合西方标准的民族主义封之为民主的、自由的民族主义，把不符合西方标准的斥之为非自由的、非民主的甚至是反自由的、反民主的民族主义，这本身就是狭隘民族主义心态的表现，显然是不足取的。

把民族主义归纳为建设性与破坏性两大类，有其一定的合理性和现实性，但失之于过分简单化。这是因为，20世纪民族主义是纷繁复杂的，其性质也是可以相互转化的，即使是"建设性"的民族主义，总要有一个合理的"度"，不能无限地膨胀，如果超越了合理的"度"的临界点，就会向其反面转化，成为"破坏性的"民族主义。[①] 还需指出，当代许多民族主义介于"建设性"与"破坏性"之间，即既有某种"建设性"，又有某种"破坏性"，无法采用简单化的非此即彼的方法来加以界定。

至于经典式的压迫型与反压迫型民族主义的划分方法，曾盛行于20世纪

①例如，在当代的中东欧地区，一些民族为了摆脱外来压迫或主导民族的压制而发动的民族独立运动，有其一定的"建设性"和合理性，但后来在狭隘的民族主义狂热的驱动下，使用不择手段的暴力活动，无止境地进行民族分离运动或种族清洗，不但破坏了新国家的稳定和统一，而且带来了各族群众的流离失所、财产损失和生灵涂炭，造成了地区局势紧张和邻国不安，也损害了本民族的当前和长远利益。

前期以及第二次世界大战后初期乃至60年代，这在当时无疑是正确的。但随着亚、非、拉民族解放运动的高涨和大批被压迫民族的独立建国，殖民主义的彻底崩溃，此种分类法已基本不适用于当代。① 至于扩张型民族主义与防卫型民族主义的分类法，亦与上述分类法相似，曾适用于20世纪前半期，但已不能普遍适用于第二次世界大战以后尤其是当代。在当代世界，确实还存在着追求全球霸权利益或地区霸权利益的扩张型民族主义，也还有要求收复失地，或追求民族统一、或维护国家主权的防卫型民族主义。但此种分类法已远远不能概括向多元化、复杂化方向发展的20世纪后期的民族主义的实际。

2. 民族主义发展的两个阶段和三次浪潮

民族主义从产生到现在已经历了300余年的历史沧桑。民族主义发端于十七八世纪西欧、北美的第一批民族国家创建之际，鼎盛和扩散于19世纪的欧洲，蜕变和分化于19世纪末20世纪初欧美列强向帝国主义过渡以及亚、非、拉美开始民族觉醒之时，全方位、多元化发展于20世纪。

民族主义从它出世至19世纪末，根据其性质和内容的演化，大体上可以划分为两个大的发展阶段和三次浪潮。

（1）民族主义发展的两大阶段

第一阶段：民族主义在欧美的兴起和鼎盛。

这一阶段是以17世纪中叶英国资产阶级革命为发端，肇始于首批近代民族国家的创建；直到19世纪中叶，这是民族主义在欧洲和北美蓬勃兴起、广泛传播和走向鼎盛的时期。

英国是最早开始资产阶级革命并走上工业化和现代化的国家，也是民族主义的最初发源地。紧随其后，法国和西欧诸国也掀起了波澜壮阔的资产阶级革命和工业革命。在这些国家里，随着资本主义生产关系的发展和近代工业的兴起，民族意识开始觉醒和形成，国家成了民众效忠的对象，民众越来越清晰地感觉到，他们个人的命运与民族的命运息息相关。新兴的资产阶

①这是因为，首先，老的发达资本主义国家已不可能运用旧式的赤裸裸的压迫型民族主义来统治或对付新兴的第三世界国家；其次，新的第三世界国家，尽管还存在着众多的内部冲突，其中有些确实带有民族或种族冲突色彩，如在非洲、南亚和中东，但主要出于维护地区利益或种族一宗教信仰，明确要求建立独立主权国家的冲突并非是普遍现象。

级及其影响下的人民群众强烈反对封建专制和封建割据，反对神权统治，反对民族压迫；普遍要求建立统一的民族市场、有凝聚力的民族文化、独立自主和统一的民族国家，以顺应社会进步、经济发展和民族振兴的需要。由此可知，思想上的从神权统治下的解放，工业化和现代化所必需的主权独立和统一的国家政权，统一的国内市场，是推动资产阶级在构建民族国家过程中大力倡导民族主义的最基本的初始动力。反过来，忠诚于民族国家的民族主义，作为一种政治理念和价值观念，也为民族国家的创建和巩固提供了有力保证。① 这样，到19世纪前期，民族主义在西欧和北美取得了辉煌胜利，并为传播到整个欧洲乃至世界奠定了基础。

19世纪中期，欧洲又一次燃起了民族主义的烽火。1848年，处于几个多民族帝国控制下的中欧、东欧和南欧地区民众．在民族主义旗帜下掀起了一场疾风暴雨式的民族民主革命，反对异族的统治和压迫、争取民族统一和独立，消灭封建专制是他们的斗争目标。尽管这场革命因遭到“欧洲宪兵”沙皇俄国的残暴镇压而被扑灭了，但它有力地唤起了各民族的觉醒，加速了这些国家民族形成的过程，为后来罗马尼亚国家的统一，尤其是为六七十年代意大利和德国的统一奠定了坚实的基础。意大利的统一和德意志帝国的建立，标志着民族主义原则已在西欧和中欧全面获胜。这样，到19世纪70年代，除东欧和南欧一部分地区外，民族主义在欧洲已取得了决定性的胜利。

民族主义发展的第二阶段：欧美民族主义的蜕变与亚非拉美民族主义的萌发。

19世纪中后期到20世纪初。这是欧美民族主义发生蜕变并大肆向外扩张的时期，也是亚非拉美民族主义开始萌发并与前者剧烈碰撞的时期。

随着资本主义的发展和工业化、现代化的迅猛发展，欧洲列强和美国原有的民族国家内部狭小的市场容纳不下急速膨胀的生产力。于是，它们竞相走上了以武力拓展国际市场和争夺原材料的道路，通过扩张和征服奴役众多

①例如，18世纪末叶爆发的法国大革命，把法国民众的民族主义激情推向了高潮，正是那些为捍卫“祖国”的自由和独立而战的公民们粉碎了整个封建欧洲对法国革命的围剿，而且把民族主义思潮传播到周边地区。19世纪初，在拿破仑战争进程中，在民族主义的感召和激励下，西欧出现了又一批以民族为基础的独立国家。稍前，在18世纪70年代，在英国殖民统治下的北美大陆上，爆发了反对外族压迫、争取民族独立的战争，宣告了美利坚合众国的诞生。

弱小和落后的国家，使亚洲、非洲、拉丁美洲的广大地区逐步沦落为殖民地和附属国，成为它们商品和资本输出场所和原材料的输入地。正是在扩展国外市场和侵占别国领土的过程中，欧美列强的民族主义逐渐失去了维护本民族正当民族利益的进步性，一步步蜕变为维护统治阶级和特殊利益集团利益的民族沙文主义和殖民主义。这些国家的资产阶级利用广大民众一往情深的民族主义情绪，以民族化身自居，标榜以他们为代表的本民族是“上帝的选民”，打着为本民族“谋福利”的旗号，并以“传播文明”为幌子，进行野蛮的殖民侵略和掠夺，以侵害其他民族利益为代价，在各大洲鲸吞蚕食，对整个世界进行瓜分，建立起了帝国主义殖民体系。由此可知，从基本内核来看，在某种意义上说，殖民主义就是恶性发展的民族主义，是侵略性的民族主义的产物。

与此同时，在亚洲、非洲、拉丁美洲的广大地区和国家，异族的入侵、掠夺和奴役，使当地土著民族遭受了前所未有的、深沉的民族苦难和屈辱，刺激了民族觉醒和反抗斗争的出现，引发了拯救民族危亡的民族主义思潮的兴起和民族解放运动的开展。从19世纪中叶至20世纪初，欧美殖民国家挟其船坚炮利的优势，席卷和吞噬了全球2/3以上的领土，正是在此背景下，早在19世纪，拉丁美洲在如火如荼的独立战争中催生了第一批民族独立国家。在中国、印度以及亚洲大陆出现了波涛起伏的民族主义运动。由此，可以这样说，方兴未艾的亚洲、非洲、拉丁美洲民族主义是一种反应性或防卫性的民族主义，是对欧美列强侵略性民族主义的一种反应或反抗，其主导成分是抗击异族武力入侵、领土侵占、政治奴役和经济掠夺，维护或争取民族主权和独立，是殖民主义与反殖民主义剧烈碰撞的产物。从两者的特征而言，欧洲民族主义主要是强调自己的历史、传统、价值观念、语言、文化或种族特征，要求实现民族自决，建立自己独立的民族国家并进而伺机向外扩张。亚非拉的民族主义除强调自己历史文化传统或民族特征外，在与殖民主义抗争中特别珍视维护民族尊严，强烈谋求民族生存、平等、独立和发展的权利。由于当时严酷的历史环境的制约，刚刚破土而出的亚非拉民族主义尚很幼稚，处于欧美列强民族主义、殖民主义、帝国主义以及本国封建主义的多重压制之下，未能得到充分发展，也还不是工业化、现代化的真正产物，因此还没有足够力量掌握本民族的命运。[①]

进入20世纪以来，民族主义跨入了一个新的历史发展阶段。这是民族主义在世界广阔范围内向普遍化方向迅猛扩展，向多元化层次分化演变的时期；也是帝国主义从鼎盛趋于没落、殖民主义从扩展走向崩溃的时期，更是亚非拉民族主义向纵深发展并取得辉煌胜利的时期。如同大海的潮汐受月球与地球运动的引力而发生潮涨与潮落一样，20世纪世界各国的民族主义受国内外历史环境和力量对比的制约，从而呈现出了不同的流向和力度。从总体上看，20世纪的世界出现过三次巨大的民族主义浪潮，都在不同的程度上冲击了国际秩序，重塑了世界面貌。

（2）民族主义发展的三次浪潮

民族主义发展的第一次浪潮

这次浪潮掀起于20世纪初至30年代，由东、西方两个部分共同组成。

在西欧，民族主义发生了进一步的分化。

在东欧和东南欧，在民族主义的鼓舞下，民族独立运动持续高涨。到20世纪初，塞尔维亚、罗马尼亚、保加利亚、门的内哥罗已先后获得独立，但斯拉夫民族西方支系和南方支系的大部分仍未摆脱被奴役的命运。该地区是奥匈帝国、奥斯曼帝国、沙皇俄国残暴统治和相互角逐的地盘，民族关系本来就十分错综复杂，加上德国、英国、意大利、法国等大国的插手干预，使巴尔干地区成了“欧洲的火药桶，”1912年和1913年因领土争端接连爆发了两次巴尔干战争，使欧洲列强之间处于剑拔弩张和势不两立的态势。

1914年8月，以塞尔维亚民族主义青年刺杀奥匈皇储斐迪南大公为导火索，德奥和法俄为首的两个对立的帝国主义集团。以维护各自的“民族利益”为借口。以“保卫祖国”为号召，为重新瓜分世界和争夺霸权而展开了一场规模空前的血战。大战使帝国主义列强遭到了两败俱伤的惩罚欧洲中东部原有的四大帝国垮台。基于民族自决原则，在帝国的废墟上出现了波兰、捷克斯洛伐克、南斯拉夫等一系列独立或重建的民族国家。至此，民族主义基本

①惟一例外的是日本。19世纪中叶，日本被西方列强撞开国门以后，也曾经历过短暂的彷徨。但到了60年代末，日本通过明治维新，厉行改革，开始了富国强兵、“脱亚入欧”、推进工业化和现代化的进程。随后，恶性膨胀的日本民族主义走上了与欧美列强争霸东亚的侵略道路。

上在整个欧洲取得了全面胜利。

从第一次世界大战结束到第二次世界大战爆发（1919~1939），欧洲的民族主义由于国情和利益的差异，产生了严重分化和重新组会，大体上可分为三种类型。

第一种类型以英、法为代表，它们除了竭力维护和固守原有的民族利益和殖民利益以外，还要紧紧抓住第一次世界大战后作为战胜国获得的欧洲大陆上的霸权利益不放。20 世纪 30 年代，当迅速崛起的德、意法西斯以咄咄逼人之势疯狂推行民族扩张主义之时，英、法则退而推行绥靖政策。企图以牺牲弱小民族利益为代价，避战求和，以保全既得利益，最后搬起石头砸了自己的脚，不仅没有求得所希冀的“一代人的和平”，反而在第二次世界大战初期蒙受了惨重损失。

第二类民族主义以德国和意大利为典型，这是一种把民族主义推向极端的、最为反动的民族主义。德国法西斯主义固然有其复杂的社会政治内涵，但其核心内容无疑是进攻型的民族扩张主义——血腥的种族主义。

第三种类型是东欧和东南欧众多中小国家的民族主义。这些在世纪之交和第一次世界大战后刚独立建国的国家如波兰、捷克斯洛伐克等，由于国力的薄弱、内部纷争和少数民族问题，是英、法与德、意两大帝国主义集团弱肉强食、角逐争夺的对象，其民族主义深受压抑，为争生存、保独立而苦苦挣扎，成为绥靖与出卖的对象，无法主宰其民族命运，最后被绑缚在两个对立的帝国主义战车上而拖入大战的旋涡，付出了惨重的民族牺牲代价。在反对法西斯民族屠杀和虐杀的地下抵抗运动和武装斗争中，这些国家的民族民主力量经历了严酷考验而发展壮大，为战后国家的重建和建立人民政权奠定了基础。

20 世纪初至 30 年代，亚洲、非洲、拉丁美洲的民族主义走过了与欧洲民族主义截然不同的发展道路。以 1900 年爆发的中国义和团运动为发端，亚洲的民族主义运动率先发难，高举义旗，奋起抗暴，力图挽救民族的危亡。随着这些地区民族苦难的日益深重和资本主义经济的艰难起步，民族觉醒日益增强。在民族忧患意识推动下，一批先进分子揭竿而起，企图通过民主改革乃至革命，以救亡图存，谋求民族的生存、自决、平等和发展。伊朗，印度、中国先后爆发了民族独立运动。

第一次世界大战时期至30年代，亚非拉的民族主义广泛兴起，汇集成一支冲击帝国主义殖民体系的巨大力量。第一次世界大战期间，由于帝国主义列强全力以赴地进行战争，无暇他顾，不得不暂时放松了对殖民地和附属国的控制和压制。使后者的民族工业有了较快发展、民族资产阶级力量逐步壮大，无产阶级队伍也有了扩大，这两个新兴阶级成员成长为反对帝国主义的重要政治力量和社会力量，奠基于民族经济成长基础上的民族独立意识进一步增强，民族主义成了亚非拉人民进行反帝反殖斗争的有力武器。第一次世界大战后，亚非拉地区的民族解放运动出现了新的高潮，其广度和深度比此前有了很大进展。从广度上说，民族解放运动席卷了更多的国家和地区，如东亚的中国，南亚的印度，西亚的土耳其，北非的埃及，中美洲的尼加拉瓜和墨西哥，不仅规模大，范围广，而且反抗的力度强，有的甚至采取了革命战争的激烈形式，如中国的北伐战争、凯末尔领导的土耳其民族革命战争、埃及的三月起义、尼加拉瓜的桑地诺抗美游击战争。从深度上说，由于工人队伍的壮大和觉悟的提高，一些国家和地区的民族解放运动有了更为广泛而坚实的社会基础和群众基础，运动的领导阶级突破了原先以民族资产阶级为主，包括开明的王公贵族、部落酋长的范围，无产阶级开始站到了民族解放运动的前列。甚至有些国家，例如中国、朝鲜、越南出现了由无产阶级革命政党直接领导民族运动的局面，并且与苏联为代表的世界社会主义运动有了呼应与配合，形成了一支与帝国主义殖民主义相抗衡的新兴力量。但从整个力量对比的态势而看，亚非拉民族主义仍处于守势地位。在帝国主义列强的压制下，这些地区的民族解放斗争虽频频受挫，但顽强不屈，犹似地火运行，岩浆奔突，正在积聚力量，伺机喷薄而出。

值得注意的是，从20世纪初至30年代，日本的民族主义走过了一条与亚非拉国家截然不同的发展道路。中日甲午战争后，日本对于沙俄与法国、德国联手干涉，迫使其向中国归还辽东半岛而耿耿于怀，认为是“奇耻大辱”，决心与俄国火并，争霸东亚。在1904年至1905年的日俄战争中，作为亚洲新兴小国的日本，竟然打败了欧洲陆军强国俄国，作为黄种人竟然打败了不可一世的白种人，当时确实在一定意义上激励了亚洲的民族主义。但日本人却得意忘形，进而把日本民族主义推向极端，大力宣扬武士道精神为核心的“大和魂”，竭力渲染“大和民族”的“开拓精神”，即殖民精神，变本加厉地对外扩张，还假惺惺地鼓吹“大亚细亚主义”，即扬言要把亚洲人从欧美列强统治下“解放”出来，建立“东亚新秩序”，实际上是妄图独霸亚洲。此后，日本民族主义逐步走上了军国主义的歧路，给中国人民和亚洲其他各国人民带来了无穷灾难，也使日本民族付出了惨重代价。

第二次世界大战是由极端反动的民族主义，即蜕化为法西斯主义的德、日、意“轴心国”集团发动的。第二次世界大战的结局不仅宣告了法西斯主义的彻底覆灭，而且使18世纪以来欧洲列强以民族主义——殖民主义为驱动力，主宰全球的国际旧秩序永远一去不复返了，也使世界各地的民族主义力量在严酷的大战烈火中得到考验和锻炼，进而拔地而起，茁壮成长，参与了改造世界的伟大斗争。

民族主义发展的第二次浪潮

第二次世界大战结束后到70年代初，迎来了本世纪的第二次民族主义大潮。民族主义的滔天巨浪以雷霆万钧之势彻底冲垮了帝国主义的殖民堤坝，使整个世界面貌发生了巨变，民族主义本身也呈现出多元的发展态势。

首先，从亚非拉广大地区来说，随着整个帝国主义体系力量的衰落，尤其是这些地区工业化和现代化的进展及从传统农业社会向现代工业社会的逐步转化，使亚非拉的民族主义获得了新的驱动力，上升到了一个新的发展水平并产生了质的飞跃。与此相适应，亚非拉的民族主义已从战略上的守势转折为战略上的攻势。具体表现为：民族解放运动有了广泛而迅猛的发展，以摧枯拉朽之势挣脱了殖民枷锁的多达100多个民族独立国家相继出现，有的还走上了社会主义发展道路。至20世纪70年代，民族解放运动的巨大历史潮流终于以不可阻挡之势彻底埋葬了帝国主义殖民体系。随着第三世界的崛起，亚非拉的民族主义已发展成为同资本主义体系、社会主义体系鼎足而立的民族主义国家体系，成为世界舞台上举足轻重的第三支基本力量。

在新的历史条件下，民族主义仍是发展中国家有力的思想武器和行动指南，而且随着形势的变化表现出许多新的特征。第一，斗争方式已从个别斗争转化为联合斗争。亚非拉国家在其赢得民族独立前后，通过斗争实践普遍认识到，面对新老殖民主义和霸权主义的威胁，只有团结合作，共同斗争，才能更有效地争取独立和巩固独立。从20世纪50年代亚非会议的召开，到60年代不结盟运动的兴起，稍后“77国集团”的出现和壮大，都反映了亚非拉国家为维护民族利益而进行联合斗争的共同愿望和历史趋势。第二，斗争内容已从争取政治独立和国家主权转化为主要是争取经济独立权和发展权。由于殖民主义长期统治的恶果，以及由于历史和现实的诸多原因，大多数亚非拉国家的经济仍然相当落后，生产力发展水平低下，面对国际垄断资本对生产、贸易、金融、市场的控制，这些国家的政治民族主义正转化为经济民族主义，即大力发展和壮大民族经济，维护本国正当的民族权益，加速实现国家现代化，限制国际垄断资本对本国的控制和剥削，实现经济完全独立，缩小与发达资本主义国家的发展差距，争取建立平等互利、公正合理的国际新秩序。第三，亚非拉民族主义一个令人瞩目的新趋势是地区民族主义的出现。战后至70年代，在拉美和东亚，一些民族主义国家的经济有了迅速发展，工业化和现代化取得了重大进展，成为新兴工业化国家和地区。为了适应日益激烈的国际竞争和世界经济全球化的发展，它们的民族主义从一国转化为地区民族主义，即相邻的一些国家通过双边和多边协议进行不同程度的、超越国界的经济合作和政治协调，实行地区性保护政策，维护成员国共同的经济利益，向经济一体化和政治协调化的方向迈进，有的还建立了共同市场，以集体民族主义的方式共同捍卫本地区各国的主权和利益。这对于限制国际垄断资本的势力，保护地区各国的主权和利益，限制国际垄断资本的势力、保持这些国家经济增长的势头、增强这些国家的经济实力和社会稳定程度，都起到了重要作用。亚洲的东南亚国家联盟就是这方面的典型例证。第四，亚非拉民族主义在上述各种团结合作趋势正在得到加强的同时，我们也应看到，由于历史遗留问题，诸如领土争端、宗教和教派冲突、民族和种族纠纷、经济条件和发展水平的差距、现实利益的不同、外来势力的插手、一些民族主义国家间的矛盾和冲突也呈现上升趋势。

其次，从欧洲民族主义来说，战后以来。随着欧洲的衰落，它丧失了对世界的支配地位和沦为美苏争夺和监控的主要对象，处于东西分裂状态。与此相应，欧洲的民族主义也由盛转衰，处于受扼制和被压抑状态。在美苏对峙并分别控制西欧和东欧的战略态势下，东西欧民族主义的表现形式既有相似性，又有差异性。就相似性来说，东西欧各国都以近似的方式顽强地表现自己的民族主义，展开了波涛起伏的反控制、反干涉斗争。[①] 就差异性来说，东西欧的民族主义不仅是在不同的意识形态和社会制度下走着各自有别的发展道路，而且其发展趋势也截然相异。战后西欧民族主义发展的一个新的突出现象是走向地区民族主义。战后以来，以法、德两大民族消除数百年来积淀起来的民族隔阂和世仇，实现历史性的民族和解为契机，以法、德为核心，以逐步发展起来的欧洲共同体为载体，西欧各国减弱了各自的民族主义情绪，稳步走上了联合民族主义，即地区民族主义的道路，进而把地区民族主义与经济民族主义相结合，把经济一体化作为政治一体化的过渡形式，并取得了长足进展。与此相左，东欧诸国则由于历史上的积怨太深，又有众多现实利益冲突，加上国内外复杂的民族混居，使彼此之间的裂痕扩大了，在民族主义的作用下，呈现出离散的征兆，尽管由于共同的意识形态和苏联的干预而维持着脆弱的、表面的和睦和平静。

民族主义发展的第三次高潮

20世纪80年代以来，出现了本世纪的第三次民族主义浪潮。

由于一系列因素的诱导，诸如制衡民族矛盾的冷战机制的崩溃、东欧剧变和苏联解体形成的冲击、现存国际政治经济体制的不平等状况的加剧、经济全球化的推进、各国各民族发展不平衡的进一步扩大、统治阶级民族政策的失误以及历史积怨等，从而使形形色色的民族主义狂飙突起，犹似决堤的怒潮席卷全球，如同喷发的火山改铸世界，不仅催生了一批新国家，改绘了世界政治地图，而且造成了许多的民族纷争和冲突，带来了诸多民族国家、地区的动荡不安和重新分化组合，使世界格局为之剧变。

民族主义在当代的重新狂飙突起，已成为困扰国际社会的焦点之一，也是影响当代世界发展最为活跃的变数之一，更是决定诸多民族、国家、国家

①例如在西欧，20世纪50年代的法国出现了现代形式的民族主义——戴高乐主义，强烈要求摆脱美国的控制，维护民族尊严和国家利益，走法国自己的发展道路。具体表现为政治上的独立自主，军事上的退出北约军事一体化组织和建立自己独立的核力量等。随后，西德违背美国的意愿，提出了维护德意志民族整体利益，缓解两个德国关系的“新东方政策”并付诸实施。在东欧，早在40年代末，南斯拉夫率先反对强制推行苏联模式，要求走符合民族特点和本国国情的社会主义道路。随后，波兰、匈牙利、捷克斯洛伐克也提出了类似要求。在苏联大国沙文主义的干预下，酿成了一系列后果深重的事件和冲突，造成了东欧离心倾向的加速发展和“社会主义大家庭”的趋于崩溃。

集团之间竞争、合作或冲突的纽带和桥梁。

如果把本世纪第三次民族主义大潮比喻为一系列强烈的地震的话，那么，震源和震中无疑是前苏联和中东欧地区。东欧国家与苏联之间，东欧国家彼此之间，东欧国家内部各民族之间，如同苏联国内各民族之间一样，既有许多复杂的民族积怨和历史悬案，又有现实的民族利益冲突，此前一直依靠社会主义意识形态的凝聚力以及冷战机制的约束力联合在一起。20世纪80年代中期以来，苏联对内推行“民主化”和“多元化”，对外推行“新思维”外交，放松了对国内各民族的约束和对东欧国家的控制，随着苏联社会政治危机的深化和社会主义意识形态的弱化，过去那种使苏联境内各民族、东欧与苏联以及彼此之间凝集在一起的向心力丧失殆尽，“民族利益”的考虑几乎成为处理内外部关系的惟一出发点和归宿。久受压抑的民族主义如同打开闸门的急流倾泻而下，冲决一切，填补了意识形态真空和力量真空，成为主宰这些国家发展方向和国内各民族关系的主导力量。与此同时，以美国为首的西方国家则看准时机，乘虚而入，进行煽动、怂恿、支持，从而导致了东欧的易帜和苏联的解体。此后，引发苏联东欧地区民族离散的机制仍按历史惯性效应继续发挥作用，从而酿成了前苏联东欧地区民族动乱的持续不断，造成了地区局势的动荡。与此同时，在苏联、东欧民族主义大潮的波及、辐射、冲击下，世界其他地区原有的和新冒出来的民族主义也喷涌而出，相互呼应，彼此激荡、形成了一种“共振”现象，呈现出一幅扑朔迷离的图景，使世界面貌为之巨变，世界历史为之重构。

20世纪的民族主义如同深邃广阔而变化莫测的大海，始终孕育着一切潜伏的可能性，轻波细浪或狂潮怒涛，既能载舟也能覆舟，它会随着内外条件和环境的变化而呈现出不同的状态和流向。维护或冲击着现存的民族国家或国界，影响乃至改变世界历史的进程或面貌。应该看到，推动20世纪世界民族主义运动前进的矛盾是纵横交错的。动因也是复杂多样的，这些相互制约又互为补充的力量必然融合成为一个总的“合力”，20世纪的民族主义就是在各种社会政治力量的“合力’推动下发展嬗变的。当然，由于矛盾性质的不同和动因之间的差异，规定了世界范围内各种民族主义的“质”是不同的，发展和嬗变的方向也是有别的，其所起的历史作用也是相异的。

3. 第三次民族主义浪潮原因透视

20 世纪 80 年代后期以来，一股汹涌澎湃的民族主义大潮激荡全球。这股浪潮以中东欧和原苏联地区为源头和中心，西边波及到了欧洲发达国家法国、意大利、西班牙、比利时、英国；东边延伸到了西亚的土耳其、中亚诸国、阿富汗至巴基斯坦、印度、斯里兰卡和东南亚；南边蔓延到了北非、中东乃至东非，形成了一大片洪峰迭起的“高浪区”。这些地区的民族主义狂澜又与世界各地原有的民族主义以及新形势下突发的形形色色民族主义遥相呼应，相互激荡，汇合成一股 20 世纪第三次世界民族主义潮汐，重新调整了民族与国家的关系，促进了国际战略力量配置与世界格局的转换，影响了地区和世界的和平与安全。

第三次世界民族主义浪潮的掀起是由一系列因素促成的。

第一，从国际原因来说，这是苏联解体和冷战机制终结的产物

在战后美苏对峙的冷战格局下，意识形态和社会制度的对立居于主导地位，不仅东西方各国的民族主义都限制在美苏战略利益的框架之内动弹不得，世界其他地区的几乎所有的民族主义运动往往都带有美苏对抗和争夺的背景，受到美苏两家的控制和压抑。也就是说，世界各地的民族矛盾均受制于冷战格局。因此，在冷战机制下，民族矛盾、种族仇恨、领土争端、宗教冲突均退居次要地位或仅是时隐时现的潜流，苏联直接控制的中东欧地区更是这样。20 世纪 80 年代后期，苏联的戈尔巴乔夫上台执政，对外奉行“新思维”外交，放弃了对东欧国家的监控和对西方的冷战对抗态势。随着社会主义意识形态的失控，过去那种使“社会主义大家庭”成员国凝聚在一块的向心力丧失殆尽，久受压抑的民族主义喷涌而出，遍地溢流，填补了意识形态真空和力量真空，成为主宰这些国家发展方向的主导力量。以美国为首的西方国家瞅准时机，乘虚而入，进行煽风点火，从而使东欧各国不仅纷纷摆脱了苏联的控制，力图走本民族的独立发展之路，而且实现了社会制度的根本转换。此时，苏联境内日益深化的政治危机、经济危机、社会危机推动了民族危机的迸发，苏共党内外的民族主义分子和“民主派”人士，利用地方与中央的矛盾、各加盟共和国之间的矛盾、俄罗斯民族与各少数民族的矛盾、使民族分离浪潮逐浪猛涨，最终冲垮了苏联，分解为 15 国。

在世界范围内，由于苏联的解体而导致的冷战格局的终结、多极化趋势的明朗，国际社会的相对无序，使过去制衡民族矛盾的国际机制彻底消失，为久受压抑的民族主义潜流打开了宣泄的闸门，奔流直泻，冲决一切。在前苏联和中东欧地区，不论是原有的国家或新建立的国家，由于这些国家内部和彼此之间的民族矛盾同时失去了国际和国内两方面的制约机制，中央的控制机制和协调机制还很脆弱，于是，民族离散的趋势以连锁反应的方式继续发展。① 在西方发达资本主义国家，制约民族矛盾的冷战机制的瓦解，“共同敌人”苏联的消失，使美、欧、日三大力量中心争斗加剧，以贸易战、投资战、金融战形式出现的经济民族主义高扬，因中东欧等地区大量难民和移民的涌入而萌发的排外主义滋生。②

冷战结束的另一个后果是，美国成为惟一的超级大国，国际社会一时间未能有足够强大的力量对其进行制约。于是，美国扬威型的民族主义膨胀到了极致，到处以“世界领袖”自诩，以自我为中心和标准，傲视一切，动辄挥舞“制裁”大棒，不屑更不愿对第三世界其他相对“落后”的民族进行深入的了解，更不用说尊重。到处插手干涉别国内政，甚至武装入侵，扮演了“世界宪兵”角色，严重损害了这些国家的民族尊严，从而直接刺激了许多国家，尤其是伊拉克、古巴、塞尔维亚等国民族主义的高扬。

在第三世界，冷战机制的消失不仅使久受压抑的民族主义启开了宣泄的闸门，也为原来掩盖着的或隐藏着的民族矛盾提供了露头的契机。其中，最

---

①例如，俄联邦境内以车臣为代表的少数民族纷纷要求独立建国，俄国与乌克兰因克里米亚归属问题而冲突迭起，外高加索和格鲁吉亚民族纷争蜂起，亚美尼亚与阿塞拜疆兵戎相见，塔吉克斯坦陷入内战。又如，在中东欧，捷克斯洛伐克一分二，南斯拉夫一分为五，整个巴尔干地区因塞尔维亚、克罗地亚、阿尔巴尼亚、马其顿等民族跨国居住而形成的民族矛盾酿成了错综复杂的边界争端，继续分裂或要求与母国合并，使该地区再次成为欧洲的火药桶。先是因民族积仇而引起的塞尔维亚与克罗地亚之战；接着是塞尔维亚、克罗地亚、穆斯林三族持续近四年之久的波黑内战；最近是南联盟境内阿尔巴尼亚族坚持分裂而引发的北约对南联盟的动武，引起了国际社会的严重关注。

②在西方国家内部，由于苏东地区民族主义狂潮的辐射和刺激，地方分立分权主义甚至分离主义浪潮普遍呈现于法国、意大利、西班牙、比利时、英国等一大批国家。其中尤为突出的是西班牙与法国交界处的巴斯克独立运动。延续了30年之久的北爱尔兰内战虽露出了和平曙光但战火未熄。地方分立主义也波及了大洋彼岸的北美洲。在加拿大，魁北克要求从加拿大分裂出去的压力仍强。在美国，夏威夷人想从美国独立出去的呼声日高，国内的种族矛盾出现加剧的趋势。继1992年洛杉矶大规模种族暴乱后，有色人种与白人之间的种族矛盾日趋尖锐，1995年爆发了百万黑人进军华盛顿的大游行，1996年以来又发生了多起白人种族主义者成批焚毁黑人教堂的事件，北美土著印第安人争取民族平等的斗争仍是美国政府必须面对的一个棘手问题。

为引人注目的是四支跨国界进行活动的民族主义。

一种是以土耳其为中心的种族民族主义，即“泛突厥主义”。最初，它想在中亚填补“思想真空”和“权力真空”，利用操突厥语的各民族在历史、语言、宗教和文化上的共性来扩大土耳其的影响，诱导它们“走土耳其道路”，后来发展为企图建立一个“从亚德里亚海到中国的突厥世界”，其虚妄性和反动性是不言自明的。

另一种是宗教民族主义，其中以伊斯兰原教旨主义最为突出，广泛出现于中东、北非、中亚乃至南亚境内，这些国家在第二次世界大战后曾借用西方发达国家的发展战略，或仿效苏东国家的发展模式，但由于不符国情而失败了。于是，出于对西方资本主义的怨愤和东方社会主义的失望，提出了“不要西方，不要东方，只要伊斯兰”的口号，在西亚、北非、中亚广大地区进行暴力活动，造成了苏丹、阿尔及利亚、埃及以及塔吉克、阿富汗等国局势的动荡，流血事件乃至内战不止，也激化了阿以冲突，干扰了中东的和平进程。

第三种是库尔德民族主义，数近3000万、跨界居住于土耳其、伊拉克、伊朗、叙利亚各国边境的库尔德人的民族意识发展迅猛，以库尔德工人党为代表进行武装斗争以谋求区域自治乃至民族独立，连年遭到土耳其越境进入伊拉克境内的追剿，最近该党领导人厄贾兰遭到土耳其人的越境绑架和审判，引起世人的关注，但库尔德人的民族斗争仍未有停歇之势。

第四种是地区民族主义。在两极格局下，第三世界的一些中小国家利用美苏国家都要争取“朋友”而获得经济援助或优惠贷款以及其他种种的好处，冷战的结束和国际环境的变迁使他们的国际活动空间缩小了，在一国力量尚嫌不足的情况下，这些国家转向集体自救，结成地区合作组织，从而使东南亚、非洲、拉美出现了一批形式不同的共同体，其中最为典型的是东南亚国家联盟，即东盟，由此产生了众多的地区民族主义，目的是谋求经济的独立权和发展权，争取在国际社会中享有平等的参与权。应该说，这种地区民族主义有助于反对霸权主义和强权政治，有利于世界多极化趋势的发展，是一种有其积极进步意义的民族主义。

第二，从国内缘由来说，这是有关国家民族政策以及经济文化政策长期严重失误的结果现代世界绝大多数国家是多民族国家，其境内各民族在种族、语言、宗教、文化传统、地理分布、社会经济发展水平上是不平衡的。各民族之间存在着历史的和现实的各种矛盾，但许多国家和政府却在处理民族问题时出现了一系列严重失误而长期得不到纠正，从而酿成了民族矛盾激化的恶果。其表现形式则是多种多样的。①

第三，从历史根源来说，世界各地区普遍出现民族主义浪潮，是欧洲列强殖民扩张造成的恶果

例如，巴尔干地区之所以成为“欧洲的火药桶”，就是因为该地区各国的国界是19世纪俄罗斯、奥匈、奥斯曼三大帝国的反复争夺角逐，国界经常变迁，也是两次世界大战后大国强加于人而划分的边界，造成诸多民族的跨国分居，从而形成连绵不断的民族冲突。又如，非洲各国的国界，很多是19世纪欧洲列强根据实力强弱而按几何线划定的，基本上没有考虑到民族、部族的分布及其民族利益，从而酿成了当代非洲频频发生的流血战争和局部冲突。② 再如，在南亚次大陆，英国殖民者为了便于统治，采取了“分而治之”的狡诈手段，有意煽动种族、宗教仇恨，让印度教占统治地位的印度人与伊斯兰教占统治地位的巴基斯坦人长期不和和争斗，因克什米尔问题而不时爆发流血冲突。更如，在中东，美英等国出于战略利益和控制石油资源的目的，长期执行扶植和偏袒以色列和歧视、敌视阿拉伯民族的政策，使阿拉伯——以色列争端长期得不到合理解决，中东和平进程频频受挫。

第四，从现实原因来说，这是经济全球化的伴生物

经济全球化加速发展而推动的世界一体化进程，造成了各国各民族的发展不平衡和地位不平等的加剧，刺激了民族主义的高扬。20世纪80年代以

---

①例如，在一些国家，主体民族奉行大民族主义，推行民族同化政策，如苏联搞大俄罗斯主义，南斯拉夫搞大塞尔维亚主义、捷克搞大捷克主义、斯里兰卡搞大僧伽罗主义，激起了各少数民族的不满和反抗，甚至导致国家的解体。又如，一些国家的政府无视客观现实，搞民族虚无主义。如土耳其一直不承认库尔德族的存在，希腊、保加利亚否认其境内马其顿族的存在，更不给予民族平等的权利，民族尊严和民族利益受到极大损伤，从而萌生了反抗斗争。再如，一些国家的政府在执行经济政策上的偏袒或歧视，人为的扶植或拉平，造成发展差距或现实利益分配的不当，一方不愿当“二等公民”，另一方不愿当“奶牛”，也会激化不同民族或不同地区的民族矛盾，在前苏联的中亚和波罗的海地区、南斯拉夫的斯洛文尼亚和马其顿、西欧诸国存在的地区分立主义均属于这种情况。

②如喀麦隆与尼日利亚的领土争端，也导致了各民族争夺本国主导权的内战和种族仇杀；如安哥拉、索马里、苏丹、利比里亚的内战不断和罗旺达境内胡图族与胡西族的大规模种族仇杀。

来，随着商品、技术、资金、人员、信息的加速跨国界流动，世界各国之间相互依存的程度不断深化，国际竞争日益激烈，经济全球化已成为所有国家共同面对的一个不可阻挡的发展趋势。在经济全球化日益扩大和加深的形势下，所有国家都面临着国家主权、尤其是经济主权受到冲击和销蚀，如何进行调整、适应机遇与挑战。西方发达资本主义国家，由于它们拥有高科技的优势、强大的经济和金融实力，现存的国际经贸“游戏规则”又是在他们主宰下制定的，形成了有利于发达资本主义国家的一整套不公正和不合理的国际经济1日秩序。于是，在欧洲，欧共体国家采取让出部分经济主权的办法，结成了欧洲统一市场、欧洲统一货币即欧元和欧洲大经济区，作为经济全球化的对策。也就是说，他们按照主权共享的原则，采用经济民族主义与地区民族主义相结合的方式来保持和巩固自己在国际竞争中的优势地位。在北美，美国和加拿大联合属于第三世界的墨西哥组成了北美自由贸易区，并进一步向拉美地区发展以建立全美自由贸易区。这就是说，在这一区域内，美国从其经济和科技的绝对强势力量出发，企图以经济民族主义、自由贸易主义相结合的方式，来维护其经济利益为中心的民族利益，以确保美国在下世纪初国际竞争中的领导地位。

对广大第三世界发展中国家而言，迅猛推进、来势汹涌的经济全球化浪潮形成了双重冲击。首先，由于西方国家在经济上、文化上的强势地位，全球化在某种程度就是“西方化”，西方意识形态和价值观念的大规模渗入和强加于人，同发展中国家的传统文化、民族习俗、民族心理和特性形成了剧烈的碰撞，民族自尊心受到了伤害。其次，发展中国家大多是中小国家，经济实力薄弱，科技发展滞后，由于历史和现实的诸多原因，这些国家与西方发达国家的发展差距和贫富悬殊越来越大，民族利益受到了损害。从而爆发了尖锐的南北矛盾，他们强烈要求改变不合理不平等不公正的国际经济旧秩序，但往往感到力不从心且无能为力，于是，产生了失望和愤怒感情。在以上态势的双重冲击下，许多国家的政治领导人、政党、民间团体、宗教组织普遍举起了民族主义的旗帜，作为维护民族特性和唤起民族凝聚力的思想武器，作为动员社会和组织民众的政治手段，作为过分西方化和反对全球性民族间不平等现象愈演愈烈的制衡方式，从而推动了全球性民族主义持续高涨。与此同时，由于单个国家或民族势单力薄，没有可能与西方强权相抗衡，于是，一些地理位置接近、文化传统相似、历史遭遇相同的国家集团，通过合作与协调，使国家经济走向区域经济，以地区民族主义和经济民族主义作为适应全球化的手段，遍布东南亚、拉美、非洲的各种地区经济组织就是在此背景下出现的。由此可见，活跃于世界各地各种类型的民族主义也是经济全球化的一个伴生物。

4．第三次民族主义浪潮的特点

20世纪80年代后期以来席卷全球的民族主义浪潮，其高潮虽已过去，余波尚在激荡，事态仍在发展。这一波民族主义大潮与本世纪前两次民族主义浪潮相比较，具有鲜明的新的一系列特点。如果说，前两次基本上属于亚非拉殖民地附属国人民争取民族独立和维护国家主权的民族民主运动，那么，这一次不论在规模、形式、内容、深度上都具有崭新的特点。

特点之一：趋向的普遍化和跨国化。

首先，这次民族主义浪潮席卷了所有类型的国家，不论是社会主义国家，还是第三世界发展中国家，抑或是发达资本主义国家无一幸免，尽管程度上有所差异，内容上有所不同，成因上有所区别。这是前所未有的新现象。

其次，过去年代的民族冲突，大多爆发于某一地区，一般是单个现象，这次波及了全世界五大洲的几乎所有地区。连半个世纪以来一直较为平静的欧洲也战火连绵，且仍有扩大之势。美国，是资本主义统治最为强固之地，但这一次种族骚乱与对立、地方分立也呈现出强劲发展的势头。由此可知，这一波民族主义具有明显的普遍性特征已是不争的客观事实。

再次，前次的民族冲突，基本上局限于一个国家内部或两国之间，而这次则截然不同，具有跨国化和国际化的新特点。[①] 由此可知，民族冲突的跨

①例如，波黑内战，不仅是穆斯林、克罗地亚、塞尔维亚三族之间，塞尔维亚、克罗地亚两国也卷了进来，而且土耳其、伊斯兰世界以及美国、欧洲也插手其间，最后以国际直接干预方式才达成脆弱的和平协议。海湾危机不仅是伊拉克、科威特之争，海湾国家普遍介入，更有美国和西方国家的插手，先是1991年的海湾战争，1999年年初又发展为“沙漠之狐”的空中打击，战火至今未熄。延续半个世纪的以色列和阿拉伯国家的民族冲突仍未有停歇之势，得来不易的中东和平频频受挫，现在又以巴勒斯坦独立建国和耶路撒冷的归属问题而再次成为国际关注的热点问题。国际社会对民族冲突的干预明显增多增强，联合国在柬埔寨、阿富汗、波黑、索马里等地采取了前所未有的维持和平行动。在联合国主持下，中国、俄国乃至日本以及一些第三世界国家，也在不同程度上参与了这种国际干预。北约、非统组织等地区性组织也纷纷出面担当积极干预的角色。在南联盟境内科索沃地区阿尔巴尼亚族要求分裂出去的冲突中，美国伙同北约盟国公然破坏国际法的基本准则，竟然对主权国家南联盟实施了大规模的空中打击，扮演了“国际宪兵”的角色。

国化，乃至国际化是这次民族主义浪潮的又一个突出特征。

特点之二：性质的多元化和复杂化。

冷战格局终结后，除了中国等少数国家以外，民族主义以种种形式填补了两极格局解体后的“力量真空”和意识形态“真空”，成为各类国家对外交往的出发点和归宿。也就是说，民族主义与各种意识形态既有联系又有区别，而且在实践中往往以民族利益为界标，在某种意义上超越于政治化了的意识形态之上，从而使其性质趋于多元化和复杂化。

我们可以看到，推动当代民族主义运动前进的矛盾是纵横交错的，动因也是复杂多样的。由于矛盾性质的不同和诱发动因的差异，规定了当代民族主义的“质”是不同的，发展和嬗变的方向是有别的，其所起的历史作用也是相异的，充分显示了它的复杂性。具体来说，就是它的两重性，即进步性与破坏性。一方面，它顺应了民族觉醒和发育的规律，反对民族压迫，要求民族平等，实现民族自决，建立民族国家，或摆脱外来的束缚，发展具有民族特色的政治经济文化，走符合本民族特点的独立发展之路，还谋求以平等成员的身份，参与国际事务。这既是对大民族主义、大国主义的否定，也是对国际强权政治和霸权主义的打击，无疑具有进步性。但另一方面，一些民族主义运动具有狂热性和极端性，甚至使用逐步升级的暴力活动无止境地进行民族分离活动，不仅导致了社会主义力量的严重后退，而且破坏了新国家的稳定和统一，造成了种族的相互仇杀，带来了地区局势的剧烈动荡和国际关系的失序紊乱，还为招致大国干涉提供了契机，也损害了本民族的长远利益，其消极性是显而易见的。种种事实表明，当代民族主义犹似锋利无比的双刃剑，既能出击以捍卫民族利益，又能伤己而损害民族利益，其复杂性由此可见一斑。

特点之三：内容的非纯粹化。

近代民族主义在它产生之初，往往以比较单纯的内容出现，即对本民族的认同感或亲近感，对他民族的疏离感或排斥感。随着时代和社会的变迁，民族主义往往与政治、经济、文化、宗教、地域等因素相结合，从而使其内容丰富化与非纯粹化，成为复合民族主义，如政治民族主义、经济民族主义、文化民族主义、宗教民族主义、地区民族主义等，在当代尤盛。

政治民族主义，把民族和国家的政治权益放在首位，把追求或维护民族——国家的独立、主权和统一作为主导目标。在当代，政治民族主义占据主流地位。同样是政治民族主义，因所处地位的不同，追求目标的差异，其具体表现也大相径庭。一种情况是，在多民族国家内，处于弱势地位的民族要求摆脱主导民族的监控而独立建国，苏联、南斯拉夫、捷克斯洛伐克的解体均属此类。另一种情况是，跨国界散居于相邻国家的某一民族要求独立建国，或者与相邻国家的主体民族合并。前者如库尔德民族主义运动，后者如塞尔维亚境内科索沃地区的阿尔巴尼亚族的分裂活动、塞浦路斯境内的希腊族、土耳其族与希、土两国的归并问题、北爱尔兰境内的爱尔兰共和军运动与爱尔兰的归并问题。波黑境内的塞尔维亚族和克罗地亚族的民族主义运动则两者兼备。由于政治民族主义运动追求的目标是独立建国，因而与之俱来的往往带有暴力倾向，造成国家分裂、流血冲突、地区动乱、威胁和平与安全。

经济民族主义，一般把维护国家经济权益作为对外交往的优先考虑和处理目标。当今世界，各类国家程度不等地普遍推行经济民族主义。经济民族主义经常与民族工业保护主义、经济和金融的国家干预调控、市场准入等概念联系在一起。美国、欧盟、日本堪称推行经济民族主义的典范，由此引发了三者之间频频发生的贸易战、投资战、经济战、金融战、资源争夺战，彼此往往以制裁相威胁。发展中国家为维护民族利益而与发达国家的矛盾和冲突，往往是由于发达国家为了维护自己的霸权利益而顽固地坚持不公正、不平等、不合理的国际经济旧秩序而诱发的。在当代，经济民族主义往往与政治民族主义结伴而行，成为政治民族主义的载体和工具。经济民族主义一般不会引发暴力冲突或流血战争，但其后果也可能是深重的，关系到一个民族的生存和发展，是各个国家与各民族之间一种没有硝烟的战争。

文化民族主义，一般强调本民族独特的历史文化传统，以此巩固和发展本民族的凝聚力、向心力，进而以文化认同为基础，保持或扩大本民族的生命力。在当代，文化民族主义基本上有两种较为突出的表现形式。一是“防卫性”的民族主义。一些社会经济发展较为滞后的民族或国家，在激烈的国际竞争中处于弱势地位，出于捍卫民族尊严和谋求更高的国际地位的民族心理，大力宣扬本民族历史上的“光荣业绩”和文化上的“优越性”。有时，文化民族主义以宗教作为它的基本内核，从而成为极端形式的民族主义，即宗教民族主义，文化民族主义的第二种表现形式，那就是“扬威性”的文化民族主义。一些西方大国，尤其是美国，在世界民族之林中处于强势地位，凭借其综合国力优势，从居高临下甚至盛气凌人的“优越”态势俯瞰其他民族，不愿和不屑对外部世界的其他相对“落后”民族进行深入的了解和尊重，更不愿平等相待，在世界各地进行大规模的文化和思想渗透乃至“输出”，企图把西方所标榜和称道的价值观念、政治理念、人权标准等强加于人，动辄以谴责和制裁威胁来干涉别国内政，遭到众多第三世界国家的抗议和反对。文化民族主义一般不具有暴力倾向，但与政治民族主义结合，更不用说与宗教狂热结合，或采取极端形式，则可能采取暴力手段或具有破坏性作用，这些年在世界许多地区发生的国际恐怖主义行为就属于此类。

区域民族主义，这是当代才显得兴旺的新的历史现象。在美苏两超对峙并支配世界事务的格局下，许多中小国家颇感势单力薄，在日益激烈的国际竞争中，难以有效地捍卫国家主权和主宰民族命运。于是，他们结成区域性的国家集团，在区域内适度弱化本国的民族主义，强化集团的民族主义，采取协调一致的行动来护卫或争取共同的民族利益。在20世纪90年代转化为欧洲联盟的欧共体就是这方面的典型。东南亚国家联盟即东盟的建立和扩大也是如此。在拉美、加勒比地区、海湾、西非等地区已经出现或正在组建的经济合作组织或共同体，都在不同程度上标志着区域性民族主义发展趋势的加强。

5. 当代世界民族主义浪潮的发展态势

首先，20世纪下叶迅猛掀起的以区域为单位的聚变型民族主义，即区域内各国间逐步缩小进而消除民族壁垒，对本区域以外的其他国家或民族仍设定民族藩篱的民族主义将大行其道，得到普遍的、迅速的进展。世纪之交纷纷出现的各种形式的共同体、贸易联盟不仅已崭露头角、初见端倪，而且正在得到巩固和发展。这是因为，各国各民族深深懂得，经济优先发展的利益是民族利益最根本的体现，把经济发展利益置于民族利益首位的最佳方式之一，便是采取国家集团竞争的形式，可以集腋成裘、优势互补，达到规模效益，在越来越激烈的国际经济竞争中争取本民族更好地生存和发展。因此，聚变型民族主义的基本内核是经济民族主义。换句话说，以国家集团形式出现的经济民族主义与地区民族主义相结合，很可能成为21世纪占主导地位的民族主义，尽管经济全球化的趋势将在一定程度上限制其发展。

其次，以分离和冲突为标志的裂变型民族主义在21世纪虽会有一定的生存空间和发展余地，但其势能在20世纪大体上已得到了释放，从世界全局看，已成强弩之末。这是因为，20世纪三次大规模的民族独立运动，已使那些民族意识发育成熟、有旺盛生命力的民族先后建立数以百计的民族独立的主权国家，使世界的国家数字翻了一番之多，从本世纪初的不足50国猛增至90年代末的接近190国。具备相应内外条件并已显露明显迹象，有可能独立建国的民族已寥寥可数。总之，冲突和裂变型民族主义的高潮已逝，但余波仍在激荡。[①] 从总体上看，随着大批民族国家的建立、冷战后果的逐步消除、热点地区的普遍降温、协调机制的稳步进展，已不大可能出现20世纪80年代末90年代初那种大规模的民族裂变大潮。

当然，也不可排除出现个别新国家的可能性。再如，在社会经济发展较为滞后的第三世界发展中国家，尤其是非洲和中东地区，仍有可能出现起伏不定、时而激烈爆发时而悄然隐退的民族、种族、部族暴力冲突。个别多民族——种族的非洲国家不能排除分裂的或然性。但在多数现存多民族国家内，民族冲突往往带有地域或局部性质，一般不致引发广泛的连锁反应，而且这些民族——种族运动的主要追求目标亦不甚明确，有时是为了争夺国家的主导权，有时是为了改善民族处境，有时则干脆为了发泄民族怨愤，完全谋求建立独立民族国家的事例并不多见。因此，到21世纪初，在仍然存在裂变倾向的多数国家内，民族主义的斗争锋芒有可能发生微妙的转变，或许更多地以文化民族主义和经济民族主义面貌出现。也就是说，在现存国界内争取保持或发展本民族的文化特性，谋求更多的经济权益以提高本民族的社会经济发展水平，缩小与主导民族的发展差距，而非谋求独立建国。

①例如，在西方发达国家，虽仍存在深层次的或局部的民族、种族问题、地区问题，但除个别外，较少可能引发大规模的暴力冲突，绝大多数可以通过协调、谈判、妥协、公决等和平方式解决。又如，在俄罗斯联邦、独联体国家、中东欧尤其是巴尔干地区，带有暴力倾向的民族分离主义和种族冲突仍将严重存在，科索沃危机的升级和北约大规模空中打击的出现就是有力证据。

第三章　经济民族主义与经济霸权主义

一、经济民族主义

（一）殖民主义和帝国主义掠夺是产生经济民族主义的根源

国际经济贸易不仅是引发冲突的根源，而且造成了国与国之间的依赖关系。由于强国和弱国之间的关系从来都是不对称的，在国际贸易中强国获得的利益远远大于弱国，从而使得富国越来越富，穷国越来越穷。强国通过国际贸易取得更大的政治权力来支配世界的命运。因此，经济民族主义认为后进国家打开国门轻则吃亏上当，受剥削；重则丧权辱国，沦为帝国主义的殖民地。[1] 为了考察经济民族主义的来由，首先让我们来简单地回顾一下国际贸易的历史。

中国是世界四大文明古国之一。中国的国际贸易也有着悠久的历史。从秦汉到唐宋，著名的丝绸之路成了沟通东西方文明的桥梁。可惜，长期的封建制度阻碍了对外贸易和经济交流的发展。真正大规模的国际贸易在 15 世纪以后起源于欧洲。在工业革命之后，航海技术的完善为新兴的资本主义向全世界扩张创造了条件。1446 年，迪亚士发现好望角。1479 年，达·伽马发现绕过好望角通向印度的新航道。1492 年，哥伦布发现了美洲新大陆，到 1519 年麦哲伦用了两年多时间完成了环球航行，为国际贸易探明了道路。可是，伴随着国际贸易而来的却是血腥的殖民主义，残酷的剥削和掠夺。早期的国际贸易并没有给人们留下什么美好的印象。在 16 世纪，欧洲强国采取武力和

①在中国近代史上，帝国主义巧取豪夺、剥削掠夺的例子俯拾皆是。许多人对帝国主义的罪行记忆犹新，他们认为帝国主义来做生意、投资都是“黄鼠狼给小鸡拜年，没安好心”，自觉或不自觉地站到经济民族主义一边。

炮舰政策，用超经济手段占有其他国家的劳动成果。在大炮、刺刀威逼下的“贸易”实际上是武力掠夺的代名词。殖民主义者成为这种所谓的国际贸易的暴发户。[①] 武力强权是殖民主义国际贸易的最高准则。老牌殖民主义葡萄牙和西班牙抢掠亚洲、非洲和美洲的财富。新兴的殖民主义英国变本加厉。不仅直接抢掠殖民地，而且在公海上充当海盗，拦路抢劫葡萄牙装载着东方国家香料的船只，抢劫西班牙装载着美洲白银的船只。[②]

老牌殖民主义打着贸易的旗号，干的是伤天害理的勾当。在他们清单上的一项大宗贸易居然是贩卖人口。他们以欺骗和武力胁迫从非洲把黑人贩卖到美洲大陆，以牟取暴利。葡萄牙是奴隶贸易的创始者，西班牙、荷兰、丹麦、法国、美国等都是积极参与国。但是，哪一个国家都比不上当时占据世界贸易霸主地位的英国。英国帝国主义仗着船坚炮利，是当年最大的奴隶贩子，获得了最多的不义之财。1686 年至 1780 年之间英国向美洲贩运了 230 万非洲黑人。18 世纪 80 年代，利物浦每年从奴隶贸易中获得的纯利达 30 万英镑。荷兰人不仅参与贩卖黑人的活动，还在他的殖民地范围内贩卖人口，他们掠夺苏拉威岛上的人口，贩卖到爪哇岛当奴隶。马克思在谈到殖民地贸易时曾经愤怒地指出：“资本来到世间，从头到脚，每一个毛孔都滴着血和肮脏的东西。”[③]

在表面上看来，买卖奴隶获得的巨额利润是从经济贸易中得来的，实际上，这种利润是用超经济手段取得的。判断是不是正常的经济贸易，最简单的准则是看买卖双方是否都心甘情愿，在没有外力胁迫下达成交易。而奴隶贸易的买卖双方也许自愿达成了某种交易，然而，其交易的不是“商品”而是奴隶，这种贸易是完全违背奴隶自身愿望的。奴隶贸易商必须用武力或欺骗来迫使奴隶就范。所以，奴隶贸易只能说是强盗行为，而不是正规意义的贸易。

---

①在1545年至1560年，每年从美洲运往西班牙的黄金达5500公斤，白银24.6万公斤，此外，还从美洲运回了大批的糖、可可、烟草、棉花、蓝靛、珠宝等等[参见樊亢、宋则行：《外国经济史》人民出版社1965年版]。

②在1578年至1580年期间，英国人在智利、秘鲁的沿海的海盗掠夺中获得了价值40万英镑的白银、黄金和大量珍珠[参见樊亢、宋则行：《外国经济史》人民出版社1965年版]。

③参见《马克思恩格斯全集》第23卷，人民出版社1975年版。

殖民主义的另一大宗国际贸易是贩毒。英国、美国、法国、荷兰、葡萄牙等都通过鸦片贸易从中国掠夺到了大量财富。仅1830年，英国就掠夺了1300万英镑之多，占当年英国对华贸易总额的一半以上。[①]

正是由于世界贸易历史中存在着这么多的肮脏和血腥，不仅导致了经济民族主义的产生，而且，直到今天还在许多国家有着很强的影响。中国是受帝国主义欺负最深重的国家之一，所以，经济民族主义很容易在中国得到流传并得到拥护。

（二）李斯特的贸易保护主义

由于在过去相当长的一段时期内，中国经济学研究缺乏在不同学派之间的严肃的学术争论。所以至今还很少有中国经济学家比较系统地阐述经济民族主义的著作。在海外倒有不少比较完整地表达这方面的代表作。研究一下这些著作，可以清楚地了解经济民族主义的理论基础。

有些人常常引用李斯特（FriedrichList）的观点来支持经济民族主义，特别强调贸易保护主义。李斯特是19世纪著名的德国经济学家，他是国家贸易学说中保护贸易学派的大师。如果全面地分析保护贸易理论，我们可以很清楚地看到李斯特并不是笼统地反对国际贸易，而是在充分肯定国际贸易的重要作用的同时强调国家贸易的条件和策略。

李斯特按照生产力进化程度把国家经济发展分为五个阶段：原始未开化时期，畜牧时期，农业时期，农工业时期，农工商业时期。根据他的定义，前三个阶段属于经济发展的初级阶段，生产力水平很低。农工商业时期劳动生产力发展到了相当高的程度，进入了现代化社会。农工业时期则是由落后的畜牧业、农业社会向先进的工业社会过渡的时期。李斯特认为，在这五个历史阶段中，自由贸易政策适用于四个半阶段。只有在农工业时期的后期需

①在中国近代史上，国际贸易和帝国主义侵略几乎是同义词。帝国主义者联手发动了两次鸦片战争，八国联军火烧圆明园，犯下了永远不能被宽恕的罪行。1842年的《南京条约》，1860年的《北京条约》，1858年的《爱晖条约》，1885年的《中法条约》，1895年的《马关条约》，勒索白银2亿两，1900年的《辛丑条约》，赔款4.5亿两……这些条约是腐朽的清政府在战败之后不得不签订的不平等条约，卖国条约。强盗拿刀子架在别人脖子，与其说是交易，还不如说是抢夺，在这些条约中都包含着贸易通商的内容。在帝国主义枪口下签订的这些丧权辱国条约，使得中国人民对国际贸易产生了反感。

要强调贸易保护政策。①

就是在李斯特强调贸易保护政策的农工业时期的后期，他对需要保护的部门也有着非常严格的定义。

李斯特把自由贸易分为两类：国内贸易和国际贸易。他认为国内贸易和国际贸易的性质完全不同。他充分肯定了促进国内自由负易对发展经济的重要意义。在绝大多数情况下，国内自由贸易都是有益的，必须大力提倡。

当一个国家的经济发展进入农工业时期的后期，出现了一批新兴工业，这些工业很适合这个国家的资源禀赋，具有良好的发展前途。可是，在这个领域中还有一些工业更为先进的国家，经济发展已经达到较高的程度，在产品质量、成本上都占有明显的优势。如果不实行保护关税制度，新兴工业产品就无法投入竞争。外国商品将会充斥国内市场，这种工业就不可能在这个国家里发展起来。② 李斯特认为完全的自由国际贸易只有在两个国家的科学技术、工业发展程度都差不多的情况下才可能实现。在这种情况下，自由国际贸易可以促使彼此自由竞争，对双方共同有利。③

李斯特在时间上和保护范围上都对保护政策做了特定的限制。他指出，可以建立保护制度的国家并不是任何时候都可以实行这种制度。只有当他在农业、工业、社会和政治上已经充分发展，具备一切精神上和物质上的必要条件和手段，即已经进入农业、工业发展阶段可以把自己建成工业国家，从而在文化，物质繁荣和经济力量各方面达到高度发展；只是由于世界上有一个比他更先进的工业国家的竞争，使他在前进道路上受到阻碍时，才有理由实行保护关税制度。实行这种制度的国家一旦跨入农工商业发展阶段，这种保护制度就要逐步取消。

①他这样说：“在一个国家的经济由未开化转入畜牧、农业以及农工业时期的初期发展阶段，同先进城市或国家进行自由贸易是大有好处的。因为这可以通过自由贸易为其农产品、畜牧产品谋得出路，并用他们交换回工业品。在一个国家的经济发展进入农工商业时期以后，实行自由贸易也是可取的。因为这样可以在国内外市场进行无所限制的竞争，使从事农工商业的人们在精神上不至于松懈。并且可以鼓励他们不断努力保持既得的优势地位。”

②李斯特说：“国内贸易方面的限制，只有在极个别的情况下才与公民的个人自由不相抵触。而在国际贸易方面高度的保护政策，却可以与最大限度的个人自由共行不悖。如果一个国家在不具备条件的情况下，贸然实行国际自由贸易，甚至可能使其人民沦为奴隶地位。”

③李斯特认为，“如果任何一个国家不幸在工业上、商业上还远远落后于别国，那么，他即使具有发展这些事业的精神与物质手段，也必须首先加强他自己的力量，然后才能使他具备条件，与比较先进的各国进行自由竞争。”

保护制度并不是要保护一切产品。只有与国家的工业发展有关的那些产品才应加以保护。对不同工业的保护程度要区别对待，那些对国民经济发展有重大意义，即建立和经营时需要大量资本、大规模机械设备、高度技术知识和丰富经验以及人数众多的最主要的生活必需品的工业部门要特别注意保护。对于其他较次要的工业部门则给以较低程度的保护。

为什么李斯特把贸易保护政策提高到国家存亡的高度来强调呢？

李斯特生活在19世纪中期的德国。他的主要著作《政治经济学的国民体系》出版于1841年。当时德国在政治上分裂为38个邦，在经济上刚刚进入工业革命，相对于法国、英国都处于落后状态。德国所面临的问题不仅是在经济上来自于美国、法国的挑战，还非常现实地面对着强国的军事压力。由于交通运输能力的限制，当时德国除了和英国、法国等欧洲国家进行贸易往来之外，很难再找到多边的合作伙伴。在德国有一派人主张自由贸易，他们的意见恰恰符合了英国人的经济利益，所以得到了英国的支持。李斯特的贸易保护论就产生于这种特定的环境之中，是为德国的经济利益服务的。

他指出，国际分工和国际协作都是通过国际贸易进行的。但是，国际协作存在有很多缺陷，一旦遇到战争，政治动乱或商业恐慌，协作关系往往立即中断。不稳定的协作关系必然会降低国际分工的利益。有时甚至利益全无，或带来较大危害。参战各国往往会强行限制乃至禁止与敌国的贸易；所以“关税的限制只不过是战争所造成的限制或禁止的制度的继续”。如果一个国家过分依靠对外贸易，就必然会受到对方的牵制，在国际分工中处在一种附庸的地位。① 所以李斯特认为：保护制度来源于国家要求独立、强盛的自然努力，它是战争与优势工业国家实行敌对性法规的必然结果。保护制度不是不足取或可有可无的东西，而是十分必要的一种工具。只有依靠国家干预实行保护关税制度，落后国家的工业、航海业和国际贸易等，才能获得真正大规模的发展。“从这一点看起来，保护贸易制度可以认为是促进各国实行最

①在这里，李斯特实际上指的是德国对英国的贸易。当时英国的工业水平大大超过德国．如果听任英国的机器、设备和其他工业品占领德国市场，那么德国的民族工业就很难得到发展的机会。英国在许多地方都明显地流露出了要控制欧洲大陆，充当世界霸主的愿望，这些理所当然要引起德国人的反感和警惕。

后联合，也就是促进真正自由贸易的最有效办法。”

李斯特清楚地指出；实行贸易保护政策是有代价的。可是面对大国强权，比较弱小的国家没有其他的选择，只有采用贸易保护政策才能获得发展的机会。“保护政策在一定时期内，会使国家物质财富遭受一些损失，但是这种损失会在力量和取得交换价值的能力上得到百倍的补偿。它实际上是一项国家的再生产支出。”

李斯特提出贸易保护主义的时代背景与当今中国所面临的国际环境有相似之处，也有不相似之处。[①] 正如李斯特和其他许多经济学家所指出的那样，实施保护“幼稚工业”的政策有两条困难。第一，如何选择被保护的部门；第二，采用什么保护手段以及保护到什么程度。

贸易保护应当只保护那些具有发展潜力的新兴的工业部门，这个部门在被保护了一段时间之后能够成长起来，并且充分发挥出比较优势。也就是说，这个部门只要经过了一段时间的保护之后就可以成长起来，有足够的能力投入到国际竞争当中，而绝不是那些无论怎么保护也长不大的夕阳工业。另外，这个被保护的部门在壮大之后将给整个社会带来可观的社会效益。这项效益足以弥补社会在保护期中为之而付出的代价。

当然，阐述这些原则是一回事，如何实施这些原则是另外一回事。几乎所有的发展中国家在讨论贸易保护问题时都遇到了相同的问题。要求保护的呼声最强的，往往是那些没有什么发展前途的夕阳产业或没有竞争能力的国有企业。由于新兴工业在国民经济中所占比重很小，没有什么影响。所以在多数情况下，不容易听到这些企业的呼声。但是在传统行业中，强大的利益集团会使得政府不得不对那些不应当保护的部门实施长期的保护。

利益集团会千方百计要求政府加大保护力度。提高关税和其他非关税壁垒，使得生产效率很低的部门也能依靠价格扭曲而获得超额利润。这使得政府很难确定合适的保护力度。因此，保护关税制度不能不分场合到处滥用，

①中国正处在由落后的农业国向现代工业社会发展的过程中。今天的中国已经加入世贸组织，世界强国都对中国广阔的潜在市场垂涎三尺，所以，李斯特的贸易保护理论对中国仍然有着重大的意义。如果毫无条件地打开国门，听任外国商品占领中国市场，势必会给中国新兴工业的成长造成很大的困扰。如果让外国汽车——福特、丰田、奔驰自由进入中国市场，中国怕是永远也不要想有自己国产的汽车了。因此，对于尚处于“幼稚”时期的工业部门，国家确实应当采取相应的保护措施。

但也不能不分时间、空间一成不变。如何建立一套适宜的贸易保护制度，正是国际经济学研究的重大课题。[1]

综上所述，李斯特的贸易保护主义从本质上其实并没有给经济民族主义提供多少理论上的支持。

（三）中心——外围理论

经济民族主义的另一个重要理论基础是：国际经济中的中心——外围理论。

普莱维什（PaulPrebisch）是当代阿根廷的经济学家。他曾担任阿根廷政府财政部长，并在联合国拉丁美洲经济委员会任职。他深深感触到了世界上富国和穷国之间的不平等，因此，猛烈地抨击了传统的国际贸易学说。

普莱维什把世界分为中心和外围两大体系。发达国家居于世界经济的中心，发展中国家在世界经济的外围。中心处于主宰地位，外围则处于依附地位。中心能够独立自主地发展自己的经济，处在世界经济的主导地位；外围则受中心的控制，只能顺应中心的经济发展而发展，中心生产和出口工业制成品，进口原料、燃料、农产品和其他劳动密集型初级产品；外围则随着中心的指挥棒转，充当国际经济秩序的配角。

普莱维什认为，从逻辑上说，传统的国际贸易和国际分工理论并没有错，但是这些理论只能适用于发达国家之间，也就是说只能被应用于中心国家之间，不能适用于外围的发展中国家。[2]

普莱维什列举了许多不平等的国际贸易实例。他从政治和经济两个方面分析了中心和外围不平等，穷国和富国之间差距加大的原因。

从政治上看，他认为，发达国家是“中心——外围”体系的组织者和指

①李斯特贸易保护理论的背景条件和今天中国所面对的国际形势大不相同。首先，当前中国并没有面临战争的危险，如果我们认为哪笔生意不合算，不做就是了，绝对不会有哪个国家敢派艘炮舰打上门来。其次，世界多元化格局，给我们提供了多种选择的可能。想通过国际贸易来卡住中国的脖子，可不是一件容易做得到的事情。时代变了，虽然我们仍然要重视贸易保护，但是却用不着那么紧张。贸易保护政策是否成功，确实关系到我们国家建设的速度和贸易利益，但是还到不了由于贸易保护问题而当亡国奴的程度。

②他认为发达国家经济发展程度和技术结构相似，可以通过国际分工提高各自的生产效率和资源分配效率。技术进步所带来的利益会均衡地分配于各个国家的社会各个阶层。但是，传统的国际贸易理论不适用于发展中国家。如果把这种理论推及到处在世界经济体系外围的国家时，国际贸易将伤害这些国家，使得穷国越来越穷。

挥者，在这个体系建立之初，中心就考虑到了自己的利益，使他们能够得到更多的好处。外围国家是这个体系的被组织者和被指挥者，他们被迫同这个体系发生联系，他们在这个体系的作用仅仅是提供劳动力和自然资源。从建立“中心——外围”体系之初他们就没有发言权，其利益就被忽视或被剥夺了。[①]

美国经济学家布鲁尔（Brewer）在1980年的一篇文章中进一步发展了“中心——外围”理论。他认为，资本主义世界体系可分为三个国家层次：中心国家、半外围国家和外围国家。他们之间的基本差别在于，不同地区的国家机器实力不同，这种不同反过来导致剩余价值从外围国家转移到中心国家，从而进一步加强了中心国家的实力。每当市场活动的主体达不到利润最大化时，就企图避开市场的正常活动，转而求助于国家权势来改变贸易条件，因此，国家权势成为追逐利润最大化的核心机制。

另一位美国经济学家弗兰克（Frank）认为，国际地位不平等的国家按照中心、半外围和外围国家三个层次分工。大鱼吃小鱼、中心国家从事工业生产，外围国家提供原料，半外围国家在中间。弗兰克判断：“正是资本主义——不论是世界资本主义还是一个国家的资本主义——在过去造成了某些国家的不发达，而今仍在制造这样的局面。”这个体系在整体发挥作用时，不断地汲取经济盈余，并且把财富从外围附属国转移到中心宗主国。

在经济层面上，普莱维什认为，外围国家贸易条件恶化是由三个原因造成的：

第一，技术进步利益分配不均。他认为，中心和外围在技术结构上极其不同。中心是技术的创新者和传播者，外围则是技术的模仿者和接受者。中心得到技术进步的几乎全部成果，外围则不仅分享不到中心国家的技术进步成果，反而连自己的技术进步成果也几乎被中心掠夺干净。[②]

---

①由于在这种“中心——外围”体系中，工业强国作为世界经济中心得到了莫大的好处，所以他们希望继续维持当今的国际秩序。中心国家不但拒绝改变其本身，反对改变中心与外围的国际贸易秩序，而且反对外围国家改变现状。中心必然实行霸权主义政策，一旦外围国家有意无意地损害了这种经济和政治利益时，中心、特别是主要中心，往往就会采取惩罚的措施。在极端的情况下，甚至会通过军事干预的手段进行报复。外围国家则迫切要求废除旧的国际经济秩序，建立新的国际经济秩序，但是他们的这种要求必然受到中心霸权的严重压制。

②参见姚贤稿、漆长华：《国际贸易学说》，中国对外经济贸易出版社1990年版。

根据古典经济学家的理论，国际分工会使参与分工的国家都得到好处。按理说，中心国家出口制成品，他们的劳动生产率提高得比外围国家出口初级产品更快，其生产价格下降的幅度应该比后者大，但是事实却恰恰相反，制成品价格非但不下降，反而大大上升。结果，技术进步的利益几乎被中心国家全部占有，这与古典经济学家的理论是相冲突的。

第二，进口品的收入需求弹性不同。中心国家进口的主要是初级产品。由于初级产品的收入需求弹性小，当其收入增加时．对初级产品的需求增加不多，外围国家进口的主要是制成品，制成品的收入需求弹性大，当其收入增加时，对制成品的需求就增加很多。根据供求规律，初级产品的价格因而被压低了，而制成品的价格则提高了。

普莱维什认为，在中心与外围的贸易交往中，贸易条件越来越有利于中心，越来越不利于外围。例如从 1876 年到 1938 年间，英国进出口商品价格比例仅在 1881~1885 年间比 1876~1880 年间略有上升，其余年份都是递减的。如果以 1876~1880 年间为 100，1881~1885 年间也仅为 102.4，而到了 1938 年则下降到只有 64.1。英国进口的是初级产品，出口的是制成品。进出口价格比例下降，表明同样的制成品可以交换到更多的初级产品，即贸易条件对初级产品出口国和制成品进口国——发展中国家更不利，对初级产品进口国和制成品出口国——发达国家更有利。此即著名的普莱维什命题。

第三，经济周期的影响。中心国家不断发生周期性经济波动。当经济高涨时，初级产品和制成品的价格都会上涨。但当经济衰退时，由于制成品市场具有垄断性质，其价格下跌幅度就小于初级产品，此外，中心国家的工人有健全的工会组织，经济高涨时，可以迫使雇主增加工资，经济衰退时可以迫使雇主不降低或少降低工资。而外围国家工会组织不健全，有的甚至没有工会组织，结果经济高涨时，工资增长幅度相对小；经济衰退时，工资降低幅度相对大。由于工资都计入产品成本，于是，经济周期波动使制成品价格相对上涨，初级产品价格相对下跌。

普莱维什认为，根据传统理论建立起来的国际贸易和国际分工格局是不合理的。在这个格局中拉丁美洲作为世界经济体系的外围部分，其专门任务是为大工业中心生产粮食和原料，在这个格局中并无新兴国家工业化的地位，因此，这个格局必须打破。

普莱维什认为，要打破这种格局，外围国家就必须要实现工业化，独立自主地发展自己的民族经济。不过，工业化要分阶段、分步骤实行。在第一阶段，应主要发展出口替代工业，首先仍应发展初级产品出口，并用出口得来的资金进行资本积累。一旦初级产品出口扩大导致价格下降后就不要再扩大出口，而应用剩余资源建立一些国内消费品工业，用以替代从中心国家进口的一些消费品。一定时期以后，要加强与其他外围国家的经济联系和合作，相互交换各自生产的初级产品和工业品，这样做，一方面可以积累国际贸易经验，另一方面不断加强工业竞争能力。当出口替代工业发展到一定规模以后，要适时转入第二阶段——出口替代工业阶段，这个阶段应主要生产工业品，进一步发展消费品生产。同时发展一些中间产品、耐用消费品和资本货物的生产，并将他们大量用于出口。

为了保证发展中国家的工业生产不断发展壮大，不能像传统国际贸易理论所宣称的那样实行自由贸易政策，而应实行保护关税政策。当然，这种保护关税政策是有节制、有选择的，它与发达国家保护关税的性质不同。发达国家是为了扩大制成品与初级产品的收入需求差异。发展中国家则是为了缩小这种差异，在一个相当长的时期内，保护关税政策是发展中国家发展工业的一个必要条件。没有这个条件，其工业生产是发展不起来的。在出口替代阶段为了鼓励制成品出口。除了实行保护关税政策外，还要实行有选择的出口补贴政策。并将这两项政策结合起来使用，以便增强发展中国家的制成品在世界市场上的竞争能力。①

---

①普莱维什提出的中心——外围理论包含了一些可取的观点，但是，缺乏一个严格的理论基础，在很多问题上逻辑混乱。

首先，在关于技术进步的利益分配问题上：普莱维什阐述了一个基本事实：发达国家是技术进步的创新者和传播者。发达国家的劳动生产效率提高得比发展中国家更快。可是，进而普莱维什却说，技术进步所带来的利益分配不均。如果技术创新者得不到技术创新的成果，那么，从何而来技术创新的动力？普莱维什忽视了当今世界上普遍存在的技术扩散过程。先进的工业化国家在新产品问世的初期，确实可以得到很高的利润，这应当被看成是对旷日持久的技术创新的回报。但是后进的国家可以在相当短的时间内学会这些新技术、新工艺，利用“后发优势”在不长的时间内赶上去。技术创新必然联系着较高的利润率，这是促进世界进步的基本规则。否定这条规则就是否定了人类不断进化的历史。

其次，普莱维什试图用收入需求弹性来解释国际贸易中，工业制成品和初级产品之间的价格差。由于工业制成品价格高，而初级产品价格低，造成了发展中国家在国际贸易中的不利态势和长期的贫困。需求弹性是经济学中被广泛使用的一个参数。它被用来度量当收入增加一个单位时需求量增普莱维什的中心——外围理论有其正确的部分。作为外围国家必须反对中心国家的霸权，反对当前存在的许多不合理的世界秩序和贸易规则，争取在公平、合理的环境下参与国家贸易和国际竞争，修改不合理的贸易规则并参与制定新的贸易规则。对于一个国家的发展来说，外部环境是重要的。必须在国际上结成广泛的统第一次世界大战线，反对超级大国的霸权主义，争取较好的国际条件。特别要反对超级大国使用政治手段、军事威胁来干预国际贸易、干涉他国内政。

但是，普莱维什的中心——外围理论在经济上的分析基本是错误的，因为他没有抓住世界上贫富差别加大的本质原因。在国际贸易中确实存在有许多对发展中国家不利的因素，但是，穷国之所以穷并不是因为他们参与了国际贸易，而是由于这些国家内部的经济结构和运行机制不能适应经济发展的要求。对于后进国家来说，最重要的是通过经济改革，改变经济运行机制，提高劳动生产效率，增强竞争能力。只有充分调动国内各种生产要素的积极性，才能依靠自己的力量，从根本上改变自己在国际贸易中的劣势。如果因为贸易环境对发展中国家不利而拒绝参与，无异于“因噎废食”，只会损害自身的长远利益。①

在二百多年以前，美国是一块非常落后的农业地区，毫无疑问，美国是

加的百分比。无论如何，这个弹性系数也不能解释收入是否会变化，以及如何变化。用收入需求弹性来解释发展中国家外贸条件恶化的原因，没有搞清楚哪个是原因，哪个是结果。“贫穷的原因是贫穷”，这种逻辑循环不可能提供什么新的信息。

另外，经济周期是经济发展的普遍规律。在大工业生产中必然会出现增长速度快慢交替的变化，这和意识形态、经济制度统统没有关系。在哲学上被称为“平衡与不平衡交替”、“波浪式前进”。普莱维什指出：在经济周期中，发达国家的工资水平上升比后进国家更快。这是事实。但是在发达国家中工资水平上升速度快于劳动生产率增长速度，这恰恰使得发达国家在许多劳动力密集型产品上丧失了比较优势。这又为发展中国家赶超先进创造了极为有利的条件。

普莱维什说，工业制成品价格居高不下，对外围国家参与国际贸易十分不利。他在这里犯了一个不大不小的错误。如果就某一个工业产品来说，在激烈的经济竞争之下，其价格必然不断下降。例如一台286型计算机，在20世纪60年代可能要5000美元才能买到，在70年代3000美元就够了，在80年代顶多2000美元，进入90年代之后，286型计算机已经被淘汰，在商店里根本买不到了。如果买个二手货，绝对不会超过200美元。可是，最新问世的计算机可能要几万、几十万美元。如果工业制成品的质量有了显著的提高，价格上升是理所当然的事情。如果新产品的质量远远超过了老产品，当然其价格也要贵得多了。如果不考虑质量对价格的影响，难免会得出错误的结论。

①也就是说．要用动态的观点来看待中心和外围的关系。无论是中心还是外围都有着各自的比较优势。处在经济中心的发达国家有着科学技术方面的优势，必然会获得技术创新的利益；处在外围的发展中国家有着“后发优势”，可以在较短的时间内，以较低的成本学会先进技术，迅速赶上去。发达国家的出口产品技术和资本含量高，附加值也比较高。可是发达国家的高工资水平却赋予发展中国家在劳动密集型产品上具有比较优势。通过发挥在劳动密集型产品上的比较优势，发展中国家有可能积蓄资本、提高技术、逐步实现产业升级，改善经济结构，提高出口产品的附加值。

当时世界经济的外围地区。世界经济的中心在欧洲，在英国。当时，英国人非常看不起美国人，把美国人叫做“杨基”，就是乡巴佬的意思。美国人强烈地反对英国的殖民统治，反对不平等贸易，最后打响了独立战争。可是，就是在独立战争中，美国也没有中断国际贸易。最后，美国成了世界经济的中心。

在第二次世界大战之后，亚洲“四小龙”都是非常贫穷落后的地区，按照中心——外围理论他们都处在外围的外围。但是时过境迁，“四小龙”已经成了世界上工业发展速度最快的地区。

无数历史事实证明，在国际经济格局中，三十年河东，三十年河西，中心和外围的地位是在不断变化的。根据中心——外围之间贸易不平等，提倡经济民族主义的说法是明显缺乏足够的理论根据和历史事实证明的。

（四）不平等交换理论

支持经济民族主义的另一大支柱是国际贸易不平等交换理论。

马克思很早就做出了“比较富有的国家剥削比较贫穷国家”的论断，并在不少著作中多次重申了这一观点。可惜，马克思的写作计划没有完成，对于比较富有的国家通过什么途径，采取什么手法来剥削比较贫困的国家的问题未加详细论述。所以我们也无从猜测马克思论断的真髓。

1962年，法国经济学家伊曼纽尔（A、Emmanuel）与人合作写出了一篇论文《不平等交换与开发政策》，1969年他出版了《不平等交换》一书，阐述了国际剥削学说。

伊曼纽尔认为，当今世界上穷国的贸易条件越来越不利，富国的贸易条件越来越有利。穷国变得越来越穷，富国变得越来越富。伊曼纽尔试图用不平等交换来解释这些现象。

如果两个国家按照国际市场的价格进行商品交换，是不是存在着发达国家对发展中国家的剥削？

伊曼纽尔的不平等交换理论，是以国际间资本的自由流动和劳动力的不流动为假设前提的。这一假设前提确实在相当程度上与客观实际相吻合。他认为，产品价格是由一般工资率决定的。一般工资率不但可以改变不同生产领域的产品价格，而且可以改变这些领域的资本有机构成。工资不平等是引起交换不平等的惟一原因。在发达国家工人的工资水平高，在发展中国家工人的工资水平低，这就导致了发达国家出口的工业产品价格高，用高价的工业产品换取发展中国家价格很低的初级产品，形成了国际剥削。

弗兰克发挥了伊曼纽尔的论述，他认为："宗主国夺取了附属国的经济盈余，用于发展自己的经济，附属国仍旧不发达。因为它难以占有自己的经济盈余，同时还因为，宗主国在附属国内部经济结构中造成并维持同国际上一样的贫富两极分化和剥削与被剥削矛盾。"从而他得出结论：国际经济起了恶化发展中国家经济的作用。国际分工把阶级和国家的结构强加在外围地区和依赖性经济上，妨碍了发展中国家经济的发展。

究竟国际剥削是如何产生的呢？伊曼纽尔认为，国际剥削来自于工业品和初级产品之间的价格差别。价格差别来源于工资差别。工资差别来源于劳动生产率。由于劳动力在国际之间不能流动，往往富国拒绝让穷国的老百姓移民，穷国的人民就不能享受到高工资水平。于是，劳动生产率高的生产者获得了超额利润。劳动生产率低的工人受到了剥削。

又是什么机制使得世界上有那么多的国家"傻乎乎"地欢迎"剥削"，千方百计地要进行并不断扩大和世界上工业化国家的贸易？而且为什么这些国家至今仍然执迷不悟呢？

国际剥削论者所提供的解释是：中心国家搞霸权，他们利用手中掌握的政治、军事、经济实力和不合理的国际经济秩序，采取压迫、引诱、欺骗的手段来达到剥削发展中国家的目的。世界是由处在不同发展阶段的国家组成，国际贸易造成了不发达国家的贫困。世界市场实际上是发达国家剥削不发达国家的一种机制。经济落后的外围地区成了中心地区的财源，世界经济越发展，外围地区就越难取得发展，必须付出更大的代价，才能摆脱世界市场力量的约束。[①] 。

从政治理论上来回答"国际剥削论"不是这里要讨论的重点。在此，我

①国际剥削论"最终必将导出世界暴力革命的结论。难怪有人在评述中指出，在这些论调的背后，似乎可以嗅出几分国际"红卫兵"的味道。

们仅就经济角度来分析一下“国际剥削论”的问题。

“国际剥削论”认为经济发达的工业国家出口的制成品技术进步快，但是价格下降得慢。经济落后的国家出口的初级产品的技术进步慢，价格下降的幅度大，从而形成了工业品和初级产品之间的价格差。这种观点似是而非，在市场经济中价格取决于市场上的供求关系。虽然政府可以通过各种政策来影响价格的变化，例如限价、补贴等达到政府预期的稳定价格、扶助贫困等政策目标，但是，在大多数情况下，政府并不直接干预市场价格。①

生产率的高低和是否存在剥削是“风马牛不相及”的。无论在哪个国家，无论在哪个时期，提高劳动生产率的最根本的目的是创造更高的利润，生产率高的劳动者应当得到更多的利润，工资水平比较高，享受较高的生活水平，这叫做“多劳多得”。如果这也是剥削的话，发达国家的劳动者岂不是都变成了剥削者？而且，世界上只有劳动生产率最低的工人才不是剥削者。同理，为了消灭剥削，人类必须倒退回到原始共产主义。显然，这种结论是非常荒谬的。

只有改进生产方式，更快地提高劳动生产率，才可能获得更高的利润，才能促进科学技术的发展。世界上制成品和初级产品之间的价格差别越来越大，主要原因是两种产品的劳动生产率提高的速度不一样。惟一的办法就是要提高初级产品的劳动生产率。可是在很多情况下，初级产品的生产受到自然条件的限制，提高劳动生产率比较困难，所以发展中国家为了赶上世界先进水平，不仅要着力于改进初级产品的劳动生产率，还要努力发展制成品产业。提高产品中的技术含量和资本含量，增加产品的附加值。②

“国际剥削论”把经济不发达的原因归咎于社会的外部关系，而不是内部因素，结果非但不能帮助经济落后的国家赶上先进，反而把问题越搞越糊涂。

①参见徐滇庆、李瑞：《政府与经济发展》，中国经济出版社1996年版。

②如果国际贸易果真是剥削的源泉，那么，坚决退出国际贸易，关起大门来不就可以避免被剥削了吗？中国曾经在17~18世纪长期闭关自守，文化大革命期间也曾经拒绝和世界上的帝国主义、修正主义以及一切反动派在经济贸易上往来。而恰恰在这些历史时期，中国经济发展的速度最慢，出现的问题最多。中国已经有几次丧失了很好的经济发展的历史契机。

（五）告别经济民族主义

在研究任何政策时，都不能忽视产生这个政策的历史背景及其在当前的使用范围。在讨论经济民族主义的时候，首先需要区分在殖民主义时代和帝国主义武力威胁下的贸易和今天的国际贸易的原则区别。

"萧瑟秋风今又是，换了人间"。今日之中国既不是17世纪的非洲，也不是满清王朝。当今世界上没有任何一个国家能够再拿着枪炮来威逼中国人进行贸易。从新中国成立的那一天开始，中国人在外交、贸易上不知道说过多少次"不"，帝国主义其奈我何?

简单地引用一些历史事实来和今天的国际贸易做比较是不恰当的。总的说来，目前凡是成交的国际贸易，都是建立在中国方面自愿的基础上。通过国际贸易给中国经济建设带来的物质利益和非物质利益都是有目共睹的事实。也许由于贸易经验不足或由于经办外贸人员的无能而在对外贸易中造成过一些损失。但是在国际贸易中，中国方面没有丧失任何国家主权。中国现今面对的是在平等基础上的国际贸易。这和当年的不平等贸易和帝国主义的掠夺完全是性质不同的两码事。经济民族主义的基本对策是自己动手、自给自足，在任何时候都不能放弃自力更生的奋斗精神，但是这并不意味着我们非得自我封闭起来。

二、经济霸权主义

（一）经济霸权与国际经济秩序①

经济霸权主义的代表人物有金德尔伯格（CharlsKindleberger）、吉尔平（RobertGilpin）等人。如果要了解当今美国政界的主流思潮，就不能不了解经济霸权主义。

在任何一个现代经济社会中，都需要一些公共商品（PublicGoods）。例

①在美利坚的土地上曾经培育出了许多声名赫赫的大经济学家，优良的学术传统和良好的研究条件为各种各样学术思想创造了非常活跃的环境。无论是鲜花还是毒草，都可以在这里找到各自生长的土壤。自20世纪80年代以来，美国的霸权日渐式微。这一时期美国政治经济学界出现了一种新的学说：积极鼓吹在世界经济中的霸权主义。它一经出现就引起了西方，特别是美国政治、经济学界的重视。

如，路灯照明、城市绿化、公路桥梁等。在人们消费这些公共商品时，不会影响或减少其他人获得这种商品的数量。如果延伸这个公共商品的定义，可以把公安、司法、国防、稳定的价格和货币体制、稳定的利率和汇率等也都称为公共商品。[①]

现代化工业大生产不仅加深了世界各国国内的劳动分工，也加深了各国之间的国际分工。“每一种分工都意味着依赖，因而也包含着一种政治关系”。[②] 科学技术的进步和世界贸易关系的发展，使得地球变得越来越小，世界各国之间的相互依赖关系越来越紧密。由于世界市场规模有限，商业竞争越来越激烈，贸易冲突发生的概率日益频繁，经济冲突将成为国际关系中最重要的议题。

经济霸权主义认为，在国际关系领域中也存在着像国际贸易规则、秩序等公共商品。由于在世界上没有一个统一的政府，因此需要一个霸主国家来有效地提供这样的公共商品。经济霸权主义认为，在世界经济中有一个霸权国是稳定世界经济的必要条件，所以经济霸权主义也叫做“霸权稳定论”。

美国普林斯顿大学教授吉尔平认为，在国际关系激烈竞争的情况下，“现代民族国家首先是一部战争机器。这是在国际动乱条件下谋求生存的集团面临危难时的产物。国家安全和政治利益是第一位的。”他指出：“霸权稳定论的一个优点是，他集中关注民族国家体系的作用以及国际政治关系在组织和管理世界经济中的作用。尽管现代世界体系论显然正确地认为，现代民族国家归根到底是历史力量造成的，但是，民族国家及其行动不能仅仅归因于经济力量。一旦民族国家问世，他就会按照竞争性的国家体系的逻辑行动。”[③]

吉尔平认为在世界各国的政府管理之下，国内经济大都符合一定的经济秩序。可是在国际上，由于没有这样一个对天下大事都能负起责任的政府，就可能会出现国际经济秩序上的无政府状态。世界经济必须经过协调，才能达到相互依存，共同繁荣的境界，可是世界各国却拼命追求各自的利益，不

①之所以把这种商品称为公共商品的另一个原因，是任何一个单位或个人都无须为之付费，除非有人自愿贡献给社会。在绝大多数情况下，提供公共商品是政府的责任。为了维护社会的稳定和进步，政府必须向全社会提供这样的服务。

②参见马克思、恩格斯：《德意志意识形态》1846年版。

③吉尔平：《国际关系政治经济学》，经济科学出版社1989年版，第103页。

断产生冲突。“一个国家有可能竭力进行欺诈，谋求改善自己的地位，造成其他国家对它实施报复性的政策（例如贸易保护主义），从而弄得大家都得不到最佳或得不到最佳的结果。”[①] 如果没有一个协调机制，世界各国间的矛盾将会越演越烈，离世界福利最大化的目标越来越远。

经济霸权主义断言：“国际自由经济的存在少不了要有一个霸主，不管人们是否把这种经济看做为某个集团国家分享的公共商品或私人商品，历史经验表明，没有一个占主宰地位的自由强国，国际经济合作极难实现或维持，冲突将成为司空见惯的现象”。[②]

（二）经济霸主的作用

经济霸权主义认为霸主的作用包括有：

（1）制定国际经济竞争规则和政策协调。稳定世界经济秩序需要一个新的霸主，一套为各国所一致同意，约束每一个国家（包括力量已经削弱的霸主在内）的规则，或者需要在几个举足轻重的经济强国中继续进行政策协调。

霸权国家可以对世界经济的运转发挥至关重要的作用。它可以利用自己的影响，在既定的问题范围内，建立国际社会体制中“经济活动主体的期望所集中关注的那些原则、规章、条例和决策程序。”[③] 为了限制冲突，确保平等，或者创造和谐一致的环境，这种体制规定合法的行为，并禁止非法的行为。吉尔平认为，应当有一个能够建立和管理国际贸易体系的自由经济领导国或霸主国存在。“开放和自由的世界经济需要有一个居霸主国或主宰地位的强国，由一个国家主宰的霸权结构非常有益于强大国际体系的发展，这个体系的运行规则比较明确，并且得到很好遵守”。[④]

（2）执行国际经济竞争规则。“霸主国必须防止欺诈和损人利己，执行自由经济的各种规章制度和条例，并且鼓励别国来分担维持该体系所需要的费用。19世纪的金本位制和战后布雷顿森林货币制度就是一种经济体系的明显例子。在这种经济体系中，霸主国制定和实施自由市场制度的各种规章条

①吉尔平：《国际关系政治经济学》，经济科学出版社1989年版，第407页。
②同上，第95页。
③同上，第91页。
④同上。

例，抑制始终存在着的经济民族主义倾向”。[①] 霸主国还必须防止那些具有垄断力量的国家剥削其他国家。它还应当鼓励那些国家撤除它们的贸易壁垒。它们至少最初可能因贸易自由将受到损失。”[②]

（3）稳定世界经济。金德尔伯格指出：世界经济要想保持稳定，必须拥有一种“稳定器”，即“某个国家要能负责为亏本商品提供市场，让资本稳定地（不是逆循环地）流动。而且，当货币制度呆滞不灵，陷入困境时，它能为提供清偿能力，建立某种再贴现的机制”。“经济霸主有责任提供稳定的货币体系，”在某种程度上管理汇率结构，并对各国国内货币政策进行一定程度的协调。”

（4）促进经济发展。吉尔平认为：霸主国的成长、壮大典型地显示了市场制度的益处，并且可以推动该制度下其他国家的发展。“霸主国的进口会促使其他国家经济的发展，他的对外投资则为发展中国家提供了发展所必需的资金。通过技术转让和知识扩散地向发展中国家提供了工业化和经济发展所必需的技术和专门知识。霸主国在全球经济发展过程中的这种作用，犹如帮助国际自由经济制度紧密巩固的粘和剂”。因为如果霸主国的经济发展减慢了，世界经济体系的离心力就会日益表现出来。

经济霸权论者还认为需要一个国际性的政府来补偿经济发展中必不可免的亏损者的利益。用非通货膨胀的方法来管理全球需求和提供公共商品。[③]

（5）控制危机。经济霸权主义者认为霸主国最重要的作用是防止世界经济出现金融危机、债务危机和贸易危机。当威胁到世界经济稳定运行的危机逼近时，霸主国应当挺身而出，协调世界各国，控制局面，化解危机，避免因局部失控而导致全球的灾难。

虽然主张经济霸权主义的人的观点彼此有些差别，但是他们都同意这样的观点：“一个居霸权地位的自由经济国家的存在是世界市场经济充分发展的必要条件，尽管不是全部条件”。也就是说，虽然霸主国的存在并不一定保证世界经济繁荣，但是，如果没有霸主国存在，世界经济就非乱套不可。经济

①吉尔平：《国际关系政治经济学》，经济科学出版社1989年版，第91页。
②同上，第92页。
③同上，第40页。

霸主决定着世界上各种经济力量在其中运营的国际环境。如果没有自由主义的霸权国提供有利的政治环境，市场的扩大和市场在现代经济生活一体化中得成绩都是不可能取得的。除非霸权存在，一种特殊类型的国际经济秩序，即国际自由经济秩序就不可能繁荣和获得充分发展。“若没有一个勇于献身的自由主义霸主，自由国际经济是难以为继的”。①

（三）称霸时代与经济增长的关系

为了使得人们相信经济霸权主义，还必须向人们提供具有足够说服力的例证。在这个方面主张经济霸权主义的学者们遇到了困难。据吉尔平统计，在历史上既有霸主领导又有利于世界自由经济兴起的环境条件只出现过两次。

第一次，在1853年至1873年期间出现了世界经济高速发展。这个时期恰恰是英国经济霸权鼎盛时期。从1873年到1913年，虽然德国的崛起形成了强烈的挑战，但英国仍然保持着霸主地位。这些年的世界经济尚处于和平发展阶段。1914年第一次世界大战爆发，结束了英国的霸权地位，同时也把世界经济拖入了低谷。库兹涅茨说：“当占主宰地位的国家再也不能进行领导，把和平强加给世界大部分地区时，英国统治下的和平世纪就寿终正寝了。”

第二个世界经济发展特别良好的时期，是从1951年到1973年，在这段时期内，美国是世界经济的当然霸主。经济霸权论者认为。美国于第二次世界大战之后。率先促进国际自由经济秩序的建立，国际市场和全球经济相互依存关系都扩大了。世界在美国的带领下走向自由贸易，这是世界经济发展的另一次黄金时期。可是自1973年以后，美国的霸权衰落了，造成了世界经济秩序失调，出现了许多严重的问题。②

（四）经济霸权主义的条件

经济霸权主义对霸主国家寄予无限的期望。什么样的国家才能成为世界

①吉尔平：《国际关系政治经济学》，经济科学出版社1989年版，第407页。

②吉尔平指出：“值得注意的是，特殊发展时期恰巧与英国和美国的经济称霸时代相吻合。发展减缓但仍良好的时期，与这些霸主衰落的时期平行出现。发展不良的时期介于两个霸权时代的间歇。”他认为：“不管因果关系是什么，全球经济相对增长率和全球政治结构之间，肯定存在着牢固的联系。”[吉尔平：《国际关系政治经济学》，经济科学出版社1989年版，第123页。]

经济的霸主国呢？经济霸权论者认为：

（1）霸主国必须有一个相对巨大的市场规模，这是它的雄厚的经济实力的根源。经济霸权主义在一般情况下并不主张以战争的方式来解决国与国之间的纠纷、冲突。霸主国执行世界经济竞争规则，制止对国际贸易规则的破坏行为主要靠的是他的经济力量。霸主国有一个庞大的经济势力范围，他可以向“友好”国家开放市场，或者把“不友好”国家拒绝于自己的市场之外。由于失去进入霸主经济势力范围的机会对于其他国家是一个非常严重的经济损失，所以，经济霸主国得以对其他国家产生决定性的影响。经济霸权论相信，经济制裁是维护世界经济秩序的有效手段。“尽管关于经济制裁的效果往往是言过其实的，但是经济制裁的确是显示这种实力的最重要例子”。

（2）罗伯特·基奥恩认为，要成为经济霸主“必须控制原料，控制资本来源，控制市场，并在价值极高商品的生产中具备竞争优势。”霸主国通过控制金融资本，特殊技术和自然资源，掌握了领导其他国家经济的手段。

（3）霸主国的通货在国际货币体系中的核心地位使他获得了金融和货币方面的权势。

（4）“霸主国经济实力的最后基础是他的经济灵活性和流动性。”从长远来说，经济实力既不在于掌握某种垄断权或技术，也不在于经济上的自给自足，而在于该国经济改造自己以及在全球经济环境中适应变化（例如比较利益变化或价格变化）的能力。

如果按照上述要求，恐怕世界上没有一个国家能够充当世界霸主。就是在19世纪的英国和在20世纪50年代的美国也不够格。最关键的是对霸主国的第三条要求，无论是英国或美国都没有能够在比较长的时期内保持经济的灵活性和流动性，缺乏改造自己以适应国家经济环境的能力。所以，经济霸权论者非常遗憾地指出，整个霸权体系本身最终总是不稳定的。霸主国的衰落几乎是无可避免的规律。

（五）霸权体系的衰落和解体

霸权体系的衰落和解体有其内部的和外部的原因。

从霸主国内部来看，虽然作为世界经济霸主也会得到许多现实或预期的经济上的好处。但是要取得世界经济霸权就得为维护全球经济秩序提供公共商品，有的时候，提供公共商品的成本很高。另外，出于维护霸权的需要，霸主国必然受到内部和外部的制约。在提倡自由贸易的时候就得首先开放自己的市场；在不允许别的国家欺骗、投机的时候首先自己就要遵守规则；在惩罚那些不守国际经济秩序的国家时，首先自己就要承担在经济制裁中的损失。显然，作为世界经济霸主在许多方面都要付出很高的代价。

如果霸主国为维护霸权地位而付出的代价超出了他能力可以负担的程度，就必然逐步落入“捉襟见肘”的困境。在政府开支和国内消费增长得比国民储蓄和生产性投资更快的情况下，霸主国就会缺乏维持霸权所必需的经费来源。如果为维持霸主地位而付出的代价超过预期的利益，国内各个利益集团不愿意为了维持这个体系而损害自己的利益，就会出现要削减开支的呼声。①

从霸主国的外部关系来看，在国际关系中，霸权通常建立在别国对他的合法性普遍信赖的基础上。其他国家之所以愿意接受霸主国的统治，是因为它在国际政治体系中享有威望和地位。树立“意识形态上的霸权”往往比经济上的优势地位更加重要。② 只有霸权存在，还不足以确保国际自由经济的发展。霸主国本身也必须恪守自由主义的价值观念。霸主国的社会目标和国内权力分配必须有利于国际自由秩序。吉尔平和其他经济霸权论者都非常遗憾地指出：“从60年代末期起，美国逐渐利用霸权体系为自己狭隘的目的服务。80年代世界经济中许多麻烦事情都是由美国政府的这种转变造成的。”“如果其他国家开始认为霸主国的行为是牟私利，并与他们的政治和经济利益背道而驰，那么，霸权体系就会大大削弱。③

由于世界上其他国家和地区的经济迅速发展，使得霸主国逐渐失去了在经济上的压倒性优势地位。“自由世界经济中存在着固有的矛盾和市场体系的运转改变了经济结构，分散了实力”，从而破坏了这种以霸主国家为中心的经

①当前，不少美国人认为他们的经济伙伴从自由经济贸易中获益更多，对“坐享其成”感到不耐烦和失望。因此，霸主国丧失管理这种体系的意志和能力，也不大愿意去管理和稳定这种经济体系了。在这种形势下，霸权体系每况愈下。

②吉尔平：《国际关系政治经济学》，经济科学出版社1989年版，第89页。

③同上，第407页。

济结构的政治基础。由于日本、欧洲的经济实力迅速增长，使得他们都能够向美国说“不”。亚洲、特别是中国经济力量的壮大更动摇了美国的霸权地位。所有这些都使得霸权体系日暮途穷，难以为继。

（六）经济霸权主义的困惑

主张经济霸权主义的学者们认识到了世界的这个变化趋势，正如吉尔平所指出的那样，“在争霸战争之后建立起来的包括国际分工、贸易关系、国际货币、金融体系，以及支配经济活动的种种规则和制度，这些结构反映出行动主体的实力和市场力量的运用，这些结构反映了处在具有支配地位国家的经济利益。但是他们也为其他国家的经济发展和扩张提供了机会和条件。随着时代进展，经济和军事实力分布发生了变化，经济活动主题的利益发生了变化，都会破坏这些结构的基础”。① 他们对于美国逐步丧失霸权感到极为恐慌。吉尔平认为：“自由市场体系的出现和发展必须有三个前提——霸权、自由意识形态和共同利益。”② 假设果真如此，那么，当经济霸权崩溃之后，岂不是连自由市场体系存在和发展的前提都没有了吗？

他们预言，在经济霸权崩溃之后，世界各国之间的经济冲突将越演越烈。在国际经济中通常的市场均衡是不存在的。破坏国际市场规则。采取保护主义或其他欺诈行为的国家往往可以获得经济收益，而又不用支付相等的成本。在经济发展的初期，新兴国家往往要求贸易保护，逐步战胜了发达国家之后，再要求经济贸易自由化，打入世界市场。新的经济中心的出现和强国地位的衰落必然会在发达国家内导发民族主义的强烈反应。衰落中的霸主国中将出现经济保护主义，竭力维护在霸权时期已经取得的经济利益，谋求保住在经济和政治上的主宰地位。“最近世界经济结构的变化，以及国内的优先考虑与国际行为准则之间抵触的日益尖锐，使各国增加了以牺牲别国利益为代价，替自己谋取优势的动机。在一个全球经济增长率进一步受到严格限制的世界上，始终存在着转嫁失业问题并执行有损于邻国的政策的强烈意

①吉尔平：《国际关系政治经济学》，经济科学出版社1989年版，第407页。。
②同上。

向”。[1]

经济冲突的程度，取决于霸主国对自己的衰落局面进行调整的能力。当经济发展地区和主导经济部门转向新方向时，霸主国能否开辟新的有竞争力的工业部门？他能否使自己的政治责任和经济实力更新保持平衡？将决定自由经济秩序能否不受霸权的衰落而继续存在下去。

经济霸权主义者认为：可以预料霸权结构的衰落将是相应的国际经济统治系统实力衰落的前奏。因为只有霸权国才能够，也愿意建立和维持自由经济秩序的规章和条例。随着霸权国的衰落，自由经济秩序将遭到严重削弱。[2]当这些强国的主宰作用削弱以后，贸易冲突就会增加。如果没有一个经济霸主来惩罚、制裁违章行为，必将尔虞我诈，世风日下。总之，霸权稳定论认为，如果要想避免国家之间的冲突。必须要为国际经济秩序建立新的政治基础，如果没有霸权国家来作为指挥世界经济秩序的警察，岂不是要天下大乱了吗？[3]

尽管吉尔平并不完全排除多元化领导的可能性，但是，他对多元合作、竞争的前途相当悲观。他认为在美国、欧洲和日本形成了三个经济实力中心，但是这三个中心之间的经济差距与政治差距都相当之大，“每个经济实力中心都在利用国际体系为自己狭隘的目的服务，没有一个经济实力中心对于本国目标要服从与政策协调相关的更大目标这一点产生兴趣。尽管美国有时也发挥一些领导作用。美国实际上已经放弃了它从前的霸主责任，除非在事情与它的切身利益息息相关时，它才会再次行使霸权。西欧与日本都不堪胜任霸主，也没有兴趣挑起这副担子。”“使得人们要用多边管理和政策协调方法来拯救自由世界经济的希望越来越渺茫”。

---

①吉尔平：《国际关系政治经济学》，经济科学出版社1989年版，第407页。

②同上，第88页。

③以吉尔平为代表的经济霸权稳定论者承认，按照当前的趋势来看，美国霸权的衰落是不可避免的。他担忧地说：“那么，人们要问，由谁或由什么组织来代替美国对自由经济的领导？将会出现一个新的霸主呢，还是实行某种形式的多边管理？或者自由世界经济可能分崩离析？第二个问题是全球经济活动重新分布以及向新的主导部门转移所必须做出的经济调整。在现有产业失去了比较利益的发达国家，能不能转向新的经济活动？如果自由世界经济要有效地运行，新兴的经济强国会不会承担应尽的责任。第三个问题是要解决国内自主和国际规则之间的激烈冲突。有没有可能把国内执行凯恩斯政策同国外执行斯密的办法协调起来？还是一个胜，一个败？”［吉尔平：《国际关系政治经济学》，经济科学出版社1989年版，第404页。］

当然，并不是所有的经济学家对世界经济的前途都像霸权主义者那么悲观。譬如，罗伯特·基奥恩（Robert Keohane）认为："合作或多边管理是完全可以在没有霸权的情况下实现的"。他认为如今世界经济可以称为"霸权以后的世界"经济。帕多·希欧帕（PaoaSchioppa）认为"在那些国家权力不能到达的领域尤其需要在各国政府之间进行政策协调。在频繁的国际交往中国家政策的自主性和有效性已经下降"。

（七）经济霸权的黄粱美梦

经济霸权主义向世界各国推荐了一个世界霸主的概念，这个霸主"强大"、"理性"，为了稳定世界经济，促进经济发展"勇于献身"。经济霸权主义赋予这个霸主以国际经济中的立法、执法、协调的功能，在危机到来的时候，霸主甚至还可以干涉到世界各国的内部金融、财政。众所周知，这确实是美国国会和白宫里不少人梦寐以求的霸权地位。①

但是，经济霸权主义对历史的叙述有失客观、公正。美国在第二次世界大战之后是为了促进国际自由经济秩序的建立而当霸主吗？在任何时候，美国政府都仅仅是美国人的政府，把为美国利益服务当做其最高目标。美国政府在第二次世界大战之后所实行的经济和政治政策中首先考虑的是冷战的国际格局。他的霸权也仅仅存在于以美洲、西欧为主的半个世界里。为了实现真正称霸世界的战略目标，美国采用"马歇尔计划"扶助欧洲复兴，援助许多亚洲、南美洲国家。由于美国在第二次世界大战之后在经济上的巨大优势，所以美国显得特别慷慨。美国真的对这些国家那么友好，无私援助吗？仔细考察一下许多美国国会议员的论述就可以很清楚地发现，"马歇尔计划"也好，援助台湾、韩国、越南等也好，最终的目的是把这些地方当做反对共产主义的前沿阵地。如果第三次世界大战打起来的话，让这些地方抵挡第一波冲击，不要让战火直接烧到美国，免得打烂了美国的坛坛罐罐。美国所做出的开放市场，稳定美元币值等措施都是为了维护领导地位而值得付出的代

①经济霸权主义的最大的贡献就在于把这种理念毫不遮掩地陈述出来，让人们有一个机会可以比较全面、系统地研究这个观点。这要比那些说一套做一套，口是心非，言行不一的政客作风好得多。

价。[①]

经济霸权主义的逻辑本身就带有几分霸权的味道。他们断言，如果没有一个他们理想中的霸主出现，世界经济就会陷于停滞、混乱，甚至在无法控制的经济冲突中走向毁灭。这个耸人听闻的结论确实可以吓倒一些神经衰弱的人。可是经济霸权论并没有能够充分地证明为什么没有霸主就一定意味着灾难。虽然，迄今为止的世界历史充满了大国争霸的史实，但这也并不能证明在人类进入21世纪之后就不能出现一个多元并立，和平竞争的世界新局面。

事实上，没有世界霸主的存在，世界各国不仅可以活下去，还可能活得更好。在没有霸主的情况下，世界各国可以通过多边的平等的协商来进行大规模的政策协调。这就是当前出现世界贸易组织和区域整合的原因。在美国霸权衰落的同时，世界贸易总额的年增长率始终保持在7%以上，大大超出了世界经济的平均增长速度。亚太地区各国互相贸易总额的增长速度超过了12%。历史事实将再一次证明经济霸权主义对世界未来的悲观论调是完全没有根据的。[②]

---

①美国在什么时候甘心为人作嫁？争夺和维持霸权都是为了替自身争取更多的利益。可是，当美国的力量衰落之后，马上就表现出小家子气。“无可奈何花落去”，美国早就丧失了当领导的能力，而只剩下当霸主的愿望了。

②经济霸权主义产生于美国的世界霸权日渐衰落的年代，非常具体地反映了一部分美国人怀旧和无奈的心态。他们清楚地看到了美国和当年英国一样，已经没有继续支撑世界霸权的力量了。但是，作为美国经济霸权的受益者，他们不相信世界上会出现一种没有霸主也能活下去，并且活得更好的世界新秩序。他们呼唤一个新的世界霸主，但是又找不到哪一个国家能够取代美国来指挥世界经济秩序。他们始终是从几个强国如何主宰世界的角度来阐述国际经济的运作。显然，他们是永远也找不到最终答案的。

当前，有许多人评论说，美国政府对外政策充满了内在矛盾，有的时候似乎要作为世界霸主发号施令，有的时候又放弃责任，赤裸裸地在国际关系中牟取私利。华盛顿没有一个成熟的外交和对外经济政策。经济霸权主义的论述恰恰为这种举棋不定，反复无常的行为提供了理论上的解释。由于经济霸权主义不能为美国政府和国会的主流政治家们在理论上提供依据，如果美国不放弃称霸世界政策的话，这种自相矛盾，优柔寡断，缺乏一个系统、明确的国际政策的状态将伴随着美国，直到它的世界霸权的终结。

第四章　文化民族主义与文化霸权主义

一、"经济全球化"和"文化全球化"

我国"入世"以来，我们已经可以隐约地感到它所带来的更大层面的问题，即中国、中国人将如何成功地"迎接"今日世界的"全球化"。事实上，至少是对于所有经济不发达国家来说，所谓经济"入世"的过程，原本就是"全球化"话题的一部分。换句话说，当"整个世界同属一个集团"的经济幻景，因着不同国家和民族对"全球化"的强力追逐而迅速弥漫开来的时候，意味着我们能不能在政治、文化等各个方面尽快实现同整个世界的政治、文化秩序的对应或一致关系。

显然，这里的问题已经大大超出了一般经济学的范围。对于我们而言，由经济"入世"所形成的中国与"全球化"的关系，除了某种可能的直接经济效应以外，会在什么样的意义上制约现实中国的文化实践及其价值本位?

这个问题之所以引起我们关注，仍然在于"全球化"的基本情势本身。无论我们怎样看待这个如今已成为世界性热点话题的"全球化"问题，我们都必须相信一点："全球化"肯定不会只是一个经济事实；"全球化"作为一种社会的和文化的想象运动，始终包含了经济和文化的双重权力意志，并且从一开始就为自己内在地确定了"经济全球化"和"文化全球化"这样的关联性目标。甚至，在一定意义上，我们也可以说，"全球化"根本上就是一种以经济行动策略来实现的新的文化整合过程，它的最终结果就是能够在某种"普遍性"设计中，瓦解任何一种保持自身特殊努力的文化自足体，进而完成对于世界文化前景的"普遍化"构造。正因为这样，像阿兰·伯努瓦这样的西方学者才会不断地强调区分"经济全球化"和"文化全球化"的重要性，认为"这两个现象相互交织，但并不完全重合"。当然，区分两种"全球化”在理论上固然值得尊重，但问题是，我们却始终不可能把“经济全球化”和“文化全球化”当做两个东西截然分割开来看待。无论我们是不是愿意，“全球化”作为一种过程，总是强制着我们走入一种文化的“普遍性”之中，而这一“普遍性”构想又总是以处于强势地位的发达资本主义国家的文化秩序、价值标准作为基本点,“全球化只是正在扩展而遍及整个地球的西方市场的帝国主义化过程，这是一种由全球化的受害者使之内在化的帝国主义。全球化是对西方经济行为的大规模模仿的结果。”（阿兰·伯努瓦语）因而，面对“全球化”，世界各国，特别是经济不发达的弱势国家和民族，便也刚寸宿命般地面对了自身文化特殊性丧失的威胁。

这似乎是一个很不幸的悖论：寻求经济高速发展的努力，使我们不断走近以西方国家为中心的发达资本主义的政治、经济和文化圈套；经济“人世”的结果，不仅是我们要被经济“全球化”了，而且也同时被“纳入”或“同化”到了同一种文化秩序、结构之中。

“后殖民”时代的文化逻辑，在经济领域以最直观的方式得到了体现。以经济“人世”为代价所获得的“全球化”认同，同时造就出一种“文化帝国主义”的扩张可能性。看来，真正的危险不是我们能不能在经济上与整个世界进程保持“普遍的”一致性，而是应当意识到，同经济高速发展相关联的，始终还有一个文化立场与文化建设的基本权力、价值选择问题。这才是所有经济不发达的弱势国家和民族，尤其是像中国这种以大国身份跻身当代世界舞台的不发达国家所必须正视的严重问题。

其实，只要我们稍微深入地想一想，就不难产生这样的印象：作为一种社会想象和文化想象的“全球化”，通过一个由西方资本运作需求和贸易准则所规划的“世界贸易组织”，带来的将不仅是秩序井然的世界经济市场及其活动方式，同样也必然产生出内在于全球市场活动中的文化强制性。也就是说，全球一体的市场和经济秩序的建立，最终将大大促进和强化资本的国际间自由流动；而这种以资本的国际间自由流动为内核的统一的世界秩序，尽管标榜了自由贸易的名义，主张消除国家间贸易上的森严壁垒来实现全球经济市场的重组，但由于各个国家在经济发展水平上已然存在的严重不平衡，因而，重组全球经济市场所形成的，绝不会是弱势国家和民族借助西方的经济强势而飞速实现自己的经济振兴，而是经济高度发达的西方国家通过自己先在的经济强势而实现对于弱势国家和民族的大规模控制——其中当然也包括文化领域的控制活动。就像中国的烧饼、油条根本无力抗衡美国的“麦当劳”、“肯德基”，WPS斗不过Windows，甚至，文化（即如人权观、主权观等）在今天可以借助“经济制裁”的名义来产生出自己的咄咄气势（比如在伊拉克，在南联盟）——经济上的先在性决定了文化先在性的压迫方式。

于是，对于经济“入世”的弱势国家和民族来说，“全球化”也像一只潘多拉的盒子。这个盒子现在已经被打开：“文化帝国主义”的扩张和内在化已成了“全球化”的衍生物。

这里，“扩张”与“内在化”实际是同一个文化过程上相互联系的两种运动形式：“扩张”意味着由重组世界经济市场所造就的强势文化对弱势文化的巨大压力。强势文化话语在经济不发达国家、民族中的制度性权力的确立及其对后者文化发言权的剥夺，从而使强势国家和民族不仅成为世界经济的决策者，而且担当了全球文化的领导者；而所谓“内在化”，一方面是指发达资本主义的经济秩序直接决定着弱势国家和民族的文化结构，另一方面，在更大程度上，也表明弱势国家和民族因自身经济上的依附性所形成的文化内部的无力状态，特别是因经济自主能力衰弱所产生的文化自主性的急剧瓦解，及其对于那种由经济力量所决定的文化领导权的默认与服从，其结果同样是弱势国家和民族文化发言权的丧失。

到此为止，可以很清楚地发现，“全球化”作为经济和文化的共同实践，其内部实际上隐伏了一个很现实的逻辑：通过增强国家和民族间经济上的相互依赖性，在逐步取消独特性、差异性的同时，强化经济发达的强势国家、民族对其他国家和民族的控制与压力；弱势国家、民族在这一“全球化”进程中的前途，就是“自动地”把自己置于一种由“他者”所规定的秩序和结果之中。这样，对于弱势国家和民族而言，“全球化”在“通过市场使世界同质化，从而消除民族国家和民族文化”（菲力浦·英格哈德：《政治经济学批判原理》）之际，实质上造就了一个外来的统治者或异族的参与者。

正因为这样，今天，“全球化”一方面是正在扩展而遍及整个世界范围的“市场的帝国主义化”过程，并且是一种由弱势国家和民族使之内在化的帝国主义；另一方面，通过对于西方国家经济行为的大规模模仿，“全球化”中的弱势国家和民族不仅迅速出让着自己的市场，同时也正在丧失着对自身文化结构调整的自主性和主动性。

“全球化”塑造了以资本市场和强势经济秩序为统一性和一致点的世界经济繁荣表象，却又在经济和文化双重层面上巩固，乃至进一步增强了帝国主义的垄断性势力。在这一情势下，经济不发达的弱势国家、民族必然在心理和文化上产生一种深深的孤独感——固有文化的被削弱及其被重新整合到一个由强势国家和民族所控制的“普遍性”世界之中，最终将演变出弱势国家、民族及其文化的被驱逐感。弱势国家和民族将越来越无法坚守他们自己的立场；新的文化整合将越来越强烈地导致他们传染上一种无法摆脱的文化空虚情绪。

由“全球化”所带来的“文化帝国主义”特征就是如此：弱势国家和民族既无法拒绝经济繁荣的诱惑，同时又麻木不仁地慢慢丢掉了自己的文化具体性和个性；世界既因为一致性的不断扩大而变得有序化，同时也培养出了一个新的文化极端——在这个极端上，始终具有统治权的正是那个以经济强势面目出现的“西方”身份。

今天，“文化帝国主义”的成功策略，就是在各个国家和民族传统行为方式逐步沦丧的过程中，使各种文化趋向于一个相同的消费主义模式。这一点，恰恰再一次在“普遍性”上证明了“全球化”的实践效果。

所谓“相同的消费主义模式”，主要不是一种经济学意义上的成就，它是作为经济方式所带动的普遍的社会价值观、文化态度而出现的。它的基本取向，就是通过“全球化”的经济力量，在世界范围内取消各个国家、民族建立在文化独特性基础上的各种自主管制形式，使肯定物质成就、肯定物质占有和享受的消费生活方式成为全球一致的存在立场。正是在这一立场上，原有的国家、民族间以传统行为方式所体现出来的具体性和差异性，特别是弱势国家、民族的传统行为方式，被当做为无法整合到“全球化”进程中的“落后”东西遭到遗弃；在“全球化”为寻求每个社会在世界市场的整合而采取的大规模结构调整中，作为一种最低限度的共同特征的“消费主义”形态，被扩大为超越各个国家和民族传统行为方式的“普遍性”，最终取代了国家、民族之间在文化上的不同需求。如果说，在传统的行为方式层面上，不同的文化需求曾经保证了国家和民族间的特殊价值观、文化选择权利，那么，现在，由于“全球化”成功地实现了对传统行为方式的“超越”，因此，确立文化“普遍性”的追求就成了强势国家、民族引导世界文化潮流的最好借口，而弱势国家和民族在这场“全球化”运动中所获得的，只能是牺牲自身特有行为方式而建立起对于强势文化的回应和认同。

这是一个牺牲的逻辑，一个巧妙而堂皇的文化控制与服从的帝国主义逻辑。现在的问题是：经济上处于不发达境地的弱势国家和民族，尤其是像中国这样的国家，如何可能摆脱或反抗这种情势？即在不回避全球性经济结构调整的统一趋势、注重资本市场重新配置的合法性与合理性过程中，继续有效地保持自己文化上的独特性和社会价值选择权利，实现经济增长与文化连续性的同步发展。当然，这不是一个轻易可以解决的问题，因为至少对于处在强势地位的西方经济发达国家来说，其经济“全球化”的觊觎绝不可能仅仅停留在单纯的全球资本重组和世界经济秩序调整上，而总是将体现出非常强烈、内在的文化意愿。

也许，认识到“普遍主义”的幻想特征并充分强调当今时代文化民主的必要性，是弱势国家和民族对抗“全球化”进程中“文化帝国主义”各种权力企图的一种可行策略。事实是，在“全球化”的世界经济市场和资本重组中，对于弱势国家和民族而言，“文化帝国主义”扩张和内在化的最致命之处，就是在“普遍性”口号下取消文化多样性的价值前提及其建构活动，使各种具有独特性的传统行为方式沦为一种单纯的信仰方式，亦即使得国家和民族间在文化上的差异归于某种无法获得自身确定性的、虚弱的东西，尤其是通过经济压力来迫使弱势民族和国家逐渐远离自身文化的基本存在实体，最终只能听命于某种以经济实力来确立的文化“普遍性”。可以说，“全球化”所普遍化的只是市场——一种与某一文化的历史具体性相对应的经济交流模式。由于所有国家和民族只有直接进入这个被经济发达国家以强势整合的统一经济模式之中，才能被赋予“普遍性”，因而，这种“普遍性”的幻想特征便表现得再明确不过：作为一种强制体系，被“普遍化”了的只是由强势国家和民族所臆想出来的文化和经济结构——它在根本上是否定性的，是通过排除弱势国家和民族的存在利益所获得的无差异性，它充其量不过是经济领域的帝国主义逻辑以文化的抽象方式所实现的自我扩张而已——对于弱势国家和民族而言，“普遍性”并不包括他们在内。

而文化民主的内在追求，则从一个最基本的方面肯定了包括弱势国家、民族在内的全体人的选择的合法性与必要性。文化民主同样期待着普遍性的到来，但是在尊重所有国家和民族的价值选择前提下所要求的普遍性，而不是以经济上的强势整合方式来决定文化的一致性归宿；尽管文化民主的实践同样需要不同国家和民族之间充分实现经济关系的不断调整，但它却不能盲从于单纯经济力量的静止的制约，而是强化着各个国家和民族在文化上，包括语言和其他社会联系的创造性张力。如果说，文化多样性保障了各个国家和民族最基本的思想权利和价值选择能力，那么，文化民主的要求恰恰是实现文化多样性的前提。正因此，文化民主的实践并非弱势国家、民族进行自我保护的软弱的借口，它同时也是经济发达国家和民族重新回归自己文化传统的有力手段，因为正像吉姆·鲍吉拉德在《世界性和宇宙性》一文中所说的：“凡是将自己普遍化的文化都失去了它们的独特性并且死亡了。那些因为用暴力而使之同化的，被我们所毁坏的那些文化就是这样；而那些自称具有普遍性的文化也是如此。”“全球化”无疑是一具双面兽。我们无意排斥“全球化”，但却仍然必须警惕：随着经济上的“入世”，我们在文化上也将越来越接近新的威胁。只是乐观“入世”的成果而不能同时看清面临的文化困境，其结果只能是把自己的命运通盘交给他人执掌。

二、文化民族主义与文化宽容精神

2001 年 2 月 26 日，阿富汗塔利班领导人签署法令，宣布要摧毁全国的雕像，其中包括两尊世界最高的立式佛像——巴米扬佛像。政令一出，国际社会一片哗然，巴米扬小镇一夜之间再次成为整个世界关注的焦点。对于那些致力于文物保护的专家学者，以及一切热爱历史、尊重历史的人来说，塔利班的决定给人类文明带来的是灾难和沉痛。

紧接着，新闻传来，3 月 5 日下午，塔利班的军车开到了巴米扬佛像脚下，准备摧毁行动；3 月 2 日凌晨，灭佛行动已经在数小时前开始……

当我们获知，1500年前祖先留下的遗产正一点一点地被销毁，诸多佛像中蕴涵的文化生命被一丝丝抽取，变成一堆毫无价值的碎石，心中的悲哀就如看见自己至亲之人被处以极刑。

国际社会已经无法控制事态的发展。安南呼吁塔利班废除这项法令，他指出，阿富汗的文化和历史遗迹是人类共同的遗产，塔利班有责任保护它们；以联合国人类文化遗产保护组织为首的众多国际组织强烈呼吁塔利班停止这种破坏人类文化遗产的极端行为；巴基斯坦外交部的新闻公报中呼吁："巴基斯坦与国际社会同样关注有关阿富汗（塔利班）政府决定毁掉一些在阿富汗境内的历史文物的报道"，"我们希望阿富汗（塔利班）政府表现出伊斯兰教的容忍精神，并在这方面尊重国际感情。"日本、法国、泰国、斯里兰卡、伊朗也呼吁塔利班重新考虑这项决定。

然而，一切都无济于事，异口同声的呼吁换来的是斩钉截铁的回答，"不管使用什么方法，塔利班士兵都要摧毁立佛。阿富汗境内的所有佛像都要被毁掉。"塔利班的新闻与文化事务官员如是说。毁灭正在进行，一种文化民族主义思想的偏执正在制造一个不可挽回的错误。它留给我们的将是对历史与现实的反思。

巴米扬是阿富汗历史文化重镇，也是古代丝绸之路的必经之地。历史上的波斯文化、希腊文化、印度佛教文化、伊斯兰文化在此的交流与碰撞，灌溉出这片富饶的文化圣地。屹立的巴米扬立佛见证了这片饱经风霜的土地，它同时也代表着1500年前人类的艺术成就。而塔利班不惜否认历史，一意孤行，这并非伊斯兰教规定的不可避免的措施。同样是信仰伊斯兰教的国家如巴基斯坦、伊朗等，并没有认同塔利班的做法，而是呼吁塔利班宽容与克制，反对塔利班毁灭历史文物。在历史上，强大的阿拉伯人曾经以一系列"圣战"横扫欧亚非三大洲，但他们并没有排斥异域文化，恰恰相反，中世纪文化交流的巨大功绩至今仍留给了当时的伊斯兰信徒。欧洲文明因为阿拉伯人对古希腊罗马文化的保存而重新找回了自己的根，中华文明也伴随着阿拉伯人的驼铃声传向西方。8世纪以后，正是在异域文化的相互交流中，阿拉伯文化步人了鼎盛时期。遥想中世纪阿拉伯人对外来文化的宽容精神，还至今令人钦佩不已。人类应该有某种共同的价值，保护了这种价值，就是对人类文明的真诚奉献。

三、"文明冲突论"与"中国威胁论"：文化霸权主义的呓语

美国哈佛大学教授塞缪尔·亨廷顿《文明的冲突》一文断言：不同"文明"间的冲突在21世纪将取代"意识形态"和其他形式的冲突而成为世界上的主要冲突形式，呼吁以美国为首的西方世界制定遏制"儒家文明"和"伊斯兰文明"的"扩张"，宣传"中国威胁论"。这就是所谓的"文明冲突论"。这种与时代潮流极不和谐的音调是非理性和不负责任的。此论一出，"中国威胁论"成为美国各舆论媒体谈论一时甚嚣尘上的热门话题。香港出版的一些报纸杂志刊出一些丑化中国的文章:《搅动民族主义：共产党打祖国牌》……；1997年3月14日《华盛顿邮报》文章《"黄祸"幽灵再现》，该报4月17日文章《该轮到中国了》说："围绕着中国崛起为一个超级大国而产生的骚动情绪的问题，可以与德国在100年前力量和信心日益增长所构成的问题相比……美国政策要达到的目标必须是颠覆中国政权。现在该轮到中国了"。煽动"中国威胁论"的文章连篇累牍地出现在美国某些报刊上。

英国历史学家汤因比与日本学者铃木大拙曾经在《展望21世纪》一书中提到中国文化中包含着统一世界的智慧。对此，"欧洲文明中心论者"不屑一顾。但随着亚洲经济高速发展，苏联东欧集团解体，中国改革开放，港澳回归，人们开始意识到亚洲的发展潜力，于是亨廷顿们发出"儒学扩张"、"中国威胁"的怪论。其实，"意识形态冲突论"也罢，"文明冲突论"也罢，只不过是文化霸权主义者掩盖其称霸世界的借口。他们欲扮演地球主人的角色，谁妨碍他们称霸，谁就构成了对"西方文明"的威胁。

"中国威胁论"又称"黄祸论"，由来已久。早在18世纪拿破仑就警告欧洲人，中国是一头睡狮，一旦惊醒将震撼世界；德皇威廉二世曾画过一幅油画，他亲自统率欧洲人抵御佛祖驾驭西来的东方之神……这些论点的根据是历史上亚洲的阿提拉、成吉思汗曾给西方人带来浩劫和恐怖。当然，若照此推论下去，历史上亚历山大远征、十字军东征、殖民掠夺、近代西方对中国的侵略和掠夺、本世纪两次世界大战，难道不可以称之为"白祸"吗？

"五四时期"的中国有所谓"醒狮派"，宣扬狭隘民族主义、国家主义，

这批人大部分成了国民党右派。朱执信批驳其论点说:“你如果说中国睡了几百年我是承认的。说中国现在醒了，我是很希望的。说中国没有睡以前，是一头狮子，所以醒了之后也是头狮子，我就不敢附和了。因为人类当野蛮的时代，或者有时学过狮子的办法，到了以后，改变过来，便不能拿他当狮子看待”。他嗅出这种思潮具有西方种族主义、文化沙文主义和法西斯主义的味道，特别指出:“到近年来，欧洲学说输入中国，半面的物竞天择与自暴自弃的有强权无公理流行起来，比鼠疫还快”。[①] 在中国现代文明启蒙时期，先进的中国人对“黄祸论”就有了清醒的认识。

“文明冲突论”者用“美国利益”取代人类共同利益，企图证明“冷战”结束后，人类的威胁来自中国和阿拉伯世界。这是以基督教“圣战”为蓝本，以种族主义、新法西斯主义、文化霸权主义为依据的谎言和谬论。

“文明冲突论”作为西方右翼势力的一种新思潮，用“冷战思维”眼光看问题，是有其历史背景和思想根源的。殖民时代号称“日不落帝国”的英国和冷战时代的美国都有一种建立全球霸权世界秩序的“习惯”。美国数十年流行着一种“地缘政治论”，成为支配美国奉行霸权主义国际战略的理论基础。这是人们在认识美国对外政策和全球战略时必须牢记的一点。

早在1890年，首先美国马罕（A. T. Mahan）写了《1660 — 1783年海上势力对历史的影响》一书，对地缘政治与国际战略关系的历史做出了比较全面的论述。随后英国人麦金德1904年从全球战略角度论述了陆上势力与海上势力的关系。他用以西伯利亚为中心的世界地图描绘出地缘战略的全貌，改变了欧洲为世界中心的传统观念。全球地缘政治和战略理论初具轮廓。第一次世界大战刚刚结束，1919年麦金德发表《民主的理想与现实》一书，站在英国立场上提出地缘政治与战略理论。其要点为：谁统治了东欧，谁便统治了心脏地带（按：西伯利亚地区）；谁统治了心脏地带谁便控制了世界。从北约东扩和肢解南联盟等战略动向中，依然可以看到这种战略的影子。

第二次世界大战中的1942年，斯皮克曼出版了《美国在世界政治中的战略》一书，随后又着手撰写《和平地理学》（一部同名巨著的提纲），综合了

① 《睡的人醒了》，《民国日报》1919年7月3日。

马罕的“海权论”、德国人拉采尔的“生存空间论”和豪斯赫费尔的“轴心区与边缘区”理论、英国人麦金德的陆权论等各种地缘战略理论，提出所谓的“全球战”的世界战略理论。① 他总结第二次世界大战的教训指出，“我们盎格鲁——撒克逊人特别偏爱仅仅把海战看做是重要的”传统观点不全面，还要综合考虑全球地缘政治因素，设计全球总体战的战略构思。他利用制图投影技术，分别以美国和旧大陆为中心两种视角观察地缘战略。其要点为：谁支配着边缘地区，谁就控制欧亚大陆；谁支配欧亚大陆，谁就掌握了世界的命运。

当然，他是站在“美国利益”的立场上论述这种世界地缘战略的。在他的世界地图中，所谓“边缘地区”或称为“新月形边缘地带”，是控制世界的关键地区。这是一个全球地缘战略的新概念。旧大陆（欧亚大陆）沿大西洋国家和地区，包括北海、欧洲地中海、亚洲地中海（中国南海至澳大利亚间海域）、日本海的海域和岛屿。这一地带是全部战略构想的关键所在、必争之地。作为这第一次世界大战略的远东部分主要布置在中国周围，从朝鲜战争、越南战争和第二次世界大战后美国对日本的扶植，包括或明或暗地支持台湾从中国分裂出去，以及实施“遏制战略”、推行“战区导弹防御系统”，将战略导弹控制中心设置在阿拉斯加的部署等等，都可以看到斯皮克曼这第一次世界大战略设计的影子。毫无疑问，李登辉、陈水扁之流搞“台独”的企图也是以“地缘政治理论”指导下的美国全球战略为背景的。

苏联东欧集团解体后，有人认为削弱、肢解、消化东欧这块蛋糕只是时间问题，欲以北约东扩和以各种手段左右俄国国内政局的方式达到此一目标；妨碍“西方文明”控制“世界岛”还有两个“对手”：一是掌握世界石油储量最大份额的中东阿拉伯地区，二是东亚的坚持社会主义现代化道路的中国。美国和西方的少数右翼势力，欲以“人权”高于国家主权作为遏制、制裁、干涉内政、以武力相威胁，乃至直接武装干涉的借口或手段，其目的是要颠覆这一地区不听命于美国霸权国家的政府，进而控制这些地区。个人、家

①见[美]斯皮克曼：《和平地理学》，商务印书馆1965年版，第78页。[美]A·麦金太尔：《德性之后》，中国社会科学出版社1995年版。[英]E·霍布斯鲍姆：《极端的世界》，江苏人民出版社1998年版，第863页。

庭、民族、国家是“人权”不同层次的权力载体。落后民族、发展中国家需要生存权和发展权，有权利在不妨碍其他民族和国家利益和主权前提下自主地选择适于本民族、国家和本地区发展的方向、道路和具体形式。弱肉强食是帝国主义、霸权主义的逻辑，而侵略和掠夺的非正义战争则是这种强盗逻辑的语言。“人权”或别的什么理由都是借口，有如肚子饿就是狼吃羊的借口一样。狼与羊是不可能建立什么“伙伴关系”的。

纵观人类“文明史”，战争与和平总是交替进行的。战争是政策的继续，也是政治的继续。尽管美国的“总体战”包括所谓“不战而胜”的“战略”，但列宁关于“帝国主义就是战争”的论断仍未过时。和平与发展不能靠战争贩子的恩赐，必须靠包括美国人民在内的世界各国人民团结起来，通过不懈斗争去争取。中国古代兵书《司马法》有一句千古名言：国虽大，好战必亡。天下虽安，忘战必危。这是古代中国人从历史上大量战争与政治实践血的经验和教训中总结出来的智慧。它也应当成为全世界爱好和平的国家、民族和人民的反对新霸权主义强加给世界的战争威胁的智慧。

在新世纪之初，人类将会遭遇怎样的命运呢？这是一个需要全人类共同回答的问题。亨廷顿所谓“文明冲突论”肯定不是惟一的答案，它提供给人类的既不是理性的解答，也不可能为人类的未来找到一条能够解决困惑的出路。因为，这种论点不可能为解决人类问题提出一种合乎理性、合乎逻辑、令人信服的思路。因为，这种理论“战略设计”的出发点和归宿在于：冷战形成的两极对抗世界秩序的终结，将导致21世纪所谓“文明冲突”过渡到消灭不同文明，使世界向“西方文明”一元化的、以美国为最高主宰的单极世界过渡。所以这个设想是没有前途的。

针对“文明冲突论”和“中国威胁论”，我们不妨要问：21世纪人类面临的根本问题是什么？是谁造成了这类问题？西方文明能否解决人类面临的危机？是否惟有“西方文明”才能够解决人类问题？用“文明冲突论”的观点能否解决人类问题？人类的命运将掌握在谁的手中？

面临21世纪，人类问题包括：国际性贫富分化的扩大、环境污染、生态圈破坏、不可再生资源掠夺和消耗、国际化黑社会、暴力恐怖、毒品走私、艾滋病在世界范围内的传播、粮食危机。能源危机、多民族国家分裂、局部战争蔓延扩大、包括核武器扩散在内的武器贸易，乃至全面核战争威胁……显然，正是这类反文化、反人类现象在向整个人类文明挑战。那么，我们不妨问一下：这类反文化、反人类现象难道是中国的“儒家文化”制造出来的吗？回答显然是否定的。20世纪的“西方文明”把19世纪欧洲的经济危机转嫁给全世界。“新技术革命”推动了第二次世界大战后的西方世界的繁荣，一定程度上缓和了西方的社会危机。一方面，社会主义运动刺激了西方国家推行福利政策，一定程度上缓和了其国内的社会矛盾。另一方面，西方国家凭借掠夺落后民族建立的经济技术优势又反过来加速了其对全球资源进行更大范围的掠夺；不合理的经济秩序加大了“地球村”第三等级的绝对贫困化，使其与“西方发达文明”的差距不断扩大。近年发生的波及全球的亚洲“多事风暴”已经预示着，如果上述趋势不能真正改变，则西方文明对全球性控制必将带来更深刻的全球性经济动荡和危机。

美国少数人企图以“美国利益”作为建立世界秩序的最高标准。无论是“伊斯兰文明复兴”，还是中国“儒家社会主义”的威胁，都不过是干涉其他国家和地区内部事务的借口。美国和北约对“新月形地带”重要环节巴尔干地区垂涎已久，故而制造“人权”问题，利用信仰伊斯兰教的阿尔巴亚族与信仰东正教的斯拉夫民族的矛盾发动对南斯拉夫的侵略。这时美国并不讲“伊斯兰文明复兴的威胁”。这充分说明，所谓“某某威胁论”不过是狼吃羊式的霸权主义借口。“文明冲突论”典型地反映了“西方文明中心论”者狭隘、自私、狂妄、阴暗的文化霸权主义心理。

我们承认，西方文明创造了某些合乎人类“终极关怀”的价值。西方走出中世纪，走向现代化，不仅有工业革命和科学革命的支持，还有“宗教改革”、“文艺复兴”、“人文主义运动”所创造的目的理性、价值理性的精神成就。我们也承认，西方世界在近代以来取得的文明成就中有较大收获。但这并不能证明西方人就是地球的主宰。更何况“西方文明”还包含了某些不符合人类需要，为人类带来巨大灾难的负价值。

自20世纪中叶以来，“新技术革命”已经到来：以电脑为中心的信息技术革命、原子能和平利用的能源革命、基本粒子物理学新发现的应用、航天技术革命、宇宙科学的新发现、新材料的发现和应用、生命科学和生物技术革命、横断科学方法论革命……在对未来社会发展的理解和解释领域，先后出现了“后工业社会”、“后资本主义社会”、“后资产阶级社会”、“后现代社会”、“后文明社会”……许多新理论新范畴。在这许多成就支持下，人类地球村将面临更大的变革。在充分肯定西方文明全部“肯定的成就”的同时，人类有权利拒绝“西方文明”制造的罪恶及其大肆贩卖的文化垃圾。

西方一大批有识之士其实早已发现了“西方文明”潜在的危险。譬如，罗马俱乐部对以个人主义和自由主义为核心、以物欲享乐的无限追求为最终尺度的西方价值体系发出了警告，指出这种文明的无限膨胀最终必将毁灭人类文明。显然，危机并非仅来自物质生产方面。美国学者麦金太尔研究了全部西方伦理学史，指出近三百年来西方最富理论洞察力的大师们都无力挽回西方现代文明的“道德危机”。他提出了人类命运问题：如果德性对于人类没有价值，那么这意味着人类处于“黑暗时期”。美国不是上帝，“西方文明”的价值体系也不能拯救人类的命运。

英国历史学家艾瑞克·霍布斯鲍姆回顾了20世纪的世界历史，他对这个即将结束的世纪得出这样一种悲观的结论：“20世纪激起了人类最伟大的想象，同时也摧毁了所有美好的幻想”。在全书结尾，他对已经过去的三个世纪和即将到来的世纪做出了充满悲观色彩的估计：资本主义的发展，带来了巨大的经济科技变迁，这个过程已成为过去两三百年人间的主调。我们所生活的动荡世界，被它连根拔起，被它完全改变。我们深深知道，至少有理由假定，这种现象不可能无限期地永久持续下去；未来，不过是过去的无限延续，而且种种内外迹象已经显示，眼前我们已经抵达一个历史性危机的关键时刻。科技经济产生的力量如今已经大到足以毁灭环境，也就是人类生存所依赖的物质世界基础。我们所继承的人类过去的遗产已遭融蚀；社会的结构本身，甚至包括资本主义经济的部分基石，正因此处在重大毁灭的转折点上。人们的世界，既有从外炸裂的危险，也有从内引爆的可能。它非得改变不可。我们不知道自己正往何处去。我们只知道，历史已经将世界带到这个关口……人类若想要有一个看得清楚的未来，绝不会靠着过去或现在而达到。如果我们打算在这个旧基败垣上建立新的千年，注定将失败。失败的代价，即人类社会若不大加改变，将会是一片黑暗。

霍布斯鲍姆对“西方文明”未来命运这种悲观的估计不是偶然的、一时心血来潮的想法。他是通过20世纪的人类史来证明了自己的结论。这个结论同前文援引的罗马俱乐部就西方文明的物质生活方式与麦金太尔就西方文明的精神生活方式得出的结论完全一致。“西方文明”的这种自我否定现象说明什么呢？它只能说明，“西方文明”所规范的制度文化已经无法容纳这种文明创造和释放出来的巨大能量。人类需要新的制度文化！21世纪中国文明的“复兴”是不可避免的。中国的复兴不会对“西方文明”和人类进步造成任何威胁。“中国威胁论”是一个历史的谎言，是文化霸权主义的疯狂呓语。

不同文明存在着差别是事实，但并非不能共存，更不等于冲突不可避免。其他民族要学习西方现代价值观念中有益的东西，同时也有权利从自己的传统中发现那些可以解决本民族生存和发展问题的价值，赋予其现代内涵。至于这种探索是否合理不能以是否合乎“西方文明”为标准，而应以是否有利于本民族与人类协调发展为尺度。只有符合人类共同利益、有利于人类长期生存和发展的价值标准才是建立世界公理的秩序的尺度。人类面临选择；选择主体是全人类，并非只是少数“上帝的选民”的特权。借口文明差别宣传“文明冲突论”，欲将“西方文明”的价值尺度和国际秩序“公理化”，对全人类的命运将会产生灾难性的后果。

中华民族实现现代化，不仅要汲取西方先进的物质和精神文明，也需要本民族母文化价值观念创造性的“复兴”。这是一切不甘沉沦的民族在历史大变革时代的精神现象，并非西方人的专利。中国传统文化也包含了人类所需要的永恒的价值。墨子以“尚兼”、“尚同”为自己的方法论工具。墨子解释说，大圆与小圆是不同的，但是每个圆的半径都相等（“一中同长”），这就是圆的“同”。这个一般圆的“同”包含了所有圆的共同点。所以一般的同是“兼同异”的“同”，是“和而不同”的“同”。这种智慧不仅是工具理性、方法理性，也包含了目的理性和价值理性。儒家吸收了这个观点，创造了“大同”概念。庄子用老子“守一观复”的方法论看问题，吸收了墨家和儒家的观点，肯定了不同智慧都有其价值和合理性，创造了“殊途同归”的命题。而以儒家思想为核心的中国传统文化为人类设计了由“小康”而“大同”的社会理想。现代中国继承了这种智慧。我们相信，中国的智慧将会造福于全人类。

四、文化全球化与文化本土化

文化全球化与文化本土化是对文化民族主义和文化霸权主义的超越。

文化全球化与文化本土化是和经济、社会的全球化浪潮相伴而生的。在一些人看来，文化的全球化与文化的本土化是一对对立范畴。如认为“本土和全球之间始终有一种对立，一种延续不断的对立。”这些人认为，文化全球化会使各民族文化之间的界限趋于消亡，而文化本土化则会造成对文化全球化的阻碍。然而，这是对两者关系的一种误解。将两者对立起来的谬误根源于对文化全球化与文化本土化两者内涵的认识不清。也就是说，这种看法一方面认为文化的全球化必然会结出某种先进的普世文明之善果；另一方面，它将文化的本土化视为狭隘的文化保守主义、民族文化中心主义。这就，使两者在价值判断上有了优劣之分。亦即文化的全球化代表着文化发展的“正途”，而文化的本土化是文化发展过程中出现的一种“倒退”。其实，我们认为，文化的全球化与文化的本土化应是一对辩证统一的关系。

1. 文化的全球化与本土化释义

首先，文化的全球化，按有关学者的看法，就是“各民族文化通过交流、融合、互渗和互补，不断突破本民族文化的地域和模式的局限性而走向世界，不断超越本民族文化的国界并在人类的评判和取舍中获得文化的认同，不断将本民族文化区域的资源转变为人类共享、共有的资源。”在这里，需要引起注意的是，文化的全球化既是一种过程，包括各民族文化之间的冲突、交流、融合等。同时，它本身也是一种结果，即各民族文化区域的资源可以被全人类所共享、共有。但是，它并不意味着各种民族文化的消灭，而形成某种一致的、共通的、普世的全球性文化。文化的全球化在当今世界表现得越发明显，人们可以在不同的国家吃到美味的中式佳肴，买到巴黎最新款的时装和香水，看到好莱坞的最新影片。同时，国际互联网络的普及和信息高速公路的建立使各个国家之间及各国人民之间能在瞬息中了解对方的一举一动，并进行沟通和交流。这种文化全球化的现象随着社会的进步、科技的发展仍将继续并深入下去。

那么，文化的本土化又是什么意思呢？大致来说，它是指这样一种现象，即各个民族在现代化发展过程中，根源于自身历史的传统、习惯、生活方式、符号、信仰、价值观这一整套认知体系重新得到尊崇。文化的本土化在现实世界中有时表现为对本国传统文化的歌颂，有时表现为对外来文化特别是欧美文化的排斥，有时则同时表现为两者。在理解这一概念时，我们一定要注意剔除主观偏见，而不能妄做价值评判。当然，人为因素在文化本土化过程中确实起到了推波助澜的作用，但文化本土化本身作为一种现象是客观存在的。

2. 认识误区之一：普世文化观

在把握文化全球化与文化本土化之间关系的时候，我们首先需要明确：文化的全球化并不会产生某种普世文化。然而实际上鼓吹普世文化观的西方学者不在少数，有的学者甚至认为“全球化隐含的假定就是某种主导文化——假定是西方文化或美国文化——将征服地球的每一个角落。”要了解这种普世文化观出现的原因，我们必须先弄清普世文明的含义是什么。按亨廷顿的看法，这一观点暗示，总的来说，人类在文化上正趋同，全世界各民族正日益接受共同的价值、信仰、方向、实践和体制，而“共同”一词就意味着将取消文化的多样性。这种普世文化的出现有两个根源：一个可以称之为情感的自我中心主义，另一个可以称之为理智的盲目乐观主义。前者认为在全球化过程中，某种文化处于明显优势（如现在仍为一些人所推崇的“欧洲文化中心论”）。在各种文化的冲突与撞击之中，只有该文化能最终获胜，从而达成该文化的“大一统”。至于其他文化，则要么接受这种文化的主导地位，要么就在该优势文化的冲击下走向灭亡。而后者认为，全球化所带来的各种文化之间的交流会使各民族文化中负面的东西被摒弃，优良的成分得到保持与发扬，从而自然而然地在融合中产生一种完善无瑕的普世文明。

事实上，上述两种看法对普世文化观的鼓吹是从两个角度进行的：前者为普世文化的合理性作辩护，而后者则为普世文化的可能性作辩护。然而这两种看法的逻辑基础都是站不住脚的。

首先，任何一种民族文化都不可能是完美的，或是所谓的理想模板。它不可能在一切方面领先于其他文化，所以必要的学习与借鉴对任何文化都是不可缺少的。更何况任何一个民族也都不会允许别的民族文化强加于自身，这不只是涉及民族尊严问题。更重要的是，其他民族的文化并不一定能适应它。各民族文化是在各民族人民长期的生产、实践与交往当中逐渐形成的。每一个民族都有自己熟悉的传统习俗、宗教信仰、思维方式、价值观等，这些传统习俗、宗教信仰、思维方式与价值观不论被别人视为怎样落后，至少它是适应该民族人民的一种文化形态。因而单从情感上考虑而鼓吹"西方文化优越论"，或期待着"儒家文化的第三期复兴"，那都是不现实的。

其次，文化的全球化确实会加强各民族文化之间的相互交流，加强各个民族对本民族文化的重新审视和思考。但这种审视与思考并不意味着文化交流会在"优胜劣汰"的过程中诞生某种普世文化。因为文化涉及的往往是人的心理与意识层面，它并不能像机械装置那样，在比较鉴别后进行科学设计、合理安装，并能随时改造。另一方面，文化有许多方面也并不能以优劣来进行简单划分。如中国人吃饭用筷子，西欧人吃饭用刀叉，这就不一定非得用"二择一"来解决。甚至有些看似不完善的风俗习惯，由于适应该民族的生活方式，也将继续得以保留。

3. 认识误区之二：民族文化保守主义

前面我们谈到过，将文化的全球化与本土化对立起来的错误在于把文化的全球化等同于普世文化，而将文化的本土化视同民族文化保守主义。但事实上，文化的本土化作为对文化全球化的一种回应，它只是一种客观的现象而不应被随意贴上"保守"的标签。

与普世文化观出现的根源相类似，本土文化的复兴也有两个原因：一个出自情感的自我称颂，其二则出自理智的自我保护。具体说来，持前一种看法的人大都是受本民族传统文化影响比较深的人。他们受父辈与自身经历的影响，对本民族（往往是有悠久历史文化传统的民族）文化充满自豪感。他们认为本民族文化在各方面都很优秀，因此应该受到尊崇与发扬。当然，持有这种民族文化优越感的人并不一定会要求将本民族文化作为样板强加于其他民族。但是，这种对本民族文化的自豪与推崇仍将对本士文化的蓬勃发展起一定的推动作用。另一方面，持后一种看法的人却有不少是受过西方教育的，如真纳、李光耀、班达拉奈克等。他们为本民族（往往是较弱小民族）

文化所面临的冲击而感到忧虑，担心自己的文化会被西方文化所同化，因而从理智的自我保护出发，他们提出要维护、发扬本民族文化的优秀传统，以使之避免落得消亡的境遇。

与前面对普世文化观的批评不同，对文化本土化这一现象所做的评价应该是“二分法”的，也就是说，它既有积极的一面，也有消极的一面。

从积极的一面看，本土文化的复兴反映了全球化浪潮中各民族对自身文化的重视与关爱，这是无可厚非的。我们知道，在全球化过程中存在着西方国家推行“文化帝国主义”（它还有“文化扩张”、“文化殖民”、“文化侵略”等别称）的潜在危险，这为本土文化的复兴提供了合理论证。也就是说，当现实世界存在推行文化帝国主义的实际动向时，本土文化的复兴作为一种抵抗文化霸权的方式，在道义上是可以成立的。而这种“文化帝国主义”倾向的存在，不少西方学者也都清醒地指出来了。甚至早在 1934 年，伟大的文化人类学家本尼迪克特就说过：“西方文明总是企图将他们自己的地方性行为，或把他们自己的社会化习惯与人类本性证为同一。”因此，为了对抗这种文化侵略，所有的弱势民族都有必要维护自己民族文化的尊严与地位。王沪宁教授把这称为“文化主权”，亦即现代民族国家将本民族文化的习惯、信仰和价值观念上升为国家意志，对本民族文化所拥有的最高独立的权力和权威。此外，还需要强调的是，本土文化的复兴并非是对民族文化的顽固守旧，它与封闭、孤立的文化保守不同，而是包含着许多革新因素。这种“文化主权的认同的文化观念来自于本民族的传统，它并不排斥外来文明，而是对外来文化的吸收要基于本民族国家的诠释并有利于本民族文化的发展。”总之，各民族文化的兴盛与相互交流，会使各民族对自身文化予以重新认识，并努力使之适应不断发展变化的全球社会。

但是，从消极一面看，本土文化的复兴确在一定程度上为该民族传统文化中的腐朽落后因素提供了滋生的良机，而一些狂热民族中心主义者的行为也确实为文化的良性发展设置了层层障碍。正如一位学者在谈到日本时所指出的“本土化若被夸大到一个不恰当的地步，就有可能被少数军国主义分子利用而导致法西斯主义的侵略扩张欲望的膨胀。”因此，如何维护、发扬各民族文化的优秀成分而摒弃其落后、腐朽的东西，这是文化全球化与本土化过程中所需要解决的一大难题，它的解决将有赖于各民族的努力与相互理解。

4. 文化全球化与本土化相互关系辨析

文化的全球化与本土化是一对辩证统一的关系。文化的全球化并不排斥各民族文化的兴盛，而各民族文化的繁荣也有利于推进文化的全球化。因此，两者之间没有根本的矛盾可言。“撇开本土来强调全球及撇开全球来强调本土都忽视了它们包含的辩证的现实。”具体来说，文化全球化与本土化之间的关系体现在下列两个方面。

第一，文化的全球化是以民族文化的多样性为基础的，它为本土文化的复兴提供了指导，以确保各民族文化能健康发展。当然，文化与种族并不等同。同种族的人可能因文明而产生深刻的分裂；不同种族的人可能因文明而趋向统一。这在人类历史上不乏例子可寻。但是，即使这样，不同民族之间确实会在语言、历史、宗教、习惯、心态、思维方式等方面有显著差异，我们可以、而且也往往把这种差异归之为不同民族文化的存在。事实上，到20世纪中期之后，随着人类文化学家的卓越发现，尽管在民族文化的数目、优劣上仍然不断有争论发生，但文化的多样性已得到大多数人的承认。而文化的全球化正是以这种民族文化的多样性为基础的。因为只有多样性的存在才要求进行交流与融合，才要求实现资源共享。而一元文化根本就无所谓交流与融合。同时，文化的全球化还需要各民族文化能够顺应这一进程，在自身文化繁荣的同时加强对别国文化中合理因素的借鉴与学习。在这种文化全球化的浪潮中，各民族都不可能孤立、封闭、保守，而需要对自己的传统文化进行一些扬弃。这能够在一定程度上防止民族文化中消极腐朽因素的复活。随着文化全球化的进一步深入，未来的文化不会由某种全球文化或普世文化来支配，而应是在多民族文化共存的基础上谋求发展。也就是说，“多元文明程度不同的、不同层次的共存、交流或融合才是人类文明史的大趋势。”

第二，文化的本土化是对文化全球化的回应，是文化民族性对全球性的反弹，它对文化全球化提出了新的挑战。这种挑战表现在文化全球化使各民族文化都受到冲击，而“全球化的效果势将削弱所有民族国家的文化向心力，即便经济上的强势国家亦不能幸免于此。”在这种情况下，为了使自己的民族文化能实现创造性转化，重新适应新的全球化环境，则“本土文化的复兴”就作为一种回应而出现了。总之，文化的本土化是文化全球化的伴生物，这正如奈斯比特所说：“我们越是全球化并在经济上相互依存，我们就越是做着符合人性的事情；我们越是承认我们的特性，我们就越想紧紧依靠我们的语言，越想紧紧抓住我们的根和文化。”当然，需要再次强调的是，本土文化复兴并不代表保守的文化观。但是，一些民族文化的消极落后因子确有可能会在复兴过程中得以伸张。要克服这一挑战，需要全球化进一步深入。同时，在肯定各民族文化的基础上鼓励相互之间加强交流与对话，以帮助各民族克服自身文化中的落后一面，实现新的文化繁荣。

五、文化全球化与本土化要处理好的五个关系

在扩大开放和发展社会主义市场经济的新形势下，文化建设领域出现了许多新情况、新问题。因此，在处理文化全球化与民族文化本土化关系中必须坚持解放思想、实事求是的思想路线，努力探索文化建设的新思路和新途径。在实践中要注意处理好以下五个重要关系。

1．是主旋律和多样化的关系

弘扬主旋律，提倡多样化，是新时期坚持“为人民服务，为社会主义服务”方向和贯彻“百花齐放、百家争鸣”方针的具体体现。弘扬主旋律的重点是要解决好深层次的价值取向问题。要大力倡导一切有利于发扬爱国主义、集体主义、社会主义的思想和精神，一切有利于改革开放和现代化建设的思想和精神，一切有利于民族团结、社会进步、人民幸福的思想和精神，一切用诚实劳动争取美好生活的思想和精神。这些思想和精神代表着我国先进文化的前进方向，是有中国特色社会主义文化的主体和核心。在弘扬主旋律的同时，必须提倡多样化。随着时代的发展，人民群众对文化产生了多层次、多方面的需求。不提倡多样化，就会失去群众，就必然削弱文化的影响力。只要是有益于群众身心健康的积极向上的文化，不管何种内容和形式，都应允许存在，让人们在比较中选择，在选择中提高。特别要努力改变农村、边疆和少数民族地区文化生活相对贫乏单调的状况，推出人民群众喜闻乐见的文化产品，推动人民群众思想文化素质的不断提高。

2．是经济效益与社会效益的关系

随着我国文化市场的进一步开放，外国文化产品必然随之涌入。面对激烈的市场竞争，文化产业必须进一步增强市场意识、质量意识、效益意识和竞争意识，不断提高经营管理水平，最大限度地提高生产效率，为市场提供适销对路、内容健康、形式活泼的文化产品，努力获得应有的经济效益。文化产品具有不同于物质产品的特殊属性。在推进事业改革和产业发展的过程中，既要考虑市场经济的一般要求，又要考虑意识形态工作的特殊要求；既要促使文化生产面向市场，又不能听任市场的自发选择，必须坚持把社会效益放在首位，努力做到社会效益和经济效益相统一，坚决反对“一切向钱看”的错误倾向。要加强和改善党对文化工作的领导，切实加强宏观管理。要运用经济、舆论等手段，扶持那些社会需要但暂时在市场竞争中还处于困窘状况的文化产业和产品，把文化发展引导到结构合理、协调发展的轨道上去。

3. 保护与发展的关系

在加快民族地区经济发展的同时，必须始终坚持把保护和发展民族文化放在重要的位置，在保护中求发展，在发展中促保护。要在理论和实践上寻找民族文化发展的有效途径，进一步总结发展过程。中的经验教训，坚决避免破坏性开发；要进一步关注人民生活的改善，促进各民族地区人口素质的整体提高，依托资源优势，合理利用民族文化促进经济社会的全面发展，走可持续发展之路；在自然环境和人文景观的保护与开发中，要利用传统生态保护观念和乡规民约等，进一步加强对生态环境的保护；在城市和乡村建设规划中，要搞好与传统建筑相吻合、相协调的建筑景观规划，把文物古迹的保护作为发展文化产业的重要内容；要充分挖掘传统的表演艺术、原汁原味的民族风俗、传统工艺产品的艺术和商业价值，不断进行创新，拓展市场，使之成为发展民族地区经济的重要手段。

4. 民族文化继承与创新的关系

民族文化是一个民族的根，是一个民族存在的重要标志，更是一个民族发展的重要动力。作为中华民族文化重要组成部分的我国多民族的优秀历史文化、民族文化、宗教文化等，是千百年来各民族在自身发展历程中，亲和大自然、适应大自然创造出来的独特而多姿多彩的优秀传统文化，是人类文化宝库中的瑰宝，必须积极加以继承和弘扬。但是，继承并不是照搬。要取其精华，摒弃糟粕，花大力气去传播先进文化；要移风易俗，改造落后文化，提倡科学文明的生产生活方式。先进文化在本质上是一种不断创新的文化。发展先进文化，必须在继承和借鉴的基础上，结合新的实践和新的时代要求，大力推进文化创新和体制创新。要进一步树立敢为人先的创新精神，探索并逐步建立适应社会主义市场经济体制、符合客观发展规律的文化发展运行机制、经营机制；在新形势下，要坚持和完善党委领导、调控适度、运行有序、促进发展的宏观管理体制，坚持正确导向，完善富有经营活力的微观运行机制，进一步健全体现宣传文化特点、适应法制建设总体要求的政策法律体系。要努力营造传播健康精神文化产品、促进资源优化配置、竞争有序的市场环境，形成吸收国外优秀文化和先进技术、抵御腐朽文化、用好两个市场、两种资源的开放格局。

5. 借鉴与反渗透的关系

随着经济的全球化，我国与外国文化的交流将会越来越直接，越来越密切。对我们发展先进文化来说，这既是机遇，也是挑战。我们要积极主动地做好对外文化交流工作，进一步扩大规模，提高层次和水平。不仅要“引进来”，而且要积极地“走出去”，以最具特色和优势的文化产品参与国际竞争，把我们优秀的民族文化展现在全世界面前，树立中国的良好形象。要把文化交流与对外开放更紧密地结合起来，相互协调，相互促进。与此同时，我们必须清醒地看到，西方敌对势力将会借我国扩大开放之机，千方百计地将他们的意识形态包括大量的文化垃圾塞进我国，以影响和冲击以马克思主义为指导的社会主义意识形态和我国优秀的传统文化。对此，我们要始终保持清醒的头脑，旗帜鲜明地做好防范和抵御腐朽文化渗透的工作。要把边疆民族地区反渗透的工作摆上重要议事日程，切实抓紧抓好，尽快改变部分边境民族地区广播电视外强我弱的态势，防范和抵制敌对媒体的渗透，让党和政府的声音进入千家万户；要一手抓繁荣、一手抓管理，坚持不懈地进行“扫黄打非”斗争，清除精神垃圾，促进文化市场健康发展；要充分认识互联网上思想文化渗透的严重性和危害性，进一步加强管理，积极主动地占领这一新的阵地，牢牢掌握网上斗争的主动权。

第五章　全球化视野下民族文化的保护与传承

全球化是人类试图解读时代特征的一种努力。民族文化多样性如同自然生态多样性一样，是人类社会可持续发展的源泉，民族文化的特性不可避免地要受到全球化的影响，但这不能完全消解民族文化特质的多样性，民族文化多样性的生长与全球化进程是互动的，世界经济越是全球化，经济中的民族利益就越突出，民族化的问题也就越明显。

一、经济全球化与民族文化

经济全球化作为当今世界文明发展的潮流，近年日益受到各国政府和学术界的密切关注。就中国总的情况而言，人们对于经济全球化与市场经济的发展研讨甚多，同时也对其与国际政治关系、与对外开放的关系做了不少有益的探索。但是，对于经济全球化与民族文化建设的关系的探讨，无论在广度还是深度方面，都相当不够。而这个问题的研究，对于我们在世界多极化、经济全球化的态势中，既顺应人类文明发展的潮流，又保持并发展民族文化的特质，建设“中国特色”的文化，具有不可忽视的意义。[①]

经济全球化是不可抗拒的历史潮流。[②] 总的看来，经济全球化对于世界

①一般说来，经济全球化是以科技进步为基础，以发达国家为主导，以跨国公司为主要动力的世界范围的产业结构调整，其实质是全球经济市场化。经济全球化以数字技术革命为先导，它包括生产、销售、金融和科技四个方面的全球化，而以生产和销售的全球化为主要特点。跨国公司通过国际投资形成生产、销售的全球化，从而形成新的国际关系体制和产业结构格局。以信息产业为轴心的“新经济”的出现，是经济全球化的重要表征。发达国家特别是西方发达国家，是经济全球化的主要推动者和受益者。发展中国家则面临挑战和机遇并存甚至挑战大于机遇的艰难抉择。

②最近20年的世界经济发展态势表明，经济全球化不仅使得发达国家尤其是美国在高度发达的信息技术支持下，创造了历史上少见的经济繁荣，而且也使发展中国家获益匪浅。经济全球化的潮流，越来越将世界上不同地域、不同体制的国家冲刷到相同的经济河道上，即通过经济、信息产业的渠道，按照市场经济的规律配置资源，使整个社会经济市场化，从而迅猛地发展社会生产力。无论人们的主观意愿如何，经济全球化已经并将进一步使得不同国度之间的经济联系更为紧密，市场经济的因素日益渗透于社会生活之中。

经济的整体发展，具有重大的促进作用。因此，我们应当顺应经济全球化的世界潮流，进而推动“和平与发展”的历史进程。

然而，应当看到的是，经济全球化固然对各国的经济体制、经济发展思路产生了巨大的影响，但这种影响终究还是有限度的。无论如何，发展中国家的经济体制和经济建设思路，不可能被全球化浪潮冲洗得与发达国家完全一样。发达国家与发展中国家之间，由于社会制度、意识形态、历史文化传统的不同，对于经济全球化进程的理解，以及其参与程度和方式，都有重大的区别。因此，将经济全球化理解为各国经济发展模式和经济价值取向的完全趋同，至少是一种误解，是一种主观愿望。就文化的层面而言，经济全球化最终会影响到不同地域、不同民族文化的交往，影响到各个民族文化的发展、生产、销售、金融和科技的全球化，以信息革命为重心的科技革命，对于不同民族文化的价值系统、思维方式、伦理观念、国民品性以至审美情趣，都会产生难以估计的影响。①

世界上的任何文化，都是民族文化。民族文化是一个宏富的整体，包括知识、信仰、艺术、道德、法规、习俗乃至各种习惯，它既是既往的民族感情和民族意识的积淀，又是当下该民族的时代精神和价值取向的凝结。民族文化反映着该民族成员的思维方式、价值取向、理想人格、伦理观念、国民品性等属于“深层结构”的东西，反映着特定的人际关系和价值体系。这种深层结构的文化，及其所承载着的人际关系和价值体系，充分地反映着文化的民族性。而所谓文化的民族性，实质上就是一定民族与别的民族在文化特质方面的根本区别。从根本上讲，作为价值系统、文化模式集中反映的文化的民族性，只要该民族存在，就不可能消失。②

---

①这个影响在于，无论是主动的参与，还是被动的屈从，各民族文化都会认识到世界文明发展的潮流，感受并理性地认识到经济全球化对于本民族的影响，促使人们去思考如何应对这个历史潮流．革故鼎新，继往开来。在这个参与经济全球化的过程中，不同民族的文化之间，通过交流，会在某些问题上取得共识。比如，经济建设和文化建设都要面向世界，不能固步自封，孤芳自赏，逆经济全球化的历史潮流而动，而是要与时俱进，对外开放，对内改革。曾经自外于世界经济体系和发展进程的发展中国家的历史，就是明证。又如，以信息革命为强大动力的科技全球化，会大幅度地提高社会生产力，推动社会进步，从而进一步推动民族文化的发展。因此，各国特别是发展中国家需要认真对待科技全球化，参与其中，以丰富自身，强大自身。但是，这种共识在很大程度上属于技术层面的调整，而不属于价值系统的变革。换言之，这种共识的出现，并不是民族文化的根本改变。

②中华民族文化历经数千年的演变，其间经历了佛教、基督教、伊斯兰教等外来文化的冲击和挑战，特别是遭受了近代意义的“西方文化”的狂飙式的震撼，却依然以其独特的风貌挺立于世。尽

在经济全球化的时代，不仅文化的民族性不可能消失，而且民族主义思潮会长期存在，有时甚至会大大强化。[①] 文化学家认为，民族主义强调自己民族的语言、文化、种族特征，寻求民族特性和民族尊严，要求弘扬民族文化、民族意识，发展民族经济，维护本民族的政治、经济、文化利益。[②] 人们通常所说的狭隘民族主义、民族沙文主义，都是对人类文明发展起严重消极作用的民族主义。在经济全球化趋势日益发展的今天，文化的民族性往往自觉不自觉地通过民族主义思潮表现出来。[③] 总而言之，在经济全球化的历史进程中，民族文化不会全球化，更不会"一体化"，民族主义依然存在，问题只是在于，我们如何理性地认识它，引导它，科学地弘扬它。[④]

有一些持经济全球化必然出现文化的全球化、一体化观点的人认为，由于文化的全球化，因而传统的所谓"民族精神"、"民族文化"将不复存在，这种观点是值得商讨的。[⑤] 应当看到，某些发达国家利用经济全球化的潮流，

管现在的中华民族文化已经渗入了不少外来文化的成分，但是，世界上任何国家的政府及其人民，绝不会因此而否认中国文化作为一个独特的文化类型的存在，"中国人"、"中国文化"在世界上早已是无须论证而客观存在的一种民族标识、一种文化价值。同理，被称为"民族熔炉"的美国，无论其外来移民如何增加，无论其具有"亚洲价值观"的东方移民如何保持并弘扬其民族文化，最终却没有也不可能改变"美国文化"的特质，其间的道理十分简单："美利坚"民族存在，"美国文化"的价值系统就不可能根本改变。可见，经济全球化绝不可能彻底化掉文化的民族性。甚至，由于经济全球化的负面影响的存在，有时反而会强化文化的民族性。前些年始自东南亚、波及全球的金融危机，导致中国政府反省经济全球化对本国金融的影响，采取一系列措施，建立既适应经济全球化而又符合本国国情的金融体制，防范金融风险，凸显了中国特色的忧患意识、国情意识、民族意识；韩国不少民众自发地捐献美元、黄金给政府，力图挽救濒危的经济，弘扬了民族精神；泰国也有类似情况。这些，都说明经济全球化并不能消解文化的民族性。

①对于民族主义的理解和评价，不同国度、不同层级的人们可能截然不同。就其一般意义而言，民族主义应当是一个民族为了自身的利益、价值、尊严、前途而形成的休戚与共的民族情感、民族价值观。

②民族主义虽然产生于资本主义形成之前，但作为一种完整的思想理论体系，则是在资本主义形成之后。不同历史时期、不同国度的民族主义，所产生的影响是不同的。被压迫民族、弱小民族争取民族独立时，其民族主义一般起着积极的作用；霸权主义、强权政治张扬的时候，其民族主义起着消极的作用。

③那种以"三十年河东、三十年河西"的循环论来论证"21世纪是中国文化的世纪"，以中国传统的"天人合一"为人类普遍、永恒的价值而可以取代、消解西方文化的价值的观点，都是经济全球化大潮中的文化民族主义——狭隘的文化民族主义的表现。当然，那种以经济全球化为口实，鼓吹全球经济一体化乃至文化一体化的观点，表面冠冕堂皇，实质上却不过是民族主义——狭隘民族主义的"另类"表现而已！

④我们应当努力避免、克服狭隘的、消极的民族主义，发扬健康的、积极的民族主义，使民族主义成为一种豁达的情怀，一种健全的心态、健康的精神，从而成为我们参与经济全球化进程的助力，而不是阻力。这样，我们就能够将经济全球化转化为民族文化建设的积极资源，促进民族文化的蓬勃发展。

⑤我们认为，经济全球化的结果，并不是消解民族文化、民族精神，而是对文化的民族性建设提出了新的要求。作为代表当今世界经济发展客观趋势、代表人类文明发展潮流的经济全球化，是"和平与发展"这个时代主流的具体表现，其中蕴涵着深刻的时代性和世界性，昭示着文化发展的精

利用其自身的经济优势和某些文化长处，去磨灭发展中国家文化的民族性，以自己的经济、文化价值观去“化”全球，从中获取巨大利益。对此，我们应当有清醒的认识，要努力保持经济、文化的独立性，努力发扬光大文化的民族性。同样应当有清醒认识的是，我们不能因此就抗拒经济全球化，自外于当今世界文明的这个主流，而要将参与经济全球化的进程作为丰富、发展民族文化的大好时机。[①] 在一定意义上，没有文化的民族性，文化的时代性和世界性就无所寄托；同样，离开文化的时代性和世界性，文化的民族性就无从扎根，无从显示。

在经济全球化的世界背景下坚持文化的民族性，其重要内容之一就是坚持建设中华民族精神。实践经验表明，中国社会的现代化，就其精神实质而言，是人的现代化。换言之，是民族素质的现代化。而民族素质的现代化，离不开文化的现代化。在我们看来，社会现代化、文化现代化、民族素质现代化与人的现代化，它们之间有着一个共同的价值指向和标志，这就是民族精神的建设，民族精神的现代化。[②]

思想文化重在建设，应当以立为本。[③] 我们应当发扬健康的批判精神和积极的建设精神，立足当代中国社会的实际，振奋民族精神，创建新的民族精神。这样，我们的民族文化的民族性才能有更好的寄托，才能更加成熟，

神方向。在这个大趋势下，我们建设民族文化，应当面向世界，面向经济全球化这个客观事实，积极参与经济全球化的历史进程，在发扬民族文化优秀传统的同时，总结经济全球化过程中的人类智慧，借鉴、吸收包括西方文化在内的外国优秀文化，立足当代中国的实际，为我所用，开阔民族文化的视野，丰富民族文化的内容，提升民族文化的品质。只有把代表人类发展方向、反映当今世界精神的价值观念、思维方式吸收、整合到民族文化之中，才能巩固、丰富民族文化的特色，达到民族性与时代性和世界性的有机统一。

①坚持文化的民族性，与狭隘民族主义、排外主义是截然不同的两码事。我们承认经济全球化的客观必然性和合理性，强调参与经济全球化的重要意义，就已经逻辑地包含着反对闭眼不看世界大势，反对“非我族类，其心必异”的狭隘民族主义和排外主义。倡导并大力坚持文化的民族性，是为了更好地走向世界，更好地学习别的民族文化的长处，通过民族性来吸纳、扩展时代性、世界性。

②民族精神是一个民族的脊梁。中华民族在数千年的发展过程中，能够历经艰难而不断奋进，逐渐发展壮大，成为日益受到世界高度重视的一支力量，是与中华民族精神的存在和发扬分不开的。然而，由于诸多制约因素的存在，中华民族精神的建设，无论在实践的层面还是理论的层面，都不令人满意，都还需要唤起全社会的高度重视。振奋民族精神，复兴中华文明，应当成为当代中国文化建设的基本价值取向。

③改革开放以来，新的社会因素和思想文化成分不断生长，崭新的思维方式、价值观念、理想人格、国民品性、审美情趣日渐形成，既有的民族精神得到更新，新的民族精神日渐形成。另一方面，面对市场经济负面影响冲击而出现的弥漫于全社会的浮躁状态，面对西方文化的挑战（无论是积极方面还是消极方面），面对传统文化中消极思想的冲击，有的人价值失落，心灵无所归依，社会失序，文化贬值，民族精神萎缩，已经成为我们这个社会亟待解决的现实问题。

更加健全。这样，我们就可以从容地应对经济全球化带来的诸多挑战，科学地利用经济全球化带来的机会。

在经济全球化的时代，要科学地建设中华民族文化，就必须在理论与实践相结合的层面解决文化的继承和创新问题。[①] 如何继承，继承什么；如何创新，创什么新？仍然是文化建设的难题，需要从推动人类文明发展与民族文化建设相一致的角度，进行深入的探讨。

在经济全球化的时代，文化建设还要注意解决好文化的民族性、时代性与世界性的关系。[②] 文化的世界性反映着人类文明发展的共性，体现着人类文明的多元并存。应当承认人类文明的发展有其共性，有普遍规律。有科学依据的、不言过其实的普遍伦理、普遍人性的论定，对于文化建设中破除狭隘民族主义以及“左”的思想倾向有积极意义。

在经济全球化的时代，建设中华民族文化，还要注意解决以马克思主义为指导的意识形态建设与不同层级人们的安身立命之道的建设之间的关系，注意解决文化的先进性与大众性、普遍性（普及性）的关系。目标过高，超越人们的认识水准和接受能力，文化建设的预期目标就会落空。

在经济全球化的时代，中华民族文化建设的落脚点，是创建当代中国文化价值系统。在文化建设过程中，要破除惟政治思维、惟伦理思维、惟经济思维，以我为主，为我所用。为不同层级、地域的人们提供安身立命之道，为国家的长治久安，为中华民族的繁荣昌盛，提供一个严谨的文化价值系统。

综上而言，我们认为，经济全球化会影响文化的民族性，但不会也不可能消解文化的民族性，更不可能消解一个民族的民族精神；文化的民族性在经济全球化的条件下，照样存在，只是其内涵和表现形式有所不同而已。建设有中国特色的现代新型文化，我们应当顺应经济全球化的大势，同时坚持文化的民族性，坚持建设中华民族精神，发扬中华民族精神，以促进中国特

①这个继承、创新的对象和范围，不仅是对中华民族文化而言，而且是对整个人类文明而言。批判继承、综合创新之类关于文化建设的思路，属于方针、政策、策略的范畴，而不是继承、创新的具体内容，更不是新型文化价值体系本身。

②在我们看来，文化的民族性并不就是优良性，也不等于劣根性。文化的民族性有两重性。我们要重视发掘、创新反映本民族特质的、世代相承的文化精神及其内容，要重视中国作风、中国气派的创立。文化的时代性反映了文化在特定时代的合理性及其特质。要注意总结文化的时代性中的民族性、世界性，抛弃其不合理的方面。

色新型文化的建设。

二、全球化思考，民族化行动

当今世界，经济全球化浪潮汹涌而至，不仅在深刻改变着人类的经济发展进程，而且对人类的文化生活也产生着巨大影响。面对全斟匕浪潮的冲击，如何保持民族文化的主体性？如何看待文化的民族性与世界性的关系？如何合理引导民族文化的健康发展，如何实现民族文化的理论创新，这是时代摆在我们面前的一大课题。[①] 由于全球化已成为当今民族文化发展的一个重要背景和内在因素，因而无论是讨论民族文化的“传统”还是“现代”，都不可能离开全球化这一新的参照系。而且，要保持民族文化的主体性，顺利推进民族文化的发展，也必须首先对全球化有一个清醒的认识和正确的判断，而后才能找到自己的位置，确定今后发展的方向和道路。

全球化不仅在深刻改变着人类的经济发展进程，而且对人类的文化生活也产生着巨大影响。[②] 面对全球化浪潮的冲击，如何看待文化的民族性与世界性的关系，如何合理引导民族文化的健康发展，这是时代摆在我们面前的一大课题。[③]

从目前的发展来看，由于全球化主要是由西方发达国家推动和主导的，因而文化的全球性发展除了通常提到的那些互动性、渗透性、交融性、开放性等一般特点外，还出现了这样一些引人注目的新特点：

（一）文化与经济日益“一体化”。文化发展无疑要受到经济发展的制约，但文化作为一种观念形态的社会意识现象，其发展毕竟有其相对的独立性，有时甚至是非常强的独立性。然而，在全球化的条件下，这种独立性日渐遭到削弱，文化与经济被硬性地捆绑在一起，经济上的优势衍生出文化上

①在我国，多年来关于民族文化的讨论主要是在“传统——现代”的框架中进行的。现在看来，有必要将这一框架置入“全球化——民族化”这一更大的视野或框架中来考察。

②虽然现在谈论文化全球化还有点为时过早，但伴随经济全球化的迅猛发展，各个国家、民族之间的文化联系日益紧密，以致文化发展逐渐呈现出多元一体的态势。

③由于全球化已成为当今民族文化发展的一个重要背景和内在因素，因而无论是讨论民族文化的“传统”还是“现代”，都不可能离开全球化这一新的参照系。而且，要顺利推进民族文化的发展，也必须首先对全球化有一个清醒的认识和正确的判断，而后才能找到自己的位置，确定今后发展的方向和道路。

的优势，经济上的强权衍生出文化上的强权。[①]

（二）文化交流日益蜕变为文化输出。从理论上讲，全球化中的文化交流应该是双向的、平等的。但在目前条件下，双向的交流很大程度上变成了单向的文化输出。一方面，发达国家利用其先进的信息技术手段如因特网、多媒体和遍及全球的传播媒介将西方文化渗透到世界各国，使得发展中国家的思想意识、价值体系、民族文化与信仰受到严重动摇；另一方面，发达国家又总是阻止有悖于它的价值观念的异质文化的传播，同时采取各种手段对发展中国家的优秀文化进行贬低、丑化。这样，所谓的文化交流不过是单向的文化出口关系。

（三）文化的功能日益膨胀，对社会生活形成全面冲击。伴随全球化的发展，文化开始越出原有的学理层面，快速走入日常生活，对社会各领域形成巨大冲击。像西方文化的传播、扩散，不仅深刻地侵蚀着发展中国家的民族文化，而且潜移默化地影响着这些国家的生活方式、消费方式、生产方式以及人们的社会心理，其教化功能、消费功能、审美功能、经济功能等集于一身，发挥着愈来愈大的作用。特别是文化向心理层次的渗透，使得人们的潜在欲望、需要和心理受到西方文化的左右，从而使得这些国家的社会发展失去了正常的社会心理基础。因此，文化冲突在更大程度上变成了一种社会心理冲突。

当然，全球化也不能被简单地视为一种洪水猛兽。[②] 全球化过程中所蕴涵的以往时代所无法比拟的巨大文化活力，是民族文化发展难得的宝贵资源。

文化发展的现状表明，在全球化背景下讲民族文化的发展，远不是一

---

①虽说不同民族的文化因所处的时代、所处的社会发展阶段不同，会有先进与落后的差异，但就其价值来说绝无优劣之分，每一个民族的文化都是平等的，世界也不应由任何一种文化来主宰。然而在经济、文化“一体化”的条件下，即在硬性“捆绑”下，民族文化的发展受到了严重扭曲，似乎经济越发达，民族文化也就越优秀。经济文化化、文化经济化成了全球化的一个突出现象。

②全球化一方面对民族文化的发展形成了巨大的压力，另一方面也为民族文化的发展提供了难得的机遇：全球化的推行，打开了人们的文化视野，可以用一种新的眼光来环顾世界、审视自己的文化；通过对世界文化的了解，可以进一步加深对本民族文化的认识，以便采取相应的对策推进文化的发展；全球网络的开通，极大地促进了不同文化形态间的接触、对话，可以形成世界性的文化共享；全球化为人们提供了更多文化参与的机会，不管人们处在什么样的国度，拥有什么样的收入水平和教育水平，都可以以独立身份，随时随地参与其中；先进信息技术、网络技术的广泛应用，为文化条件的改善和提高，为民族文化快速走向世界奠定了必要的基础。所有这些，都为民族文化的发展提供了有利的条件。

件孤立的事情，即不能就文化谈文化。离开经济的发展，离开综合国力的增强，事实上谈不出什么结果来。[①] 这样讲，绝不意味着可以轻视文化自身的研究，因为道理很简单：经济、政治与文化的联系再密切，也不可能取代文化自身发展的规律和特点，文化自有它的内在发展逻辑。因此，注意研究全球化条件下民族文化发展的新特点、新问题，是一个重要的问题。在全球化、现代化的浪潮中，许多民族地区开发出内容丰富的文化资源，这些文化资源在给当地民族地区带来经济效益的同时，也给当地的传统文化和生态环境带来一系列的负面影响。其主要表现在以下一些方面：

1. 民族文化商品化

目前，对民族文化的开发，以旅游开发的内容颇多。旅游是一种以商品经济为基础的文化现象。民族文化商品化，在特定的时间和环境里，起到了有效刺激游客的作用，使之把民族文化资源优势转化为经济优势。但其负面影响是失去了原有的民族文化精华成分，甚至远离其文化的宗旨和内涵，颇有民族文化泛滥之感。

2. 民族文化展示庸俗化

民族文化旅游的一个重要特征是其神秘性。对旅游者来说，参与民族旅游的愿望是想通过观赏、了解、领略、参与其奇风异俗，以满足其求新、求异、求奇心理，达到不虚此行的目的。但是，有一些旅游者对民族文化中某些落后的、不健康的东西抱有浓厚的兴趣，而某些地方的旅游开发商竟然也去迎合部分旅游者的这种心理，使民族文化导致庸俗化。表现在：第一，优劣不分，精华与糟粕混杂甚至把糟粕当精华。第二，生搬硬套，“标新立异”地制造一些民族地区根本不存在的假民族文化。如很多人造民族村旅游景点，都在门前或广场一角立两根或若干根所谓“图腾柱”，乍看起来高大、神秘，实际上没有什么文化意义，不仅亵渎神灵，而已与真正意义上的图腾离题万里。第三，不尊重少数民族的感情，不按民族习俗办事。其表现在一

①少数西方发达国家之所以敢于明目张胆地进行文化歧视，进而企图用自己的文化一统全球，还不是拥有经济、政治上的霸权？同理，其他国家要真正弘扬自己的民族文化，要切实提高本民族文化在世界上的地位，也必须靠自身实力的增强，靠经济、政治、文化的良性互动。这就是我们看待民族文化发展的基本立足点。离开了这一点，其余谈论最终可能流于清谈。

方面把一些少数民族不愿意拿出来展示的文化要素搬上市场，如纹面、天葬等某些民族习俗。另一方面严重违反某些民族的禁忌习俗。如纳西族、摩梭人、傣族民居的某一特定柱子——称公柱、母柱或男柱、女柱，既是民居建筑重要的构件，又是宗教信仰重要的载体，这一对柱子在其选择、砍伐、搬运、竖立等都有一定的宗教祭祖仪式。而有的民族村在设计、建造过程中对这一对柱子的位置不在意，出现严重违背民族习俗的现象。

3. 民族文化价值取向在退化

由于生存环境的制约，各民族文化价值取向的差异大，但他们仍然有共同珍视的价值观，如热情好客、忠诚朴实、重义轻利等。但是，以市场经济为中心的民族旅游开发，一些朴素的民族文化价值观念出现了明显的退化，甚至给人以民风日渐庸俗的印象。比如，到某某民族地区旅游，要对来往过路的当地民族拍一张照片都讲价钱，否则，不准拍照。如果你强行拍照，对方会出口伤人，甚至做出一些更为过激的行为。民族地区文化变迁方向，是变劣、还是变好，是可以引导的。如果民族旅游一旦开发到哪里，哪里的传统面貌就会急剧改变，从衣着、建筑到生活方式都迅速地与外来者趋同，那么，该地对旅游者就不再有吸引力，等人们意识到变迁的文化对该地可持续发展造成影响，再采取任何措施恐怕是“亡羊补牢，为时晚矣”。因此，我们一定要对民族文化的消极影响给以足够的重视。

4. 传统民族文化伴随着变迁日益消失

每一个民族都有自己的信仰、哲学、道德、民族心理、行为准则、生活习俗等为内容的一整套独特的传统文化，也是构成民族文化资源的主要内容。比如，哈尼族蘑菇房，是显现哈尼族梯田稻作文化的物质载体之一。但是，近年来受现代文明的冲击，蘑菇房日渐被拆除，随之兴起许多土木结构的水泥顶和水泥瓦顶。如元阳县新街镇一带，在1990年前均为清一色的茅草或稻草顶，现在的青口村有149户，而有61座蘑菇房被水泥顶和水泥瓦顶代替。这种变化虽然在某种程度上反映出该民族的发展进步，但从民族文化的历史价值而言失去了原有的村落景观。换言之，民族文化资源日渐消失。

5. 民族地区的旅游开发对生态环境造成的影响

目前，许多民族地区纷纷开发森林旅游，交通设施直接进入景区。许多生态文化学家认为，现代文明是破坏生态资源的罪魁祸首，交通工具延伸到哪里，森林被毁到哪里。许多森林旅游区，其环境遭到了不同程度的污染与破坏。比如，丽江玉龙雪山，是一座低海拔地带发育冰川地貌的雪山，对自然科学研究很有价值。但是，许多游客到了丽江都想上雪山看看冰川地貌，才觉得不虚此行。当地政府为了迎合这种心态，不惜投资几亿元修筑空中索道。这一举措，确实在一定时期内刺激了当地旅游业的发展，促使丽江的游客在旺季时出现超负荷现象，在短期内给当地带来巨大的经济效益。但是，千年结成的冰川雪峰一旦消失，不是以几个亿所能够挽回的，在千万只脚的践踏下，开始出现伤痕，晶莹的积雪融水开始变得混浊。如果再过 10 年、20 年，甚至更远，其雪峰的英姿尚能犹存吗?

因此，在全球化的大潮中，我们必须注意对民族文化精华进行认真的保护。

三、文化的挑战与文化的自信

全球化进程带来的文化的普遍交往，将使民族文化特别是发展中国家的民族文化受到严峻挑战。经济全球化一方面即使民族文化受到挑战，另外一方面也使其文化获得发展创新的环境。中国文化正处在农业文明向工业文明的转变过程中，它不可避免地要受到挑战并经受时代的选择。全球化条件下形成的普遍交往环境也为中国文化提供创新的契机。

全球化时代是文化普遍交往和碰撞的时代，也就是某些文化受到挑战的时代。文化挑战是从民族文化发生交往以来就一直存在的普遍现象，它总是发生在先进文化与落后文化、强势文化与弱势文化之间，即是落后文化受到先进文化的挑战，弱势文化受到强势文化的挑战。这是因为文化的信息流量总是由高向低流动。正因为如此，在文化交往的过程中，落后文化和弱势文化都会有被先进文化和强势文化侵蚀、消解和同化的担忧和危险。

文化交往中的信息流由高向低流动是文化交往中一条普遍的规律。文化是人的创造物，是各民族人民在改变生存环境，满足自身生存、发展和享受需要的过程中所创造的。各民族所面临的生存环境不同，其中可获得资源的性质与多寡，决定着各民族对生产技术的开发，决定着劳动的类型和生活方式，从而决定着每个民族文化都有自己的个性特征。但另一方面，人类文化又有共性，其基本意义和功能是一致的。无论人们怎样定义文化——风俗，习性，生活方式，行为模式，行为系统，符号，社会结构，抑或是价值观念、思维方式，它在本质上都是人们借以整合和协调自身的生产实践和社会实践活动的规则。因此文化的先进与落后不过是生产力及其所决定的生产方式先进与落后的表现。文化的个性决定着文化交往的必要性，其共性决定着交往的可能性和必然性。文化交往是生产力的发展和实践领域扩大的结果。在民族交往的过程中，先进的生产方式由于其在改造生存环境和满足需要方面的合理性和有效性，对尚处于落后发展阶段的民族来说，总是具有极大的吸引力和诱惑力，农业文明之于游牧文明、工业文明之于农业文明无不如此。文化与生产的密切关系，决定着一种生产方式总是要求相应的文化——价值观、思维方式的支撑。因此与先进生产方式（它本身就是一种文化）相联系的文化必然会对处于落后发展阶段的民族文化构成冲击，引起民族文化的变迁。这就是文化之间交往的信息流总是由高向低流动的内在机制。①

文化交往的这一规律由于经济全球化带来的普遍交往而全面凸显出来。经济全球化是社会化生产力高度发展的结果。尽管科学技术在当今经济发展中的地位举足轻重，知识经济初露端倪，但生产力仍然是根本的推动力量。普遍性和全面性要求是生产力发展的本性。随着生产力水平的不断提高，生产力及生产方式能够超越自然环境和资源的地域性限制，实现全面普遍的发展。这就是说，生产力在发展的一定阶段上，必然要求消除民族分工的狭隘性，摆脱民族和地域的局限性而同整个世界的生产（包括精神的生产）发生实际的联系，以获得利用全球的这种全面的生产（人们所创造的一切）能力。所以经济全球化本质上是生产的发展所需求的对不同民族之间分工的扬弃，而在全球范围内实现重新分工的结果或表现。

由于生产方式之于文化的决定性关系，作为对民族分工和地域性生产扬弃的经济全球化，必然会扬弃与民族分工和地域性生产相联系的文化，建构

①在文化交往史上这一规律得到了充分体现，如罗马人对日耳曼民族文化的征服，汉民族农业文化对北方游牧民族的影响，盛唐文化在周边国家和民族的传播。马克思也曾说过，由于印度的文明发展程度较高，“相继侵入印度的阿拉伯人、土耳其人、鞑靼人和莫卧儿人，不久就被印度化了。”而“不列颠人是第一批文明程度高于印度因而不受印度文明影响的征服者。”所以，马克思将其看做是一条“永恒的历史规律”。（《马克思恩格斯选集》第1卷[C]，人民出版社1995年版，第768页。）

起与全球性分工和全球性生产相适应的、参与全球化过程的各民族都能共享的文化。从当今经济发展的趋势来看，毫无疑问，只有那种有利于利用和掌握技术革新，能够促进服务经济、创新经济发展的文化将主领中国文化的风骚。这也就是说，在全球化条件下，民族文化，特别是发展中国家的民族文化，不可避免地要受到冲击。

然而，全球化之于民族文化的效益是双重的。普遍交往给民族化带来挑战只是问题的一个方面，它也是促进各民族文化发展和提升民族文化普遍性的根本途径。如同经济全球化是扬弃民族分工而把各民族的生产都纳入世界历史发展进程一样，文化交往扬弃民族文化的个别性而将其纳入世界文化的发展轨道。文化交往对参与交往的文化来说至少有三方面的意义：第一，直接采用其他文化的成果来丰富自己；第二，重新改铸文化精神，实现文化的创新；第三，培养文化的宽容心态，营造促进文化发展的内外环境。所以经济全球化实际上为民族文化创造了一个通过交流、沟通，取长补短，达到同步发展的新机。一个民族的文化只有置身于普遍的交往中才能保持和发扬自己的文化个性。历史上看，文化落后的民族大多是那些交往狭隘的民族，而进步的民族都是那些交往广泛的民族。在全球化条件下，各民族文化在多大程度上能够被纳入世界文化，一般说来就取决于该文化的发展程度和它与各民族文化的交往程度，特别是它与那些发展程度较高的先进文化的交往程度。发展程度越高，特别是它与世界其他民族文化的交往越广越深，其文化就越具有普遍性。反之，文化的发展程度越低，交往越狭隘，其未来发展的空间就愈小。

总之，经济全球化是一种不以人的意志为转移的发展趋势，各民族文化都将被带入全面的交往之中，文化之间的挑战、摩擦和冲突将是各民族文化不可避免的遭遇。因此，民族文化的命运和未来世界文化的图景引起了包括文化学者和政治家在内的有识之士的强烈关注，他们纷纷对此做出种种推测。[1] 其实文化交往是一个经过接触、摩擦、冲突、吸收，而后或融合或和

①其中亨廷顿的文明冲突论最为引人注目。在他看来，随着冷战的结束，文化将取代意识形态成为未来民族国家之间冲突的主要根源。他认为，人类从未形成过一种普世文化的历史，特别是西方文化普世化努力的失败表明，一种各民族都能认同的普世文化是不可能的。因此，除非人类在多文明

平共处的过程。这就是说，冲突仅仅是文化交往发展的一个阶段、一个特征或一个方面。① 随着经济全球化的日益推进，一种世界性文化的出现是完全可能的。

第一，经济全球化把各民族的经济活动、生产活动纳入统一的体系之中，共同的实践活动要求共同的规范、价值观念、思维方式等共同的精神理念。如果说经济活动是一个共同体赖以存在的硬件，那么文化则是其软件，任何硬件都需要软件的支持才能正常运转，换言之，经济全球化不仅要求摆脱民族分工和地域性生产，也必然要求扬弃与之相联系的地域文化的狭隘性，而且它也将通过自身的发展为创造自己所需要的文化开辟道路。

第二，文化冲突的一个重要因素是民族文化的认同，但也应当看到，文化冲突背后有更深层次的经济原因。② 如果说，经济原因导致了文化的冲突，那么正是这一原因也将造成文化的融合。发展是时代共同的主题，对经济落后的民族国家来说更是紧迫的任务。在全球化浪潮的冲击下，各民族必然会认识到，如果不顺应世界经济的发展潮流，那么它也将在文化上失去发言权。这恰恰体现着文化交往从接触、摩擦、冲突、吸收到融合的规律。

但是，全球化条件下形成的共同文化不是哪一种文化，比如西方文化，能够一统天下，也不可能是消除了各民族文化个性的单一的文化模式，作为参与全球化进程的各民族都能共享的文化应当是各民族文化之精华的融合，也就是说全球化条件下的世界文化仍将是多元化模式。

首先，每一个民族在适应和改造生存环境的过程中，都创造了灿烂的文化，对人类文化发展和丰富都做出了独特的贡献，但另一方面，任何民族

的世界中学会和平共处，否则文化冲突就将是未来世界文化的一幅宿命的图景。应当说亨廷顿确实把握住了全球化条件下文化交往中的一个方面，文化挑战必然引起文化之间的摩擦和不同程度的冲突。但是，他把文化冲突看做就是未来世界文化的景象，这种悲观结论则是错误的。

①亨廷顿关于不可能出现一种普世性文化的观点也是难以成立的。首先，过去未形成普世文化，并不意味着未来也不可能。一种世界性的文化只能是世界性交往的结果，而在以往的历史上，诚如亨廷顿自己所说，由于“文明被时间和空间分隔开来”，文化交往“或者不存在，或者很有限，或者是间断的和紧张的”，所以不存在形成普世文化的条件。其次，用西方文化普世化努力的失败来证明普世文化之不可能更是不足为据，因为一种地域性文化要成为适应不同土壤的文化本来就毫无可能，更何况西方社会并非真正要把工业文明带入落后的民族国家，而是出于自身的政治和经济利益来推销西方文化的，这种文化殖民主义或“文化帝国主义”行径，理所当然地会遭到各民族人民的反对和抵制，其失败也是必然的。

②如麦哲在分析亨廷顿的文化冲突论时所言：“冲突的真正原因是社会经济，而不是文明”（潘忠岐：导读[美]塞缪尔·亨廷顿《文明的冲突与世界秩序的重建》，新华出版社1999年版，第420页。）

的文化都是在其特定生存环境中创造和发展起来的，有着自己独特的个性特征。民族文化的个性往往同时意味着其狭隘性和片面性。因此在全球化条件下，各民族文化都要经受经济全球化的选择和洗礼。西方文化也莫能例外。虽然现代文明与西方文化有着密切的联系，但它仍然是一种地域文化，带有地域的狭隘性。在现代文明的发展过程中，西方文化的诸多缺陷已越来越多地显示出来，在这方面西方的思想家已经给予很多揭示。所以全球化条件下文化将是扬弃了各民族文化狭隘性和片面性的优秀因素的整合。

其次，全球化条件下的文化，必然是各民族文化通过不断磨合、融合的结果。文化是民族自身认同的根本所在。一定意义上，文化就是民族，民族就是它的文化。在特定条件下，民族文化对于一个民族的意义是高于一切的，特别是当文化发生冲突的时候。历史上，为保持文化的独立性而牺牲交往和发展机会的事例屡见不鲜。昔日中国近100年的闭关锁国策略，从另一个角度看来，实际上就是一种文化保护策略，尽管从社会发展方面来看它是极其消极的策略。当今世界上许多民族冲突和民族战争的发生尽管有着种种原因，文化应当是其中非常重要的一个因素，所谓国家主权的背后隐藏着的实际上是民族利益和文化的生存权。所以，一方面是生产发展的普遍性要求，一方面是各民族要保持其文化的独立性，经济全球化必然只能在这样一个矛盾运动中为自己开辟道路。虽然生产或经济全球化的趋势不会停止它的脚步，但民族文化冲突会影响它的发展进程和方向。

第三，全球化条件下的文化不仅将是各民族文化优秀因素的融合，而且将是存在着各种不同价值的文化的相互共存。一般说，文化是一个有机的整体，但在不同的活动领域它又具有相对的独立性。在全球化条件下，如果说，与人们的生产和经济活动相联系的文化。将逐步纳入全球化文化的范畴，那么日常生活领域将仍然受民族传统的价值观、思维方式和生活方式的主导，保持着文化的民族特征。一个民族文化的基本形貌更多地反映和体现在它的日常生活活动之中。民族的日常生活实践是一个民族文化的最主要载体。这样说并不意味着它们之间没确相互关联和影响。不同文化价值的相互共存已是被经验所证明了的客观事实。日本作为一个现代化国家，甚至后现代化的国家，它在经济和政治制度上属于西方国家的范畴，但不能说日本文化就是西方文化，文化学者更愿意把日本文化作为一个特殊文化类型来处理。韩国在经济和政治制度上接受了西方文化，但无论在事实上还是在韩国人自己看来，韩国都是个东方文化国家。即使在有着共同的文化基础、而且经济已相对高度一体化的西欧，各个国家文化仍然界限鲜明，法国不同于德国，德国不同于英国。美国文化脱胎于欧洲文化，但它与保留了更多古代文化传统的欧洲文化之间的区别更是一目了然。

在文化人类学家描绘的文化地图上，各文化区或文化圈的文化模式无不具有上述的特征。中华民族的文化就是多民族文化融合、共存的模式，既有中华传统文化和社会主义文化这一共同的文化基础，各民族又保留着具有自身特征的特殊文化，费孝通先生将其概括为“多元一体格局”，可谓精辟之论。在全球化进程中形成的世界文化也将呈现为“多元一体格局”。中国文化的这一基本特征，可以说是未来全球化条件下世界文化的一个缩影。

依据文化交往的信息流总是由高向低流动的普遍规律来审视中国文化所面临的处境，我们便不难理解，在交往日益频繁的当今世界，中国文化受到现代文明的冲击就不仅是自然的，而且是无可避免的，[①] 尽管自近代以来中国文化就没有中断过与世界的交往，但这些交往都没有触及深层次根基。当我们自觉地由封闭走向开放，当历史的潮流无视文化保守主义者的愿望把我们推到世界舞台前面，迫使我们面对文化的深层次碰撞的时候，我们也深切地感到深层次的文化危机。

面对全球化浪潮，盲目的乐观主义是不可取的。[②] 如果说，20 世纪以前西方文化对中华文化的冲击，是资本主义和殖民主义者抱着掠夺财富或意识形态的企图来推销西方文化，那么，今天则是由于科学技术的发展促进经济的日益全球化，迅速拉近了各个民族文化的距离而使我们直面西方文化。如果说，20 世纪以前，我们还可以回避与世界各民族文化的接触，或者与之保

---

①中国虽然建立起了社会主义制度，这是我们优越的方面，但中国文化毕竟正处于从农业文明走向工业文明的过程之中，相对于后工业化、信息化文明，毋庸讳言，是一种相对落后的文化。它虽然拥有5000年的厚实积淀和世界上最多的文化主体，但在现代生产和技术发展的无情冲击面前，还是一种势单力薄的弱势文化。

②有人认为，从西方资本主义发展开始算起，包括殖民主义的发展，西方文化对东方文化的多次冲击都没能瓦解中国文化，故现在也没有必要在全球化形势下为中华文化担忧。然而这样的历史经验恐怕无以说明今天的问题。因为今天的冲击与过去相比，已不可同日而语。

持一种有距离的交往，那么，今天由于信息技术革命带来的信息高速、高效传播，网络文化无孔不入，我们再难找到一块赖以藏身的“净土”以逃避浸染；更重要的是，现在是我们主动走向世界，主动参与世界的文化交往和交流。100多年的闭关锁国的苦果已经让我们懂得，拒绝交往将使我们的文化在对环境的适应性反映中日益单向度发展，结果就像温室的花朵一样变得更加弱不禁风。历史证明，交往越狭隘的文化也就越难于获得正常公平的交往。当它一旦被置于交往过程中时，所受到的震撼也更大，所经受的痛苦也更多；这样的震撼和痛苦正是当今中国文化所必须面对的。

当然，也没有理由对中国文化失去自信心。全球化条件下文化的全面交往，对中国文化既是挑战，也是为它的更新和重放光彩提供了契机。

四、文化的传承与积累

第一，民族文化的传承。民族文化传承是民族文化向前发展的前提条件。在传统社会，文化传承比较简单，民族文化基本上都是在特定的国度、民族内流传、延续的，而且所使用的语言和表达方式也都具有明显的民族特色。而在今天经济全球化的条件下，情况就比较复杂了，其特点是传承的空间大大改变了，由此带来的传承途径也发生了重大变化。由于全球化带来了资本与信息的自由流动，先进的传媒工具和技术手段使得文化信息在世界各地迅速传导，因而传统意义上的文化传承在全球化的语境下，正越来越失去固定的空间，国家和民族的边界正在被消解。这样，文化传承不可能拘泥于一个国家、一个民族范围内，而是被纳入世界性的文化版图。既然传统意义上的文化传承空间被打破，那么，要使民族文化得到顺利传承，必须因势利导，正视和参与国际性交流。尽管目前在交流中含有不平等，但进行交流是无论如何不可回避的现实。民族文化只有在交流中吸收国外先进文化成果，才能取长补短，不断发展壮大自己，从而在多元文化的较量中站稳脚跟，得以延续；民族文化也只有在积极参与交流、参与世界文明的整体建设中，才能充分体现自己的价值，发挥自己的作用，从而在世界范围内得以传承。尽管经过国际交流的文化已经不是“原汁原味”的民族文化，而是渗透进了外来文化的因素，但这种渗透并不是对民族性的否定，而是对民族性的丰富和发展，因为这样的民族性已经被赋予新的内涵，获得了时代规定性。要使民族文化得到顺利传承，除了在实践上积极参与国际性交流之外，重要的是要在认识上或研究的方法论上有一种新的调整与转变。这主要涉及对传统文化如何传承的看法问题。

首先，应当跳出传统文化的圈子来看待传统文化的传承。离开传统文化来讲其传承，岂非奇谈怪论？但其实并非如此。这里绝非是要抛弃传统文化，而旨在突出传统文化传承的视野问题。因为在全球化条件下，文化发展出现了前所未有的新变局，文化的民族性与世界性相互渗透、难舍难分，不跳出传统文化的圈子，就不能真正看清传统文化，也不能真正传承传统文化。我们的文化要走向世界，并通过世界来传承，必然要求用全球的视野来反观和看待我们的文化，看哪些文化成分需要继承，哪些文化成分需要抛弃，否则，文化越传只能离世界文明大道越远，最后传到死胡同里无法再传下去。

其次，应当从传统文化发展的非连续性来看其连续性。文化发展的连续性是一个国家、民族文化传统得以延续、发展的保证，文化发展的非连续性则是使这一文化传统得以跃迁、提升的重要环节。只承认连续性，就会忽视现代化所要求的文化与传统文化的重大差异；相反，只承认非连续性，又会陷入文化虚无主义。在当代社会急剧变革的过程中，连续性和非连续性都是值得研究的；但两相比较，非连续性的问题更值得重视。因为全球化的出现，其意义不仅仅是给社会生活带来了一些新的变化，而实际上是划了一个时代。全球化时代与以往社会有其重大区别，由此产生的新型文化与传统文化自然也有着重大差异。在研究民族文化发展问题时，只有首先承认非连续性，承认两种文化的差异，才能以时代要求的文化精神为基础来培植新的文化精神，而后才有根据考虑连续性方面，即对传统文化的继承方面。而在时代要求的文化基础没有澄明之前，抽象地谈论传统文化的继承问题乃是毫无意义的举动。因为继承的参照标准还没有确定，要继承什么，不继承什么根本无法断定。

再次，应当从当代社会生活实践的要求来看待传统文化的传承。文化传承固然离不了历史文献，但更重要的还是依赖于社会实践。看一种文化能否得到传承以及怎样传承，必须依其能否在社会实践中实际发生影响以及怎样发生影响来确定。凡是不能参与社会实践而与现实相脱节的文化，在其历史发展中终归难以传承下去。在全球化时代，情况尤为如此。一种传统文化能否得到健康传承，不仅要看它能否满足本国社会实践发展的需要，而且要看它能否回答全球化实践提出的重大课题。传统文化传承与发展的出路就在全球化的时代要求与本国现代化实践的交叉点上。也就是说，要确定传统文化在当代社会发展过程中的价值与意义，要确定传统文化传承的内容与方向，关键是要明确全球化背景下社会生活实践所要求的文化选择与再造过程中最需要和最急于克服的文化因素是什么。只有在问题明确之后，再来反观传统文化的基本素质，才能最后确定应当继承什么、否定什么，从而实现传统文化与时代要求的合理对接。需要指出的是，对今天讲的社会生活实践也应当有新的理解。在世界交往普遍发达的情况下，一国的社会实践与全球性的社会实践很难划出严格的界限，“世情”或许就是“国情”的一个基本规定。这样，关注和参与全球性的社会实践，自然是民族文化发展的题中应有之义。离开这种实践的文化，必然是一种缺乏生活根基而最终被淡忘的文化。

第二，民族文化的积累。民族文化的发展并不是一个文化传统简单延续的过程，而主要是一个文化积累的过程。人类之所以能够走出蒙昧时代而进入文明社会，正是通过经验与智慧的长期积累而实现的。可以说，文化积累是文化发展的重要基础。民族文化积累的途径和方式在不同的时代经历了相当大的变化。如果说，在传统社会，民族文化的积累主要是本民族自己经验与创造成果的缓慢积累，那么，在历史进入世界历史的条件下，民族文化的积累就不仅仅是一个民族内部的文化纵向积累，同时也是一个由不同民族间文化交流而形成的横向积累。在全球化时代，后一种积累尤为引人注目，因而更值得研究。

文化横向积累的重要意义不仅仅在于为民族文化的积累开辟了一条新的渠道，更重要的在于使民族文化的积累有可能实现跳跃式的发展。之所以如此，主要在于世界交往改变了文化创造、发明的重复性。马克思曾经指出：“在历史发展的最初阶段，每天都在重新发明，而且每个地域都是独立进行的。"[①] 在这样的历史条件下，发明随时都有失传的危险。因此，"某一地域创造出来的生产力，特别是发明，在往后的发展中是否会失传。完全取决于交往扩展的情况。当交往只限于毗邻地区的时候，每一种发明在每一个地域都必须单另进行……只有当交往成为世界交往并且以大工业为基础的时候，只有当一切民族都卷入竞争斗争的时候，保持已创造出来的生产力才有了保障。"[②] 事实正是这样：封闭的文化发展必然带来的是文化发明创造的重复性，因为每个国家毫无借鉴、继承可言，一切都得从头做起，一步步积累起来。而世界性的普遍交往则打破了这种重复性，某一国家完全可以通过向其他国家学习，直接吸取新的文化成果，从而可以避免文化发明创造上的"重复"、"浪费"，绕过"重新开始"的阶段，加快文化积累的步伐。

不同国家、民族在长期的实践过程中因不同的历史和传统创造了不同的文化，由此形成了文化差异，而国际性的交往又使各个民族文化之间相互补充，通过各民族文化精华的汇合与交融，逐渐形成人类的共同文明财富。这是民族文化融入全球文明的过程。与此同时，各个国家、民族在全球化的过程中，通过消费作为人类共同财富的文化，加上自己特有的理解与消化，又形成具有个性的民族文化。这是全球文明转变为民族文化的过程。这一转变意味着世界先进文化成果已成为民族文化有机体的内在要素，因而是在原有文化基础上的新的积累。这种积累不光是对原有文化的丰富和发展，同时也是对整个民族文化品格、境界的提升，是对民族文化某些局限性的克服。

五、传统文化的维系

传统文化的维系主要涉及民族文化的保护问题。[③] 文化资本、文化商品的自由流动，文化产业的扩张，文化价值的对撞，直接威胁到弱势民族的文化安全，进而影响到其生存和发展。文化生存原本是民族生存的重要前提和

---

①《马克思恩格斯选集》，第1卷第107~108页。

②同上。

③在世界性联系不太紧密的传统社会，民族文化基本上是在一个国家、民族范围内延续，很少受到外来文化的冲击，即使是对某种外来文化的接受以致被同化，也是从本民族的利益出发而逐渐做出的选择。因此，在这样的环境里，除了遇到外族入侵而遭至整个民族毁灭性打击的极端情况外，民族文化的维系与保护并不成为什么问题，至少不是严重问题。而在全球化的条件下，这一问题则日益凸显出来了。

条件，假如民族文化受到威胁和侵略，其结果必然会给民族国家带来深重的文化危机与民族危机。正因文化保护直接关系到民族存亡，因而“文化主权”问题被现实地推到主权国家面前。

如何维护文化的主权？这是一个复杂的问题，需要进行多方面的探讨，但从现实情况来看，至少有两点是值得特别提起注意的：首先是文化战略的制定问题。[①] 其次是文化产业的保护和发展问题。[②] 在全球化条件下，既要使民族文化保持自己的独立性，又要使民族文化适应全球化的大潮，这确实是一大难题。文化保护成功与否，关键在于对这一难题如何解决。

首先应当肯定，全球化并不等于同质化、模式化。没有民族独立和民族文化的独立，就没有真正意义上的全球化。恩格斯曾经指出：“欧洲各民族的真诚的国际合作，只有当每个民族在自己家里完全自主的时候才能实现”。[③] 然而，如何才能卓有成效地保持民族文化的独立？民族文化的独立固然是不依附于其他外族文化，尤其是强权文化，但这种独立又不是离开世界文化整体联系的独立。独立不等于孤立。全球化的特点决定了民族文化的发展必然是一个世界性的过程。[④] 民族文化的独立与对全球化浪潮的适应并不是相互排斥的。

六、民族文化的建设

谈到民族文化的振兴与发展，免不了要提到文化建设。如何进行文化建设？同样不能离开全球化的大背景。历史发展到今天，一个民族的文化建设

---

①早在1970年，荷兰哲学家冯·皮尔森在其《文化战略》一书中就指出，文化战略就是人类的生存战略。冷战后，一些西方理论家也在反复论证：谁家的文化成为主流文化，谁家就是国际权力斗争的赢家。为此，西方国家都在加强文化战略的研究。面对西方文化的巨大威胁，发展中国家自然不能熟视无睹．应该通过研究，制定出一套既能积极推进本国文化建设，又能同外来文化相互作用、积极抗衡的文化战略，这是维护文化主权、保证民族文化顺利发展的一项极为重要的任务。

②文化的全球性发展不光是以文化作品、学术话语、思想观念的形式扩展的，而且是以产业形态来推行的。可以说，西方文化以产业形态对其他弱势国家所强行的“市场准入”，构成了这些国家最大的文化安全问题，维系民族文化的纽带在其剧烈冲击下显得异常脆弱。为此，受文化殖民威胁的国家要从根本上摆脱这种困境，必须从整个国家战略的高度，实行产业政策的战略性调整，构建适合于本国的文化产业体系，以形成能够抗衡西方文化大举入侵的重要力量。

③《马克思恩格斯选集》第1卷，人民出版社1995年版，第267页。

④全球性的文化互动使得各个国家的民族文化密切相连，一个国家要想真正保持文化独立性，走出一条健康的文化发展之路，就只能通过开放，融入全球化大潮，不断增强自己的文化竞争力。只有这样，才能在国际文化竞争中取得强有力的发言权，才能切实保护和发展自己的文化，使其具有真正的独立性和自主性。

必须置于世界文化格局之中来考虑。按照这样的要求，民族文化的建设不仅是要主动融入世界文化大潮，更重要的是要突出文化上的超越、创新。民族文化的发展无疑是以继承为主线的，但继承并不排斥超越。没有超越，民族文化就只能在原有的水平上踏步，就不能适应形势的变化而在新的起点上得到继承。① 全球化过程中出现的许多重大问题，已经不是在传统文化框架内所能回答的，而是包含着对传统文化观念及其前提的一种超越性要求。只有在重新批判地思考并合理地回答一些基本前提问题（如理论前提、价值前提等）的基础上，才能够对其做出有力的回答。要使传统文化不致成为实践发展的阻力，无论如何不能忽略这种超越性要求。

民族文化要立于世界文化之林，还必须在发展中创新。全球化所导致的文化竞争的加剧，使得创新意识和创新能力日益成为一个国家能否在这场竞争中掌握主动权的关键性因素，成为文化竞争力的关键性因素。文化的兴衰，全在于创新与否。看一个民族的文化发展程度，主要看其创新能力的高低。反观发展中国家的现实，理论准备不足、文化创新能力不强，恰恰是制约许多国家文化发展的一个重要因素。也正是这样的欠缺，成为"文化帝国主义"对这些国家进行文化"入侵"和"殖民"的一个主要突破口。② 我们应当有自己的文化话语，有自己的思想创造，有自己的文化精品，全面寻回对中华民族创新能力的自信，这正是文化建设的希望、文化发展的希望！

---

①历史表明，文化的成功继承总是落在那些敢于超越者的手中，只会解经注经，不敢越雷池一步者，很难把民族文化推向前进。所以，真正的继承必然是有所超越。站在全球化的角度来看待民族文化的继承和发展，自然不能仅仅停留于原有文化的维持上，必须以世界先进文化的水准来重新审视并合理超越本民族的文化。因为全球化实践的新发展以及所提出的新问题，对于我们传统的观念以至整个传统文化来说，实际上是挑战多于顺从。

②就我国的文化现状而言，虽然成绩不容抹煞，但在"创新"上尚为薄弱。且不说我们在对外文化贸易中鲜有称得上是"创新"并引起世界关注的文化产品，就是我们的文化理论研究也没有表现出一个泱泱大国所应有的理论思维高度。像20世纪80年代以来文艺批评的话题，从存在主义、接受美学、后结构主义、女权主义、后殖民主义，一直到后现代主义，基本上是西方话语；文艺新潮中被称为创新的部分，也大都是对西方现代主义和后现代主义种种形式、方法的袭用。哲学研究也有类似的情形，从20世纪80年代开始出现的存在主义一直到今天的后现代主义讨论，大多复述的是西方话语。这里绝对无意于否认这些问题研究的价值，也无意于一概拒绝借用西方某些话语，而只是想说明：我们的文化应当有自己鲜明的特点，应当有自己的原创。失去了这样的特点和原创，有什么样的东西可以走向世界，参与全球化的文化竞争？

七、坚持文化的民族主体性

全球化并不是单一化或同一化。与一切其他事物一样，全球化的过程中也存在着矛盾、冲突和斗争。一方面，在经济运行和信息交流方面，跨国公司和信息网络的出现和发展。愈来愈把全球的每一个角落卷入全球化的贸易、金融市场，这是全球化的趋同的趋向；另一方面，世界又还是多元的、仍然存在着不同的利益主体、不同社会制度之间，各个民族、各个国家、各个地区，以至各个企业、公司之间仍然存在着利益的冲突，有时还是激烈的冲突。一方面是趋于同一的趋向，一方面是不同的利益主体都从自己的立场出发，利用全球化的过程来谋求自己的利益；伴随着全球化的迅速发展，全球范围的贫富差别在扩大，竞争也在更广阔的范围、更深刻的程度上展开；这种一与多的矛盾是全球化过程中的一个基本的矛盾。

在经济全球化发展过程中，不同文化也在发展中既相互碰撞、相互冲突，又在相互交流中相互吸取，向相互融合的方向发展。就文化的时代性而言，处于同一发展阶段的不同民族的文化，有其共同的时代性，反映时代要求的文化因素具有在全球广泛传播的条件。比如，大家都承认，民主与科学是现代社会所要求的普遍的价值，在世界走向现代化的过程中，民主和科学也成为全球发展的趋势。当前在经济全球化过程中在经济、科技领域与国际合作，也要求在文化上有相应的改革和发展。只有适应时代发展的趋势，汲取其他民族的先进成果，才能永葆民族文化的青春。总之，文化上自我封闭，不利于民族文化的发展。

然而，文化发展还有其另一面。文化的显著特点是它的民族性。各民族文化的民族性，是使一个民族区别于其他民族，自立于世界民族之林的根基；没有了民族文化，也就没有了民族的独立存在。同时民族文化的多样性也丰富了人类文明。是人类文化所以如此丰富多彩的源泉和基础。因此，各种文化在全球传播的趋势，与经济发展中的全球化趋势有很大的不同。它不会导致由一种文化取代其他文化，而只能在充分发挥各民族文化的优长的基础上，实现各民族文化的发展、交流、融合；全球化的共同的、普遍的价值，也要通过不同的民族形式来体现。民族文化的融合要以承认文化的民族主体性，充分尊重各民族文化的发展为前提。而民族文化的发展，也只有努力汲取各民族先进文化，使自己融入时代潮流中才能实现，这就是文化发展的辩证法。尤其在当今，面对跨国公司、发达国家依赖其强大的经济实力，推行文化殖民政策的情况，坚持文化的民族主体性，更是在全球化过程中保持民族独立地位的重要条件。而对国内来说，现在一些主张“台独”的人，竭力宣扬所谓本土化，处心积虑地要挖掉中华文化这一民族和国家统一的基础。坚持文化的民族主体性，也是促成祖国和平统一的重要条件。

具体来说，关于中国文化在经济全球化趋势中的定位，可以提出三点想法：

第一，要适应经济全球化的趋势，学习、汲取西方的和其他民族的先进文化；对中国传统文化要推陈出新，赋予它以新的时代精神。

第二，要坚持文化的民族主体性，发展和弘扬民族文化的优秀传统；在学习和汲取其他民族先进文化时，要立足于本民族文化，与本民族文化传统相结合，为我所用。

第三，要面向世界，超越国家和地区的局限，为人类文明发展中做出更大的贡献。经济全球化的进程使人们的生活愈来愈息息相关，今天人类社会面临着许多全球性的问题。我们也应超越中国和东亚的地域观念，放眼世界，关注人类面临的全球性问题，发展中华文化，力求使中华文化对人类文明发展有更大的贡献。

提出问题的目的是解决问题。面对全球化，与其被动适应，不如主动出击。如何出击？关键不在于树起一面旗帜，喊响一句口号，而在于脚踏实地地工作。为此，应当在民族文化的发展上正确地调整我们的思路并采取相应的对策。

1. 提高“文化自觉”

“文化自觉”是费孝通先生近年来多次提到过的一个概念，“指的是生活在一定文化中的人对其文化有自知之明，并对其发展历程和未来有充分的认识”。[①] 有没有文化自觉，对于回应全球化至关重要。失败与挫折往往落于那

---

①引自《光明日报》2000年11月7日。

些无思想准备的民族手里。强调文化自觉，事实上就要求突出文化的“民族意识”或“主体意识”。民族意识不过是民族利益的抽象表达和观念反映。只要有民族利益的存在，就有这种意识存在和发展的理由。现在无论在网上还是在市场上，文化战所争夺和捍卫的并非仅仅是纯文化，而实质上是民族的经济与政治利益。既然民族利益是一种客观存在，就无须讳言文化的民族意识。

民族意识作为文化自觉的要义，首先有赖于民族“自我意识”的增强。每一个民族当然是一个独特的“我”，但并非任何民族都有一个清醒的“自我”。为什么一些发展中国家的民族文化逐渐成为西方文化的附庸？为什么这些国家日益蜕变为西方文化的游乐园？重要的一点，就是在精神上丧失了“自我”。一旦失去这种“自我”，其结果必然是不知不觉地跟着西方文化随波逐流，最后一步步走向文化殖民。如果此时再来谈论民族文化的发展，不过是天方夜谭。[①] 增强民族意识，实现文化自觉，还有赖于“危机意识”的强化。全球化条件下的文化互动，给发展中国家带来的最大危机可能是文化的“认同危机”。[②]

2. 调整文化心态

面对全球化浪潮的冲击，人们的心态非常复杂。[③] 健康的文化心态，应该是开放的、发展的、平等的、互相尊重的。任何以全人类的名义大行其道的“文化霸权”我们是坚决反对的，而一概拒斥西方文化的“惟我独尊”也是需要克服的。我们必须坚持文化的民族性，这一点丝毫不能含糊，因为越是民族的才越是世界的。但是，对于民族性也要有一个正确的理解。何谓

①当然，突出自我意识，并不是要排斥全球意识。正像一个人的“自我”只有在与他人的关系中才能意识到一样，一个民族的“自我”也只有借助于“世界历史”之镜才能得到真正认识。没有对全球的充分理解和把握，就很难生发出关于“我”在世界的存在及其价值的自觉意识。

②亨廷顿在其《文明的冲突与世界秩序的重建》一书中曾用“文化上的精神分裂症”来形容那些文化上无所依归的民族的精神状态，不管其用意如何，这种状况确实是存在的。从文化上的精神分裂走向民族心理上的分裂，将是这些国家、民族发展的最大悲哀。要走出这种困境，必须唤起民族的忧患意识；要唤起忧患意识，又必须从自我反省开始。因为真正可怕的不是西方文化的威胁，而是我们自身的麻木不仁。在文化上不能自觉发现问题，就不会有求改进；没有改进，也就不会变被动为主动。所以，从一定意义上说，谁能发现问题，谁就先胜一筹。

③在我国，有人欢呼中国文化将进入新的繁荣，有人则悲叹中国文化正在走向堕落，也有人认为中国当代的文化逐渐走向“后殖民文化”。不同的意见当然可以讨论，但要引导文化健康发展，必须克服情绪化的偏见，健全文化心态。这就是要用一种理智的、客观的眼光来看待全球化条件下的民族文化发展。

"民族的"？取消原有的民族界限固然荒唐，而固守狭隘的民族主义也非合理。民族化本身就含有世界化的规定。自觉使民族文化走向世界，实际上就是一个将世界的东西民族化、把民族的东西世界化的双向并进的过程。讳言"开放"、"融入"，无异于作茧自缚。①

3. 加强文化的调适与转换

全球化的出现标志着一个时代的开始。新的时代要求新的文化。这种文化绝不是对原有传统文化的简单修补，而是一场新的"革命"。所谓新的"革命"，就是要适应全球化发展的趋势，自觉地对传统文化进行现代性的调适与转换。发展中国家的民族文化能否在未来的世纪里获得新生与发展，关键在于能否实现自身的现代转换。② 文化究竟怎么转换？这不是随意确定的，而必须从本国实际出发，从本国在世界历史潮流中所处的历史方位出发。就我国的情况而言，我们正处于传统社会向现代社会的转变阶段，实现现代化是当务之急，这一客观现实正是研究文化转换的出发点，同时也是文化转换的基本方向、目标。按照这一准则，无论是对前现代因素的批判、继承也好，还是对后现代因素的吸收、抵制也好，都要接受"现代化要求"的审视与裁决。③

4. 推进文化整合

在全球化条件下，各种文化蜂拥而至，不出国门就卷入了国际文化的

①在这里，应当正确区分文化封闭主义与后殖民主义的界限。在近年来的文化讨论中，这两种理论倾向常常混在一起，以致模糊了人们的视线。其实，二者仅有表面的相似，实质上是不同的。后殖民主义的文化批评是在全球化语境中，从发展中国家的历史出发为自身的文化特点寻求定位，旨在推翻西方文化霸权对发展中国家文化的殖民统治，像赛义德、斯皮瓦克等人为代表的后殖民主义文化理论大致如此。文化封闭主义则是无视历史的发展，无视全球化进程中各个民族文化的相互影响、相互作用，只刻求于在一个封闭的环境里修复、构造自己的文化原型。这样一来，就必然导致文化上的排他性．排他的结果只能是回避挑战，畏惧变革，最后导致本民族文化的停滞、衰微。因此，校正文化心态，增强文化上的心理适应能力，这是推进民族文化发展的重要一环。

②要实现文化的现代转换，必须首先处理好转换的历史向度问题。在全球化浪潮中，发展中国家可以说是处于前现代、现代、后现代三个历史向度的交汇处。前现代的东西仍在潜移默化地影响着现代化的步伐；在前现代的影响尚未得到有效清理的时候，后现代的思潮又随着全球化的浪潮汹涌而来。这几种东西交织在一起，大大增加了文化转换的难度：一方面是文化发展中前现代因素与现代因素的紧张关系。"前现代因素是作为一种原始依恋的民族认同……现代因素是与启蒙现代性相联系的'文明'传统。二者构成了民族主义内部的基本紧张关系。"（转引自俞可平主编：《全球化时代的"社会主义"》，中央编译出版社1988年版，第60页）另一方面是后现代因素与现代因素的紧张关系。后现代因素对现代性的"消解"与"解构"，使得现代性扑朔迷离，很难予以准确把握，因而现代因素的发展受到严重影响。

③在这里，民族文化与全球化的关系问题实际上又回到传统文化与现代化的关系问题上来。这种回归自有它的必然性，因为今天所讨论的全球化是和当代社会发展的现代化紧紧连在一起的。

“漩涡”。这种错综复杂的文化格局给民族文化发展带来了无序的干扰，客观上要求文化整合。文化整合首先碰到的一个问题是：谁来进行整合？或者说，谁来“整合”谁？这实际上涉及一个整合的主体问题。应当说，不管全球化的形势发生怎样的变化，文化整合的主体绝不可能是西方文化，也不可能是所谓的“全球文化”，而只能是自己的民族文化。失去主体的文化整合事实上不成其为“整合”，毋宁说是“被吞并”。正确的主张应该是以我为主，博采众长，为我所用。

与整合的主体直接相关的一个问题是整合的标准，即以什么样的文化标准来整合。虽然民族文化在任何时候都是文化整合的主体，但在不同时期、不同历史条件下，民族文化又具有不同的内涵。也就是说，今天我们讲的民族文化，绝不是一般的传统文化，而主要是指有中国特色的社会主义文化。要说文化整合，只能按照这样的文化标准来进行。凡是符合这种文化要求的就应该吸纳，凡是与之对立的就应该拒绝，一切都要接受这一标准的检验。不如此，整合是难以顺利实现的；即使勉强得到了整合，其发展也可能是扭曲的。①

需要指出的是，全球化背景下的文化整合往往是和文化冲突相生相随的，并且是在不断冲突中进行的。这样，自然又遇到如何对待整合与冲突的关系问题。不容否认，目前的世界文化交流确实是不和谐的，其间充满着文化冲突，但是，对于冲突也不能仅仅作消极的、否定性的理解。从一定意义上说，有冲突、有碰撞，才有文化的火花，才有思想的活力。正是在碰撞、交流过程中，可能包藏和萌发着民族文化新的发展生机。②

---

①在这里，应当特别提起注意马克思考察社会有机体的方法论思想。马克思认为，社会“有机体本身作为一个总体有自己的各种前提，而它向总体的发展过程就在于：使社会的一切要素从属于自己，或者把自己还缺乏的器官从社会中创造出来。有机体制在历史上就是这样向总体发展的”。（《马克思恩格斯全集》第46卷[上]，第235~236页）这一思想实际上提出了社会有机体活动的两条基本原则：一是使各种要素“从属于自己”的原则，一是使“器官”不断创造、完善的原则。这两条原则同样适用于文化整合。文化整合不是把各种文化因素（包括残留的因素、外来的因素等）简单地组合在一起，而是有主有从，突出消化吸收；文化整合不是一次性的行为，而是一个动态发展的过程，即文化结构不断重组的过程，在这种过程中，各种文化因素的地位和作用不断得到新的调整，同时新的文化因素应运而生。研究这些特点、规律，对于把握和实施文化整合是非常重要的。

②从文化交流史来看，民族文化的更新与创造往往是由外部的刺激引起的。异质文化的碰撞对于文化自身的发展有其重要的意义，有时还会催生新文化的降临。我们要求以一种理性的方式来看待和应对文化冲突问题。正确的主张应该是：既要使文化冲突保持一定张力以求发展，又要警惕过分的冲突导致民族文化的萎缩。为使文化得以有效的整合和快速的发展，必须注意把握好这一分寸。

八、云南案例：民族文化多样性基因库建设

在全球化的浪潮中，后进民族要不要实现现代化，现代化进程中要不要继承、弘扬民族传统文化，是近百年来世界政治家、文化人类学家关注的重大课题。有远见的政治家都竭力主张文化多元化、民族化，认为单一化是没有生命力的，会使国家失去推动力。

在世界各民族的现代化进程中，经济与社会的转型往往以牺牲本民族的传统文化为代价。1861 年美国南北战争前，为使印第安人的土著文化不受现代化的冲击，美国政府划定许多印第安人保留地（Reserv-tions），把大约 52 万印第安人约束在保留地内，让他们过传统生活，沿袭自身的传统文化。这种牢笼般的文化保护政策使印第安人无法接受现代文明而实现现代化，因此受到印第安人的强烈反对。1887 年、1934 年，美国国会通过旨在加速印第安人现代化的法案：把保留地内的土地分割给每个印第安家庭，同时设立农业、工业贷款，使他们得到所需资本，并对他们进行职业、技术和行政管理等的训练。1953 年，艾森豪威尔政府更鼓励印第安人迁入城市，让其融入主流社会，结果印第安人的传统文化被白人的现代文化所同化。一些文化学家据此断言，“传统”与“现代”是水火不相容的，二者不可兼得。一些经济学家认为：少数民族地区的封闭落后是社会结构、文化传统与现代化相悖而造成的，其现代化进程的新要素需要通过改变传统民族文化而从外部寻入。

然而，如此种种的论断，都只不过是以“现代”否定“传统”的错误思维而得出的。印第安人传统文化的消亡，并不是由于现代化引起的，而是美国政府的民族同化政策所致。在我国百余年来的近代化、现代化进程中，传统文化虽然不断受到近、现代文明的猛烈冲击，但在“中学为体，西学为用”、“古为今用，洋为中用”、“尊重少数民族风俗习惯”等政策的作用下，民族文化的个性和传统始终得到了弘扬。“传统”与“现代”不仅不是水火不相容的，而且是可以共存的。“传统”与“现代”有相互矛盾的一面，又有相互适应，相互促进，相互发展的一面。民族传统文化需要现代化，现代化同样需要民族传统文化，这是一个双向的同时进行的过程，二者是互动的。现代化是不可阻挡的潮流，但现代化的实现，不能以牺牲民族传统文化作为

代价。民族传统文化的消亡意味着民族的消亡。因此，少数民族现代化的实现，应该是各民族生活方式、人生理想、价值观念、民族精神、民风民俗与现代文明的发扬光大，而不是相反。历史证明，少数民族通过对传统文化的不断创新，通过政府的民族传统文化保护政策的实施，通过对自身对现代化的调适，可以在现代化与传统文化之间寻找到富有生命力与活力的生长点，从而实现富有多民族传统文化特色的现代化。

1999 年 10 月，世界银行、联合国教科文组织和意大利政府联合召开“世界经济与文化研讨会”，呼吁各国政府采取措施，防范经济全球化对各国民族传统文化带来的威胁。其后不久，远在大洋彼岸的美国，关注民族文化多样性保持和发展的专家学者们，将云南的民族文化大省建设战略概括为“云南策略”，认为这在全球都是一个了不起的创举。为此，全世界 12 个国家的专家学者、财团首脑、包括美国副国务卿在内的政府官员等近 100 人涌向云南，前来参加全球第一次把民族文化多样性保持、生态环境多样性保护、社会经济可持续发展三方面协调的议题综合起来讨论的高层次学术会议——“云南民族文化、生态环境与经济协调发展高级国际研讨会”。会议发出了一个具有国际意义的《云南倡议》，建议将云南作为“民族文化、生态环境与社会经济可持续协调发展的全球示范区”。这是云南的成功，是中国的骄傲，当然也是云南民族文化大省建设战略赢得国际影响的直接成果。云南民族文化多样性保护之所以取得这样一些积极成果，是与中国共产党在社会主义中国的民族政策及其实践分不开的，是与云南特殊的地理地貌和多姿多彩的民族风情分不开的，是与云南人文环境及其民族文化的多元性分不开的，是与云南多民族人民长期共存，和睦相处分不开的，是与云南省委、人民政府的英明决策、远见卓识分不开的。

一部人类文化发展史证明：文化发展、文化传播和文化多样化的模式往往会显现出与生物进化相类似的特征。在人类经济、社会、文化的发展中，文化的功能无异于基因库的作用，所谓基因库，这原是借用生物学的一个术语，就是指将不同植物及树种原始的和培育出的物质汇集、保存并加以研究的机构，旨在使之避免其他基因的侵害，同时最终利用这些物质进行“薪火相传”的开发、创造和杂交活动。

云南省地处青藏高原连接中南半岛的中间地带。发源于青海省唐古拉山北、南两侧的澜沧江、怒江流经云南经过中南半岛分别进入南太平洋和印度洋。自古以来，云南不仅是众多民族生息繁衍之地，而且是各民族沿横断山脉南北迁徙的文化走廊。云南人文地理环境的最大特征是少数民族众多，由此而形成其文化的多元结构。据1997年统计，云南省少数民族人口为1460.1万人，占全省总人口的33.23%。全省有8个民族自治州，29个民族自治县。中国西部地区共有少数民族38个，近5000万人。其中云南有25个，占65%以上；独有民族15个，约占西部地区的40%；少数民族人口占西部地区的29%；这一定程度上反映了云南民族工作在西部大开发中的重要地位。

云南资源的丰富性不仅在于过去得到人们公认的“植物王国”、“动物王国”、“有色金属王国”之类的单项罗列，更在于无机层面的气候环境、地理类型的多样性，在于由此所导致的有机层面的自然资源、生物种群的多样性，在于由以上两种生存环境的多样性所形成的社会层面的人文资源、民族文化的多样性。如“古滇文化”“爨文化”“南诏大理文化”等，这最后一点，即人文多样性的社会资源优势，恰恰就是社会资源优势在最高层次上的表现，是云南从历史上继承下来的世间罕见的宝贵遗产，是云南真正宝贵的、独具特殊魅力和生命力的资源，也是云南社会发展必须首先加以借用的得天独厚的优势条件。

由于云南地处云贵高原西部，大部分属横断山脉的延伸，山脉、河流纵列，相间分布，地势起伏大，形成复杂的地理环境。因此，云南的人文环境很大程度上受其地理环境的制约，不同的民族采取不同的生存方式，进而形成了多种经济文化类型。如，居住在山区的苗、瑶、布朗、景颇、基诺、拉祜、傈僳族等民族多从事山区旱地农业；同样居住在半山的哈尼族又从事山区梯田稻作农业，并形成一整套与之相适应的梯田文化。居住在河谷、平坝的傣族、白族、壮族、部分彝族、布依族等从事稻作农业；藏族等民族既从事牧业，又有小面积的草原农业。云南各民族为适应其地理环境采取了不同的生产和生活方式，并不断调整与客观环境之间的适应关系，逐渐形成各具特色的饮食、建筑、服饰、节庆、人生礼仪、宗教信仰等人文景观，丰富和充实了云南文化的内容。如，纳西族“东巴文化”、白族“建筑文化”、彝族

“火文化”、傣族“水文化”、哈尼族“梯田文化”等等在国内外均享有盛名。这些都为云南民族文化立于世界之林提供了重要的基础。

中国自古以来都是个统一民族国家，而从来不是由各民族独立建国再联合起来的多民族国家，就连历朝历代入主中原的各少数民族政权也向来以中华国家的主体自居。“中华”一向都是不可拆分的统一民族称谓,“中华民族”一向都是不可分割的统一民族实体。中国的“多民族”实质上是国内多民族，而在国家社会层面上却是一个民族、一个国家。现代中华民族是处于上位的统一国家民族，由处于下位的56个国内民族平等组成，同时也就等同于中华人民共和国这一国内多民族的现代统一民族国家。在这一点上，拥有最为繁多的少数民族群体的多民族的云南，刚好在历史的和现实的实践中是一个极好的范例。

历史上，云南少数民族只有极个别的时候，曾经在局部地区建立过自己民族的统一地方政权（如西双版纳傣族，德宏傣族则不然），有的地方民族政权后又归于瓦解（如白族），绝大多数则处于未能完成自身民族群体统一的分散部落状态（如佤族、景颇族等），有的甚至保持着天然的亲缘——地缘群体社会机制（如独龙族）。各个少数民族、各种民族文化在这里汇聚，长期并存，和睦相处，构成了世界上少有的多民族群体、多文化形态共生带，并全都认同于中华民族大家庭，这本身就是一个历史奇迹。

就中华人民共和国建立之前的情况而言，云南各少数民族社会经济、文化发展的历史状况千差万别。实际上，他们原有的社会经济形态大致可以用各自与汉民族地区的社会互动来衡量：同汉族混居的平坝及丘陵地带多为地主占有制经济，远离汉族地区的若干坝区和广大山区多为领主占有制经济，部分边远的山区残存奴隶占有制经济或其遗痕，更为边远的高寒山区则保留着古老的原始公有经济形态或其残余形式，耕作方式也随之由较为精细而越来越显得简单粗放。在各少数民族相互混居的地区，各个不同民族的社会经济形态及其耕作方式大体相同，即地区的差异甚于民族间的差异。正是基于原先如此不发达并且发展极不平衡的社会基础，云南少数民族在长期的历史演进过程中，各自形成了特定的社会文化传统，并与他们自身所固有的较低的社会生产力水平相适应。

中华人民共和国建立之后，统一的国家政治、经济和文化体制充分贯彻到了云南各少数民族中间，使他们得以实现由不同社会形态向社会主义过渡，从而完成了现代中华民族的彻底整合，也使他们得以确立国内民族族体的平等地位。至此，各少数民族在保持自身文化独特性的同时，又空前团结，共同进步，更加巩固了中华民族的统一，为现代中华民族社会主义文化建设增添了国内民族文化多样性的特色。这就是云南对于统一中华民族国家的最大贡献，同样也为全世界多民族地区的稳定和发展做出了示范。

从文化的传承来看，文化是人与对象世界发生关系过程中形成的一套社会传承的信息系统。文化信息的传承不是简单的复制或搬运，而是对文化信息加以组织和运用。文化信息的组织和运用便生产出知识，知识作为文化成果的具体体现，是文化信息的组织和运用形式。所谓知识创新就是人们根据新的情况对文化信息进行新的组织和运用，知识创新的实质是文化创新。人类文化信息的传承永远是一个动态过程，因而知识永远处于更新或创新过程中。知识创新，进而文化创新，需要人们在社会交往和思想交流中进行，因此文化的多样性、知识系统的多元化、价值体系的多种选择就会体现为一种优势资源。

云南所拥有的民族文化多样化资源优势的重要意义刚好就体现在这里。各民族文化的多样性、各种特殊知识系统的多元化、各类特定价值体系的多种选择齐聚于此，使云南成为当今世界各民族文化信息系统最重要的交汇节点之一，成为当今人类社会文化遗产最重要的共生宝库之一。文化的信息化运用和更新是当今知识创新中最根本的内容，文化的资源化开发和利用是当今知识经济里最重要的方面。多样性的文化、多元化的知识系统、多种选择的价值体系，将有可能为今日方兴未艾的知识创新、知识经济的发展注入新的潜能，为具有高文化含量的新型人文经济的形成开辟可观的前景。因此，占尽这一方面的优势资源，开发高文化含量的文化产业，发展文化资源化的人文经济，应当成为云南发展的新的增长点，也是云南进入知识经济时代的要津。

总之，云南具有各少数民族族群本身的多样性及其社会经济、文化历史的复杂性和发展的不平衡性，在中国整个西部地区最为突出，这是云南省的特殊性，正是这一格局导致了当今云南经济、社会、文化整体发展的艰巨性。世间一切可持续利用资源的最高层次在于文化资源，文化资源已经是前人对一切可利用资源加以利用的结果，是历史上无穷无尽的人的智力资源的结晶。在这方面，云南发展的最薄弱环节与其最佳突破口恰好联系在一起，民族文化大省建设的战略举措即要在此瓶颈处实现突破，这将是中国西部大开发云南行动的要务所在。

之所以这样说，是因为在云南少数民族地区，如今大量人口的贫困不仅是一种纯粹的经济生活状态，更是一种社会生存状态，即为一种民族性、历史性的社会文化状态。① 由此可以看出，云南全省范围内的贫困线划分不单纯是落实在社会经济的指标上，而更贴切地落实在社会文化的指标上。用社会发展综合指标来衡量云南少数民族地区，就能够很好地说明这一点。文化发展状况是衡量社会生产力发展水平的最重要标度之一。

当今社会，“科学技术是第一生产力”的论断已经成为人们的普遍共识，但科学技术转化为现实生产力需要有一个过程。马克思主义认为，作为劳动者的人是生产力的第一要素。科学技术只有武装了作为劳动者的人，并由人实际应用到社会生产实践中去，才能事实上起到推动社会发展的第一生产力的作用。正是在这里，文化建设的重要性充分显示出来，那就是用思想观念、科学知识、劳动技能等武装人。在这个意义上可以说，文化建设就是发展生产力。文化建设并不仅仅是精神生产，而且也是一种特殊的物质生产，生产着社会的和物质的人，而人正是一切物质力量的创造者和运用者。因此，对于云南少数民族地区来说，包括教育、科技在内的整个文化建设是最为重要的基础设施建设，提高人的素质和劳动力素质是最为基础的开发工程。人的素质是第一位的，解决各少数民族文化的现代适应问题，实现文化传统的创新，必须从提高人的现代化素质开始，而这正是民族文化大省建设的最基础的工作。对于不发达的少数民族地区加强公共事业、公共产业投入，是关系到中国社会的整体发展和中华民族高度统一的大事。只有消除

①在《国家“八七”扶贫攻坚计划》中，云南省共有73个国家级贫困县（含县级市、区）。其中，有近40个县地处各自治州，另有10多个县本身是自治县，所余下的约20个县大多为少数民族大量杂居并设置有不同民族乡，没有民族自治区域行政设置的县仅区区数个。

“素质性贫困”，才能高速度发展云南经济，提高社会发展综合指标，赶上全国社会发展的总体步伐。

除人的文化素质性贫困外，基础设施建设落后，这也是制约整个西部地区发展的一个薄弱环节。在这一点上，云南省与西部各省区存在着一定的共同性，虽然最近十余年来，云南省凭借财政税收上的一种特色优势，在基础设施建设方面已相对领先于西部不少省区。云南上缴国税在全国排名前几位，而综合经济实力、社会发展指标却排名后几位，这种巨大反差本身已足以表明，以相对多一点的地方财力投入基础设施建设，并不能完全弥补云南发展的薄弱环节。影响云南发展的最薄弱环节不在于物质的和技术的层面，而在于社会的和文化的层面，这同样是一种基础设施建设上的落后，民族文化大省建设的战略目标恰恰直接针对这一问题。

因此，建设民族文化大省，是中国特色社会主义文化建设在云南的创新实践。[①] 提出建设云南民族文化大省战略设想的目的，就是要发挥云南省民族文化资源丰富多样的独特优势，保持并弘扬各民族优秀的文化传统，让文化资源的开发利用融人经济，发展民族文化产业，培育云南经济的新的增长点，促进云南全省民族文化、生态环境、社会经济的可持续协调发展，实现各族人民素质、社会生活质量、城乡文明程度的显著提高，把云南建设成为一个经济繁荣、文化发达、民族团结、社会文明、环境优美的现代化强省。1999年的世博会，在展示云南自然资源、生物物种多样性的同时，也充分展示了云南人文资源、民族文化的多样性，为民族文化大省的形象塑造奠定了坚实基础。

云南少数民族的物质文化和精神文化，是中华民族文化宝库中一个闪光夺目的组成部分。云南由于是一个多民族的省份，其民族文化的多元性、丰富性是西部地区其他省份无与伦比的。各具特色的民族文化在一定程度上构

①云南省虽然地处中国西部，又拥有众多发展极不平衡的少数民族，但是却勇于面对挑战，针对全省社会发展的薄弱环节，挟自身优势率先应战。在《中共云南省委关于贯彻党的十四届六中全会（决议），加强全省精神文明建设的实施意见》中，中共云南省委六届四次全会第一次明确提出把云南建设成为“富有特色的民族文化大省”的战略对策，以后的历次省委全会一步步明确了建设民族文化大省的战略构想。同时，云南省政府也已将这第一次世界大战略构想列入云南省《国民经济和社会发展“九五”计划和2010年远景规划》。尤其是中国99’昆明世界园艺博览会的成功举办，给云南民族文化大省建设的宣传推向全国、推向世界提供了一个极好的机会。

成各民族社会经济发展的基础和条件之一，保护了其民族文化资源，也就为该区域内提供了可持续发展的人文环境。①

其实，云南的许多民族文化是无法以经济价值来衡量的。② 我们有许多的民族文化，如宗教、跨境而居边民的来往等关系到民族团结、边疆稳定、国防巩固；有的关系到国际名誉问题。如红河、澜沧江、怒江等国际河流上游均在我省。因此，在西部大开发中，把我省的民族工作“主攻”方向和重点放在保护民族文化生态与人文资源上，具有深远的历史意义和深刻的社会价值。

一部人类文化发展史已经证明：文化发展、文化传播和文化多样化的模式往往会显现出与生物进化相类似的特征。在人类经济、社会、文化的发展中，文化的功能无异于基因库的作用。

云南地处内地中原文化、东南亚文化、青藏高原文化的边缘地带，位置偏僻，又是高原山区，境内山高谷深，交通不便，信息闭塞等地理特征，使之生存其上的25个少数民族保有了自己独特的民族文化多样性特征，各民族大分散、小聚居、交错分布；各民族所处社会经济、文化的发展差异很大，极不平衡，从原始社会到资本主义社会的萌芽，人类社会发展经过的几种历史形态都有存在，由于历史上云南长期的封闭状态，加之自然资源又较为丰富，故容易形成封闭式的自给自足的自然经济，并由此获得了一种比较完备的“隔离机制”。这样，无论从云南少数民族基因的总体而言，或是从某一

---

①在保护资源的社会价值方面，英国海外教育援助机构中国总代表杨建华先生（在英国获得生态人类学硕士，目睹或参与过国内许多项目申办世界遗产过程）在云南迪庆州自然保护教育培训班上授课时接受记者采访时深有感触地说：“甚为可惜，中国的环境北到西伯利亚，南到热带雨林，非常壮观和多样，中华文化悠久和丰富。这样的条件本应在已列入名录的世界631处遗产中占到1/5到1/6，但遗憾的是我们1/10都没占到。这主要因为我们对这些遗产破坏得太厉害”，“我们风景区和自然保护区的主要通病是新建筑太多、游人太多、商店摊贩太多，同时品位和意识较土。比如有的风景区把自然的景观拆掉，增加了许多人为的景观”。

②2000年7月23日，云南电视台播放了这样一则消息：西双版纳景洪市的某一条街，原来为清一色的傣族传统建筑景观，由于交通、人文等因素；把其纳入传统傣族民居、饮食等人文旅游景点，游客纷至沓来，促进了当地旅游业的发展，当地居民的经济收入也不断提高。少数民族表现其生活宽裕，首先展示在其居住的房屋上。受现代文明的影响，他们纷纷把传统傣族民居结构拆除掉，建起一道道砖混结构的钢筋水泥房。许多游客来到景洪看到的傣族民居与都市里的建筑没有两样，与新闻媒体宣传的相距甚远。从而导致该地旅游业的下降。当旅游管理部门意识到由于民族文化的变迁对旅游可持续发展造成影响时，当机立断把其周围还没受到现代文明冲击的村寨民居纳入旅游管理范围内，由此出现该地旅游业的上升趋势。最后他们得出的结论是：保护就是发展；保护就是开发。

个民族的文化因子来看，其文化形态都较少发生重大变革，更少出现文化断层而保存良好。加之云南历史上众多的少数民族社会形态发展均较为缓慢，直到20世纪50年代仍分别处于前工业社会的不同社会发展阶段，从而构成了一部不仅在东南亚乃至在全球绝无仅有的活的人类社会发展史、一个活的文化基因库。在这里，人们不仅可以看到人类社会发展阶段上的所产生的各种文化现象，而且还可以从某一少数民族那里了解到某一社会发展阶段上所特有的文化因子。诸如在独龙族、怒族、傈僳族、佤族那里，我们可以集中地了解到原始氏族社会的文化基因；在宁蒗泸沽湖周围的摩梭人那里，我们能了解到母性制文化的遗留；在小凉山地区的彝族那里，我们可以见到奴隶制文化的踪影；在西双版纳、红河流域的傣族、哈尼族那里，我们可以了解到封建领主制文化的因子。从云南少数民族文化史中所包含的各个领域，如器物文化、制度文化、宗教文化、口承文化、节日文化、居室文化、饮食文化、服饰文化、交通文化等中，人们可以看到一部活生生的文化基因库的存在。正是由于云南人文环境及其民族文化的多元性，因而被学术界称为“一部活的社会发展史”，一个世界上绝无仅有的民族文化多样性的“文化基因库”。

在多样性的云南民族文化基因库中，有傣族、藏族的传统文化主导型模式，这些民族有自己的语言和文字，有自己比较古老而又完整的民族文化体系，形成了比较大的连片共同经济区域，在历史发展的长河中，传统文化占主导地位，保持了比较鲜明的民族地域特色；有像白族、纳西族、基诺族这样的开放容纳型文化模式；有像阿昌族、景颇族、普米族这样的吸收变迁型文化模式，这些民族居住区域分散，与其他民族杂居，经济上与汉族和当地人数较多的民族形成一体；[①] 有像傈僳族、佤族、怒族、独龙族、拉祜族、德昂族、布朗族这样的民族经济发展滞后型的文化模式；[②] 有像彝族、苗族、瑶

①这些民族的手工业和商业有一定的发展，阿昌族10%农户从事家庭手工业，打“户撒刀”，景颇族改革开放中的经商意识等。他们的宗教信仰中有一定原始宗教的沉淀和少部分信佛教、道教、基督教等，但宗教意识并不强烈；语言变化最大，除少部分人操民族语外，其他多数人改说汉语及其他民族语言。其他如壮族，阿昌族、普米族等也能说好几种民族语言。总的说来，这些民族的原生文化形态已发生根本变迁。

②这些民族大部分居住在边疆山区，交通比较闭塞；旧社会脱胎母体不同，起点和现实发育程度低，有自己语言但没有文字，只是近现代开始创制文字，但不普及；多数信仰原始宗教，有的信仰

族等的立体多元型文化模式。[①]

“云南民族多样性文化基因库”具有如下的特征：

（1）多维性。既包括多民族的不同社会、经济形态，多地区的不同意识、文化层次，又包括多民族、多地区的不同发展阶段的意识文化形态。

（2）综合性。即包括主动性的综合、被动性的综合以及综合中的排斥。

（3）变异性。包括由原始文化向封建文化、资本主义文化、社会主义文化的演化，以及由单一性走向多元性、由多元性走向统一性的趋势和走向，是在变中有异，在发展中创造，在创造中发展。

现代化作为近代人类社会的全面发展进程，泛指从农业社会向工业社会的发展，以及从传统社会向现代社会的转变，它是以商品经济为机制，以科学技术为先导，以工业化为基础的经济社会化、政治民主化、观念理性化、上帝世俗化的世界进程，是人类物质生活及精神生活由传统向现代的全面变革，是人的解放和人的个性不断获得的过程。现代化宛如一把“双刃剑”，它不仅是各个国家、各个地区走向富强、民主的必由之路，同时也对民族文化，特别是少数民族文化的生存和发展有重大影响。因此，近代以来，发端于科学和技术的现代化进程，作为由农业文明向工业和大工业文明转换的一次巨大嬗变，使云南民族文化多样性的特征遭受了巨大的冲击，对云南少数民族文化基因库的保存和发展造成了巨大的破坏。

1. 云南少数民族文化的生存环境受到冲击

云南各少数民族聚居区，不管是生态环境、生产方式、经济形态还是社会环境，在现代化浪潮的冲击下都发生了根本性的变革，尤其是随着广播、电视、电讯的迅速普及和交通状况的极大改善，云南各少数民族突破了往日的分割与隔离，民族间的交往日益增多。民族间的交往自然会带来各种文化的交流与碰撞。在现代工业社会文化潮流的冲击下，体现民族特色的民族传

基督教、天主教等；传统观念或一些习俗严重束缚了民族自身的发展，虽然有的民族如佤族、布朗族等内部发展不平衡，中心区传统文化负面影响大，杂居区影响小，但总体上说仍然发展缓慢。

①这三个民族的特点是人口比较多，彝、苗两民族人口都在500万以上，瑶族人口也在140多万，人口分布也相当广，各地经济发展起点也不一样，彝族解放前分别有奴隶制、领主制残余和封建地主经济几种形态；瑶族也有以农业为主，以林为主和刀耕火种几种生产经营方式。他们地区性语言差异大。各地瑶族并不能通话，文化差异比较大，从东到西，从北到南，不同海拔地区、杂居区与聚居区文化层次十分明显。

统文化正大量流失。不少民族的服饰、语言、传统民居、歌唱艺术、民族舞蹈、礼仪习俗等民族.文化遗产，有可能在20年到30年或稍长一些的时间内大部或全部消失。[①]

2. 云南少数民族文化多样性特征受到冲击

云南多民族的社会形态大体有四类：封建地主制、封建领主制、奴隶制和原始社会末期。其经济方式仍属于游牧、半农半牧、渔业采集与农耕的自然经济方式。生产力水平较低，生产方式的落后性成为云南大多数民族经济的根本特征。正是这种社会形态和生产方式的差异性产生了少数民族文化的多样性。随着中国社会主义制度的确立，云南各少数民族都进入了社会主义社会。这是一种社会形态的大跨越，也是云南各少数民族历史进程的历史性飞跃，它对云南各少数民族的各个方面都产生了深远的影响。由于生产方式和社会发展阶段决定着该民族的生活方式，不同的生活方式造就不同的民族特点，伴随着云南现代化进程的推进，在相同的社会形态和大体相似的生产方式下，也随着云南各民族社会生产力的普遍发展，各民族间的交往日益频繁，互相吸收、互相影响的力度不断加大，出现了民族同化和民族文化快速融合的现象。这种民族间的自然同化，是现代化的伴生现象，也是符合历史发展潮流的。在民族自然同化过程中，云南各少数民族的民族特点都出现了变异，趋同性是其最基本的特征。但民族特点的趋同，导致了少数民族的相似性，也自然影响了云南少数民族传统文化的多样性和独特性。

3. 现代化对云南少数民族传统文化观念的冲击

云南各少数民族具有许多优良的文化传统。诸如，不屈不挠的斗争精神；求真务实的生活态度；刚毅诚信的秉性；勤劳简朴的美德；团结互助的集体观念及较强的民族内聚力等。正是这些优良的传统文化精神，才使云南省各少数民族在极其艰苦的环境下获得生存和发展，并对云南的开发和建设

①云南社科院杜玉亭教授曾在1990年预测：适应热带山区的基诺族传统竹楼有可能在十年内被内地汉族式砖木结构平房和钢筋水泥结构楼房所取代；颇具民族特色的基诺族服装可能在20年内消失。由于传统的上新房、过年、成年礼等一系列仪式已从1959年起革除，历史、文化的传承中断，通晓本民族历史、习俗的长老多已故去，基诺族大量优秀、独特的传统文化正急剧流失，如不采取有效措施抢救，世代口耳相传的基诺族传统历史文化有可能在30年内消失。基诺族青年多习惯于讲汉语而不讲基诺语，如不采取有效措施扭转，那么，一个无文字民族传统文化载体的基诺族有可能在50年内消失。

做出了积极的贡献。然而，正如没有任何一种文化是十全十美一样，云南少数民族传统文化也有其弱点。体现在思想意识和价值观上主要是：经商可耻的观念，平均主义观念，竞争意识淡薄，依赖意识严重，积累和再生产观念缺乏，宗教意识浓厚以及轻利的、保守的、平均主义的价值观。这些传统观念明显反映出农业经济的特征。云南少数民族传统观念上的这种保守性、专制性、宗教性、封闭性、地域性等文化观念模式和现代化所要求的商品性、竞争性、民主性、科学性、世俗性、开放性的观念模式，以及那种轻利、保守、平均主义的价值观与现代化要求的重利、竞争、进取的价值观充满着尖锐的矛盾和冲突。而现代化是一个世界性的潮流，在现代化的过程中都必须发展经济，发展科学技术，走工业化道路，参与世界竞争并与世界经济接轨。

这些情况说明，在西部大开发中，我们必须注意对民族文化精华进行认真的保护。由此也说明了建立“云南民族多样性文化基因库”的迫切性和重要性。

现代社会，以西方科学技术为主要标志的现代化趋势占据着至高无上的优势地位。[①] 在未来的历史中，人们将可以看到，在标志着本世纪的革命与战争下面，存在着一种基本的统一性。这种统一性的结果是对民族文化多样性传统的全面侵蚀，而民族文化多样性的消失将威胁到民族文化的全面复兴。现代高科技使得科学家们可以克隆人类，但是却无法改善人类文化。因此，人类的民族文化价值必须通过政府宏观调控的政策，通过政府行为的导向，通过一些具体的政策和措施表现出来，并且通过一些具体的途径而得到合理的保护及利用，以实现民族文化的可持续的发展。这不仅是为了我们的审美的满足，而是为着许多对于人类社会来说更为根本的东西。

时至今日，这些古老的民族文化积存常常被许多人认为是毫无用处的东西。它们恰似在庄子的道家哲学中被着重描摹的那株古树：对于一般人来说它极适于观赏，但你却无法假以为用。[②] 但是，我们必须重提文化互动的这个话题：20世纪30年代以来，已经有诸多出自文化人类学家的关于文化发

---

①与之伴生的是全球性的西方化，除了汉堡包和炸薯条、牛仔服、汽车、摩托车和现代化酒店等物质文化外，更具影响力的是西方意识形态通过地球村的大众媒介实现的传输。

②甚至目前在我们的大学中，学习民族文化学科的学生都极其难于谋到与其教育相应的职位。

展、文化相对主义和文化普泛性的理论。更早些时，就已出现了大量关于文化进化的理论（如赫德、卢梭，以及19世纪晚期在达尔文主义的影响下泰勒的进化理论等）。这些理论大多建立在对于所谓原始社会的研究的基础上，但却绝少提及文化交流和相互影响的作用。然而这种文化发展中的作用在我们看来却相当重要，并且在艺术和科学的互动中特别引人注目。① 凭借这些事例以及其他很容易使人联想到的例子，人们可以轻而易举地就能证明现代文化是如何得益于那些至今仍存在于世、可资利用的各类民族文化资源。通过这一途径，不同的文化构成了独具特色的种类的集合，构成了灵感和创造的宝库。只要这些独具特色的种类存在，人类文明的创新和复兴就有可能。从这个角度来看，人类文化的功能无异于基因库的作用。②

今天，人类的民族文化多样性正在面临着受到全球一体化的威胁。我们不会建造金字塔来容纳我们文化的巨大成就，我们有民族博物馆，但是它们能经受住时间的考验吗？能够保存在博物馆里的只有那么多。而在未以这种方式保存的东西之中，散失和损毁更是令人触目惊心。

对于这场对人类民族多样性文化整体性的破坏，其原因不仅是资金或资源的缺乏，更是理解和关注的缺乏，而这又是那样重要。③ 民族文化多样性构成了人类文化的宝库，然而，这一人类文明不可或缺的元素并未被当今的决策制定部门的人们深刻理解。④ 在人文学科中，古老的常常是美好的，这

---

①关于这种创造性互动的例子俯拾皆是，而且就存在于我们身边和当代社会中，远的例如非洲音乐对现代流行音乐的影响，日本版画对凡高的影响，非洲雕塑对毕加索的影响。甚至更为普遍的是，日本建筑对于现代建筑风格的影响，等等。近的可以研究云南迪庆藏族自治州对“香格里拉”成功运作所带来的旅游事业的腾飞；丽江“世界自然文化遗产”申报成功对古老的茶马古道上“四方街”复兴与再生的魅力。

②也许，正如《古兰经》中谈到人们所说的：“人啊！……我将你们创造为互不相同，正为使你们可以相互学习。”

③正如西人卡瓦利·斯佛扎的研究所雄辩证明的：（1）文化传播是文化转变的根本因素；（2）引起这种互动关系的文化多样性今天已经受到威胁。其他学者，如荷兰著名的语言学家乌兰贝克，已经证明在全球语言多样化方面存在引人警觉的消减态势。这些趋向首当其冲与民族语言有关。

④事实上，在民族文化学科中保存并传播知识的功能如果不是更重要的话，也与旨在开辟新前景和创建新模式的研究同等重要。因此，保存如果不比解释更为重要的话，也应被一视同仁。实际上，正如许多人类学的田野工作者所体验到的那样，文化阐释可能并不利于民族文化的保存。正如我们所见，由一小批学者通过教与学进行的古代传统的保存和传承对于人类获得这些传统所益良多。但是，这些对于知识所做的默默无闻、谦逊朴实的贡献，只有在其发挥作用的一个必要方面受到理解之后才能存在，而那将是必须要经过一个“长期”的寂寞过程才可能有希望实现的。基于同样的原因，标志着民族文化学科研究的积累过程要求其研究机构（图书馆、师资、研究中心）长期存在并逐年改进。

一点与以追求新颖为标志的其他领域恰恰相反。人文学科的特性导致它需要一种根本有别于其他科学探索领域的科学决策。

因此，在这里我要提醒人们注意中国哲学家庄子（公元前4世纪）历史悠久的寓言以及他关于什么有用和什么无用的观点。《庄子·逍遥游》与《庄子·外物》在谈及那株古树时说道，古树对于一般人来说可以赏心悦目，而对于木匠却毫无用处，庄子说正是古树的这种无用性对于这株古树本身才是最有用的，因为只有如此，它才能逃脱木匠的斧砍以全其身。他断言："人皆知有用之用，而莫知无用之用也。"

事实上，问题正在于此。如何使世界共存，如何使思想保持完整，而不是使之被肢解成无数碎片。[①] 正如那株古树：树根深植于地下，树冠则直伸向天宇，民族文化的保存对于决策制定者来说正是如此古老、笨重而且相当无用。然而，恰似古树，它们荫庇大地：你可以坐在树下神驰梦索。至于那只大葫芦，正如庄子所言，让它保持完整，放入水中，你可以坐在上面，任意随流而东西。让世界保持完整，你就可以自由漫步其上，脚往何处去，人往何处去。古老的书籍同样可为那些习得读懂它们的人带来这些好处。

建设民族文化大省，集中体现了先进社会生产力发展的需求，体现了先进文化的前进方向，符合云南各族人民的根本利益。因此，在西部大开发中，我们必须以"三个代表"重要思想为指导，对云南民族文化资源进行认真的保护。云南的自然生态和人文生态的基础极为脆弱，一旦遭到破坏或消失，就再也不可能复制，因此，在西部大开发中，我们一定要汲取其他地区的经验教训，正确处理民族文化资源的开发与保护问题，将开发会给当地民族地区带来的负面影响控制在最小的范围内，使其文化呈现出可持续发展的态势。要达到这一目的，建设《云南民族多样性文化基因库》是一条根本的可持续发展的路子。

---

①战国时期，惠子向著名的逻辑学家、哲学家庄子说了这样一件事：国王赏赐给他一颗葫芦种子，种下后结出一只奇大无比的葫芦，该如何处置这只葫芦呢？用它盛水它又不能竖起来，搬起来也太重；将它剖开做成勺子，还是太大，不知放什么好；惟一可做的就是将它打破完事。接着惠子就对庄子说，你的语言与这只巨大、笨重而一无是处的葫芦别无二致！庄子答道：只有与懂得无用的人才能谈论什么是有用。请看：对于世间来说，地不可谓不广大了。一个人所使用的不过是他的立足的部分。如果认识到这一点，那么我们围着他的脚往下挖，一直挖到地底下，让这个人的脚踏在地下，这对于人来说还有用吗？惠子答：没有用了。于是庄子说，那么无用的确也可有用就很容易理解了。

《云南民族多样性文化基因库》是建设云南民族文化大省的根基,《云南民族多样性文化基因库》建设的途径是指通过建立民族文化生态保护村，运用发展现代村落文明的手段，从而达到保护民族传统文化整体的目的。这一概念所涉及的是中华民族文化发展的一个新的领域。它的建设宗旨之一是将有价值的民族文化遗产和自然遗产原状地保护和保存在其所属村落社区及生态环境中，并使其正常地发展和延续下去，从而唤起本民族对自己传统文化的保护意识和文化自豪感。宗旨之二是从全球一体化的发展趋势出发，在顺应工业化、城市化、现代化的潮流，实现社区文明、富裕、繁荣，让少数民族人民共享现代文明成果的进程中，保留自己的优秀传统文化，并通过民族传统文化在自身前进道路上的不断创新，实现富有鲜明民族。个性和特色的现代文化转型。因此，民族文化保护村不仅是旨在保护整体形成和积淀下来的优秀传统文化，还要把传统与现代联系起来，创造由传统走向未来的民族新文化。它既有保护民族优秀文化传统的强劲功能，又有使村民接受现代文明的机制。它可在改革、开放和现代化条件下，为处理变革与传统的矛盾提供经验和榜样。

民族文化村落保护的传统文化，是指特定村落地域界限内的民族群体在人与自然、人与社会长期互动中所创造的物质的和精神的文化。包括所创造的物质与知识体系、行为准则、理想信念和价值观念的总和。物质文化包括进行农、林、牧、渔生产的工具和生活、器皿用具、民居建筑、民间手工艺（雕刻、雕塑、塑造、刺绣）和服饰等；精神文化包括民间文学、艺术（故事、传说、诗歌、歌谣、音乐、绘画、舞蹈、谚语、戏剧、曲艺、民族文字手稿、经卷、典籍、碑刻、楹联等）和民风民俗等。民风民俗是民族聚落群体共有的世代相袭的行为方式，包括伦理道德规范、传统教育、宗教仪式、婚丧礼仪、人生礼俗、节庆仪式、饮食习俗等。

保留——创新——繁荣是文化运动的一般规律，民族传统文化的发展和保护可采取传统延续型. 传统改进型、全新创造型三种。延续型的主要做法是通过传承和传播，如师徒传承传播、定期举行群众性传统文化活动与民族节日活动的传承传播、学校教育的传承传播，传习馆的传承传播等。传承是一个动态的历史过程，随着民族文化保护村的建立，生存环境、社会环境的改变，劳动者素质的提高，传承将会变得更加主动积极和形式多样。传统改进型是保留传统之框架与特色，只对局部做改进或改变。全新创造型是指传统文化的自我更新，对异文化的移植或将异文化本土化。

建设《云南民族多样性文化基因库》除上述之外，具体的对策还应该有以下几点：

（1）法律法规是保护民族文化资源的可靠保障。为了建设民族文化大省的顺利实施，做到“依法办事”，云南省人大常委会于2000年5月26日第九届第十六次会议上通过了《云南省民族民间传统文化保护条例》为我们进行民族文化资源保护提供了法律依据。

（2）持续进行继承和弘扬民族传统优秀文化的工作。例如，云南省率先举办“首届中国民族服饰博览会”，是继承和弘扬民族传统优秀文化的集中表现，是建设民族文化大省的重要举措。据统计，这次服饰博览会，云南省16个地州市送交服装服饰1067套件，涉及全省26个民族，真正展示了云南绚丽多姿的民族服饰文化。

（3）摸清家底，认真进行全省民族文化资源普查，真正做到心中有数。目前，我省民族文化资源心中没底，普查工作在古籍领域进行了一些，但也未普查清楚，其他文化资源底蕴还非常丰厚，普查工作任务十分艰巨，在全省民族文化建设过程中一定要把这项工作作为首要任务来抓。这方面工作，国外一些经验很值得我们借鉴。①

（4）建设云南民族文化生态村。《云南省民族民间传统文化保护条例》第十八条规定；选择有代表性的少数民族聚居自然村寨，设立云南省民族传统文化保护区。保护区须符合下列条件：A. 能够集中反映原生形态少数民族传统文化；B. 居民建筑民族风格特点突出并有一定规模的；C. 民族生产生活习俗较有特色的。根据上述条件，在某些地区正在进行这方面的尝试工作。

---

①比如，20世纪60年代初，法国在现代化建设的高潮中，民族传统文化受到了极大的冲击和破坏。1964年，在文化部长马尔罗的倡议下，法国进行了该国历史上最大的一次文化遗产“总普查”。当时的口号是“大到教堂，小到汤匙”，凡历史遗存的有价值的文物，全要登记造册。这次普查不仅把祖先留下来的财富搞得心中有数，而大大地增强了全民族对民族文化的自豪感以及对乡土的热爱。它是法兰西民族的现代化进程中的一次自我文化提醒，激发了人们的文化自尊，也是民族的自尊，从而使法国文化遗产经受住冲击，得到了全面和真正严格的保护，今天的法国为此而受益无穷。

民族文化保护村既是保护民族传统文化的基地，又是具有现代色彩的民族文化载体，是少数民族安居乐业、富足、和谐、温馨的生存空间，它植根于灿烂的民族本土文化底蕴，又与现代文明相对接，能满足现代民族生活的需要。因此，它应建成社会主义现代化新农村的榜样。

第六章 "全球化"背景下的民族关系特点及其发展趋势

民族与民族问题作为当今人类基本的人们共同体及其描述族际之间基本特征和发展趋势的概念，一直是备受人们关注的学术和现实热点。"全球化"背景下的当今世界，仍然是民族的世界而不是民族消亡的世界；民族的世界充满着民族矛盾和民族问题。民族问题既包括民族自身的发展，又包括民族之间，民族与阶级、国家之间等方面的关系。当代世界的民族问题纷繁复杂，既有全球性的民族问题（如"东西矛盾"'南北矛盾"等），也有地区性的民族问题（如"泛民族主义"现象以及"宗教民族主义"现象）；更有一国内部的民族问题（主要表现在大民族与小民族之间和各民族之间的矛盾，其实质是一个平等问题）。

处于新世纪、新阶段之初的中国民族问题由于受国际民族问题的影响，表现出了其前所未有的复杂性和深刻性。从国际环境来看，由于世纪末国际上民族主义浪潮的泛滥，周边国家政治、经济、文化的发展，我国 30 多个民族与周边国家跨境而居的相互关系，都必然会对我国新世纪、新阶段的民族问题产生这样或那样的影响。加上流亡境外的民族分裂主义势力和西方敌对势力，始终不放弃利用我国民族问题进行渗透、颠覆和制造分裂的企图。这就需要我们对新世纪、新阶段我国民族问题的基本特点和发展趋势有一个清醒的认识和理解，以此来正确判断我国民族问题的解决程度，科学把握民族关系演变的发展规律，在全面建设小康社会的过程中不断巩固和发展社会主义的民族关系。

实现各族人民的多样性和谐社会，是全面建设小康社会的内在要求。经济发展固然是第一位的重要任务，但是，如果没有社会多样性和谐相匹配，这种发展是不健全的，也是不可持续的。因此，我们必须牢固树立"社会更加和谐”的价值观，努力推进中国民族问题的解决，把社会多样性和谐摆到更加重要的位置上认真加以对待。

一、以“全球化”的眼光来研究民族关系的基本特点及其发展趋势

（一）在国际政治变化发展的大环境中观察和研究民族关系

当今世界的政治格局，美苏两个超级大国争霸的局面已经成为历史。但以美国为首的少数几个西方国家要主宰这个世界，则是当今国际政治最重要的特点。不合理的国际政治格局，强权政治和霸权主义是造成国家关系和民族关系紧张、矛盾、冲突的主要根源。

20世纪发生过两次世界大战，世界政治格局发生过三次重大变化。第一次世界大战是一次帝国主义之间争夺殖民地的非正义的战争，是帝国主义列强之间对殖民地的重新划分。其结果是“凡尔赛体系”这一不平等的世界格局的形成。第二次世界大战以非正义战争开始，但战争的进程逐渐使正义战胜邪恶，最后以正义的胜利而结束。第二次世界大战以后在国际政治格局上，随着苏联所控制地区的各个国家相继实现了共产党执政的局面，社会主义与资本主义的政治对抗将欧洲分成东、西两个地缘政治区域，开始了东、西方的冷战过程。这一格局给民族问题带来的影响是：一方面，广大殖民地民族解放运动的蓬勃发展，建立了一系列独立的民族国家。另一方面，有些民族问题、宗教问题，被美苏的霸权争夺所掩盖；同时，两极格局还制造了一些新的民族问题，为以后的民族问题埋下了很多隐患。20世纪80年代末90年代初，冷战结束，两极格局被打破，世界出现多极化发展趋向。国际形势的发展呈现出两种倾向。一是科技的迅速发展，经济向全球化方向发展，各国间的相互依赖更加强化，合作的倾向增强；同时，过去长期受到两霸压制的国家，在一定程度上摆脱了原有的束缚，在国际事务中可以更多地表达自己的意愿，自主性增强了。二是苏联的解体和东欧剧变，打破了原有的平衡，使美国在国际事务中的实力、地位得到强化，加上美国经济连续几年的发展，经济实力也在增强，霸权主义膨胀。在国际关系中，以美国为首的西方国家更加干涉别国的内政，甚至不惜使用武力，以实现其独霸世界的野

心。在国际事务中，这两种倾向将长期并存，同时展开较量。

霸权主义、强权政治与世界和平是根本对立的。以美国为首的西方国家要称霸世界、主宰世界，企图建立一种世界任他们宰割的"新秩序"。他们提出了自己并不遵守的所谓"民主"、"人权"等口号，要推行所谓"全球民主化"，要去保护别国的"人权"，这是霸权主义的政治纲领、政治宣言。在经济上，它们利用其经济实力推行"经济一体化"，通过它们控制的国际经济组织，对发展中国家进行经济控制和掠夺，有时还利用政治手段，进行经济敲诈。在军事上，进行疯狂的扩军备战，在政治和经济手段不起作用的情况下，不惜使用武力入侵主权国家。

现在特别要警惕的是以美国为首的西方某些国家制造的一个新的霸权主义理论——"新干涉主义"，即"人权高于主权"。美国宣称"国家主权不如人权重要"，"我们不是为土地而战，而是为价值观念而战"，"必须对不干涉内政原则的重要方面加以限制"等等，这种理论是在新的历史条件下对传统的"炮舰政策"的翻版。根据这种理论，他们可以对国际法进行粗暴的践踏，如对前南斯拉夫，对伊拉克等主权国家公开进行武装干涉，对我国的内部事务进行指责。

国际政治格局制约着世界民族问题，只有站在国际政治的高度上，才能对复杂的民族问题保持清醒的政治头脑。

（二）在国际经济社会发展的新环境中观察和研究民族关系

20世纪下半叶，科技的迅猛发展及信息时代的到来，已经预示着21世纪的人类社会将面临着全方位的挑战与变迁。伴随经济全球化所到来的政治多极化、社会世俗化、文化多元化，对当前各地区、各民族、各个国家的存在形态、思维方式、价值判断、组织结构都将产生不可估量的巨大影响。

1. 政治多极化

20世纪90年代，冷战结束，两极格局瓦解，世界进入和平与发展的历史时期，政治上出现了多极化发展的趋势。但美国的霸权主义及主宰世界的意图将是政治多极化发展的最大障碍。单极与多极之争，将是21世纪前半叶国际政治斗争的重要内容和显著特点。

20世纪是苏美争霸、美国霸权主义愈演愈烈的世纪，也是各国人民反对霸权主义、寻求政治向多极化方向发展的世纪。两极格局时期，发展中国家是两极之间的中间力量，地位举足轻重。冷战结束后，发展中国家成为中间力量的重要作用消失，整体地位下降。经济全球化不仅扩大了南北差距，还造成了发展中国家之间发展不平衡，利益分化加剧，整体力量涣散。西方发达国家向发展中国家推行民主化、私有化、市场化，也使一些国家的内在矛盾，包括民族、宗教、边界矛盾愈演愈烈。发展中国家在国际政治、经济中被日益边缘化。发展中国家分化、西化、弱化的倾向，对霸权主义的制约力下降，这使美国能够比较顺利地在全球推进它的战略利益，其霸权主义愈演愈烈。

美国的力量从20世纪初叶的列强之一、冷战时期的“两超”之一，到21世纪之交“一强独霸”的地位，在一个世纪中，政治、经济、军事和物质实力别国无以项背，综合国力达到历史鼎盛。尤其是冷战、两极格局瓦解后，美国就一直谋求建立由它主宰的单极世界，极力阻止多极世界的出现。与过去相比，如今美国的霸权主义更具进攻性、侵略性、扩张性和冒险性。它推出以“人权高于主权”为核心内容的“新干涉主义理论”，在政治、经济、军事、意识形态等各个领域发动了咄咄逼人的攻势。它一方面运用军事手段进行硬干预，另一方面通过政治高压和经济制裁进行软干预。从绕过联合国安理会在南斯拉夫大打出手，到打着联合国旗号在东帝汶问题上向印尼当局施压，再到利用欧盟组织插手干涉俄罗斯在车臣的军事行动，到处张牙舞爪，为所欲为，俨然成了“地球的主宰”。美国的霸权行径威胁到世界的和平与稳定，迟滞了多极化的进程。英、法、德、意等西方国家在社会制度、意识形态、价值观念等方面与美国相去不远，战略目标相对一致，因此对美国袭击南、伊、遏制中、俄的行动，不仅形不成制约、相反还跟着一起干，使美国推行霸权主义更加有恃无恐。特别是美国经常以人权法官、人权卫士自居.对别国的内政说三道四，横加指责。美国国务院每年发表一项《人权报告》，对全世界一百几十个国家的人权状况进行所谓“审查”，对几十个国家的人权状况评头品足。

尽管美国霸权主义气势逼人，想建立由它主宰的单极世界，但它无法阻止多极化发展的趋势。虽然经济全球化使广大发展中国家面临巨大的挑战和机遇，有的国家甚至处于不利地位，但经历亚洲金融危机和伊拉克战争之后，发展中国家开始反思和调整政策，出现了相互团结和重新聚合的势头。东南亚、拉美、中东、非洲等区域合作发展较快，积极迎接全球化挑战、争取平等发展权、改变自身不利地位，已成为发展中国家加强合作的重要基础和内涵。发展中国家联合自强的发展势头，是对美国霸权主义的最大制约力量。

此外，由于欧盟的自主意识日益增强，想成为世界一极的战略目标，也是遏制美国霸权主义的重要力量。虽然西方一些盟国与美国有着共同的价值观，在建立国际政治经济秩序等一些重大问题上与美国有着基本一致的利益，但是美国独霸天下的战略也不符合它们的根本利益。欧盟与日本都有巨大的实力和强烈的欲望成为未来多极世界中的一极。俄罗斯则是美国搞霸权主义的最大障碍。俄地域辽阔、资源丰富，科技发达，大国意识强烈，拥有与美国对抗的巨大军事力量。

中国是反对霸权主义、维护世界和平的重要力量。21 世纪，我国改革开放将继续深入，经济建设迅速发展、综合国力更加增强，国际地位将稳步提升，我国在国际事务中的作用将更加突出。中国在 21 世纪的崛起势不可挡，中国的强大与发展，是对单极图谋及霸权主义的有力制约。

总之，21 世纪是一个单极挑战多极的世纪，是一个形成多极世界的充满斗争的、漫长的历史过程。在这个过程中，民族、宗教问题将更显突出，成为国际政治斗争的重要内容。

2. 社会世俗化

社会世俗化是历史发展的必然趋势，也是历史发展的必然结果。所谓社会世俗化的概念，主要相对于某些传统社会政教合一的体制而言，尤其是相对于传统的基督教文化及伊斯兰教文化而言。社会的世俗化，意指社会的非宗教化，即社会越来越摆脱宗教的影响，宗教的世界观、价值观不再是判定社会各项事务的决定因素，社会按照自身的规律运行和发展。

社会世俗化的进程始于近代社会的开始，以政教分离为特征。在被马克思誉为第一次资产阶级革命的欧洲宗教改革中，当时的领袖人物马丁·路德在反对教皇对世俗事务的专制统治中提出，教皇的权力应当限于宗教事务，世俗事务应当归世俗政权管理。1787年美国以国家宪章立法的形式，在世界历史上首次确立了政教分离的原则，规定宗教不能干预国家的行政事务，从而使宗教与教育、宗教与法律、宗教与政治、宗教与经济的发展相分离。这是与当时社会发展的要求相适应的。在经济上，资本主义要求按经济规律来发展生产；政治上，资产阶级需要政权对其自身的利益予以保护；思想上，资产阶级要求打破传统保守的宗教思想的束缚；文化上，现代社会要求以实证的方式来发展科学文化。在伊斯兰教世界中，1923年土耳其政治革命家基马尔建立了共和政体，实行了政教分离，首次冲破了穆斯林国家政教合一的传统体制，并促进了绝大多数穆斯林国家逐步走向政教分离的共和政体。通过立法实施了政教分离，使社会的世俗化大大向前发展。此外，在哲学、艺术及思想文化领域中所进行的启蒙，冲破了把宗教作为惟一思维方式的禁锢，导致思想的多元化及理性的高扬，为社会的世俗化开拓了一条不归路。对于曾经被神性压抑的人性的肯定，对于曾经被来世否定的现世的赞美，对于财富的积累和人生享乐的肯定，都使人们的眼光更多地关注现世的世界和人生。尤其是20世纪后半叶，物质主义和消费主义的泛滥，更加快了社会世俗化的进程。21世纪社会的世俗化趋向，将不可避免地以更为广阔的方式继续发展。世界各国的宗教信仰都将面临巨大的危机和挑战。

3. 文化多元化

20世纪末“两霸格局”的结束，使文化多元化的问题更为凸显。在信息革命和互联网使世界变得越来越小、拉近了人们之间距离的同时，也使人们更加感到不同文化之间的差异和区别。西方世界曾经认为，西方文明代表着历史的发展方向，是最好、最优秀、最有生命力的。他们也曾力图以西方的文明去改造、同化甚至灭绝其他国家和地区的不同文明。但是，随着社会的发展和视野的开阔，人们越来越宽容地认识到，不论是民族、还是宗教、还是各国不同的文化之间，是无优劣可言的。任何文化或宗教的存在，都有其历史的必然性和合理性，正像种族和民族自身存在所具有的历史合理性一样。尤其是当以美国等发达国家及跨国公司为主导的经济全球化浪潮力图把人们纳入一个模式、纳入西方文明的框架中时，当每个民族不论愿意还是不愿意，都被迫进入全球化世界市场的竞争中一决雌雄时，民族生存的危机感，更激起了民族意识的上升和高扬。

文化的多元化原本是就全世界范围内而言的一个历史现象，即不同国家、不同民族在相对隔绝的状态下，保持着自己独特的文化特色。随着经济的全球化、政治的多极化、民族意识的复苏、文化交流的扩大、各国疆域的打破，文化之间的相互渗透将必然进一步加剧，致使一个国家或一个民族内部，哲学、思想、意识形态、文化艺术等，社会的方方面面也都呈现出多元化的态势。对于文化多元化的思考，已不再是基于全球视野的范围；国家以及民族内部文化多元化的态势正日益加剧。近十年来民族、宗教问题在世界范围内此起彼伏，第三世界民族意识的增强，新兴宗教对于传统宗教和主流教派的抗衡，宗教作为民族凝聚力的作用更加突出，都预示着未来21世纪文化的多元化必然加剧宗教多元化的态势。

（三）在民族与宗教的紧密联系中观察和研究民族关系

世界民族问题和宗教问题历来就有着特殊的密切关系。从民族方面看，目前全世界有2000多个民族，分布在200多个国家和地区。从宗教方面看，据统计，目前在全世界的60亿人口中，大约有48亿人信仰宗教。

20世纪下半叶，科技的迅猛发展及信息时代的到来，已经预示着21世纪的人类社会将面临着全方位的挑战与变迁。作为社会意识形态的重要组成部分的宗教，必然随着社会的发展变化而变化，也将经历巨大的挑战与变迁。经济的全球化、政治的多极化、社会的世俗化、文化的多元化，对当前各地区、各民族、各个国家宗教的存在形态、思维方式、价值判断、组织结构，以及宗教与科技、宗教与社会、宗教与政治、宗教与民族等关系，都将产生不可估量的巨大影响。

1. 宗教与科学

宗教与科学的关系，历来是人们十分关注的话题。在科技飞速发展的20世纪，宗教与科学必然对立和冲突的信条，无论在宗教界还是在科学界，都受到一定程度的质疑。人们看到，科技的发展及生活水平的提高，并没有解决人类所面临的许多困惑和问题；尤其是在发达国家，除了经济发展带来的贫富分化、环境污染、暴力犯罪、道德衰退、滥用毒品、离婚率上升之外，丰富的物质生活与贫乏的精神生活之间巨大的反差，使宗教可能再度成为人们关注的热点。比以前更多的人们认为，宗教与科学分属两个不同的领域，并不一定必然矛盾或冲突。宗教为人类社会与宇宙世界提供的是存在的价值与意义，而科学则是在探索事物运行及发展的客观规律。把宗教完全排斥于人们生活之外的做法，将会使人类自身及人类社会的发展失去文化和历史的渊源，从而呈现出在发展中顾此失彼的畸形和不全面。宗教作为文化的载体已得到世人公认。他们提出，宗教在精神领域中可以净化人们的心灵，重塑社会道德，并使一些囿于自身疑惑而不能自拔的人得到精神的慰藉。西方的社会科学工作者对于宗教的社会作用给予了较以前更为积极的评价。

现当代，科技革命、基因革命的发展及其应用已经直逼宗教的核心教义，势必引起对于一些基本信念的争议，宗教将更加迫切地寻求与科学之间的对话和理解。在高新科技不断向宗教信条挑战的同时，宗教也利用各种高新科学技术来为自己的信仰服务。对于上一个千年科技方面的成果，各宗教将不再是采取完全抵制的消极态度，而是从宗教信仰的传统伦理道德的角度，小心翼翼地发表自己的看法和见解。基督教的神学家们坚持认为，所有的科学家都是在发现规律和利用规律，不可能创造规律，只有神才能创造规律；所有遵循规律的发明与创造都是在上帝的统辖之内。由于与《圣经》的“创世论”相冲突，以前最为神学家反对的达尔文的进化论，现在也被一些神学家们解释成体现了上帝对世事的管理原则而给其以一席之地。对于医学的态度，也充分反映了宗教是如何利用并与现代科学妥协的。医学对于人体认识的深化，成为对于上帝全知全能至善的论证。人类从医学的发展中延年益寿、获益匪浅，成为上帝对人类恩赐的佐证。于是，西方传教士在传教的同时，在世界各国建立医院，办护士学校和医学院培养医务人才，并研究与探索基督教伦理与医学道德问题。西方的医务界也邀请宗教界人士一道研究人的精神和信仰上的治疗与提供医务治疗之间的关系。在以病人为服务对象，提高全面治疗的效果的前提下，医生、心理学家和牧师走到一起来了。这在欧美以基督教为文化背景的国家已是司空见惯。

对于因科技发展而引发的一些伦理问题的讨论也将继续深化，例如，对于试管婴儿、克隆动物以及科学家发现了人类基因排列的密码之后，将可能引发怎样的伦理问题和社会道德问题？对于人类自身的生存会带来什么问题？科技领先的美国宗教界人士已参与总统的伦理顾问委员会。从宗教和信仰的角度，就科技发展所引发的社会伦理问题提出他们自己的看法。

现代高科技的发展，也为各宗教的传播提供了便捷之路和全球共享的机遇。上个千年使徒保罗步履传教，唐僧千里取经，鉴真东渡日本的艰险历程，已成为陈迹。下个世纪各种宗教传播的速度和广度要比历史上任何时候都更为广阔和快捷。在西方世界，利用广播电视传教已是司空见惯。通过卫星传播的大型宗教活动，数秒钟内就可以用不同的语言传遍全球。电脑网络拉近了各国信徒间的距离，他们不但可以在网络上查阅经文，而且可以就信仰问题跨洋发表见解，参加各种研讨。足不出户参加宗教活动，利用互联网对教职人员寻求指导，都将不再是神话。

尽管有着宗教与科学之间的妥协和调和，但由于科学与宗教本质的不同，科学的每一个进步都是对宗教信念的挑战，因此，宗教也需要不断地调整自身以适应科学技术的发展及社会的变迁。当然，宗教与科学之间的妥协与调和是相对的，暂时的；冲突是绝对的、必然的。随着科学技术的发展和社会的进步，长期并存、寻求对话、时有冲突，将是宗教与科学之间互存共生的必然模式。

2．宗教与政治

作为外在的组织形式，宗教可以与政府权力机构相分离；但作为一种信仰，一种思想，一种文化，一种意识形态，宗教却不可能与政治完全分离。宗教不是政治，但从阶级社会形成以来，宗教就从来没有与政治完全分离，它或是政治斗争的工具，或是利用政治为其自身的目的服务。

政教分离，是人们认为政治成熟、政府成熟的标志。但是，当人们翻开20世纪的历史时，满眼是帝国主义利用基督教向世界殖民和侵略的足迹。人们不会忘记基督教曾经怎样被希特勒利用，武士道怎样成了日本法西斯的精神支柱。第二次世界大战以来，政教分离似乎得到了国际社会更大的确认，但是，在实践中，尤其是在以宗教文化为背景的国家，人们很难从理论到实际绝对分清，哪个领域是宗教的，哪个领域应当属于政府。在美国等西方国家的学校、军队、医院、监狱、警察局、消防队、飞机场等公共或私立机构都有牧师进行宗教服务。德国宗教税仍然由国家统一征收，教会的活动经费则直接由政府拨款。一些伊斯兰教国家的宗教首脑同时也是政府首脑，或在政府中担任要职。以宗教为手段来达到政治目的，这在人类历史上，尤其是20世纪更是屡见不鲜。

宗教与政治之间的这种微妙关系，使得在21世纪里、宗教在国际政治斗争中的作用仍然不容忽视；宗教作为西方推行其世界观、价值观，以及人权斗争工具的作用仍将长期存在。美国前国务卿奥尔布莱特曾公开声称：“为了贯彻我们的政策，我们公开承认保护宗教自由是我们外交的优先政策。”美国在1996年成立了隶属国务院外交部门的宗教自由顾问委员会，其主要职责就是向总统和政府提供海外宗教自由事务方面的咨询，将宗教问题纳人美国的对外政策，使之成为国际政治斗争的重要内容。宗教在政治斗争中具有的特殊位置，使美国在每年数以万计的移民申请中，凡是具有宗教职业身份的人，都有很大可能获得不受移民数量限制的优先权。

在第三世界，宗教也日益与维护民族独立和尊严、反对霸权主义的浪潮携手。历来不问世事的佛教，对于政治事务的关心随着时代的发展也在强化。东南亚一些国家在五六十年代就提出“佛教民族主义”、“佛教社会主义”的口号，反对以美国为首的西方强国的霸权主义和殖民政策，维护国家主权和民族经济的发展。伊斯兰教世界的宗教，更是政治斗争的工具。虽然1923年土耳其政治革命家基马尔建立了共和政体，实行了政教分离，首次冲破了穆斯林国家政教合一的传统体制，并促进了绝大多数穆斯林国家逐步走向政教分离的共和政体。是许多伊斯兰国家的宗教界仍然强烈要求提高伊斯兰教在国家政治生活中的地位和作用，甚至提出了伊斯兰教治国的主张。

此外，政教分离的原则，以及在一些以宗教为文化背景的国家中政治与宗教不可能分离的现实，也会使一些国家在处理政治事务或宗教事务时面临尴尬局面，从而使宗教与政府之间的摩擦连续不断。

与美国的霸权主义与强权政治相对应的是，宗教团体在美国是一支监督并制约政府的重要的政治力量，对美国国内及外交政策的制定具有相当影响力。美国1787年以国家宪章立法的形式，在世界历史上首次确立了政教分离的原则，规定宗教不能干预国家的行政事务，从而力图使宗教与教育、宗教与法律、宗教与政治、宗教与经济的发展相分离。20 世纪末美国有 95% 以上的人信奉宗教，有数以千计的教派和 30 多万座基督教教堂、犹太教会堂、清真寺及其他宗教活动场所。宗教团体有巨大的号召力和筹款能力，有远比政府和其他所有的社会团体雄厚得多的经济资产。美国的宗教团体在总统的大选中历来起着举足轻重的作用。1994 年美国国会中期选举中：基督教联盟通过其庞大的组织体系，完全控制了共和党在 18 个州的选举，并在另外 13 个州占主导地位。有人说，没有宗教右翼团体的支持，一个共和党人要赢得竞选提名或大选，是绝对不可能的。因此，理论上、法律上政教分离的原则，与实际上宗教和政治、经济、文化互渗、互促的现实是共存的。

21 世纪国际社会的发展将宗教在政治生活中置于何种地位？21 世纪的政教关系模式会有什么新的特征？不同宗教不同教派对于政治的参与将会对地区、民族乃至全球的安危产生什么影响？这些问题，都将是可以不断深入研究的课题。

3．宗教与社会

虽然宗教消亡的问题在 21 世纪还远远提不上议事日程。但宗教对人们的社会生活仍将发挥重要的影响。而且，宗教存在的形态及表现方式将发生变化，宗教的世俗化及反世俗化进程将在 21 世纪持续发展。

宗教的世俗化几乎是与社会的世俗化同步进行的。随着近代社会的出现和发展，传统社会日益非宗教化，宗教的价值观和世界观对于人们社会生活的方方面面不再具有至高的统辖权。各宗教在为人们提供人生及世界的价值和意义的同时，不再一味强调超自然的神圣存在及来世彼岸的学说，而是更多地关注并参与世俗社会的各项事业，力图对世俗社会的发展和导向维持并发挥更大的作用和影响力。

20 世纪西方欧美国家宗教日益凸显出“民事宗教”的特征，这是以宗教文化为传统背景的国家宗教世俗化进程的一个表象。与民事活动结合在一起的宗教行为、宗教典籍、礼仪，更多具有的只是象征的寓意，是一种文化传统及民族风习。国家元首和总统手按《圣经》宣誓就职；国会参、众两院的会议以牧师和神甫的祷告开始；美国的纸币上印有“我们信仰上帝”的字样；新郎和新娘在法院领取结婚证书之后要在宗教场所举行婚礼；私立学校的开学典礼和毕业典礼上有牧师的祷告等，人们已不能把这些活动完全看成是纯粹的宗教行为。

世界各大宗教的活动都不再局限于教堂、寺庙宫观等宗教场所的崇拜或礼仪，各宗教团体都以大量的人力和财力服务于社会。在社会福利、社会保障方面发挥着越来越大的作用。它们关注世界和平、生态环境、伦理道德、人权以及教育问题，关心社会政治、经济繁荣、文化发展，对于社会各界人士用各种科学的方法来制止和改造由于工业化和现代化所造成的环境污染、生态失衡等社会问题，也十分赞同并积极参与，并在参与社会实践中总结出适合与其所处环境、国度、文化相适应的实践神学理论，以指导今后的社会实践。

西方社会的宗教团体原本就有参与各项社会活动的传统。在过去的20世纪，面对科技发展带来的各种社会问题，他们做出了相应的姿态，将道德说教和社会福利工作在教会中的位置抬到前所未有的高度。他们在不否定彼岸世界和神的超越性的同时，更多地关注社会现实问题并寻求解决的办法。他们更多地宣扬“上帝是爱”的学说，发动“道德复兴运动”，宣传宗教的博爱精神，承担更多的社会福利事业。在政府机构的视野之外，越来越多地承担无家可归者收容所的设施、饮食、住宿；救灾扶贫，照料孤寡；经营和管理托儿所、幼儿园、小学、中学、大学和研究生院；为低收入家庭提供奖学金；为贫困人口提供养老设施、养老公寓和医疗服务；为失业者提供技能培训；对于诸如堕胎、吸毒、青少年犯罪、单亲家庭等各种社会问题发表意见并提供解决的办法；对于婚姻、家庭、教育子女以及有心理障碍的人提供心理咨询。有些宗教院校甚至规定，学生在校期间，就要去医院、监狱、无家可归收容所、孤儿院等机构或场所义务提供服务，将学生接受这样的训练作为今后祝圣封牧的必要条件。

与西方宗教界更加关注社会实践相应的是，伊斯兰教、佛教等第三世界的宗教也更加面向社会、面向世界、面向人生。在社会政治、经济、文化变革的大潮中，持一种积极参与的态度，并从教义．学说上进行有益于其民族发展的阐释。尤其是以出世为特征而有别于其他宗教的佛教，一洗一尘不染、不问世事的超然面貌，把其教义与现实生活的需要结合起来，研究时代有什么样的问题需要他们去解决，帮助人类摆脱痛苦的方法是什么，大力从事各项社会福利事业，并向基督教等以传为特征的宗教学习，研究什么是最为人们容易接受的传教方法。

21世纪，各宗教都将继续对全球性的事务产生影响。各国的疆域已经不能束缚各大宗教的眼界，对于国际事务的参与及国际问题的关注，将成为各国宗教界共同的追求。

全球性的传教活动仍然是各宗教的首要任务。各宗教都力图扩展自己的影响和势力。但是西方宗教团体在总结20世纪传教得失的基础上，将会越来越减少专职外国传教士的派遣，他们已认识到要想使外来宗教融入一个社会，成为其文化的组成部分，首先应当做的是鼓励宗教走本土化的道路，而这是外来传教士难以胜任的使命。利用文化交流、文化渗透的方式宣传其信仰的人生观、价值观、世界观，可能将是西方传教士扩大其宗教影响的一个更为易于推行的方式。如果说，上一个世纪基督教传教力量主要来自西欧和美国的话，下一个世纪基督教传教的主要力量将有可能转向亚洲，尤其是韩国、香港。随着经济的全球化及社会的开放，基督教在亚洲的中国、韩国、泰国仍将会持续快速发展。

在各宗教团体关注社会、为社会服务的同时，他们自身存在的问题及各种社会问题也将继续困扰着他们。在宗教世俗化的进程中，：必然相伴有原教旨主义和新宗教运动；各宗教信仰中的现代派与传统派之间的争执；天主教为妇女祝圣以及能不能在梵蒂冈供职的问题；天主教及基督新教对于其神职人员中存在的同性恋、吸毒、离婚等问题的关注；伊斯兰教世界妇女的权益问题；不同年龄段的信徒之间的鸿沟加大的问题；以及离婚率在发达国家的信徒中呈上升趋势的问题，都将是各宗教必须面对并做出回答的问题。

与宗教世俗化进程相对应的传统宗教复兴及新兴宗教兴起的现象还会持续。邪教仍会屡禁不止。宗教狂热及邪教的出现反映了在迅速发展变迁的世界上，社会问题、社会矛盾的深化。科技和经济的发展拉近了人们的空间距离，但拉开了人们心灵之间的距离。当人们对传统的信念和传统的宗教组织产生怀疑，在传统宗教的权威每况愈下的情况下，当某些以宗教为名的组织对人们的需要做出承诺或对人们的渴望提供帮助时，对于那些渴望获得一个美好的未来、建立稳定的家庭关系和友好的人与人之间的关系的人们，新兴宗教及邪教就具有相当的吸引力，并使之产生极大的盲目性。宗教信仰的过度自由化、个体化，也将使新兴宗教和邪教的发展存有空间。21 世纪的社会依然存在并不断产生的社会问题，将继续是新兴宗教及邪教存在和滋生的土壤。

20 世纪末新兴宗教及邪教的大量涌现，以及移民带来的宗教多元化，使人们在享有越来越多的信仰自由的同时，也有可能因宗教的纷争而影响其正常的生活秩序。这样，在今后的一段时期，各国政府基于维护社会稳定和人民生命财产的考虑，有可能对因宗教引发的问题采取越来越多的行政手段，依法加强对宗教事务的管理，对危害社会的宗教极端势力及邪教采取必要的措施，甚至可能出现国际联合对付邪教的组织或机构。

4. 宗教与民族

世界文化从来是多元的，宗教文化和民族文化从来就是以多元的形态存在于世界上。这既形成了世界文化的绚丽多彩，也时时引发不同民族、不同宗教之间的矛盾和冲突。

宗教虽然与民族不同，但又密切相关。宗教虽然有外在的组织机构和崇拜仪式，但它是以超世的信仰为核心，属于精神文化领域。宗教可以说是信仰的外化。而民族是源于同一远祖的、长期共同生活形成的稳定人群，由氏族演化而来，有自己的文化传统，是以血缘地缘为基础、以文化习俗为标志的文化共同体。

信仰不是民族性的全部，但它是诸多民族性内涵中一个十分重要的因素。宗教在世界上所有的民族形成过程中，都起过重要的作用，在有些民族文化共同体形成的过程中，宗教甚至起了决定性的作用。宗教文化几乎无一例外地都是早期民族文化的主流或正宗。

民族与宗教的紧密关系主要表现为民族的宗教性与宗教的民族性这两个方面。

民族的宗教性。自古以来，几乎找不到一个没有宗教信仰的民族。世界上 2000 多个民族，有的民族全民信仰一种宗教；有的民族其成员同时信仰几种宗教；有的民族的部分成员信仰宗教。宗教以民族文化的形式广泛存在于各民族社会生活中，以至在民族文化区别的要素中，它与民族心理素质、风俗习惯紧密相连，往往是一个民族最显著的特征。民族与宗教的这种紧密的关系，使宗教在各民族的政治生活及其对外关系中发挥其巨大的能量。在宗教共同体与民族共同体相一致的时候，它往往能促进全民族和国家内部的团结；在两者不一致的情况下，宗教又常常会影响民族的团结和国家的统一，触发民族之间或国家之间的纷争。特别是在一些经济社会不发达的国家和民族，这个问题显得更加明显。这是因为宗教对一个国家、一个民族往往意味着一种无形而巨大的感染力、向心力和凝聚力，容易获得社会成员的普遍认同，可以鼓舞人们的政治热情和斗争勇气，成为民族斗争中一种特殊的精神动力。

宗教的民族性。宗教的民族性是指它与民族的产生、发展和消亡的规律相适应的问题。像现在的基督教、伊斯兰教和佛教这些超越个别民族和国家范围的世界宗教，都是建立在民族宗教的基础上，它们都是伴随着各个相应的帝国扩张而由民族宗教实现其世界化的。宗教作为人类社会历史上的一种普遍而重要的社会文化现象，具有巨大的包容性。它包容着几乎所有的艺术形式，也包含着各种传统的价值、观念及制度。尽管是同一种宗教，但是在不同的国家、不同的民族，也会表现出不同的民族特点，譬如，中国的佛教与日本、韩国和泰国的佛教就不同。再如，中国佛教还分为汉传佛教、藏传佛教和南传上座部佛教，分别表现出了汉族、藏族和傣族等民族的文化特征。

宗教与民族性的结合，有积极和消极的两个方面。一方面，殖民地人民和被压迫民族以宗教作为它们反抗殖民统治、争取民族独立和解放的大旗；另一方面，宗教也往往成为挑起纠纷，引发事端的重要原因。尤其是 20 世纪 90 年代以来，宗教问题与民族问题相互影响、相互渗透，成为全球性的热点和难点。一些地区和国家的民族问题往往以宗教冲突的形式出现，而宗教的差异又加剧了民族的隔阂和纷争。近十几年来，世界上因民族分裂主义和宗教极端主义思潮所引发的流血冲突和局部战争，已严重威胁到世界和平和地区的稳定。

民族问题与宗教问题的交织，将仍然是 21 世纪世界直当关注的热点和难点问题。随着经济的全球化和世界范围内的移民流动，宗教信仰多元化必将随着政治、经济、文化交流的扩大及各国移民的增加而拓展，并对现实社会存有冲击。原有的世界宗教布局被打破，这将成为21世纪一个引人注目的现象。基督教信徒在东方儒文化圈国家中剧增，韩国的基督徒几乎达人口的四分之三，中国的基督徒在改革开放二十多年中翻了几番。伊斯兰教、佛教、道教等原为第三世界的宗教，开始在西方发达国家传播和发展，美国现有穆斯林400万，是1970年的4倍；有佛教徒200万，是1970年的9倍；还有80万印度教徒。随着西方文明优越论的破灭。在现代世界，已经没有哪一个民族或哪一个宗教能够宣称自己的民族或自己的宗教优越于其他民族或其他宗教，更不可能用一种文化或一种宗教强行统一人们的信仰、思维方式和生活习惯。宗教的多元化因社会的多元化和民族的多元化而存在和发展，它满足了不同民族、不同地区、不同国家、不同层次的信教群众的精神需求。

宗教的多元化还表现在同一宗教内不同个体的信仰更加个性化。由于生存的文化背景不同或种族的差异，一些信徒将会越来越远离传统的信仰和崇拜方式，尤其是一些少数民族或不同种族的宗教崇拜形式将更加活跃，不受传统仪规的拘束。宗教团体的成员常年固定参加某一宗教或某一宗教团体或某一宗教组织或某一教派的传统现象，也将随着工作的频繁变更、家庭的随时搬迁、周围环境的不断变化以及异族之间的通婚而时时改变。信徒以个人的意愿来决定其信仰的内容和崇拜的形式将越来越普遍。搬迁的人们或移民每到一个新的教会或新的教派，就带去不同的信仰方式和崇拜方式。宗教团体和宗教活动在不同民族、不同种族、不同社会阶层人士的参与下，将更加显得五颜六色、多姿多彩。全体家庭成员参加同一宗教团体或同一宗教组织的现象，将逐渐减少。家庭是社会的缩影，一个家庭中的信仰也可能出现多元化的趋势。

与民族、宗教多元化相应的是，由于民族、宗教之间久已存在的宿怨，一方面是民族与宗教之间不同层面、不同程度的冲突和对抗可能会更加频繁，非洲的伊斯兰教和基督教，中东的阿以冲突，印度尼西亚的宗教仇杀，印巴地区的宗教纷争，都不可能在短期内彻底解决。另一方面，不同民族、不同宗教之间寻求理解和对话的需要也更加迫切和重要。不同宗教信仰的人们将不满足于单一宗教对人们社会行为的规范，而要追求一种有更大包容性的社会。各个宗教都面临着社会发展及民族、宗教多元化的挑战，不同宗教信仰之间的冲突在所难免，但各个宗教都必须对其自身进行较大幅度的调整以适应发展变化的社会，寻求和平对话、彼此尊重、共同参与社会各项事务。不同宗教携手致力于社会公益事业，将成为宗教多元化社会的一个重要特征。

此外，在21世纪，不同宗教、不同民族之间的文化融合也将呈发展态势。东方宗教已经在西方社会找到了立足点。被视为一种锻炼身体的佛教坐禅，已为一些其他宗教的信徒所接受，他们把带有浓厚的佛教色彩的静养带回自己的信仰团体中。在中国作为哲学的孔子的学说，在韩国以及东南亚一些国家早已被视为一种宗教，称之为孔教或儒教。中国道教中的哲学思想，也被一些西方基督教学者认真研究，希望从中寻求到解决西方社会问题的良方。移民西欧的穆斯林的下一代不再接受其家庭传统信仰的束缚，他们力图渐渐融于基督教的文化传统。而移民西欧的穆斯林所带去的文化，同样也在影响着欧洲的基督教文明。

民族、宗教的多元化使对话、交流更为必要。不同宗教团体之间的冲突与竞争、合作与交流，将成为21世纪不同国家、不同民族和睦相处的基础，也是各宗教存在和发展的前提。寻求世界和平的国际性组织"世界宗教和平会议"将会在国际事务中更加活跃。基督教的普世运动也会在更大的范围内和更深的层次上发展。总之，21世纪的宗教，将是20世纪宗教的继续和发展。它将受21世纪社会科技、政治、经济、文化各方面发展变化的制约，并对社会各方面的发展、变化产生相当的影响。

（四）在不断总结历史经验教训中观察和研究民族关系

民族问题是社会总问题的重要组成部分，必须在解决社会总问题的过程中解决民族问题。反过来，解决好民族问题，才能有利于解决社会总问题。这是一个辩证的关系、在这方面，有两个方面的经验教训值得认真总结。

第一，认真总结科学社会主义和国际共产主义运动的兴衰史。苏联和东欧的社会主义国家垮台了，这和他们没有解决好民族问题存在有什么关系？现在社会主义运动处于低潮，这个低潮和民族问题存在有什么关系？科学回答好这些问题，对于社会主义国家坚持马克思主义，解决好民族问题，以及国际共产主义运动再兴起，并逐步形成新的高潮具有重要意义。

第二，认真总结三次民族主义浪潮对世界民族问题的重要影响。在世界历史上，曾发生过三次大的民族主义浪潮。第一次民族主义浪潮是与上升时期的资本主义联系在一起的，旨在反对封建主义，要求建立独立的民族国家和统一的国内市场。第二次民族主义浪潮是与帝国主义和殖民地问题联系在一起的，是亚非拉殖民地国家要求摆脱宗主国政治、经济的依附关系，到20世纪70年代，殖民地国家的民族民主革命的任务基本完成。第三次民族主义浪潮是在两极格局终结，和平与发展成为世界主题的国际形势下发生的。总的来说，第一次、第二次民族主义浪潮是革命的，进步的。那么，如何评价第三次民族主义浪潮？它的性质及对国际社会的作用是什么？这都需要进行深入的研究。

（五）坚持用马克思主义的理论指导来观察和研究民族关系

民族问题作为普遍的、世界性的社会现象，历来是人们关注的问题，研究民族问题的理论、学术观点、政策主张多如牛毛，其著作可谓汗牛充栋。这些理论虽然不乏某些合理成分，但是，由于阶级和历史的局限性，从总体上说，直到马克思主义产生前，它们都没有科学地解释民族问题的本质，没有指明解决民族问题的正确道路。

马克思主义自诞生以来，始终十分关注世界民族问题的发展进程。《共产党宣言》明确指出，彻底解决资本主义社会民族问题的根本途径，是必须消灭现存的所有制关系，因为现存所有制关系是造成一些民族剥削另一些民族的原因，平等、团结是解决民族问题的基本原则。他们还根据不同的历史时期，对不同的民族问题提出并实施不同的主张。

列宁根据马克思主义民族观，结合社会主义革命的实践，丰富和发展了马克思主义民族观，提出了解决民族问题的若干原则：绝不容许对任何民族实行任何哪怕是极轻微的压迫，绝不容许任何一个民族享有任何特权；要求国内各民族一律平等，并且要求无条件的保护一切少数民族的权利；要求广泛的自治并实行区域自治，自治区域也应当根据民族特征来划分；大民族要以对自己的不平等来帮助少数民族实现事实上的平等。

马克思、恩格斯和列宁关于民族问题的基本理论，构成了社会主义国家民族理论和政策的基本框架。同时它的一些重要观点也日益被世界的许多国家、特别是亚非拉殖民地国家和人民所接受。马列主义关于民族问题的基本理论，体现了无产阶级的博大胸怀。中国共产党人在解决民族问题方面，体现了三条原则：高度重视、实事求是、博大胸怀。1950年，中央访问团到少数民族地区访问的时候，在如何对待过去历史上存在的民族剥削和民族压迫的问题时，毛主席、周总理说，你们这次到少数民族地区访问的时候。必须是以“赔礼道歉”和“还债心情”到少数民族地区工作。我们既然接受了整个国家这个“家业”，还能不接受他们欠下的债务吗？老一辈革命家的生动比喻，充分体现了我们中国共产党人的胸怀和勇气。

由于民族问题的复杂性，我们在认识世界民族问题的时候，除必须坚持马克思主义民族观外，更重要的是必须坚持辩证唯物主义和历史唯物主义的观点；坚持解放思想、实事求是，一切从实际出发的思想路线；坚持马克思主义关于宗教问题的理论等。

二、新世纪、新阶段民族关系的基本特点

（一）民族问题和宗教矛盾仍然错综复杂地纠缠在一起，对世界政治经济产生着重大影响

在和平与发展成为时代主题的当今世界，科技进步日新月异，经济全球化进程加快发展，世界格局多极化趋势不可逆转，以经济力、科技力、军事力、凝聚力为主要内容的竞争日趋激烈。中华民族在21世纪的世界环境中迅速崛起和复兴，竞争空前激烈。民族和宗教问题仍然对当代世界的经济发展、政治运动、社会变迁、人类生活产生着重大影响。

在世界格局多极化的趋势中，超强的一极不断挥舞着民族宗教的旗帜，以“人权高于主权”“反对宗教迫害”、“人道主义干涉”为借口推行强权政治，干涉别国内政，甚至穷兵黩武，大打出手，打压遏制“多极”。他们散布所谓的“文明冲突论”，挑起西方同伊斯兰世界和东方文明的冲突。于是不少

国际政治家惊呼，21 世纪民族宗教问题将是突出的世界性问题。

在经济全球化的浪潮中，民族宗教问题的“全球化”也如影随形。早在“全球化”这个时髦名词叫响之前就广为流传的概念是宗教的“普世性”。宗教问题对国际经济政治新秩序的建立继续产生着重大影响。因民族、宗教、领土等因素而引发的局部冲突时起时伏。从冷战时代已经过去的角度，我们看到“和平与发展是时代的主题”。但从民族、宗教冲突不断的角度，我们却看到“世界并不安宁”。当今世界许多热点问题的台前幕后，均同宗教有着或多或少的关联。有的直接因宗教引发冲突、战争。有的冲突又因宗教因素而加剧、扩大化，变得扑朔迷离。中东和平进展步履维艰，巴尔干半岛被称为“世界的火药桶”，中亚又被称为“东方的巴尔干”，都与民族宗教的因素有关。

在国际政治势力的角逐中，各方都在利用民族问题，同时争夺宗教这面旗帜，因为在宗教的旗帜下汇集着数量可观的民族群众。一些国家的政治家为拉选票，争相拉拢、靠近宗教。美国的政客们不遗余力地向中国推行基督教文明的价值观，既有在国内哗众取宠，也有把中国“福音化”的企图。按他们的说法,“宗教迈向政治只有一小步”，因此，利用民族宗教进行渗透是他们西化、分化、弱化社会主义国家的突破口和长期战略。他们利用民族、宗教问题兴风作浪，在苏联解体、东欧剧变中尝到了甜头，于是，此风更紧，此浪更高，始作俑者，皆为西方。

社会邪恶势力也利用民族问题，打着宗教的旗号，图财害命、危害社会。邪教不是宗教，但它往往利用或盗用宗教的名义，散布精神麻醉的病毒，实施精神控制的邪术，迅速纠集起乌合之众，于无声处听惊雷，于无形处露凶相，于无意中掉人头，倏忽为害，触目惊心。如“法轮功”、乌干达“恢复上帝十诫运动”等人类之毒瘤就发生在眼前。对邪教，国际社会广泛关注，纷纷采取果断措施，予以严惩。当然，也有国家别有用心，对一些民族问题、邪教问题采取双重标准，对自己国内的邪教出动装甲车围剿加纵火焚烧，必欲斩草除根而后快，却偏要我们把痈疽当做宝贝。他们为“法轮功”张目打气，兴趣其实不在“法轮功”，而在如何给中国添乱。

18 世纪理性主义者曾经预言，随着科学的日渐昌明，民族将会逐渐融合，宗教将逐渐消亡。但后来的情况却恰恰相反，一方面生产力空前增长，科技飞速发展，一方面却是民族宗教异彩纷呈，积极参与社会政治生活，大有复兴之趋势。如伊斯兰教在阿拉伯世界反抗西方强权压迫中蓬勃发展，已形成了一股民族宗教和政治难分难解的社会力量，其中伊斯兰原教旨主义和宗教极端势力异军突起，引起很多国家的关注和忧虑。梵蒂冈城国作为国家虽只有 0.44 平方公里的领土，但这个从精神上一度管辖 10 亿多天主教教徒的"千年老店"，却并无改弦更张、关门大吉之意。梵蒂冈与世界上 160 个国家建立了外交关系，教皇以病弱之躯频频出访世界热点地区。在传统宗教复兴的同时，各种新兴宗教也趁势而起。据美国权威的《国际基督教传教公报》1998 年第 1 期统计，至 1997 年，世界 59 亿人口中，宗教信仰者有 47.8 亿，已占总人口比例的 81%。最近几年的数字统计，信教人数均在 80% 以上。

宗教的产生和发展经历了一个复杂的演化过程。佛教有 2500 多年的历史，基督教有近 2000 年的历史，伊斯兰教也有近 1400 年的历史。在漫长的演变过程中，各种宗教既相互渗透又相互冲突，同复杂的民族问题以及社会政治斗争交织一起，至今仍然对世界事务发生着重要的影响。我们的干部要更好地开展国际交往，更有力地进行国际斗争，一定要按宪法的规定和党的政策进一步做好民族宗教工作和其他有关工作，一定要加强对马克思主义关于民族宗教的基本观点的学习和掌握，同时要学一点宗教历史和现状方面的知识，以提高自己的认识能力和理论水平。

（二）与民族问题紧密联系的"原教旨主义"思潮泛滥

20 世纪末 21 世纪初，世界范围内的"原教旨主义"思潮在各民族、宗教问题中都有不同程度的反映和发展。甚至在有些国家或地区尤为突出。事实上，"原教旨主义"思潮并非一种新的产物，只是它引起人们的普遍关注是在 20 世纪 80 年代以来的事。

1. 什么是"原教旨主义"？

"原教旨主义"又称"基要主义"。该词最早出现于 1920 年美国基督教分支浸礼会的《守望季刊》上。作为神学思潮，它是对当时社会的世俗化现象和现代科学的发展，以及反映在基督教神学中的自由主义和现代主义的一种反动。这一神学思潮在 20 年代达到鼎盛，30 年代趋于衰落；战后，又有所发展。随着战后伊斯兰复兴思潮的兴起和发展，特别是1979年伊朗伊斯兰革命的胜利，以及在此前后伊斯兰世界发生的一系列重大事件或社会运动对地区政治和国际政治的冲击，使西方社会震惊。西方新闻界首先以“伊斯兰原教旨主义”称呼这些运动；以后“原教旨主义”一词开始流行。其他宗教中凡是有类似于伊斯兰世界的这种社会思潮和运动的，也以含有贬义的“原教旨主义”称之。

一般说来，原教旨主义的基本点（或主张）是固执于它的“传统信仰或原旨教义”。有的宗教继续坚持它兴起时期的传统信仰以为正统和合法，有的因信仰的某些变化而主张向它的原旨教义复归，有的为适应外界变化在不放弃传统信仰的同时做出适当的调整，有的在力求与现代思想相容的情况下坚持它的原旨教义。由于人们所见所闻的宗教都已衍生出不同的宗教或教派。（例如，基督教分化出天主教、东正教、新教以及不同的宗派；伊斯兰教内存在有逊尼派和什叶派的区别；佛教则有南传佛教和北传佛教、藏传佛教），原教旨主义所拟坚持的只能是本教、本派的传统信仰或原旨教义。还由于各个宗教对它的“传统信仰或原旨教义”的理解和解释的不同，迄今没有能为社会各界普遍接受的关于“原教旨主义”的定义。

严格说来，不管哪种宗教的原教旨主义所固执的“传统信仰或原旨教义”，大致都会包含四方面的内容：

第一，该宗教赖以建立的经典（如《圣经》、《古兰经》等，以及被认为是该教的其他经典，如“圣训”）；

第二，在该经典基础上建立的宗教教义、信条；

第三，在该经典基础上建立的宗教礼仪、法规；

第四，与该宗教的教义、信条、礼仪、法规相应的日常生活习俗。原教旨主义主要是宗教领域的一种社会现象。在任何一个宗教社团中，并不是它的所有信徒都已成为原教旨主义者。只有那些主张坚持、复兴并拯救以上四方面（或是其中某一方面）而又以此来反对同教信仰者的，大致可以视为是原教旨主义者。

如果原教旨主义仅仅是宗教领域内的一种思潮在社会中流传，它对社会、对国家的影响相对要小的多，问题是，它通常以社会运动的形式活动。

特别是它的要求、主张与民族问题、社会政治相结合，甚至以民族运动的面目表现出来，严重的则从事暴力恐怖活动，那它对社会、对国家的破坏和危害则是不可低估的。

2．基督教中的“原教旨主义”

基督教分为天主教、东正教、新教（含不同的宗派）三大支。基督教新教中的“原教旨主义”兴起于19世纪末的美国。当时，在德国兴起的自由派（现代派）新教神学已盛行于西欧北美。伴随着对基督教义和《圣经》的自由主义和现代主义解释以及进化论的发展，美国的一些自由派神学家也开始调和科学与基督教教义的关系。为反对自由派的神学观点，从70年代起，美国保守派神学家不断召开《圣经》研讨会，坚持《圣经》作为上帝的启示正确无误，强调应从字面意义解释《圣经》，其中，以1895年尼亚加拉城举办《圣经》研讨会最具代表性。会上提出的基督教的五个要点（即承认《圣经》字句无谬误、耶稣基督是神、耶稣是童贞女马利亚所生、基督为使人类与上帝重新和好代人而死、人将死后复活而基督将以肉身再世），后来成为新教原教旨主义的核心主张。1909年以来，美国保守派神学家连续写了12本小册子（总称《基本要道》）传播他们的神学主张，该派于是有了“基要主义”即“原教旨主义”之称。

20世纪20年代，基督教中的原教旨主义达到鼎盛。它在30年代虽一度有所衰落，但反对基督教自由派神学的争论从未中止。第二次世界大战以后，美国新教中的原教旨主义仍有所发展。

实际上，19世纪30年代在美国创立的摩门教（又称“耶稣基督末世圣徒教会”），它的基本教义就是原教旨主义的。摩门教主张复兴耶稣基督的原旨教义、复兴耶稣早年创建的原始社会，以迎接日益临近的“千年王国”。与其他宗派不同的是，它相信上帝“启示”的连续性，相信先知摩门所获的“启示”（《摩门经》）。该派一度实施“多妻制”，遭到其他教派的普遍反对；1890年它摈弃了“多妻制”的做法。该派严谨的生活方式，严禁婚前性生活和婚后不贞，重视家庭的稳定和谐，它的教徒生活的社区，是美国犯罪率和离婚率最低的地方。在世界范围的原教旨主义发展过程中，摩门教得到了急剧发展。70年代中叶，它的教徒约300万，目前已超过700万，分布在117个国家和地区。摩门教成为美国社会政治生活中不可忽视的一个宗派。

天主教原教旨主义在美国同样获得了发展。尽管有的学者称天主教的原教旨主义为“传统主义”，但他们仍承认“天主教传统主义作为一种原教旨主义的现象”而存在和活动。

与新教原教旨主义逐渐的、分散的发展不同，天主教原教旨主义的兴起是突然的，主要发生在60年代梵蒂冈第二届大公会议（1962年10月11日—1965年12月8日）以后。与天主教内主张适应社会发展而进行变革的教士阶层不同，传统主义坚持传统信仰和礼仪；它反对天主教教会在梵蒂冈第二届大公会议以后在礼仪方面发生的一系列现代主义的改革和变化。它认为，神学自由主义和现代主义不可能与“真正信仰”相适应，自由主义从一开始就是与基督教有区别的，它不可能是正统的；那些以正统的名义提高自由主义的声望，是企图从教会内部来破坏教会。

3. 伊斯兰教中的“原教旨主义”

18世纪中叶阿拉伯半岛兴起瓦哈比教派，19世纪初瓦哈比教派运动的急剧发展，通常被认为是近代伊斯兰原教旨主义的开端。1928年埃及穆斯林兄弟会的建立和发展，对战后伊斯兰世界原教旨主义的勃兴具有重要影响。

当代伊斯兰教中的“原教旨主义”的兴起，一般认为与1967年第三次中东战争阿拉伯一方的战败以及随后发生的一系列重大事件有关。在这次阿以（阿拉伯——以色列）战争中，阿拉伯一方丢失了81600平方公里土地。在阿拉伯国家的民众中，普遍认为民族主义不足以战胜犹太复国主义，穆斯林战败应归咎于对信仰的背离，从而滋长起复兴伊斯兰信仰的一股社会思潮。加之1969年耶路撒冷阿克萨清真寺被焚毁，引起世界穆斯林的普遍愤慨；70年代中叶，巴基斯坦的齐亚·哈克将军政变上台，随之在国内推行伊斯兰化；1979年年初，伊朗伊斯兰革命胜利并向外输出伊斯兰革命；同年年底，伊斯兰武装分子在朝觐季节以武力占领麦加大清真寺事件，以及阿富汗圣战者反对苏联的军事入侵等等，这些在伊斯兰旗帜下的活动，被西方称为“伊斯兰原教旨主义”。伊斯兰原教旨主义在当代的兴起，思想上主要根源于埃及人哈桑·巴纳（1906－1949）和赛义德·库特布（1906－1966）。伊朗人阿里·沙里亚提（1933－1977）和霍梅尼（1902－1989）、巴基斯坦人毛杜迪

(1903—1979)等政治活动家或理论家的思想和著作；社会生活上主要根源于西方生活方式和价值观念与伊斯兰传统和伊斯兰特性的矛盾和冲突；加之国际上霸权主义的争夺以及对一些伊斯兰国家的控制，特别是美国在中东地区对以色列犹太复国主义的支持，导致伊斯兰世界的普遍不满，从而演变为遍及伊斯兰世界的社会运动。这一切促使伊斯兰原教旨主义者企图通过恢复传统信仰和复兴伊斯兰的原旨教义，解决国内的社会政治问题，或是对社会政治、经济、文化和伦理问题进行全面的、必要的调整。

尽管各伊斯兰国家所面临和所要解决的问题有所不同，但被称之为"伊斯兰原教旨主义"的基本主张可以大致概括为：消除腐败、净化信仰、恢复伊斯兰教的真精神。所谓消除腐败，指的是反对伊斯兰国家内部普遍存在的贪污腐化、官僚成风、男盗女娼、伦理颓废；所谓净化信仰，指的是反对那些非伊斯兰的，或是反伊斯兰的意识形态、生活方式、价值观念、伦理规范，即"不要东方，不要西方，只要伊斯兰"，反对一切西方化、世俗化的做法和无神论观念；所谓恢复伊斯兰教的真精神，指的是正本清源、返璞归真。一切应回到《古兰经》去，遵循伊斯兰教的经训教法、建立公正、平等、正义的社会，真正实现伊斯兰教法对国家的统治和治理。所以说，伊斯兰原教旨主义本质上是伊斯兰法治主义。

在伊斯兰世界，伊斯兰原教旨主义通常可以具体区分为温和的、激进的和极端的三种表现形式。它们的主张、要求、行动方式也就有所区别。其中，对地区政治或国际政治具有重要影响的则是极端的原教旨主义。它们的活动或是得到各国政府的支持，或是在民间有着广泛的影响。那些得到各国政府支持的原教旨主义者（或掌权者本人就是原教旨主义者），则会在国内极力推行伊斯兰化的政策，对外则输出革命；那些在民间有着广泛影响的原教旨主义者，则会以合法的或非法的手段谋取国家最高权力并从事暴力恐怖活动。

伊斯兰原教旨主义并不是统一的社会运动，除了大致相同的主张外，并没有统一的纲领、模式和中心。在不同时期，它的活动中心会有所变化。例如，70年代它的中心在埃及、巴基斯坦；80年代，主要是在伊朗、阿富汗；90年代，主要是在阿尔及利亚、苏丹。当然，以前的伊斯兰原教旨主义活动中心，在以后的年代里可能仍然是它的中心。

4. 犹太教和印度教的“原教旨主义”

除世界性宗教外，值得提出的是犹太教和印度教在战后“原教旨主义”的发展。

19世纪初，犹太教开始形成三个派别。为适应社会发展的需要，那些主张对传统礼仪和生活习俗进行相应改革的称为改革派，与改革派对立并继续严格遵循犹太教传统信仰、律法和礼仪的称为正统派，介于两派之间的称为保守派。犹太教的这三个派别虽在信仰和实践上有很大的分歧，但与基督教或伊斯兰教不同，它并未发展为独立的宗教或独立的派别。

正统派犹太教的思想、观点和做法是原教旨主义的。面对着社会的现代发展，它虽主张犹太教容纳现代科学文化，但它仍坚持恪守犹太教的原旨教义、坚持犹太教的信仰和传统，遵循成文律法《托拉》和口传律法。它主张除了严格遵守犹太教的各项诫命、规条和律例外，还应遵从法庭依据犹太律法做出的裁决、自办学校、安息日和一切圣日不乘车、在礼拜中不使用器乐、在会堂中男女应分坐、男子戴黑帽等。它把解决犹太人返回故土问题的前景与他们信仰的上帝耶赫维的意愿联系起来，企图通过虔敬祈祷救世主弥赛亚的降临，来解救犹太人的苦难。因此，它极力反对具有鲜明沙文主义色彩的、民族主义的犹太复国主义者，认为他们通过政治运动的做法，强行返回故土，建立犹太国家完全违背犹太教正统教义。

值得注意的是，在正统派犹太教中又可分为三个支派，即极端正统派、新正统派和神秘主义的哈西德派。其中，极端正统派的思想仍停留在中世纪。它坚信救世主弥赛亚将复临、拯救以色列人，特别反对一切现代事物、反对犹太复国主义、反对成立以色列国。哈西德派同样坚信救世主弥赛亚的复临、反对犹太复国主义和成立以色列国；该派甚至不与其他犹太人来往，男子多蓄须、穿黑色外套、戴黑色宽檐帽。这两个支派实际上是犹太教内的原教旨主义派别。可是，随着以色列建国变为既成事实后，该派不仅受益，而且它的不少信徒也积极参加了以色列的政治活动。这表明宗教的原教旨主义与政治思想相比，只能处于隶属的地位，犹太教的正统派只能是以色列政治的附庸。在当今的以色列仍有继续坚持原教旨主义的。一个称作“圣城战士"的极端组织，就是它的典型代表。

伴随着伊斯兰原教旨主义在世界范围的发展，特别是在巴基斯坦的发展，加之印巴关于克什米尔的长期冲突，印度的民族主义和印度教的原教旨主义也相应地得到发展。

印度教的原教旨主义的基本内容是"印度教第一"的主张，期望印度社会不受其他文化的侵蚀。在鼓动印度教原教旨主义方面，最为卖劲的是激进组织"国民志愿团"。该团成立于1952年，是个准武装组织。它的宗旨是"保护印度教的民族、宗教和文化，进而求得全面发展，并复兴古代印度教国家"，这充分地反映了它的原教旨主义的本质。"国民志愿团"在民间广泛而积极的活动，显然有利于它的政治团体"印度人民党"（1980年成立）在大选中与印度国大党争夺选民，并得以多次上台执政；反过来，印度人民党上台执政又方便了"国民志愿团"的活动，进而促使了印度教原教旨主义的发展。当前印度教原教旨主义的势力已无所不至，从偏远的部落乡村到大学校园都有他们的踪迹。

近年来，印度社会的宗教狂热以及暴力活动因原教旨主义的发展有了明显的增加。这表现为印度教徒与穆斯林之间的暴力的，以至于武装冲突的剧增。长期以来，印度就存在寺庙之争。在苏丹国基础上建立的莫卧尔伊斯兰王朝（1526 — 1858）统治印度时期，大批印度教庙宇被改建为清真寺。印度北方邦阿约提亚镇著名的罗摩庙（改建为巴布里清真寺）即其一。伴随着印度教原教旨主义的发展，各地印度教徒渴望拆寺建庙。印度教徒与穆斯林之间的冲突不断发生。1992年12月，阿约提亚镇的巴布里清真寺被印度教徒拆毁，由此导致穆斯林与印度教徒遍及印度的大规模冲突；在5天的冲突中，死伤达5000余人。冲突甚至扩展到周边的孟加拉国和其他国家。印度教徒针对基督教徒的冲突也有所发展。它的典型事例是，1999年一名澳大利亚的基督教传教士和他的两个儿子被活活烧死。

5. "原教旨主义"的基本特征

不管哪种宗教的原教旨主义，也不管它采取（或是被使用）何种名称（是基要主义、正统主义也好，还是传统主义、纯正主义、极端主义也好），作为一种社会思潮，总是要与它的信徒相应的社会活动以至于社会运动相结合，进而发挥它的社会影响、社会功能的。

一般说来，原教旨主义的主张可以大致分为相对温和的、激进的和极端的三种形式，与之相应地也就存在温和的、激进的和极端的三种形式的社会活动或运动。在现实社会中，原教旨主义之所以对社会产生重大影响，不在于它坚持传统信仰、向宗教的原旨教义复归，以及对宗教文化复兴的吁求，而在于它与社会政治的结合。只有那种激进的甚至是极端的原教旨主义，并在它的基础上形成的极端的社团组织，从事极端的活动，才会引发暴力恐怖活动，从而对社会产生消极影响，甚至起着破坏和危害作用。

应该指出，原教旨主义作为一种社会思潮的存在，有时它的发展并不是孤立的。例如在南亚地区，印度基督教的发展、它的邻国巴基斯坦伊斯兰教的发展，导致印度教原教旨主义的发展；而印度教原教旨主义的发展，又导致斯里兰卡佛教原教旨主义的发展、进而又导致巴基斯坦伊斯兰原数旨主义的发展。同样地，在中东地区，伊斯兰原教旨主义的发展，导致犹太教的原教旨主义的发展，反之，犹太教原教旨主义的发展又促使了该地区以至于世界范围的伊斯兰原教旨主义的发展。

原教旨主义的重要特点之一在于它具有政治性（如伊斯兰原教旨主义所主张的恢复政教合一的政治制度）。它一旦与政治问题、民族问题甚至与政党结合起来，或者说，它一旦受到来自某个国家的政府或是来自某个民族、社团组织的支持，它的发展就会是惊人的。那种极端的原教旨主义通常与宗教狂热相伴而行，形成宗教极端势力。它一旦与恐怖主义、民族分裂主义相结合，对国家、对社会都会产生极大的破坏和危害作用。或者说，原教旨主义一旦被宗教极端势力所利用，与国际恐怖主义和民族分裂主义相结合后，就会严重影响社会稳定和国家安全，它所产生的危害作何种估计都不过分。不管哪种宗教的原教旨主义，往往都能获得同一宗教信仰群众的同情、支持和保护。这在一方面是原教旨主义有深厚的和广泛的群众基础、社会基础的原因，另一方面则是各种形式的原教旨主义、特别是极端的原教旨主义有恃无恐而猖獗活动的重要原因之一。

（三）当代世界上许多"热点"地区的冲突与争端大都通过民族、宗教问题表现出来

现当代，冷战时期已经过去，因民族、宗教、领土等因素而引发的局部冲突却时起时伏，搅得世界很不安宁。民族和宗教既有区别，又有联系。宗教往往使一个民族具有凝聚力，而民族又往往使某种宗教具有生命力。民族和宗教可以把人分成不同的群体，并通过其特有的标志强化不同共同体的利益和特征。民族借助宗教张扬其个性，宗教利用民族扩大其影响。世界上大多数国家都是多民族、多宗教的国家。不同民族的信仰相同时，相对容易沟通；不同民族掎不同的宗教信仰，就多了一层差异。而一个民族、一种宗教又常常在相近的几个国家里跨境而居，在超出国家的范围就会存在着一种民族的或宗教的认同感。世界热点地区，大都是由于民族利益、宗教利益和国家利益相互作用，发生矛盾，进而矛盾演变为冲突，冲突扩大为战争，大国插手，民族宗教问题政治化、内政问题国际化。种种冲突和战争背后的真正原因，无非是争夺土地、资源、能源和战略地位。

当代世界与民族宗教问题密切相关的热点，主要有：波黑内战，科索沃危机，车臣问题，阿以冲突，印度的宗教冲突，印巴冲突，印尼、菲律宾的宗教冲突，北爱尔兰的冲突。这些冲突点都在欧亚两洲，大体分布在西北到东南的一个新月形的狭长地带（除车臣外），大体都与伊斯兰教有关（除北爱外），且多为伊斯兰教与基督教的冲突。

亨廷顿曾经这样描述说，伊斯兰教与基督教（不论是东正教、天主教还是新教）的关系经常充满风险，历史的变化常常使这两个群体处于竞争之中，有时陷于争夺权力、土地和灵魂的殊死搏斗。多少世纪以来，两个宗教的命运在一波接一波时而停息、时而高涨、时而反冲过来的浪潮中沉浮。的确，当前国际政坛的许多热点与伊斯兰教联系紧密，伊朗革命、两伊战争、海湾战争、波黑战争、阿富汗内战、科索沃战争、印巴冲突，直到近期的车臣战争、菲律宾人质危机等无不牵扯到伊斯兰教。

伊斯兰，在阿拉伯语中的意思是"和平"、"平安"、"安宁"，但这一以"和平"命名的宗教，为什么会与这么多战争与暴力联系在一起？其中原因，

并非亨廷顿所说的“两个文明的根本对立”，主要是由于西方利用历史上遗留下来的民族宗教问题扩大自己的势力范围，以及当代伊斯兰社会在变革中产生的动荡。

凡是带有民族宗教背景问题的冲突和争端，情况就常常会变得十分复杂，使局面难以控制和收拾。例如，科索沃塞族和阿族的矛盾长期积累，历史的积怨越积越深，政策的左右摇摆，反复折腾，给结成死结的民族宗教矛盾火上浇油，内部民族、宗教的剧烈争斗，终于引狼入室，以美国为首的北约以此为借口大打出手，不仅给塞族、同样给阿族，不仅给东正教徒、同样给伊斯兰教徒，带来了巨大的灾难。地中海上两个半岛——意大利半岛和巴尔干半岛，一个是文艺复兴的摇篮，走向了近代资本主义文明；一个是民族宗教冲突的火药桶，民族、宗教问题不断成为政治冲突的导火线。民族、宗教问题的重要性、复杂性发人深思。处理不好，以一种倾向代替另一种倾向，左右摇摆，反复折腾，一代代积怨下来，就是剪不断、理还乱的民族、宗教矛盾，就是没完没了的仇怨，就有可能导致动乱亡国，杀身之祸。因此，今天的中国，政治上不能折腾，发展不能停顿，民族不能失和，宗教不能对立，国家不能分裂，这是当代世界民族宗教问题灾难给我们的深刻教训。

江泽民同志曾指出，当今世界的地区热点问题，绝大多数都是由于民族、宗教矛盾引起的。这些地区冲突不断，战火连绵，国无宁日，民不聊生，根本谈不上发展经济。民族、宗教矛盾的产生，一般都有十分复杂的历史背景和现实原因。西方国家往往利用民族、宗教问题做文章，他们在一些国家和地区挑起民族、宗教矛盾，然后插手其中，甚至借机用武力干涉别国的内政，以达到控制这个国家和地区的目的。国际反华势力实施“西化”、“分化”中国的战略图谋的一个重要手段，就是企图利用民族、宗教问题在我国打开缺口。对此，我们必须高度警惕，做好充分的思想和工作准备。

（四）一些国家和地区尖锐的民族宗教矛盾冲突中大都有西方国家插手的背景

在过去的20世纪中，这类典型的事例如，美国公开支持波罗的海3个国家独立、印巴冲突、非洲索马里的部族骚乱，卢旺达的部族仇杀等都有美、英、法等国家干预的背景。特别是科索沃危机的产生，就是以美国为首的北约武力干涉所致。原因在于，民族分裂符合美国和某些大国的利益，有利于美国推行霸权主义和强权政治，有利于美国建立单极世界的企图。在近年的几次人权大会上，美国搞我们的人权提案，以及科索沃战争中联合国的态度就是一个明显的例证。

在宗教方面，基督教（含天主教、东正教、新教）、伊斯兰教和佛；教，是世界公认影响最大的三大宗教。我国五大宗教中除了道教外，天主教、基督教、伊斯兰教、佛教就是世界三大宗教在中国传播的产物，但传进来的方式不一样。佛教是和平地逐渐为中国人所接受的，许多佛教思想又是中国人主动取经取来的，强大的儒家文化对佛教文化“食而能化，化而能食”，以致“儒释道合流”，中国化的佛教又传向东亚。而天主教、基督教在近代则是通过资本的扩张、殖民势力的侵略传入的，正所谓“上帝是坐着炮弹进来的”。清朝“礼仪之争”后的“百年禁教”大大延缓了天主教的传入，但西方殖民主义的入侵却使天主教、基督教大规模传入中国势不可挡。伊斯兰教传入中国既有丝绸之路的关联，更有阿拉伯世界武力扩张的背景。因此，中国的宗教与世界的宗教有着千丝万缕的联系，解放前，中国的天主教会和基督教会直接受西方几百个修会和差会的操纵与控制。解放后，中国宗教界摆脱了国外宗教组织的控制，摆脱了充当殖民主义和帝国主义侵略工具的命运，开始了中国人民独立自主自办宗教事业的历史。但是，这几大宗教既然根在外面，“正宗”在外面，“祖庭”在外面，就难免“外面一打喷嚏，里面就害感冒”。

如果没有梵蒂冈插手同我争夺对中国天主教的主导权和领导权，中国就不会存在天主教地下势力问题。

如果没有西方利用基督教对我进行“分化”和“西化”，也就不存在基督教方面渗透与反渗透的斗争。

如果没有西方反华势力极力支持达赖集团搞分裂，也就不会有今天的“西藏问题”。在西藏和其他藏区，人们不难看到这样一种带有规律性的现象：境外不稳定源（以达赖集团为首的分裂主义势力）——不稳定源内移（以宗教为掩护，利用我开放政策提供的进进出出机会加紧渗透）——不稳定源生根（以寺庙为据点：用分裂分子的话说，就是：“控制了一个寺庙，掌握了共产党一个地区”）——不稳定源放大（影响群众，侵蚀干部）——不稳定源振荡（一定条件下激化矛盾发生局部动荡）——振荡的放大、加速（大规模的社会动乱），这一过程，曾经对我国的西藏和其他藏区造成严重的影响。

如果没有伊斯兰原教旨主义和宗教极端势力的影响，新疆的民族分裂主义和宗教极端势力就难以兴风作浪。人无远虑，必有近忧。我们对此如果缺乏必要的警惕、战略的眼光和妥善的对策，“近忧”就在眼前：对西部大开发就会有干扰，对国家统一、民族团结就会有威胁。

中国13亿人口中有1亿多宗教信仰者，相对占少数，但绝对数并不小。我国的民族宗教问题总体上是稳定、正常的。党和爱国宗教界的统第一次世界大战线巩固、发展。广大信教群众热爱祖国，积极参加两个文明建设，做出了很大贡献。但问题也不少。问题出在国内，根子多在国外。

（五）西方国家干涉别国内政的理论武器往往是打着捍卫人权的幌子，鼓吹“人权大于主权”，来与传统的国际法准则“主权神圣不可侵犯”相对抗

在当代国际政治发展中我们可以看到，一个国家国内的民族、宗教问题或矛盾，往往容易成为外国势力插手的借口，目的是重新控制多民族国家。在当前，民族、宗教问题对我国政治稳定造成影响的主要有四大热点问题。即：西方利用西藏问题“打西藏牌；”泛伊斯兰主义、伊斯兰原教旨主义对我国新疆地区的影响；梵蒂冈对中国天主教主导权、领导权的争夺；美国借口“宗教问题”不断向我施压。此外，还有敌对势力利用基督教渗透问题。这是直接涉及我国领土完整、国家安全的四个主要问题。

1. 西方利用西藏问题“打西藏牌”

早在清朝，我们的先人就揭穿过西方“关心西藏问题”的实质，强调西藏要“杜英人之觊觎，制达赖之外附”。现在，达赖集团近年来在海外之所以十分活跃，无非仰仗：“一个权威”——达赖；“两个资本”——西方支持、宗教地位。

近年来，藏传佛教在西方有相当发展，甚至有持续升温之势，美国等西方国家利用藏传佛教炒热“西藏问题”：在舆论和民间活动上大造声势，为达赖集团多层次、多方位、多方式的民间活动提供资金和舆论上的支持，不断

掀起美国民间“西藏热”，美国参、众两院从90年代以来年年都通过“西藏决议”。美国国务院每年发布全球宗教信仰自由报告，关于西藏的措辞都很强硬。美国国务院还设了一个“处理西藏问题”的“特别协调员”，对我内政横加干涉。以达赖为“精神领袖”的数万藏人长期流亡在外。达赖集团在境外有完备的僧团组织、众多的庙宇僧人，这些年在西方的帮助下培养了一批藏学博士，他们通过改装、包装藏传佛教，简化、改造藏传佛教原有烦琐的修炼方法，为一些西方人廉价地兜售入“极乐世界”的门票，使之投西方人之所好，把藏传佛教炒热。美国则利用藏传佛教炒热“西藏问题。”

西藏问题上我们与达赖分裂集团的斗争，其实质不是什么信教不信教、自治不自治的问题，而是稳定西藏，还是搞乱西藏；维护统一，还是分裂祖国；捍卫国家主权尊严，还是勾引外国敌对势力插手中国内政。

目前，尤其要警惕“种族的西藏”论。最近，号称美国第一流藏学家的戈尔斯坦新著《雪狮与龙——中国、西藏与达赖喇嘛》一书，提出一套放弃“独立的西藏观点”，推行“种族的西藏”的理论。他们声称，不是要搞西藏独立，而是要“保存一个语言、文化和人口结构都具有强烈的藏族特点的藏人的家园”,“建立一个“民族主义的居所”，这套颇有欺骗性的理论，反映了美国在“西藏问题”上的一个新动向，要再打一张民族主义的牌。

我们和西方的本质区别，不是要不要保护藏族的文化，不是要不要保证“西藏文明的延续”，而在于谁才是真正着眼于民族的根本利益，着眼于民族的团结和进步。我们必须警惕和反对任何利用宗教来分裂人民，破坏各民族之间团结的言论和行动。

2. 泛伊斯兰主义、伊斯兰原教旨主义及其对我国新疆稳定的影响

伊斯兰原教旨主义的产生需要从源头说起。历史上，伊斯兰社会有一种建立在宗教基础上的社会稳定性。但近现代以来，这种稳定社会受到西方文明强大的冲击，传统的伊斯兰社会无力抵抗西方的进攻，于是产生通过社会改革走向现代化的课题。各种社会思潮应运而生，其中最有影响的是相互依存又相互矛盾的两大社会思潮和运动，一是民族解放运动，一是伊斯兰复兴运动（包括泛伊斯兰主义、原教旨主义）。

民族解放运动。近现代史上，西方对穆斯林国家、人民实行殖民化。西

方政治、经济、文化侵略导致穆斯林国家长期进行反抗西方压迫的斗争。第二次世界大战之后，阿拉伯人民高举阿拉伯民族主义旗帜赢得国家的独立，民族主义盛极一时。

伊斯兰复兴运动。美国为了控制中东、海湾的石油资源，支持以色列侵占阿拉伯领土，巴勒斯坦和阿拉伯人民长期奋斗没有结果，民族主义的领导人在阿以战争中因不断失败而威信扫地。民族主义吸收西方文化进行的社会改革，反而加剧贫富悬殊、腐败等社会矛盾。于是人们把希望转向以伊斯兰教为旗帜，与西方在政治和思想文化上全面抗衡，认为惟有依靠伊斯兰教才可以实现社会平等，社会伊斯兰化才有对抗西方的力量。泛伊斯兰主义和原教旨主义便随之膨胀起来。霍梅尼领导的伊斯兰革命推翻巴列维王朝，对各国的穆斯林是一个很大的刺激，推翻世俗政府运动遂推进到高潮。从 70 年代末到 90 年代初，伊斯兰社会激烈动荡，发生了如伊朗伊斯兰革命，埃及穆斯林兄弟会的分支组织刺杀萨达特总统，麦加大清真寺事件，阿尔及利亚伊斯兰拯救阵线几乎夺取政权等事件。现在这一轮冲击的高潮已过，但余波未平。

泛伊斯兰主义。在伊斯兰复兴运动的浪潮中，泛伊斯兰主义也随之崛起。它主张向外传播伊斯兰教，加强伊斯兰国家的经济社会联系与合作，统一国际政治主张，与非伊斯兰国家保持正常关系，支持穆斯林占少数的国家中伊斯兰教的生存与发展。但不再提组成一个统一的伊斯兰国家和实行哈里发制度。泛伊斯兰主义为大多数阿拉伯伊斯兰国家的正统教派的主张，也得到政府的大力支持。

伊斯兰原教旨主义也称“政治伊斯兰”，主张政教合一的政治体制和社会伊斯兰化。其中的极端派坚决反对世俗主义，反对“西化的”现政府，反对一切非伊斯兰和反伊斯兰的思想和制度，鼓吹“圣战”，鼓励为真主之道而牺牲，主张使用一切手段，包括暴力恐怖手段达到建立政教合一的政权，最终实现“绿化”世界的目标。

原教旨主义的源头在中东且主要针对西方，但苏联解体后在中亚地区迅速发展并有向我新疆东渐之势。由于当时中亚各国需要一种区别于原苏联的意识形态来构建自己独立的国家，一度把弘扬伊斯兰文化传统、复兴伊斯兰教作为巩固新建政权、保障平稳过渡的基本措施。这一政治气候使中亚伊斯兰热迅速升温，在苏联解体前已扎下根基的中亚伊斯兰运动勃然兴起，以建立政教合一政权为目标的原教旨主义，尽管也对新建的世俗政权构成威胁，但却得以借助弘扬伊斯兰文化传统、复兴伊斯兰教的社会政治气候迅速发展。中东阿拉伯伊斯兰世界的泛伊斯兰主义、原教旨主义国家和组织，趁机为其煽风点火。西方利用伊斯兰教力量扩大势力范围的政治需求，又为中亚地区原教旨主义的发展火上浇油。

中亚战略资源丰富，各种势力插手，各种矛盾交叉，布热津斯基称其为"东方的巴尔干"，是东西方利益冲突的战略要地。美国为了争夺中亚资源，进一步削弱俄国和遏制中国，企图利用俄高加索和我国新疆民族、宗教问题，把原教旨主义祸水引向中、俄。他们曾经公开支持波黑穆斯林和科索沃阿族穆斯林，暗中支持塔利班，支持车臣的分裂，企图进而控制中亚，直逼俄国和中国。

新疆周边中亚穆斯林国家的走向，对新疆的影响十分明显。中亚的原教旨主义和泛伊斯兰主义的泛滥对新疆民族分裂活动起了推波助澜的作用。近年来新疆经济发展，社会稳定，但民族分裂主义分子加紧利用原教旨主义的极端思想在穆斯林群众中进行分裂主义的宣传，煽动进行暴力恐怖活动。虽成不了大气候，但绝不可掉以轻心。

总之，伊斯兰国家反对霸权主义，在国际上与我国为友。但伊斯兰原教旨主义在中亚的泛滥，对我形成威胁。目前，伊斯兰教内部两大势力，即政府的伊斯兰（泛伊斯兰主义）和政治伊斯兰（原教旨主义）有利益的结合点，霸权主义与政治伊斯兰也有利益的结合点。"东突厥斯坦"分裂主义势力向西方靠近，争取"新疆问题国际化"。西方也居心叵测地想在新疆插手。

3. 梵蒂冈对中国天主教主导权、领导权的争夺

天主教有别于其他宗教的一个重要特点，是它的圣统制，它是当今世界惟一有严密的教阶制和中央集权组织的宗教。罗马教廷利用圣统制，通过抓住主教的任命权、管理权，通过强化中央集权，以实现对各国天主教会的控制和管理。天主教的这种具有封建中央集权性的圣统制，在历史上不断受到挑战。

罗马教廷为了巩固圣统制，不能不打中国的主意。中国天主教会的独立

自主自办，成为梵蒂冈挥之不去的一块心病。梵蒂冈在配合以美国为首的西方资本主义国家成功地实现对苏东国家的和平演变后，已把这些国家的天主教会重新纳入其体系。近来，梵蒂冈与古巴、越南、朝鲜等社会主义国家的关系也取得了重要进展。梵蒂冈的外交重心进一步转向中国，宁愿牺牲同台湾地区的关系，实现与中国关系的正常化，企图重新行使对中国天主教会的管理权，恢复在中国的圣统制，进而控制我天主教会。

尽管我们愿意在坚持解决中梵关系问题两个基本原则和中国天主教继续坚持独立自主自办教会基本方针的基础上，与梵蒂冈改善关系，但梵蒂冈则坚持以重新控制和行使对中国天主教会的管理权为条件来改善对中国的关系。梵蒂冈的这个条件只能破坏与中国的关系。在解决中梵关系的问题上，我们有足够的诚意，并愿意做出积极的努力。中梵关系能否取得进展的关键在于梵蒂冈能否改变敌视中国的态度，能否尊重中国的主权，尊重中国天主教独立自主自办教会的办教方针，能否采取积极务实的态度，拿出实际行动来。梵蒂冈虽然口口声声表示愿意实现与中国关系的正常化，但并没有表现出应有的诚意，反而一再采取干涉我天主教会内部事务的恶劣行动，不惜严重破坏中梵关系正常化的基础。今天的中国已经不是100年前那个积贫积弱、任人欺凌的中国。中国人民站起来了。谁还要指望中国吞下损害国家利益和民族尊严的苦果，只能是痴心妄想。

4. 美国借口宗教问题不断向我施压

近年来，美国频频利用宗教问题干涉我内政，向我施压，通过两国高层会晤，要求我“改善宗教人权状况”；议员联名写信给我国家领导人，提出一串“被迫害人员”名单；国会通过法案，对我横加指责，提出制裁措施；发表《年度国别人权报告》和《国际宗教自由报告》，反复鼓噪“中国迫害宗教自由”；把“改善宗教人权”作为附加条件等等。这几年，美国媒体上指责的文章连篇累牍，在每年联合国人权大会上，美国更是把宗教问题作为反华的一个重头戏，年年如此，冷饭也要炒。美国借口宗教问题对我攻击的主要手法，是政府、国会、基督教右翼和大众传媒联手策动，互为呼应。美国政府频频施压，国会出台法律，宗教右翼摇旗呐喊，大众传媒推波助澜。美国的公式是：宗教问题 = 人权问题 = 外交问题。美国是一个宗教影响很深、很广的国家，自诩"宗教自由是美国的立国之本"，炒"宗教迫害"特别容易引起民众的共鸣。反华势力出于遏制中国的需要，也出于竞选政治的需要，会反复鼓噪中国的"宗教迫害"问题。美国政府也会充分利用这一点，把"宗教迫害"作为其对华政策中在改善中美关系的同时牵制中国的一种手段。美与我"一面握手，一面踢脚"，"这里握手，那里踢脚"，"握手"增加的同时，"踢脚"也在增加。宗教问题、人权问题是仅次于台湾问题的美国对中国"踢脚"的部位。美借口"宗教问题"对我施压，已经长期化、政治化、机制化、法制化、国际化。

中美之间有斗争，有合作。尤其在涉及重大利益时，如国际安全和经贸问题等，既有摩擦，也有合作，美国出于其自身利益的需要，不得不在摩擦中寻求与我合作；台湾问题，是美国遏制中国的一个敏感的焦点，但美国出于其自身利益，现在并不愿意和中国打仗；人权问题——包括西藏、宗教、新疆问题，则对中国利益的损害可以很大，对美国自身利益的牵制和制约则不多，因而美国似乎可以肆无忌惮地对我们不断加大压力。这是近年来美国借口宗教问题不断向我施压的重要原因。

中美关系关乎我国的外交全局，在我外交大局的总框架下，如何做好民族宗教工作，有力地配合国家整体外交，营造和平的建设环境尤为重要。针对美方的攻势，我们的斗争要讲究策略和斗争艺术。

（六）从世界民族问题发展的总趋势看，那种造成国家裂变的民族冲突高潮已经过去，除少数热点仍在僵持外，其他地区的热点基本上得到了控制，寻求以和平方式的政治解决，已经成为普遍的选择。各国处理民族问题的方式逐步从落后走向文明，从冲突走向缓和

当代国际社会，解决民族问题的手段从对抗、冲突走向政治和谈已经是大势所趋，和平已成为一股不可逆转的力量，也终将被越来越多的民族所接受。依靠对抗、流血冲突甚至战争不是解决民族问题的好办法，需要通过政治谈判、对话，达成谅解。在过去的20世纪，南非通过谈判告别了野蛮的种族隔离制度；东、西德实现了和平统一；巴以冲突和北爱尔兰问题最终是在谈判桌上取得重大进展；南北朝鲜经过近50年的对抗，开始走向和平谈判。

当然，不排除在一定时期内一些民族问题可能会出现反复，出现新的冲突，但这不会改变世界民族问题发展的大趋势。

从封闭状态走向开放，增强民族之间的联系和交往，是历史进步的表现。从处理和解决民族问题的方式看，世界各国也在互相借鉴经验教训。尽管世界一些地方还存在着冲突，有些国家还在发生武装政变等，但开放与交流，互相借鉴、互相合作有利于民族和国家的发展已成为各民族的共识，这是时代发展的趋势。

事实上，从 20 世纪 90 年代开始，多民族国家通过加快经济文化发展和实行民族区域自治等方式调解民族关系和保障少数民族权利的选择正在成为主流趋势，"仇必和而解" 的辩证法在国际国内民族冲突方面问题的解决中已初现端倪。这一点从世纪之交世界民族问题的消长态势中是不难感悟的。

根据美国《外交》杂志的一篇文章统计，20 世纪 90 年代以来，世界上有 16 起以民族自决为口号的民族分立主义战争通过和平谈判达成协议，另有 10 起通过停火和持续的谈判得到控制。人们越来越清楚地认识到，多民族国家内部的民族问题需要通过社会发展和构建各民族一律平等的社会保障机制来逐步解决，而以民族区域自治的方式保障少数民族平等权利的选择也越来越普遍。以多民族国家为主体的国际社会，也需要构建一个公正、平等、合理的国际政治、经济、文化新秩序来顺应和推动和平与发展的世界大势。在全球化进程中开放发展、互利合作、密切联系必然成为各国、各民族的选择，多极化的发展趋势促使联合国、世界贸易组织加强平等机制的建设，共同解决全球性问题的需要将推动不同社会制度的国家和不同民族之间共生、共容、共存的合作。一些在解决民族问题方面取得理论与实践成功经验的国家，也将为人类社会解决民族问题提供先进的范式。

从世纪之交的世界民族问题发展态势中可以看出，那种造成国家裂变的民族冲突的高潮已经过去，除少数热点仍在僵持外，如斯里兰卡、印巴克什米尔、巴以等，其他地区的热点基本上得到了控制，寻求以和平方式的政治解决已经成为普遍的选择。90 年代以来，一些国家纷纷采取措施缓解民族矛盾，从联邦制（如比利时）、民族区域自治（如西班牙、加拿大）到地方议会（英国和北欧国家），从欧盟在维也纳设立种族主义监控中心到澳大利亚开展社会和睦运动，都代表了寻求族际和平的政治取向。包括正在冲突的斯里兰卡、菲律宾也都确定了建立自治区的和平方案。这也预示着新世纪的世界民族问题主要体现在各个国家内部如何解决自身的民族问题方面。

可以预见，21世纪将是世界各国致力于通过和平与发展方式解决民族问题的世纪，也可以说是世界各民族走向和解的世纪。但同时也要看到，世界民族冲突问题缓和的基础尚十分脆弱，民族问题并不是一个可以期望在短期内能够彻底解决的问题，我们应对其复杂性、严重性和长期性保持足够的警惕和清醒的认识。

（七）在处理民族问题方面，世界各国和国际社会通过和平方式解决民族问题的机制显著增强，多民族国家在借鉴别国成功经验和总结失败教训的同时，会越来越紧密结合本国民族问题的实际情况，也会使处理民族问题的方式出现多样化的趋势

当今的全球化时代，多样性已经成为国际社会的共识，多样性的相互依存和共同繁荣代表了人类追求和平与推进发展的理念。今天的全球化是世界各个国家面对一系列全球性问题而形成的全球化，是发达的西方国家同所有发展中国家共同解决全球性问题形成的双向、多向互动关系的全球化，尽管这种互动程度有强度上的区别，但是国际社会业已形成的和正在形成的制衡关系决定了这种互动的双向和多向性。这种世界各国、各民族参与的全球化，表现了人类社会多样性的发展趋势。尽管美国仍力图制造"单极世界"霸权，但是时代变迁、世事变化和世纪之交世界民族问题的消长，预示了21世纪是世界走向民族和解的世纪。

人类社会是一个建立在多样性相互依存、共同发展基础上的社会。生物的多样性是奠定生态平衡的自然基础，动植物物种的消失在中断大自然生物链的同时造成了生态环境的恶化，并直接危及到人类的生存和发展。生物多样性所维护的生态平衡，对人类社会的启示是深刻的。人类在生物学意义上是统一的，但是在文化上是多样的，这种多样性是保证人类社会创造性和发展活力的基础，同时这种多样性也理应成为维护各民族共存共荣和平机制的基础。

从历史上看，所有的帝国统治都是建立在对人类多样性的否定的基础上的，这从阶级社会解决民族问题的主导政策和基本取向中是不难看出的，从文化上消除社会的异质性就必然实行民族压迫等强制性的措施，因为文化的多样性是以民族为依托的。所以，帝国主义霸权、专制主义统治都是对人类社会多样性的反动，它们也必然受到人类社会多样性的反抗。正如法西斯帝国试图以“纯正的日耳曼人”、“罗马帝国后裔”和“大和民族骄子”一统天下时，它们面对的是世界各个种族和各个民族的共同反抗，尽管那些民族有不同的信仰。

21世纪，人类生存环境的问题已经引起国际社会的高度重视，维护生态平衡是从保护生物多样性着手的。在可持续发展的观念成为国际社会追求现代化目标的路标之后，文化多样性的保护、传承和发展问题又引起世人的普遍关注。文化多样性的保护，前提是各种文化在平等基础上的共容共存和通过借鉴、吸收而得以发展。那种将文化差异放大为“文明冲突”的观点是建立在传统的西方文化优越论基础上的。这种优越论是历史上“白人至上”的现代解释，是以种族、民族不平等为前提的。而文化多样性的观念是人类文明观的新境界，也是人类社会种族观、民族观的新境界，而这个境界是马克思主义已经提出的，因为马克思主义对人类社会的区分历来是阶级的而不是民族的和种族的。

文化多样性的观念，是和平与发展世界大势的思想底蕴，它在实践中事实上已经提供了成功的范式，国际社会的奥林匹克运动就是这种文明范式的代表。

多样性是自然生态平衡的基础，多样性也是人类社会和平与发展的基础。人类的文明是世界各种族、各民族共同创造的。印度的伟大诗人曾说过，世界上各民族遇到的生存困难不同，他们克服困难的方法也不同。正是这种不同创造了人类社会五彩缤纷的文化，正是这些绚丽多彩的文化之间的交流、借鉴和吸收促进了各个民族乃至整个人类社会的发展。

不同或相异是自然界和人类社会普遍的现象。处理、协调或解决这种现象产生的矛盾不是建立在消除多样性的基础上，而是建立在求同存异、和而不同基础上的，多样性是创造力和发展活力的源泉，多样性的汇聚和融通会形成人类文明的整个，同时会在更高层次上升华为新的多样性。2000 年在法国和西班牙先后举行的文化多样性国际论坛，不仅突出了保护文化多样性的重要意义，而且也体现了反对美国文化霸权主义的共同取向，在以经济一体化和信息网络化为代表的全球化发展过程中，政治多极化和文化多样性是维护和平与保障发展的基本条件。新的国际秩序只有在这种基础上才能形成和建立。

（八）文化民族主义将成为世界民族问题的重要内容

新世纪的民族问题仍将是一个具有全球性影响的重大问题，进入 21 世纪，改变世界国家格局的政治民族主义已经走向低迷，经济一体化冲击所激发的经济民族主义将做出适度反应并在自由贸易的机制中受到制约，但是保留、传承和发展民族文化以及在现代化进程中寻求自我的文化民族主义将会普遍高涨，这一现象将构成未来世界民族问题的主要发展态势。

当前，国际社会普遍倡导的文化多样性，一方面反映了在经济一体化和信息网络化为代表的全球化进程中各个国家、各个民族自我意识普遍增强的趋势，另一方面反映了以美国为首的西方世界利用全球化进程推行文化霸权所引起的民族主义抗拒。但无论如何，国际社会对民族文化多样性的保留、传承和发展正在形成普遍的共识。

保护生态的多样性是可持续发展观念的重要内容，保护民族文化多样性现在也成为实现可持续发展不可忽视的内容。因为每一种文化都是全人类的文明成果，每一种文化都有其特别的优长之处，人类社会的发展、一个国家的发展、一个民族的发展都需要吸收全人类的文明成就。在经济发展到一定阶段，文化的发展问题必然突出起来。而各民族文化的交汇过程也必然伴随着相互适应的摩擦和矛盾，由此而引发的民族问题也会在更加广泛的领域展开。所以，在经济建设发展的同时，关注民族文化的保护和发展，是减弱文化民族主义冲突的有效途径。

（九）新世纪新阶段我国民族、宗教方面的问题，在量的方面将会呈现出五种形态；在质的方面会表现为三种突出的特点

新世纪，我国民族、宗教方面问题在量的方面将会呈现的五种形态是。（1）是累积性。即民族、宗教方面的许多人民内部矛盾，往往量大面广，是各种情绪、意见的累积；是各种小摩擦、小纠纷的累积。量的累积，到一定程度，就会引起质的飞跃，很难把握。（2）是突发性。偶然的小事，星点的火花，或因互不相让迅速升级，或因官僚主义处置不当激化矛盾，或因意见不统一，当报不报，当断不断而贻误时机，很快就会由小事变成大事，由大事酿成乱子。事件的起因是偶然的，闹起来却有必然性，必然性总是通过偶然性为自己开辟道路的。因此难于防范。（3）是扩展性。民族意识和宗教信仰，在一定范围内具有其特殊的凝聚力、号召力，而且特别敏感，传播快速。一旦有事，民族意识或宗教信仰中的自我保护心理，会很快蔓延开来，煽动一种抗争的激情或盲目的热情。信息社会中的大众传播手段，更有助于加速这一扩展进程，控制起来很困难。（4）是变异性。事情的变化，或因矛盾性质转化，是非问题转化为敌我问题。或因矛盾激化，非对抗性激化为对抗性。无法确定，不确定因素太多。（5）是沉淀性。事情闹大了，靠说服教育的手段已难以奏效，不得不动用行政手段。结果表面上矛盾处理了，缓解了，其实沉淀到更深层次的民族心理或宗教心理中去了，成为潜意识的民族隔阂；同时也就累积起来，为今后的再度爆发或以其他形式爆发悄悄地做准备。防不胜防；难上加难。这五个方面，恰巧构成一个循环过程，显然，如果陷入这一循环过程中，就很难把民族宗教问题解决在萌芽状态，解决在基层，解决在当地。

新阶段，我国的民族、宗教方面的问题，从质的方面会表现的三个突出特点是：

（1）民族问题方面的人民内部矛盾，以利益上的差别和矛盾最为敏感、最为突出。

（2）宗教问题方面的人民内部矛盾，往往围绕管理问题上的争执和冲突最为复杂、最为突出。

（3）在一定范围、一定程度上，两类矛盾可能交织在一起或向对抗性方向转化。

（十）新世纪、新阶段，我国民族、宗教问题的普遍性、复杂性、长期性、国际性和重要性特点在相当长的时间内仍然会十分突出

1．普遍性更加明显

（1）当代世界仍然是民族的世界，而不是民族消亡的世界，民族在世界的分布情况是民族多，国家少；多民族国家多，单一民族国家少。我国是一个多民族国家，而不是像日本、德国那样的单一民族国家。（2）跨界民族多。在我国的少数民族中，跨界民族比较多，国际间的民族问题会相互影响。（3）随着改革开放的深入和城市化进程的发展，我国民族间的人口流动会越来越频繁，矛盾和摩擦也随之增多。民族问题将广泛地存在于内地与边疆各类地区。（4）民族问题会涉及政治、经济、文化、教育以及国家关系等社会生活的方方面面。

2．复杂性更加尖锐

我国的民族问题十分复杂，主要表现在"八对矛盾交织在一起"。即（1）民族问题与宗教问题交织在一起。（2）历史问题与现实问题交织在一起。（3）国际问题与国内问题交织在一起。（4）物质贫困与精神贫困交织在一起。（5）优秀的传统文化与落后的生活方式交织在一起。（6）合法的民族宗教活动与非法的民族宗教活动交织在一起。（7）政治问题与社会问题交织在一起。（8）敌我矛盾与人民内部矛盾交织在一起。除开上面讲的八对矛盾广泛存在以外，还有国家主权问题、领土问题、国家关系（多边关系、双边关系）问题、人权问题等等。

3．长期性更加突出

（1）民族问题作为一个历史范畴，其产生、发展、融合和消亡是一个漫长的历史过程。这是客观规律，不能违背。通过强制同化、暴力和行政的手段，不可能使一个民族消亡，只能使民族问题更尖锐。（2）发展生产力是解决民族问题的物质基础，解决民族问题要依靠高度的物质文明和高度的精神文明。民族工作要服从和服务于经济建设这个中心。（3）各民族之间的差异

和民族特点的长期存在，并且在不同的发展阶段，民族问题会有不同的内容和表现形式。这就决定了民族问题的解决是一个长期的过程。（4）最终要让各民族有充分的发展，才能有自觉的融合，有自觉的融合才有自然的消亡。

4. 国际性更加广泛

由一国内部的民族问题引发国际性的问题，甚至导致国际关系变化在近年来表现得越来越明显。但是，民族问题的国际性不等于民族问题的国际化。民族问题的国际性主要包括两个方面的含义：一是民族问题往往超出一国的范围，对国际关系产生影响；二是民族问题已经成为国际上多民族国家带有普遍性的问题。而民族问题的国际化则是指一些西方国家利用民族、宗教问题，打着“民主”和“人权”的旗号，实施“西化”、“分化”战略，干涉他国内政的一种手段。西方国家企图把中国西藏问题“国际化”就是一个例子。同时，民族分裂主义势力为了达到分裂的目的，与国外敌对势力勾结，极力推动民族、宗教问题的国际化，则是危害国家统一的罪恶行径。

5. 重要性日益凸显

对多民族国家来说，民族问题关系到国家主权、领土完整、社会稳定、边疆巩固、经济发展和国内各民族的团结。在经济全球化的时代，由于国家关系日益广泛和密切的联系，国内的民族问题尖锐，不仅其自身的经济发展和社会稳定受到影响，而且还会影响到周边国家、整个地区乃至全球的稳定。民族问题无论是对多民族国家，还是对多民族的世界来说，其重要性是不容置疑的。

三、新世纪、新阶段民族问题的基本发展趋势

（一）聚变与裂变同在，以聚变为主是21世纪世界民族发展的一种趋势

当代世界民族问题正沿着聚变和裂变两种方向同时并行发展着，从而使当代民族问题的发展呈现出两大潮流。这两种模式或趋势既是对立的，又是并存的，而且往往聚变中有裂变，裂变中有聚变，相互交织，交叉发展，呈现出扑朔迷离的景象。但总的变化是聚变与裂变同在，以聚变为主。

（二）聚合与离散并行，以聚合为主是新世纪中国民族形态发展的一种趋势

从更深层次上看，当今整个世界范围内，同时存在着促进民族聚合和民族离散的两股强劲力量。一方面，人类生活一体化的趋势正日益发展，各种民族文化体系更加频繁接触、碰撞、交流、吸纳、整合，民族文化正逐步向全球文化缓慢过渡，人们在保持民族意识的同时，又具有地域意识和全球意识。正是这种超越国界的地区意识成了民族间聚合和协调的助推力，使聚合型民族主义得以进一步孕育发展，并在国家和民族问题的立场上形成了"地区派"和"全球派"。另一方面，在现存的国际秩序中，还普遍存在着民族和国家间的发展差距。权力和利益分配的不平等，根深蒂固的民族心理壁垒，更不用说还严重存在着强权政治、霸权主义、冷战思维、民族或国家间以大欺小、恃强凌弱、以富欺贫的现象在国际关系中仍比比皆是，由此也产生了国家和民族问题上的"国家派"和"地方派"。可以预知，在新的世纪之中，在国家与民族问题上，将呈现出"全球派"、"地区派"、"国家派"、"地方派"四支力量相互交叉角逐、力量此消彼长的场景，世界仍将在民族聚合与民族离散这两种既对立又统一的力量的反复较量中摇摆地前进。

（三）对聚合与离散两种民族发展趋势的评估

为进一步对新世纪中国民族问题发展趋势做出预测，有必要对当前世界民族问题的两种发展趋势，即聚合与离散做出评估。

一般说，民族聚合具有积极意义，是历史进步的一种表现。但必须有前提，即这种民族聚合是以和平方式自愿进行的，大小国家主权平等，且与公认的国际法基本准则相一致。还应强调指出，在当前，肯定、鼓励、促进民族国家的聚合并不意味着要有意识地削弱民族国家的力量或降低其地位。在可以预见的将来，独立的享有完全主权的民族国家仍是国际社会的主体、构成国际关系的基础和世界秩序的无可替代的基本构件。历史和现实都表明，民族国家是整整一个历史时代的产物，当今世界任何人都不可能去"发明"或创造一个超国家的"政治形式"或"容器"来替代民族国家的职能。民族国家是会逐渐走向消亡的，如同民族也将逐渐消亡一样，但那是遥远将来的事。

在一般情况下，一个国家内部各民族是向离散还是聚合哪个方向演变，取决于诸多因素，如：是否具有共同的理想追求、是否有超越于各民族利益之上的共同利益、是否具有强有力的经济纽带、民族发育的程度如何、历史和现实的民族关系是否平等和融洽、主导民族是否执行了正确的民族政策、是否有外来势力的插手和干预，如此等等。如果对上述问题的回答是正面的，肯定地，那么民族聚合趋势将占主导地位，否则离散趋势就可能占上风。

（四）从“自在民族”向“自为民族”过渡，是新世纪中国民族关系发展的一种趋势

一部中国历史，就是一部中华民族认识自身、认识自己与世界其他民族的关系以及自己地位、使命的历史。从“五族共和”到“民族区域自治”，再到“三个离不开”的思想，中华民族对自身的认识经历了三次飞跃，逐步使中华民族从一个“自在民族”向充满理性和睿智的“自为民族”过渡，这是新世纪中国民族形态发展的一种趋势。

秦汉以来，中国基本上是一个统一的多民族国家。在2000余年的封建社会，中国曾经经历过几次分裂的时期，但不久即又复归于统一。清代的中国是世界东方一个有着悠久历史和固定疆域的封建国家。中华民族是中国境内各民族的集合体，它作为一个自在的民族也有了悠久的历史。但是，直到20世纪初，中华民族的成员对此却并无清晰的认识。那时的中华民族，不仅对外部世界缺乏了解，而且对自身也知之甚少。

20世纪初的中国正经历着惨烈的剧变。洋务派“外御强邻”的甲午战争失败了，改革派内争维新的戊戌变法失败了，中国还有救吗？谁能救中国？如何救？怎样使中国免遭被列强瓜分豆剖、亡国灭种的结局，成为当时先进的中国人需要回答的最迫切的问题。为了救中国，需要学西方。

“民族”这一概念，正是那时随着西方各种社会政治学说的“东渐”而传入中国的。起初，人们对“民族”并无准确的界定和科学的理解，往往将其与“种族”或“人种”混用。但是无论如何，西方资产阶级“一个国家，一个民族”的民族理论与“优胜劣汰，适者生存”的进化论一起传进了中国。用上述理论观察中国的民族问题，梁启超提出中国应当“合汉合满合蒙

合回合苗合藏，组成一大民族"。其师康有为甚至早在戊戌变法时就主张"满汉一家"，用"中华"二字作为国号。他们提出的中国民族观，成为其整体上是错误的改良主义理论中的合理内核，后来为孙中山所接受。及至数年后辛亥革命爆发，汉满蒙回藏"五族共和"的口号很快即为中国各民族、各阶层所认同。这标志中华民族对自身认识的一次历史性飞跃。中国是一个多民族的国家，中华民族不只是汉族一族的观点开始深入人心。

1937年日本帝国主义发动全面侵华战争，"中华民族到了最危险的时候"。中国共产党倡导了第二次国共合作，团结和领导全国人民取得了抗日战争的最后胜利，并随之推翻了国民党在中国大陆的独裁统治，建立了中华人民共和国。在长期的革命斗争实践中，中国共产党把马列主义与中国实际相结合，不仅领导人民取得了革命的胜利，而且为解决中国民族问题进行了成功的探索。中华民族正是在中国共产党的领导下，实现了对自身认识的第二次飞跃。

这次理性认识飞跃的一个最重要的内容和成果，是找到了正确解决中国民族问题的形式——建立单一制的人民共和国，在少数民族聚居区实行民族区域自治。这是建立在对中国国情和中华民族特点的正确认识基础之上的。1949年，中国人民政治协商会议确定的《共同纲领》规定，在中国各少数民族聚居的地方实行民族区域自治。此后党和政府领导进行了我国的民族识别工作，认定了我国汉族之外的55个少数民族，在全国建立起区、州、县三级民族自治地区，制定并完善了《民族区域自治法》。民族区域自治成为我国的一项基本政治制度。

中华民族认识自身的第三次飞跃始于改革开放之后。中国共产党重新确立了"解放思想，实事求是"的思想路线，民族理论界批判了文化革命期间提出的"民族问题的实质是阶级问题"的错误观点，总结建国以来民族工作中正反两方面的经验。同时，改革开放也拓宽了中国人的视野，使得我国民族理论界得以从新的高度对中华民族进行再认识。1988年，我国著名的社会学家费孝通先生提出"中华民族多元一体格局"的思想。不久，苏东剧变，以苏联为首的一批社会主义国家政权易手，苏联、捷克斯洛伐克、南斯拉夫等多民族国家纷纷解体。中国作为东方一个统一多民族的社会主义大国，能否在新的国际环境中解决好国内的民族问题，成为又一个迫切需要回答的问题。

正是这一现实的需要，引发了中国民族理论界关于“中华民族凝聚力”问题的大讨论。江泽民同志对中华民族凝聚力的形成原因做出了理论上的概括，他说：“把我国各民族维系于一个统一的大家庭中而又世代传承的纽带，主要有三个：一是国家的长期统一；二是各民族相依共存的经济文化联系；三是近代以来各民族在抵御外来侵略和长期革命斗争中结成的休戚与共关系。”① 他反复强调在今天实现国家现代化，反对西方敌对势力西化、分化我国的阴谋中，要高度重视民族问题，高举民族平等团结的旗帜，坚决维护国家的统一。此后，党还提出了“汉族离不开少数民族，少数民族离不开汉族，少数民族彼此也离不开”的三个离不开的思想，多次号召对干部和人民，特别是年轻一代进行马克思主义民族观的教育。

纵观历史，中华民族作为一个自在的民族，是在几千年的历史过程中形成的，但是作为一个自为的民族，则是近代以来在反抗内外敌人的斗争中出现的。中华民族从一个自在的民族到一个自为的民族的转变过程，也就是中华民族不断觉醒，不断深化对自身认识的过程。今天，中华民族正在经历一次伟大的复兴。中华民族有自立于世界民族之林的能力，一定能够为人类做出更大的贡献。

（五）从封闭状态走向开放，从落后走向文明，从冲突、摩擦走向缓和、融合，是新世纪中国民族问题发展的一种趋势

从21世纪我国民族问题发展的态势上看，从封闭状态走向开放，各民族之间不断增强相互之间的联系和交往，民族隔阂的被打破，处理民族问题的方式从落后走向文明，民族问题的表现形式也会逐步从冲突、摩擦走向缓和、融合。这是一个不可逆转的大趋势。

（六）从局部“危态紧张（对抗）”逐步向整体的“优态共存”转变，是新阶段中国民族问题发展的一种趋势

① 《新时期统第一次世界大战线文献选编》续编，第393页。

随着我国综合国力的增强，民族地区经济在西部大开发中迅速发展，中央政府实行的转移支付制度使少数民族开始分享到改革开放的更多成果，各民族群众共享经济发展带来的物质利益，使我国少数民族局部地区的民族关系得到很大程度的改善，实现了从局部“危态紧张（对抗）”逐步向整体的“优态共存”转变。

（七）“自治”与“共治”并存，由“自治”逐步过度到“共治”是新世纪中国民族关系发展的一种态势

任何一种民族政治理论，都来源于对现实民族政治问题的思考和回答。现时代的民族政治问题是什么？人们的普遍认识是：现时代的民族政治问题主要是多民族国家统一建设和各民族共同奋斗、共同繁荣发展的问题。为此，我们就需要提出相应的民族政治理论来解决这个问题。鉴于传统的民族自治理论的局限性，我们根据当代多民族国家特别是中国的族际政治事实，提出了民族共治的命题。民族共治以尊重各民族合理权益为前提，这可满足少数民族发展的要求；民族共治又以追求各民族和谐共存为理想，这可满足多民族国家统一建设的要求。因此，民族共治的命题有可能是构建一种完整的民族政治理论新学说的思想方向。

1. 现代民族政治意义上的“自治”产生于统治民族和被统治民族之间的暂时妥协，存在着排他性和从属性这一对难解的矛盾。

2. 中国等当代多民族国家的民族政治生活已经超越了传统的自治观念，实际已走上了民族共治的道路。

3. 民族共治有其必然性与合理性，它是“后自治”民族政治生活发展的客观要求。

4. 民族共治是与政治、民主、共和“三位一体”的命题。当代民族政治理论应当以共治为核心思想进行构建，并赋予自治新的含义。“民族政治性组织合法”加上“民族政治人格平等”，应当成为自治的新概念。

5. 民族共治的理论意义在于它是批判各种片面的和非理性民族政治观念的武器，而实践价值则在于它是建设多民族统一国家、实现民族关系平等、自由与和谐的工具。

6. “民族共治”的命题，来源于对当代多民族国家民族政治理性实践的客观总结，产生于对民族政治理性原则的深入认识，因此，它是一个值得进行理论提升的命题，应当成为当代多民族国家民族政治理论建设的核心思想。

民族共治的命题不仅在于它具有理论批判的意义，更重要的在于它具有实际建设的意义。

（1）民族共治为我们正确认识、理解、把握和处理当代多民族国家的民族关系问题提供了理论基础。

（2）民族共治作为一种政治保障，可以有效地保证各民族共同发展与共同繁荣，为民族平等团结奠定物质基础。

（3）民族共治可以有效地增进各民族之间的相互信任，为民族关系的平等、自由与和谐奠定心理文化基础。

（4）民族共治可以有效地培育各民族共同的国民意识，为国家统一奠定国民认同基础。

（5）民族共治是通向民族自然融合的桥梁。

（八）与民族问题紧密联系的宗教在21世纪的发展趋势

作为一种社会文化现象和相对独立的思想意识形态，宗教的发展演变具有自身内在的规律性。我们通过对宗教目前所处的社会环境，以及宗教自身的发展规律进行分析，可以对新世纪新阶段我国宗教的发展走势及动向进行初步把握和了解，预测其在21世纪上半叶的发展演变趋势。

1. 汉传佛教和道教

汉传佛教和道教在历史上形成了以汉族传统文化为主体的信仰形式，正处于不断世俗化的进程之中，并借助汉文化的影响力向周边民族缓慢扩展。因此，在没有重大社会环境变化的情况下，我国的汉传佛教和道教将依据自身的发展规律，长期保持稳定发展的状态。

但是，就目前的实际情况而言，以下几方面因素会对汉传佛教和道教近期的走势和动态发生影响：

第一，民间化趋势明显，不少历史上形成的民间宗教组织开始逐步恢复发展。这些组织虽然不可能形成大的规模及声势，但在市民和农村中有着较广泛的信众，具有一定的影响。加之其信仰观念浅陋、神系庞杂、经文浅显、活动松散，容易被反动会道门组织和邪教组织所利用，从而产生一些危害社会秩序，扰乱正常宗教活动的现象。

第二，在开发和利用佛教和道教传统文化内容，推动各地区旅游业发展的过程中，如果没有正确的思想指导及合理的规划，容易产生急功近利、扩大宗教影响的现象，造成人为推动宗教发展的不良影响，导致局部地区的过热发展。同时，随着近年来佛教寺庙和道教宫观等活动场所的快速增长，教职人员数量不足，许多寺庙宫观没有教职人员主持宗教活动，加之目前教职人员流动性较大，致使活动不规范、管理困难的现象较为明显。

总之，我国的汉传佛教和道教目前虽然存在一些不稳定因素，但并不具备发生较大变化的条件。在今后几年内，受民间化进程的推动，信教人数会以较快速度增加，活动场所也会稳定增长，但是，教职人员不会有较多增加，宗教活动也会基本保持平稳，不会产生大的社会影响。

2．藏传佛教和伊斯兰教

从宗教形态和演变特点看，我国藏传佛教和伊斯兰教都属于民族化宗教，主要为单一民族所信仰，与人们的日常生活结合紧密，民族文化结构较为完善、稳定，具有较强的抵御外来文化影响的能力，而向主体民族以外传播的外向性不强，表现出较为明显的内在化特点，因此将长期保持随主体民族的发展而稳定发展的态势。

目前，达赖集团和"东突"恐怖势力的分裂活动日益加剧，会对我国的藏传佛教和伊斯兰教产生影响。但是，从当前的实际情况看，这种影响主要是长期的、间接的，并且会随着局势的发展不断变化，近期内不会形成直接的重大影响。

3．基督教

基督教作为一种西方外来文化，在传入中国的历史过程中，虽然在一些民族或地区初步实现了社会化和民族化，具备了平稳发展的基本条件，但从全国范围来看，基督教由于其社会化和扩张进程还远没有结束，因而总体上仍会保持较快的发展速度。目前，对我国基督教近期走势和动态产生影响的主要有下列因素：

（1）传统信教地区和重点地区的基督教发展已逐渐趋于平稳，信教人数基本保持稳定，但部分地区仍存在较大发展空间。

（2）基督教传播范围不断扩大，一些历史上没有基督教活动的地区也出现了教会活动。近几年信教群众的较快增加，有相当部分来自这些新增地区，今后还会较快增长。

（3）邪教组织和境外宗教势力的渗透活动日益加剧。目前，国际敌对势力加紧利用民族问题和宗教问题对我国进行“西化”和“分化”。一些边疆地区，由于民族众多，宗教情况复杂，因而成了国际反华势力利用宗教特别是基督教进行渗透的重点地区，除了利用邪教组织进行渗透外，还以各种各样的名义派遣大量传教士入境传教，煽动和引诱边民出境学经习道，利用广播电台和互联网进行宣传，偷运非法宗教宣传品入境散发，等等。同时，在境外宗教势力的扶持下，私设聚会点现象也有所抬头，对不正常宗教活动的产生和境外势力的渗透活动起到了推波助澜的作用，近期内出现不正常宗教活动和突发事件的可能性较大。

4. 天主教

一般而言，天主教作为一种西方外来文化，与中国社会相适应的社会化进程相对缓慢，还有着较大的发展空间。但由于历史及教会本身的原因，我国天主教将会在较长时期内缓慢地发展。从目前的具体情况来看，下列因素会对天主教近期的走势和动态发生影响：

第一，由于历史上天主教与中国现实社会的冲突较为激烈，发生过多次与武力相伴随的“反洋教斗争”（教案），对其声誉和社会影响损害较大，短期内很难获得民众的广泛认同，在信仰自由的社会环境中不会在短期内出现大幅度增长。因此，虽然我国部分地区天主教正处于恢复性发展时期，信教群众增长较快，但主要集中在传统的信教地区，没有出现大规模向外扩展的趋势。但是，自 1962 年至 1965 年第二届梵蒂冈公会议（简称“梵二会议”）召开以后，为顺应世界潮流的发展，天主教对内实行全面改革、对外向世界开放的步伐加快，并进行了相应的礼仪改革，允许使用各民族语言举行各项圣事礼仪。近年来，一些地区的天主教也普遍推行了新式礼仪，改变了过去只允许使用拉丁礼仪的现象，使宗教仪式活动更容易被人们所接受，从而导致现有活动范围内信教群众的较快增加。

第二，近年来由于梵蒂冈在中梵关系上玩弄两面手法，口头上表示要改善中梵关系，背地里却秘密委任主教，扶持地下教会势力，企图重新控制中国天主教的领导权。受此影响，一些天主教人士的思想也发生了动摇，幻想中梵关系正常化以后，重新回到梵蒂冈大一统的教会体系中，这对坚持独立自主自办教会及自选自圣主教的原则是不利的，也为天主教的正常发展注入了新的不稳定因素。但是，由于中梵关系以及中国天主教与梵蒂冈的关系具有鲜明的政治性，因此近期内不会对天主教发展产生太大的影响。

根据以上对我国各种宗教情况的具体分析，在21世纪前期，我国宗教的发展走向及动态的总体趋势是：宗教活动总体保持相对平稳，但局部地区和个别宗教的活动仍不稳定，发生突发性事件的可能性有所增加。其中：道教的活动受外来影响较小，将继续保持相对稳定的状态；汉传佛教在平稳发展的同时，将出现逐渐向少数民族地区扩展的趋势，对少数民族的影响也会逐渐增加；藏传佛教虽然自身已形成了稳定发展的内在机制，但由于达赖集团的渗透和干扰，局部地区仍有出现反复的较大可能；伊斯兰教在新疆地区会有所波动；基督教和天主教活动受西方敌对势力影响较大，特别是基督教活动中的不正常现象和不稳定因素较多，有可能出现难以控制的局面。

总之，今后几年我国宗教发展趋势将基本保持稳定状态，但局部地区和个别宗教的不稳定现象将会日益增加，这是我们今后应密切加以注意的。

概括说来，展望21世纪的民族关系，冲突、摩擦与融合交会并存，这种状况可能还要持续一个相当长的时间。各民族之间的差异——碰撞——冲突——重构——共处——聚合——整合——融合，这是中国民族关系发展的辩证规律和总的发展趋势。20世纪末世界民族关系的发展证明了这一点，进入21世纪的中国民族问题发展趋势将更充分地证明这一点。在新的世纪、新的阶段，经过我国各民族坚持不懈的共同努力，伴随着我国经济建设的迅速发展和民族利益的不断整合，在我国全面建设小康社会的历史进程中，中国的民族问题在民族平等的基础上，必将稳步向民族聚合、整合、融合的方向迈进，最终结成为一个和谐的人类共同体。

结束语：从世界文化的碰撞中理解全球化与民族化的多样性互动

本书探讨了“全球化”与“民族化”多样性的碰撞或者“冲突”。认为，全球化与民族化是哲学上普遍性和特殊性的对立统一：全球化与民族化是单一化和多样化的对立统一；全球化与民族化是一体化和分离化的对立统一；全球化与民族化是集中化和分散化的对立统一；全球化与民族化是国际化与本土化的对立统一。或者说，全球化进程不仅仅是世界走向一体或统一的过程，更是民族文化多样性并存的过程。因此，全球化的未来不应该是一元、单一模式的普遍化，而应该是多元化并存、多种模式共生的局面。可以说，没有多样性就没有全球化。对于全球化与民族文化多样性，既不能简单地将其对立，也不能简单地认同，“在对立中把握同一，在同一中把握对立”是我们的任务。

全球化是以对话代替对抗；全球化是以和平代替战争；全球化是以合作代替掠夺和抗争；全球化是以共生共存代替“一个吃掉一个”；全球化是以“双赢”替代“你死我活”；全球化是以多元、开放、和谐替代“闭关锁国”“惟我独尊”和那永无止境的“斗争哲学”。在全球化的进程中，随着非西方力量的增长与强大，全球化进程会更加独立、自主，最终成为民族文化多样性共存共荣的过程。

因此，我们应该走出“非此即彼”的思维藩篱，既超越“西方中心主义”，也同时要超越“东方主义”，超越“种族中心主义”，超越“人类中心主义”。总之，必须超越冷战思维模式，树立后现代全球意识。

从世界文化的碰撞中来理解全球化与民族文化的多样性互动关系，我们可以看到，没有文化之间的碰撞，就不会带来真正的和平；害怕与其他文化碰撞的保守心态、压制其他文化的殖民心理，都是和平的最大敌人。冷战结束了，但是历史不会像福山所预言的那样终结；文化还会在发展。[①] 但文明也不会像亨廷顿所预言的那样发生毁灭性冲突。[②] 文化的冲突将是创造性的，是新的人性诞生之前的“阵痛”。

全球化过程中东、西方文明的冲突与对话，正是全球化与民族化冲突与对话的一个极端的例子。东、西方文明在冲突中互相交流、沟通，在对话中互相扬弃、补充，进而互相融合、吸收，是21世纪世界文化发展的一种基本走势。

关注世界文明发展的未来，进行文化乃至文明的比较研究，是20世纪人文科学的一个重点课题。学者们从人类文化学、历史学、考古学、经济学、社会学乃至未来学等多种角度探讨文化发展的源流与命运，提出了各种各样的学说，仅“文化”一词的定义，就有160余种之多，真可谓五彩缤纷，众说纷纭，常给人以理不出头绪之感，但学术研究总是在不断的争论中一点一滴地推进的，多元文化观的确立，及对未来文化发展把握上的全球意识，便可视为文化领域中的重要进展。

---

①当“冷战”结束之初，全世界爱好和平的人们曾经短暂地松了一口气。有的学者由此认为，核战争的威胁已经消除，地区冲突的背后也将不再有超级大国插手的影子。在“西方”世界，一些资本主义的代表们更为所谓“共产主义威胁”的消退而弹冠相庆。某些西方知识分子也感染了这种幻觉。福山，一位日本裔的美国人，在其《历史的终结》一书中，就认为随着“美国式自由民主”的“胜利”，人类历史已经走到了终点，世界大同将在西方价值观主导下实现。但正如一些有识之士所指出的：“冷战”的结束，恐怕正预示着西方式自由民主价值观深层危机的暴露。西方式自由民主价值观本身是带有侵略性的，倾向于通过寻找和排斥外界的“敌人”来树立自身的意义，维持自身的一统性。一旦外界的“敌人”没有了，西方文化就有陷入盲目的危险。由于缺乏目标，也由于内部矛盾在“冷战”结束后的显露，西方世界在面临冷战后的种种地区性冲突时，明显地表现出犹豫不决和前后矛盾。地区性冲突不但没有减少，反而增多了，其中一些，特别是中东冲突和巴尔干冲突，更震动了整个世界。某些西方价值观的鼓吹者们憧憬的全球“秩序”大厦还没有建成，基石上便出现了裂痕。

②为了维护他们的价值观，一些鼓吹者们试图寻找新的“敌人”。正好，此时期一些地区冲突或多或少都包含有文化冲突、特别是宗教冲突的成分，于是美国政治学家塞缪尔·亨廷顿便有了口实，写了一本题为《文明的冲突》的书，声称冷战后的世界最大的冲突便是不同“文明”——一般称为“文化”——之间的冲突，主要将是在基督教文化、佛教文化、伊斯兰教文化和儒教文化之间的冲突。当然，以美国为代表的基督教文化及相应的西方价值观，是“正义”的象征；而“最偏执的”伊斯兰教文化和“最虚伪”的儒教文化是西方价值观的“死敌”，倘若二者联合起来就更为可怕。尽管这本书甫一面世就遭到了一片反对声浪，但它的确又代表了不少人的看法，对当今西方政治特别是美国政治有一定的影响。亨廷顿的观点在我国也激起了很大的反响，许多学者都对其做了有力的批驳。然而，无论在国外或国内，对亨廷顿的批驳，往往都集中在现实政治的层次上，针对的是其具体观点。然而我认为，对亨廷顿的观点，仅仅从现实政治的角度去反驳是不够的，因为其立论的出发点就是有问题的，换句话说，在关系到“全球化”、“民族化”、“文化”、“冲突”、“宗教”、“人性”、“普适性”等基本概念上，亨廷顿所依赖的价值观——一种传统西方价值观——本身就是有问题的。如果没有哲学高度上的讨论，不从哲学和文化的层次上澄清上述概念，则就算驳倒了亨廷顿的论点，这些论点改头换面又会在另一个“亨廷顿”那里提出来。

所谓多元文化观，是一种对文化的价值判断。①

多元文化观的确立，是从破除“欧洲中心论”开始的。② 这种文化价值平等的观念，作为一种新的方法论，推动了更多的学者进行实证研究，从历史和现实等多种角度，构建起了文化多元论。这种“多元文化观”，为我们思考世界文明的未来提供了一种新的思维框架，那就是各民族的文化都有其合理的价值，未来世界文明不会是单一的，而是各种文化共生交融的一种丰富多彩的新格局。

当然，什么是多元文化主义？这个问题貌似简单，但却难以准确予以回答。困难在于“多元文化主义”虽被称之为“主义”（-ism），且使用频率很高，但它始终没有一个清楚的、公认的定义。③ 在国际政治实践中的“多元文化主义”与其说是一种严格的理论，不如说是一种象征性的政治口号。在多元文化主义的旗帜下，往往集合了一大批不同的（有时甚至相互冲突的）诉求。④ 尽管这些诉求的内容不同，但坚持者都自认为是在体现“多元文化主义”的精神，而那些持反对意见的人（即便只是反对一种诉求而同时支持其他的诉求）也有可能被当做反多元文化主义者。如此看来，界定多元文化

①多元文化主义（Multiculturalism）是20世纪90年代美国社会一种极为引入注目、又充满争议的现象。作为一种意识形态，多元文化主义对传统的美国思想和价值体系提出了严肃的挑战，促使美国人重新思考美国的历史与未来。“多元化”（diversity）已经成为当代美国生活中的一个不可忽视的现实。由于多元文化主义触动了原来的政治和文化结构，它也引起了极大的争议。美国学术界和教育界围绕多元文化主义进行了一场迄今尚未结束的“文化冷战”，政治上也出现相应的连锁反应。

②最早对“欧洲中心论”提出批判的是德国哲学家赫尔德（1744～1803）。赫尔德是康德的学生，被人称为历史哲学的真正创立者。他认为人类历史是一个不断趋向人道理想的进步过程，也就是说，人类社会的进步就在于不断地使人变得更像人。他从这种人道主义历史观出发，坚决反对“欧洲中心论”，他认为各民族的历史不能用野蛮、文明之类的概念来做简单的分类，对待不同的民族，应用不同的标准去衡量评判。1948年，美国人类学家赫斯科维茨在其《文化人类学》中更进一步指明，各民族过去和现在创造的各种文化的价值是平等的，我们没有权利把欧美的价值观强加到别人的头上，应当维护每个民族独立发展的权益。

③社会学家内森·克莱日尔（Nathan Glazer）曾做过一个统计，发现美国主要报刊是在1980年代末才开始使用multiculturalism一词的，该词在1989年仅出现过33次，两午后增加至600次，到1994年，达到了1500次。见Nathan Calzer,We Are All Multiculturalists Now（Cambridge, Mass.:Harvard University Press，1997），p. 7。

④例如，有的诉求涉及理论问题（如呼吁推翻西方文明在美国教育和文化中的统治地位、建立新的知识话语体系、改革传统的人文教育、呼吁停止对发展中国家的剥削等），有的涉及具体政策（如要求政府继续坚持推行“肯定性行动”措施、要求政府加大对少数民族集中居住区的教育和经济资助、要求大学和公司增加少数民族和妇女雇员等）还有的则涉及一些具体的社会行为和态度（如要求媒体对少数民族的形象进行正面刻画、提倡对包括同性恋在内的不同生活方式的包容和尊重、严禁在公共和工作场合对异性进行“性骚扰”、在言语方面避免使用伤害他人的字眼语句等）。

主义的工作就变得难上加难。[①] 但尽管如此，不同类型和用途的“多元文化主义”在基本原则上还是相通或有共同之处。一个比较可行的认知方式就是对不同用法的“多元文化主义”实行分类考察，了解它们包含的具体内容，通过比较，获取一种对普遍意义上的多元文化主义的认识。当代世界的多元文化主义主要有下列几种用法：

首先,“多元文化主义”是一种教育思想和方法。[②] 主张多元文化主义教育的人认为，知识在人类生活和社会发展中占有极为重要的地位，但知识并不是中性的，其内容及构成方式不仅受特定的政治、经济和社会关系的制约，也受到制造和传播知识的人的兴趣和立场的影响。[③]

其次，多元文化主义也是一种历史观。[④] 持多元文化主义历史观的学者认为，美国历史和传统是多种民族或族裔共同经历相互作用的结果，为了“懂得美国文化的本质和复杂性”，学生必须了解所有美国人（尤其那些被传统史学排除在外的群体）的历史经历。[⑤]

---

①以至于历史学家戴·霍林格（David hollinger)这样说，“多元文化主义”几乎变成了一种“暗语”（shibboleth），只是用来识别和联络政治上的盟友和学术上的同志，本身应该具备什么内容并不重要了。David hollinger,Postethnic America:Beyond Multiculrualism(New York:Basic Books,1995),p.82；同见Glazer,We Are All Multiculturalists Now,p.19。

②20世纪70年代当多元文化主义的概念首次出现时，它的目标是在中小学教育中增加对不同民族和族裔的文化传统理解。在20世纪80年代时，“多元文化主义”又为一些大学借用来描述对传统人文学科内容的改革。到90年代，多元文化主义教育思想逐步趋于成熟。C.Newfield and A.Gordon,“Multiculturalism’ Unfinished Business,” in A.Gordon and C.Newfield eds.,Map-ping Multiculturalis(Minneapolis:Univeristy of Minnesota Press,1996),pp.76－78；James A.Banks,“Multicultural Education:Historical Development,Di-mensions,and Practice,” in James A.Banks and C.A.M.Banks,eds.,Handbook of Research on Multicultural Education(New York:Macmillan,1995)。

③教育是传播知识的重要过程，又是塑造公民群体的关键过程，为了适应变化了的美国社会，教育中的“文化压迫”现象——即对非主流文化的排斥和曲解——必须改变；多元文化主义教育为美国学生提供新的知识结构和内容，帮助学生了解和尊重其他文化传统，减少乃至消除种族主义的偏见。JamesBanks,“MulticulturalEducationasanAdacemicDiscipline,”inMulticulturalEducation95/96,2dedtion（Guiford,Conn.:Dushkin,1995）,pp.61－62;LawrenceBlum,“Multiculturalism,RacialJustice,andCommunity:ReflectionsonCharlesTaylor's'PoliticsofRecognition’”,inLawrenceFosterandPatriciaHerzog,eds.,DefendingDwersity:ContemporaryPhilosophicalPerspectivesonPluralismandMul-ticulturalism（Amherst:UniversityofMassachusettsPress,1994）,pp.175-206.

④多元文化主义教育者尤其强调对传统的美国历史知识的内容的改革。这种要求与“新美国史学”的目标正好吻合。新美国史学自1960年代开始兴起，它以社会史学为基础，意图纠正旧的美国史观史论，注重对少数民族和弱势群体历史的研究，强调美国人历史经验的“多元性”。关于“新美国史学”的介绍，参见：EricFoner,ed.,TheNewAmericanHistory（Philadelphia,TempleUni-versityPress,1997）,LawrenceLevine,TheOpeningofAmericanMind:Canons,Culture,andHistory（Boston:BeaconPress,1996）,esp.Chaptersl,5,10；李剑鸣：《关于20世纪美国史学的思考》，《美国研究》1999年第1期，第17－37页。现在是否已经出现了一种多元文化主义史学，是一个值得争论的问题，但多元文化主义思想对历史研究的影响是非常明显的。

⑤与多元文化主义的教育思想一样，多元文化主义的史学希望帮助学生了解美国社会目前存在

再次，多元文化主义也被用作为一种文化批评的理论。在这方面，多元文化主义常与后现代主义、结构主义和女权主义归为一类，被看成是向传统西方文明知识霸权进行挑战的一种话语。多元文化主义者认为，任何文明都是历史的产物，有其内在和特定的价值体系，没有一种文明可以宣称比其他文明更为优越，也没有理由以主流文明自居，并歧视、否定甚至取代其他文明；西方文明之所以能够在目前人类的知识结构中取得支配性的地位，关键是西方资本主义的发展领先于世界其他各地，西方向世界扩张的同时，也将带有严重偏见的西方思想和知识，以及表达思想的媒介（包括语言、艺术、文学及其他）扩展到世界范围，以至于非西方社会的知识分子在向西方文明挑战时，仍然继续下意识地使用西方文明中的思维模式。①

最后，多元文化主义也被看做是一种冷战后的新世界秩序的理论。一些学者认为当代美国多元文化主义思潮与历史上的被压迫民族反对主流民族的压迫在本质上是一致的，都是一种在多元社会中寻求对人类的文化能力的保护的努力，而对于不同民族文化的保护和尊重应该被看成是一种普遍人权得到政治社会的合法保护。芝加哥文化研究小组（ChicagoCulturalStudiesGroup）在其论述多元文化主义的报告中这样提出，多元文化主义力图寻求的是一种更适合于冷战后的社会和政治模式；冷战的结束、欧洲的统一、亚洲和太平洋区域的崛起和经济全球化等使各国和民族之间的交往更为频繁和密切，无论是在美国内部，还是在世界范围内，都需要建立一种更为现实的相互认可和尊重的文化和政治关系，所以，除了向主流文化挑战以外，多元文化主义也在描述各种文化（和社会）在冷战后时代的一种相互流动的关系。②

的种族歧视、性别歧视和贫穷等问题的历史根源，克服和消除对其他民族和族裔文化的误解，解除他们对日趋激烈的文化冲突的恐惧，培养他们对群体差别的欣赏，鼓励他们采用一种民主的而非等级式的观点来看待美国社会的群体差别，最终培养他们在“由多元民族组成的国家以及相互依存的世界”中进退自如的能力。DonnaM. Golnick and PhilipC. Chinn，Multicultural Education in a Pluralistic Society,（NewYork:Merrill,1990）,2ded. pp. 255－56.

①在哈佛大学非裔美国人研究系主任亨利·路易斯·盖茨（Henry Louis GatesJr. ）看来，多元文化主义理论的核心是承认文化的多元性，承认文化之间的平等和相互影响，打破西方文明在思维方式和话语方面的垄断地位。（Henry Louis GatesJr.,“Goodbye,Columbus?Notes on the Culture of Criticism,” American Literary History No.31991,pp.711—27；同见Gates,“The Waningof Ameri-ca，”New Yorker，19 April 1993，pp. 113－117.）有的学者在这个问题上表现了更为激进的态度，认为仅仅打破西方文明的话语垄断还不够，还必须建立新的以非西方文明为背景的新的话语。天普大学非裔美国人研究系的MolefiAsante力主的“非洲中心论”便是基于这一思考提出来的。见Asante，The Afrocentric Idea（Philadelphia:TempleUniversityPress,1987）.

然而，对于利用多元文化主义作为改革旗号的人来说，上述这些多元文化主义未免过于学究气。在他们看来，"文化"是政治社会中权力关系的一种表现方式，文化的不平等主要是因为政治的不平等；要建立真正的文化平等，必须改变现有的不合理的政治和经济权力结构，所以，多元文化主义的最终目的不是追求"文化平等"（cultural equity），而是"社会平等"（social-equity），是争取不同群体（尤其是那些在历史上长期受到歧视和压迫的群体）在分享美国社会的政治、经济和文化资源方面的平等。"多元文化主义"因此也变成一种意识形态，其功能在于动员和集合广泛的力量，推动现实的社会改革。换言之，多元文化主义是一种具有转换和改造社会功能的思想。这种"转换性的多元文化主义"（transformative multiculturalism）包含至少两个方面的内容：支持"不同群体在文化和物质方面的繁荣"和"在自由和人类尊严原则范围之内的群体认同"，要求政府采取激进措施来保证受压迫群体的进步。其核心内容是将多元文化主义的政治转换为政策。

由此可见，多元文化主义具有多种功用，既是一种教育思想、一种历史观、一种文艺批评理论，也是一种政治态度、一种意识形态。它们之间的共识可概括为：（1）世界是一个由多元民族和族裔构成的世界，美国文化是一种多元的文化；（2）不同民族、族裔、性别和文化传统的人的经历是不同的，传统不能以某一个民族或群体的历史经验为准绳；（3）群体认同和群体权利是多元文化主义的重要内容，也是美国社会必须面临的现实。从广义上看，这些不同用法的多元文化主义都表现出一种强烈的对未来的期许。[1]

同时，多元文化主义也引发一些更为深层的理论和实践难题，而目前的多元文化主义思想或理论本身并不具备面对或解释这些问题的能力。

多元文化主义目前至少在三个问题上面临挑战。

首先，主张多元文化主义的人在理论上没有完全解决"一元"与"多元"的关系问题。多元文化主义提出了解释美国传统和民族性内容的新思路，但

① 见Chicago Cultural Studies Group, "Critical Multiculturalism," Critical Inquiry,18 (Spring 1993),pp.531—532.

② 如同社会学家内森·格莱日尔（NathanClazer）所指出的，多元文化主义者们力图从各自的角度描述一个"不带偏见和歧视的更为美好的美国"的图画，希望将美国文化看成是所有种族和族裔文化交融的结果。Glazer，We Are All Multiculturalists Now,p.11.

在强调不同群体的美国经历的同时，如何将不同群体的传统与美国的民族传统统一起来，多元文化主义没有提供有力的答案。多元文化主义者在强调“多元”的同时，往往忽视或无视“一元”，或没有予以其准确的定义，而且由于需要强调“多元”，多元文化主义者往往要求摆脱“一元”的影响，这种做法给多元文化主义的推行和贯彻带来许多困难。美国社会和美国的传统有没有一种共同认可的传统？如果有的话，它的内容和来源是什么？如果没有的话，美国人如何认同自己的国家和历史？美国的民族性如何定义？多元文化主义者必须回答这些问题，否则，多元文化主义不但会持续地遭到保守派的反对，也会使一些在原则上支持多元文化主义的人感到一种政治认同上的无所适从。如果美国的历史的内容只有群体压迫和斗争，那么为什么美国历史还能进步与发展？如果美国的传统充满了邪恶与不正义，一个美国人对国家和民族还有什么可值得认同的呢？①

另一些相关的问题是：什么是文化？政治、经济和文化三种机制如何相互作用？不弄清楚这些问题，多元文化主义便无法准确地界定自己的目标。即便是一些支持多元文化主义思想的人也认为，主张多元文化主义并不意味着必须否认美国人有一个共同的传统。②

多元文化主义面临的第二个挑战是它是否能够成为一种持久的意识形态和政治胶合剂的问题。在面对体制性歧视的情况下，“群体斗争”、“群体诉求”是团结和整合政治力量的有效方式。但法律上的平等和类如“肯定性行动计划”的实施后，除非多元文化主义能够提出一种新的、更高的政治理想，否则，它原来所具备的政治效力将不可避免地减弱，甚至转换成为阻力。原先具有一致目标的各群体可能因为多元文化主义政策的实施而造成利益上的冲

①老牌自由派历史学家小阿瑟·施莱辛格（Arthur SchlesingerJr. ）就坚决反对多元文化主义推行的“族裔崇拜”（the cult of ethnicity）的做法，认为这种做法只会夸大种族差别，激化了种族间的敌对情绪，使少数民族陷入”自我怜悯和自我孤立”的境地，导致种族分离历史的重演。他反对将美国史解释为分离的种族史的集合体，坚持认为英国和欧洲文明是美国发展的基础，美国的历史虽然曲折，但美国人对一些政治观念（如自由、平等、民主，优裕的生活条件）的追求是共同的，不同种族和族裔之间在这方面并没有完全对立的意识形态和文化冲突。ArthurSchlesingerJr. ，TheDisunitingofAmerica:ReflectionsonaMulticulturalSociety（NewYork:Norton,1994）,pp.102－103.

②多元文化主义史学的领衔人物之一盖瑞·纳什（GaryNash）也强调，多元文化主义必须“就什么是美国文化的核心达成一致意见”，否则不可能摆脱那种将所有事物视为同等重要的“简单多元论”。GaryNash，“The Great Multi cultural Debate,”Contentionl（1992）,pp.ll,23－25.

突。譬如，对于“肯定性行动计划”，亚裔与黑人、拉美裔之间就存在着一种非常尴尬的局面。①

与此相关的是“种族”、“族裔”这些概念的定义的变化。多元文化主义运动的群众基础主要是有色人种组成的少数民族，但随着多元文化主义影响的深入和旧的文化传统的改观，种族通婚将比从前更容易为社会所接受，尤其是在白人与亚裔、白人与拉美裔之间，尽管黑白通婚仍将面临很大的社会压力（黑白种族通婚在所有种族间通婚的比例为20010）。② 人种和肤色的“多元化”（或非“二元化”）势必迫使修改旧的“种族”、“族裔”概念。虽然，在21世纪中叶,“白人”在数量上有可能变成美国人口的少数，但所谓“有色人种”中有相当一部分人将成为跨种族、跨族裔的人，这些人将从什么角度来界定自己的种族背景呢？他们是否一定会认可目前多元文化主义所宣扬的主张呢？而所谓“白人与全部有色人种之间的对抗”模式真的有可能发生吗？这些问题的存在本身就要求多元文化主义对自己的目标进行明确而现实的界定。

多元文化主义面临的第三个重要挑战是如何解决“文化”与“权利结构”之间的矛盾问题。尽管现行多元文化主义中的激进力量提出了在政治权力、经济资源和教育资源分配、文化意识重建等方面一系列要求平等的主张，但多元文化主义并没有对美国制度本身提出挑战，没有对造成种族、族裔、阶级和性别间在政治和经济资源的占有和分配方面绝对不平等的资本主义经济制度提出直接严肃的挑战。多元文化主义者希望建立新的、富有民主、平等

①例如，亚裔是加州人口的10%，但加州大学系统中亚裔学生的比例相当高。在实施“种族优先”（racialpreference）政策的1996－1997学年里，加州大学伯克利分校法学院的新生中，少数民族占了35010（其中黑人为7.6%，拉美裔人为10.6010，印第安人为1.5%，亚裔为14.40/0）；这项政策取消后，少数民族学生的比例下降至25.7%（黑人1.8%，拉美裔4.9%，印第安人0.2%，亚裔18.8%），但亚裔的实际比例却提高了。这种改变对非裔、拉美裔和印第安人群体来说，当然是一种倒退，但对于许多亚裔来说，可能是一件值得欢迎的事。亚裔人口在美国总人口数的比例为3.7010左右，但亚裔学生在美国一些最有名望的大学所占的比例迅速增高（在哥伦比亚大学达到了25010，在斯坦福大学为24qo，在哈佛大学为18%，在耶鲁大学为17%，在康乃尔大学为16%），而如果这些学校以学习成绩作为录取学生的惟一标准，亚裔学生的比例将更高。前总统克林顿曾反对加州取消照顾少数民族入学的政策，他曾对加州一家报纸说，如果取消这样的政策，“加州大学所有的新生班可能都将为亚裔所填满。”Stephan Thernstrom,“Asian Americans versus Multiculturalism,” Academic Questions,Vol.12,Issue2（Spring99）,pp.34－39.

②EllisCose,“Our New Look:The Colors of Race,” Newsweek,Vol 134,Issue26,Dec.27,1999－Jan.3,2000,pp.28－30.

和多元的精神的民族传统，但并不刻意向主导“多元文化”发展的“权力体制”挑战，政治和经济行为的“一元”与文化上的“多元”间“共处”的结果仍然是文化上的“一元”；强大的市场经济机制不仅推动商业行为、商业心理、商业需求的“一元”化，也对政治和文化行为有集中化的影响。换句话说,“多元文化主义”运作的环境将是“一元”的，这个“一元”机制所包含的影响力对于“多元文化”是决定性的，而后者对前者的影响则是非常表面和微弱的。

在国际范围内，多元文化主义也将面临一个尴尬的境地。一方面，多元文化主义的口号和思想被跨国资本集团借来为自己的扩张鸣锣开道，谋取更大的利润服务，将市场扩展到世界的每一个角落；美国经济的全球化扩展不断增大美国总体的经济实力，同时增加政府对过去受压迫受歧视的群体在经济利益上（通过资助和社会福利政策）予以更多的分配，但资本跨国扩张对美国国内的少数民族群体未必是一种福音。那些少数民族劳力比重很高的初级制造业被转移至国外本身就是他们经济利益的一种损害。与此同时，资本全球化也将世界上更多的发展中国家（绝大多数为非西方国家，其人民也多为有色人种）纳入进世界资本主义的体系。所以，当资本主义（或后资本主义）的经济体制随经济全球化而成为一种世界性体制时，美国的少数民族中绝大部分人与第三世界国家的绝大部分人在某种意义处在这个体制中的同一历史位置上，受到同一种“权力集团”对他们的经济（乃至政治和文化）命运的左右。[①] 因为现行的国家制度和国际秩序仍然是资本和经济全球化的主要支撑力量和机制，这些已经建立而且不断巩固的现行“权力体系”是不会容忍多元文化主义对其取而代之的。

近年来，多元文化主义是否能够超越目前的思想，以及如何超越，已经成为学术思想界讨论的问题。[②] 根据上面的分析和叙述，指望多元文化

①用社会学家理查德·洛伊（RichardF. Lowy）的话说，经济全球化带来了一种“在体制、地域和意识形态方面同时发生的（权力）精英与大众间的冲突”.Richard F.Lowy,“Development Theory,Globalism,and the New World Order:The Need for a Postmodern,Antiracist,and Multicultural Critique,” Journal of Black Studies,Vol.28,Issue5（May 1998）,pp.594—611.

②历史学者霍林格提出多元文化主义应着眼于未来，要建立一种“世界主义”（cosmopolitanism）的眼光，将每一种文化置于其他文化的检视之中，并主张建立一种自愿基础上的文化。（DavidA. Hollinger，PostethnicAmerica，pp.85—86.）而具有马克思主义倾向的学者彼得·麦克拉

主义近期内演变成“全球主义”或“革命多元文化主义”显然都是极不现实的。如同美国历史中其他政治价值观念一样，多元文化主义是美国历史的产物，是对美国社会发展的一种反映，并反过来作用于美国社会，促进其发展和进步。同样不可否认的是，多元文化主义的思想和实践对一些美国人国际政治（尤其是冷战后世界新秩序的模式）有重要的启发作用，尽管有的受启发者对多元文化主义并无好感。① 正是在这种意义上，塞缪尔·亨廷顿（SamuelHuntington）的“文明冲突论”可被看成是一种放大了的对美国国内“多元文化主义”政治及其后果的忧虑和恐惧。

美国人塞缪尔·亨廷顿在《文明的冲突——21世纪国际政治的重建》一书中声称，在新的世界中，冲突的根源主要将是文化的，而不是意识形态和经济的。西方和非西方文明间的冲突将主宰全球政治，文明间的断裂带上发生的地区冲突，最有可能升级为大规模战争。如果说还会有一场世界大战的话，那将是一场文明间的战争。② 在这方面,《文明的共存——对塞缪尔·亨

伦（PeterMcLaren）则指出，当代美国的多元文化主义在本质上仍然没有超过“自由主义式的多元主义”（lib。，alpluralism），多元文化主义要想获得新的生命力，必须关注那些全球各地被排除在后资本主义经济队伍中的劳动力队伍，必须承担更为广泛的社会正义的诉求，冲破后资本主义思想的藩篱，超越事实上以“一元”的经济和政治文化主义定位的“多元文化主义”，关心全球背景下的认同问题。他把这种意义上的多元文化主义称之为“革命多元文化主义”（RevolutionaryMulticultur—alism）.Peter McLaren,Revolutionary Multiculturalism:Pedagogies of Dissent for the New Millennium.（Boulder,CO:Westview,1997）

①有关多元文化主义理论的研究，本文更多得益于王希：美国宾夕法尼亚州印第安纳大学历史系副教授在《美国研究》2000年第1期上发表的文章《多元文化主义的起源、实践与局限性》在此特表致谢。

②亨廷顿文明论的主要观点：亨廷顿向我们预示了事态发展的方向：根据民族的划分和意识形态的不同推动，现在，世界历史各种文化正走向对峙，他所说的“文明”，在盎格鲁一撒克逊语（古代英语）中更喜欢用“文化”这个词来表达。各种文化将形成巨大的敌对集团，事实上这种对立现在也已经形成了。在地平线上，伊斯兰和儒教的联盟将直接威胁到西方社会的安全。在这里，“黄色威胁”（指西征至多瑙河流域的蒙古铁骑）和兵临“维也纳城下的土耳其远征军”被富有创造性地结合到了一起，而这两种势力在西方各民族共同的记忆中，都曾留下过根深蒂固的创伤。

《文明的冲突》实际上是在极端雄心勃勃地追求一种对世界的重新规划：它试图使我们相信，文明间的对抗正是现在和未来世界格局的“最本质状态”；文化传统才是促使人们采取共同行动、形成共同思想的源头。亨廷顿对人类文明进行了重新界定和划分，他试图通过对文化的决定因素，包括历史渊源、价值体系、生活方式、世界观和相应的社会、政治思维方式等等的深刻剖析，绘制出一幅世界新地图；同时，以文化为尺度，设计并构想未来的世界格局，在这个基础上他将人类文明划分为几大板块。

文化的类别一般都围绕着某个核心国家进行划分：美国及其西欧盟国自然是基督教文化的核心；而在东亚地区，形成了以中国为中心的儒教文化圈；不管承认与否，日本的文化有其特殊性，尽管它与中国文化有许多渊源；俄罗斯是东正教文化的核心国家；印度文化圈和其国家范围是重合的；而非洲文化和伊斯兰文化则缺乏中心国家。亨廷顿或许偶尔提及土耳其有可能起到对穆斯林世界的领导作用，因此假如有一天安卡拉最终决定拒绝那些雄心勃勃的欧洲伙伴，北约则应该宽宏大量地原谅这个昔日的盟友。

在亨廷顿看来，各种不同的文化都体现了所谓的“霸权意识”，尽管它们又有所区别，但都会

廷顿（文明冲突论）的批判》的作者哈拉尔德·米勒是一位极具权威的批评家。他不仅针锋相对地反驳了亨氏文明敌对论的全球观，而且向我们警示，简单地渲染或者接受这种片面的世界观或敌对论是极其危险的。作者明确指出：不是文化的对抗，而是文化的共存与对话；国际社会必须更多地尝试进行合作，而不是简单地对抗；国际关系的复杂性、多样性不仅应该保持，而且还应该善加利用。只有对各种文化表现出宽容，全球的和平共存才可能得以实现。虽然国际现实政治的发展似乎证明了亨廷顿理论的某种预见性，但哈拉尔德·米勒的理论仍然具有现实价值。我们不妨将塞缪尔·亨廷顿和哈拉尔德·米勒的看似对立的理论观点看做同一命题的合题——这样两位思想家就在智性和善性的目的上汇合了。

美国学者亨廷顿和德国学者米勒从“文明冲突”和“文明共存”的视角考察当今世界的大趋势，提出了文明分析的世界框架，引起了世界范围的讨论、关注和反思。“文明冲突”是文明发展演进的动力，文明共存是融合各种文明不同的特质，扬弃不合时宜文明，形成多样化的新的文明体系。文明共存中必然有文明的冲突，文明的冲突中包含着文明的共存和融合。文明在产生同一性的同时也必将产生多元性，两者密不可分并互为前提，是辩证统一的。历史上每一次文明冲突的结果往往是进一步形成文明共存与融合，而每一次经过文明共存与融合产生的新的文明又会孕育着更为深刻的文明冲突。文明冲突和文明共存引发世界文明的变迁、演进。发展和多样化，不同文明在交融中发生碰撞而走向整合。

亨廷顿热心于“文明冲突”的研究，其立足点是在于21世纪国际政治和

无一例外地影响其文化范畴内的人们的行为。于是，文明间的相互碰撞在所难免，冲突自然不断。现在，各种文明的交界之处正是相互摩擦、争端频繁的地区。由多元文化组成的国家如波西尼亚、苏丹、马来西亚以及印度尼西亚，都呈现出内在的裂痕，从而有可能进一步导致激烈的暴力冲突，甚至内战的爆发，尤其是伊斯兰世界的“流血边境”，那里的问题更为突出。正因为此，分裂是能够促进和平的惟一选择：结束多元文化，创造纯文化的国家；停止跨越文化界限或国界的传教布道，尽管这种行为在宗教和文化传播的过程中，在促进人类发展进步的许多方面，都曾取得了重大成就，譬如人权保障、政教分离以及妇女解放等等。当一种政治处于文化的结合部时，只有减轻内部各种文化间的碰撞和摩擦，才有可能阻止由此而引发的全球性冲突。

如其不然，亨廷顿认为我们将看到儒教和伊斯兰教形成的反西方同盟，这绝对是一个可怕的梦魇：文化间的战争，由于强烈的敌意以及冲突的多样化和突发性，很可能导致大规模毁灭性武器的使用，从而最终将演变成全球性的核战争：那将会是一种极其可怕的景象，人类会因此丧失一切理想和希望，变得毫无前途可言。由于亨廷顿描绘了文明冲突的可怕前景，而且直接把中国当做西方文明的挑战者放在对立地位，这就不能不引起我们的高度警觉，并深长思之。

世界格局的重建上。今天的世界格局，是东西方冷战结束后所形成的世界新格局。它无疑是一种国际新秩序。我们也曾经对它津津乐道过，希望它会给当今纷繁复杂的世界带来久违的和平。“文明”的差异固然给我们提供了一种观察问题的新视角，但它的背后却隐藏着巨大的利益驱动，所以亨廷顿很难避免不会产生较大的偏差。况且，这种以文化为标准，重新规划出的世界格局其实并不完全符合现实世界中的大量事实；同时，亨氏想要重建秩序的现实世界则更是不可预测和难以驾驭的。

亨廷顿热心于“文明冲突”的研究，但“文明”究竟是什么？在西方语言中,“文明”一词源于拉丁文“civili”，意为人的开化状态以及与此相适应的社会历史发展阶段。在这个意义上，文明是相对于蒙昧状态和野蛮状态而言的。人们普遍认为，文明是指脱离了蒙昧状态和野蛮状态的人类在改造自然和改造社会的过程中所创造的物质财富和精神财富之总和，是指一定发展阶段上人们的物质生活状态和精神生活状态。现在看来，亨廷顿的“文明”是一个相当模糊的概念。①

人类共有一个完整的地球，但地球的各个部分又是千姿百态的。生活在完全相异的地理气候和社会历史条件下的人们，由于实践活动不同，他们所创造的文明也就不同。因此，我们一眼就看到的是文化或文明的差异和独特性。经过千百万年的磨洗积淀，不同的文明成果会深印在其创造者身上而世世代代传承下来。历史上人类所创造的文明，从大的划分有如汤因比所说的几十种，细分则不计其数。不同的文明，适应人们不同的生活环境，帮助人们渡过历史的急流险滩，推动社会由低级向高级发展，文明自身也因此而改变自己的形式和内容，不断臻于完善。

宇宙间一切事物都是在对立统一中发展变化的，文明也是这样。一切文明都有自己的独特性，因而不同文明之间有差异性，差异就是矛盾。有矛

---

①亨廷顿告诉我们，“文明是一种文化实体……由语言、历史、宗教、习俗和制度等客观因素以及人们主观上的自我认同这两个方面的因素共同界定”。（转引自《现代外国哲学社会科学文摘》1994年第8期，第2-4页）亨廷顿这里界定的“文明”，只是“文明”一词全部内涵的一部分，大体上是人们平常所说“文化”的意思，亨氏自己在行文中也经常用“文化”来代替“文明”。为了说清问题，我们姑且按这样狭义的“文明”概念来展开分析。但是我们要随时记住，人们的精神生活和物质生活是不能分开的，社会的精神文明和物质文明也是不能分开的。

盾就可能有冲突。文明之间的冲突不绝于历史，现实中也经常发生。亨廷顿等人提出“文明冲突论”并非完全没有根据。问题在于，不同的文明既有相异性、独特性，也有相通性、统一性。从根本上说，既然都是人类的文明，是和野蛮相对的文明，它们在最高最深之处就必定是相通的和统一的。事实上，不同文明间的交流和通融比它们之间的差异和冲突更重要，更带根本性。试想，如果文明之间只有冲突，没有通融，那么具有各自独特文明的百余个国家、几千种民族怎么能共同生活在地球上？

文明是动态的，不断发展的。但任何一种文明的发展都不是孤立的，而是在和其他文明对立统一、冲突交融中展开的。各种各样的文明在历史上兴起衰落，离散聚合，消失或成长在时间的长河之中。为什么有的文明兴起了，有的文明衰落了，有的文明消失了？自我封闭，对其他文明采取排斥对立态度的民族，迟早要葬身在时间的大漠之中。只有那些开放的、善于从其他文明中汲取营养的民族，才有长久旺盛的生命力。[①] 再如，通过阿拉伯人传到欧洲的数学文字和十进位法是印度人民的伟大创造，阿拉伯人在数学、天文学、化学、医学、文学、地理学方面的辉煌成就对欧洲文明也产生了重大影响。另外一方面，在现代化道路上前进的东方各民族也在虚心学习西方的优秀文化以充实自己，并创造新的东方文明。

历史发展到今天，不同文明间的碰撞和交流出现了全新的情况。地球正在变小，交通和通信空前便利，所有的人都汇入世界市场之中。亨廷顿对此忧虑有加，说什么“不同文明间人们日益频繁的交往强化了文明意识，加深了人们对同一文明和不同文明间的差异的认识。推动了文明间差别和敌意的发展和文明内寻根意识的增强”。[②] 我们感到奇怪的是，事物本来是有同有异的，是对立统一的，为什么亨廷顿只见异不见同，只见对立不见统一呢？难道这是“西方文明”的特点吗？世界上不同文明间人们日益频繁的交往，

①在亨廷顿眼中处于“无限的权力顶峰”的西方文明，就曾在非西方文明中汲取过许多营养。例如，中国的造纸术、印刷术、火药、指南针等伟大发明传入欧洲后，转化为强大的生产力，成为欧洲从长期黑暗的中世纪进入资本主义社会的催化剂。马克思曾精辟地指出：“火药把骑士阶层炸得粉碎，指南针打开了世界市场并建立了殖民地，而印刷术……总的来说变成科学复兴的手段，变成对精神发展创造必要前提的最强大的杠杆。”（《马克思恩格斯全集》第47卷，第427页）

②转引自《现代外国哲学社会科学文摘》1994年第8期，第2—4页。

固然会强化文明差异的认识，在某种情况下甚至会形成敌意。但更重要的是，实现了不同文明间空前广泛深入的共处和交流，使以前彼此相处的人们发现了人类文明的共通性和交融性，这本身就是人们精神的升华，是人类文明的升华。如果这里有什么值得忧虑的地方，那不是一般文明意识增强的问题，而是某些人逆时代潮流而动，总是想把国家、民族和文明按照自定的标准，分为高低不同的等级，不给别的文明平等的地位，狂妄地要使自己的文明在世界上普遍化。正是这种不合时宜的作为造成了现实世界的"文明冲突"。

有一点亨廷顿是看得很准的，即"非西方文明的人民和政府已不再是历史的客体"了，而是成为历史前进的发动机和塑造者。20世纪后半期以来，亚太地区经济发展速度远远高于西方国家，它们在国际经济贸易中的比重节节上升。这些国家的人民自信心增强了，希望自己的文明也在世界上取得应有的地位。这些国家都有几千年文明成果的积累，在现代化进程中又吸收了西方文明的优秀成分，通过自己史无前例的伟大实践，创造着新的东方文明。拉丁美洲、非洲也有同样趋势。此时，如果西方文明能够与非西方文明进行平等交流，相互尊重，取长补短，则"文明冲突"能够化解，文明交融会大规模展开，人类将进入新的文明时代。

其实，"文明冲突论"并非亨廷顿的发明，汤因比的整整一部《历史研究》就是从文明的挑战与应战的角度，描述了世界各大文明地区力量相互消长的关系。[①] 毫无疑问，文化因素能够深刻地影响国际关系，文明是推动人类社会进步的伟大力量。无论是研究历史，还是预测未来，都应当把文化或文明作为一个重要因素考虑进去。但把这个主要是精神性的因素同政治、经济、军事等实体性因素割裂开来，把它的作用无限扩大化和绝对化是非常偏颇的。两次世界大战的爆发显然不是文明的冲突，而是同类文明的国家之间为

①另外，尝试用文明因素解释国际关系也大有人在。例如，著名政论家白修德在1967年发表的一篇文章中就曾这样说："我们正陷于文明冲突。这种冲突也许会摧毁世界。其中关系最大的是两种文明，即大西洋——地中海文明与太平洋——亚洲文明，它们分别以美国和中国为首。"曾担任美国历史学会会长的哈佛大学教授入江昭所著《权力与文化》一书就是从文化角度来透视国际关系的。亨廷顿的"发明"和"贡献"是把文明作为未来世界决定一切的核心因素，把文明冲突作为代替冷战的世界范式。然而正是在这个他自鸣得意之处，脚下的土地却非常稀松。

了争夺资源市场和霸权而拼得个你死我活。就现实的国际关系分析，虽然有时表现为文明的冲突，但深层次的根源仍然是国家利益、主要是经济利益的冲突。①

面向21世纪，世界各大力量中心都把增强经济和科技实力作为取得竞争优势的根本点，经济问题在国际关系中占据着最重要的地位。美国的外交政策就是以国家的经济利益为转移的。由于东亚的发展速度居全球之冠，由于美国与亚洲的贸易额远远超过与欧洲的贸易额，其国家外交政策取向正逐步从大西洋转向太平洋。② 表示要向亚太国家接近，因为“当我凝视亚洲繁荣之花，便看见美国复兴之果”。这一切都表明，经济关系、经济利益越来越深刻地影响着政治和外交，是国际关系中最基本的因素和力量。

当代世界的主题不是文明的冲突，而是和平与发展。代替冷战世界的，不是文明冲突的世界，而是以和平与发展为主题的多极世界。这是全部人类历史，特别是最近100年的历史演变造成的。

已经过去的20世纪曾经给世人以许多启示。③ 进入新世纪以来的世界形

---

①冷战之后影响最大的冲突是海湾战争。起因是伊拉克入侵科威特。总不能说这是阿拉伯国家之间的“文明冲突”吧。实际是伊拉克不想归还两伊战争期间所借的大量美元，并且要把科威特的石油资源掌握在自己手中。美国后来挑头打击伊拉克，以主持“国际正义”自居。其实美国人盘算的是控制海湾地区，掌握世界上最大的石油资源富集地。在这次大冲突中，西方文明国和伊斯兰文明国结成了“奇怪的联盟”，“文明冲突论”被“沙漠风暴”卷到九霄云外。

②前国务卿沃伦·克里斯托弗正式宣称，“西欧不再是世界的最重要区域”，美国过去在处理全球事务时“太欧洲中心化”了。（参见《华盛顿邮报》1993年11月17日）

③启示之一：和平。自有人类历史以来，战争就没有间断过。到20世纪，战争空前惨烈。尤其是两次世界大战，数十个国家几十亿人被卷入战争的火海，几千万人被夺去了生命，千百年的劳动成果化为灰烬。人的智慧被用来发展屠杀自身的武器，原子弹、氢弹、生化武器足以窒息生物，毁灭人类。大地震怒了，母亲在呼号：反对战争，保卫和平。正是20世纪空前惨烈的战争使人类良知集中到一点，使东西方文明会聚到一点：埋葬帝国主义，争取永久和平。启示之二：发展。20世纪表面看来杂乱无序的演变过程，其实掩藏着一个明确的目标，一条不可遏止地向前延伸的主线，那就是社会的发展和人自身的发展。正是在这个世纪中，创造了超过以前任何时代的生产力发展水平和巨大的物质财富，在世界范围内实现了从传统农业社会向现代工业社会的巨大转变。更为重要的是，人类进行了各种发展道路的探索，并取得了历史性的成果。例如：社会主义制度和资本主义制度的比较，实行计划经济的社会主义和实行市场经济的社会主义比较，通过侵略战争找出路的资本主义和通过调整改革自身体制找出路的资本主义的比较。这些比较实验互相影响，使世界各国逐步找到适合自己的发展道路，造成了近二三十年世界发展的高潮，并为新世纪的发展奠定了良好的基础。在和平环境中加快发展已成为我们时代的主旋律，是人类文明的共同点和大成就。启示之三：全球化。在很长的历史时期，不同的文明之间联系不多。只是19世纪工业革命迅猛发展后，才使分散的区域性发展逐渐转变为具有整体关联性的世界发展。在过去一百年中，两大力量推动了全球一体化的大趋势。一是机制的力量，二是科技的力量。市场经济国家引进计划机制，计划经济国家引进市场机制，两者的经济运行模式正在接轨，全球范围的贸易和投资机制逐步形成。与此同时，现代科技革命使交通空前便利，信息全球共享。由于经济的网络化、信息化，任何国家的市场都显得过于狭小，国际投资、国际贸易以及跨国生产迅速发展。跨国公司作为全球化的主角登上了历史舞台。它们已控制世界生产的40%，世界

势也雄辩地告诉我们，以和平与发展为主题的多极世界正在曲折中发展。

第一，大国关系的调整体现了和平与发展的时代主题。“9·11”事件之后，大国关系出现了海湾战争结束以来最为频繁的互动与变化。中美元首多次会面，高层互访频繁，双方合作领域扩大，中美关系明显改善。亨廷顿关于“最危险的冲突是在中美之间”的说法是不符合事实的。美国与俄罗斯关系也有实质性进展。中日关系，美欧关系，虽有不和谐音，但尚属平稳。大国关系的这种调整反映了冷战结束以来国际关系的深刻变化。随着世界向多极化发展，各大国之间正在形成一种互相依存、互相制约的较为均衡的关系。从各国发表的声明来看，新型大国关系的基本特征是：平等互利，求同存异；发展合作，不搞对抗；不结盟，不针对第三国。概括起来说，就是维护自身利益，着眼于和平与发展。

第二，地区性和全球性的政治经济组织发挥越来越大的作用。欧盟一体化进程加快，联合起来的欧洲各国，内求发展，外求和平；世界贸易组织开始调解一些国际贸易争端，国际货币基金组织出面援助陷入金融危机的国家；亚太经合组织举行了多次领导人非正式会议，地球上东西南北不同文明的国家友好相会，共商和平发展大计。

第三，国际关系热点很多，但大局稳定。总体上说，今日之世界并不太平，地区冲突时有发生。但是这些冲突基本上处于可控制状态，对世界全局影响有限。而且一些热点已经降温，通过和平谈判解决冲突已成潮流。长期战乱的波黑地区大体平静；俄罗斯境内延续多年的车臣战争已经平息下来；美英等国发动的伊拉克战争虽然余波未息，但在全世界反战促和的大环境下，战争将只局限在海湾地区。这些分布在地球各处的热点的变化，表面上互不相干，实际上都处在和平与发展大潮的激荡之中。

第四，加强经济科技合作，共同推进发展的新局面正在形成。中国全面推进国际经济科技合作，保持了全球大国中最高的经济增长；欧盟、日本和俄罗斯都开展了多边的经济科技合作；发展中国家区域经济合作取得了新的

贸易的60%，跨国直接投资的90%。人类赖以生存的经济命脉已经连为一体，世界各国已形成你中有我，我中有你，一损俱损，一荣俱荣的关系。“地球村”的居民这样成为命运共同体，是人类文明发展的最高成果，也是新的伟大文明发展的坚实基础。

进展，南北合作进一步加强；亚太经济合作组织倡导的合作方式正在取得成效；东盟和中、日、韩定期举行首脑会议，共商推动地区发展大计；拉美南方共同市场和欧盟正在筹建跨大西洋自由贸易区；亚洲金融风暴表现了经济全球化的深刻矛盾，推动建立防范风险的国际机制，以利于全球共同发展。

总之，国际关系近期变化和长远趋势都表明，当今时代的主题是和平与发展，而不是“文明的冲突”。① 人类应当尽力化解冲突，满怀热情地迎接和

①在当今世界，同和平与发展的大趋势最为相悖的，就是伊拉克战争了。亨廷顿在1999年那次关于“文明冲突论”的演讲中说：去年（1998年）冬天，在美国和伊拉克的对抗过程中，所有的阿拉伯国家除了科威特都反对美国的军事行动，只有英国、加拿大、澳大利亚和新西兰等和美国文化最接近的国家，同意派军队加入美国在波斯湾的军事力量。亨廷顿在这里把美伊对抗当做文明冲突的一个实例列举出来，这种说法似是而非。

想当初，同属伊斯兰文明的伊拉克和伊朗大战多年，美国是支持伊拉克的。1990年7月，伊拉克与其伊斯兰兄弟国科威特围绕领土纠纷和经济债务而争端激化，伊拉克悍然发动闪电式袭击，于8月2日占领科威特全境。国际社会一致强烈谴责伊拉克的侵略行径。联合国安理会决议制裁伊拉克，责其无条件撤军。在伊拉克拒绝之后，联合国安理会于1990年11月责成会员国使用一切必要手段，维护和执行安理会有关决议，恢复海湾地区的和平与安全。

美国看到了利用联合国决议获取重大战略利益的极好机会。1991年1月17日，美国带领包括一些阿拉伯国家的多国部队，向伊拉克发动历时43天，代号“沙漠风暴”的海湾战争。伊拉克军队受到重创，萨达姆政权被迫无条件接受联合国决议，从科威特撤回了侵略军。很显然，海湾战争是对伊拉克侵略行径的惩罚，是在联合国的旗帜下，文明对野蛮的惩罚，而不是文明的冲突。

值得注意的是，海湾战争结束12年来，伊拉克问题仍然是国际政治的一大热点。从形式上看，问题出在伊拉克没有认真遵守关于无条件销毁生化、导弹和核武器的联合国安理会决议。实质上是美国发动海湾战争时企求的重大战略利益因萨达姆政权作梗而没有到手。

美国在伊拉克问题上的战略利益何在，美国当政者自己很清楚。一般认为，中东是欧、亚、非三大洲交接的战略枢纽，企图称霸全球的美国必欲在这个地区取得主导地位。作为“运行在汽车轮子上的国家”，美国消耗的石油占全世界的1/3以上，而其本国石油资源将在最近10年左右耗尽。拿下了伊拉克这个世界第二大石油生产国，不但可以用低价原油给美国经济注入生命力，而且可以扼制依赖中东原油的其他世界大国。

我们这样分析美国布什政府发动新的海湾战争的战略企图，突出其政治经济利益打算，并不是说美伊对抗中完全没有文明冲突的因素。伊拉克危机交织着当代世界的各种矛盾，自然也有文明冲突的因素。据说小布什很爱看詹姆士·赖斯顿的新著《神的斗士》，这本书写的是第三次十字军东征中英国国王理查和阿拉伯苏丹萨拉丁对抗的故事。《纽约时报》透露，布什发表对恐怖主义进行“十字军讨伐”的讲话激怒了许多穆斯林后，开始阅读《神的斗士》并被其所吸引。我们不知道布什对理查作何感想，而萨达姆则自认接过了萨拉丁的衣钵，并大肆宣扬他和萨拉丁都出生于同一座阿拉伯城镇——塔克里特。

1187年至1192年，理查和萨拉丁都以各自信奉的神的名义向对方发动“圣战”，在文明冲突的形式下争夺土地和财富。长达5年的战争，摧残了地中海东岸的文明成果，牺牲了几十万人的生命。最后，在两败俱伤的情况下，理查和萨拉丁被迫互相尊重对方的文明和人格，于雅法之战后签约停战，以求基督教文明和伊斯兰教文明和平共存。也许，这才是后人从理查和萨拉丁故事中应当汲取的教训。

从理查和萨拉丁的对抗以来，中东地区积累的怨恨太多了。人类的良知要求文明共存而不是文明冲突。这不是软弱的道义呼声，而是塑造未来世界的伟大力量。这些日子，当海湾上空战云密布的时候，反战惊雷响彻了整个世界。仅在2003年2月15日这一天，在亚洲、欧洲、美洲和非洲，就有60多个国家400多个城市近千万人举行自越南战争以来最大规模的反战示威。与此同时，中国等世界许多国家政府明确主张在联合国框架内和平解决伊拉克问题，不主张诉诸武力。不管布什政府及其少数盟友发动的“倒萨”之战如何结局，有一点已经很清楚，全世界不同文明的人们将以更强大的力量维护和平反对战争，“和为贵”将会成为多极世界全人类共同的文明信念。

平与发展的新世界。

我们已经说过，展现在人们面前的，不是以文明冲突为核心的世界，而是以和平与发展为主题的多极世界。现在我们要强调的是，对于新的时代，处理国际关系的根本办法不是“文明的冲突”，只能是多极世界和为贵，多彩文明和为贵。

世界的多极化，既是一种客观现实，也是一种发展趋势。说它是客观现实，是因为世界上确实存在着几大力量中心，这些国家或地区性组织的综合力量相对均衡，它们之间形成了相互制约的关系。说它是一种发展趋势，是因为多极格局还在形成过程之中，新的国际经济秩序和政治秩序还没有建立起来。真正多极化的世界，不应该是由几个大国主宰的世界，而是由世界大国、地区大国和中小国家参加的国际或区域性组织在不同范围、不同层次上充分发挥作用的多极世界。在这种多极世界中，国家不分大小强弱均应平等相处，大而强的国家或国际组织不应谋求任何特权，只应为世界的和平与发展，为人类的文明进步负更大责任，做更大贡献。这种多极化趋势是不可遏止的。推动这个趋势的主要是经济和科技力量。经济全球化的链条已经把许多国家和地区的经济联系在一起，并使全球经济的格局不断发生变化。[①] 国际上所有经济、政治、军事和文化关系，都在向多极化世界演进，这是不以人的意志为转移的大趋势。

多极化过程是充满矛盾的。列其主要者有：美国力图主宰世界和其他国

亨廷顿不仅提出了“文明冲突论”，而且还为西方国家筹划了进行“文明冲突”的大战略。他说：“对西方利益而言，它在短期内显然应推动文明内部，尤其是欧洲与北美成员的大合作、大统一；将在文化上接近西方的东欧与拉美接纳进西方社会；促进、维护与俄国、日本的合作关系；防止地区性的文明内部冲突升级为文明内的大战；限制儒教和伊斯兰国家军事力量的膨胀；减缓西方削减军事能力，维持在东亚和西南亚的军事优势；利用儒教国家和伊斯兰国家间的差异和冲突；支持其他文明中对西方价值观和利益表示同情的集团；加强能使西方利益和价值观得以表达、合法化的国际机构组织并推动非西方国家参与这些机构组织。”（转引自《现代外国哲学社会科学文摘》1994年第8期，第2—4页）我们把这一大段话都摘引下来，是因为这是亨廷顿“文明冲突论”的要害所在，说穿了，这是某个超级大国以维护西方文明为名，行独霸世界之实的计划。

①美国仍是当今最富强之国，其国民生产总值一度超过世界的一半，但现在只占30%左右．有人预测2020年会降至10%~15%。另一方面，世界主要金融和经济机构研究表明，发展中国家经济增长速度超过发达国家一倍左右的状况将继续下去。经过调整和改革，东亚各国克服金融危机造成的困难，重新走上发展的快车道。据估计，1960年亚洲各国在世界国民生产总值中的比重只为4%，到1990年已一跃而占25%，现在已增长到30%左右。在国际格局的大变动中，长时间内增长速度居世界大国之冠的中国，经济总规模的迅速增长最引人注目。俄罗斯、印度、巴西和印度尼西亚等国在世界产出中所占的份额也会显著增大。

家谋求平等地位的矛盾；全球化与国家主权之间的矛盾；经济发展和生态危机的矛盾；不同文明之间的矛盾；这些矛盾都关乎世界大局，任何一种矛盾处理不好，都会造成全球性的混乱，都会给世界人民带来重大的灾难。对待这些矛盾，绝对不能用前面亨廷顿开出的药方，那是新版本的冷战计划。出路何在呢？中国共产党在新世纪之初已经提出了正确的答案："世界是丰富多彩的。各国文明的多样性，是人类社会的基本特征，也是人类文明进步的动力。应尊重各国的历史文化、社会制度和发展模式，承认世界多样性的现实。世界各种文明和社会制度，应长期共存，在竞争比较中取长补短，在求同存异中共同发展。"①

这个正确的答案源自人类共同的智慧。1988 年 1 月，全世界的诺贝尔奖得奖人集会法国巴黎，他们发表宣言说："如果人类要在 21 世纪生存下去，必须回头 2500 年，去吸取孔子的智慧。"② 孔子智慧，中华文明的一个重大命题是"和为贵"。这个思想的提出，就是为了解决复杂的人际关系和国际关系。孔子说："礼之用，和为贵。"③ 礼的作用是按"和为贵"的要求调节人际关系和国际关系，使之圆满和谐。

实际上，中华文明"和为贵"的思想是一个真正普遍性的原则，它在承认世界多样性的基础上，崇尚自然的和谐，崇尚人与自然的和谐，崇尚人与社会的和谐。孔子在解释《周易》"乾卦"时说："乾道变化，各正性命，保合太和，乃利贞。首出庶物，万国咸宁。"④ 意为天道的大化流行，万物依其本性处于正道，保持着完满的和谐，使自然和社会顺利发展。天道超然于万物之上，保证自然的大和谐和万国的大安宁。在中国古代哲人的眼中，主宰自然和社会发展变化的总规律（天道）就是"和为贵"。他们认为，大自然本来是一和谐整体，如果人不去破坏这种和谐，而是顺应自然，就可以达到"天地与我并生，万物与我为一"的协和境界。自觉的人，应当修养自身，保全完满和谐的本性，以推进社会事业的顺利发展。按照《礼记·礼运》的

①《论"三个代表"》第184页。
②转摘自马彪：《儒学的历史回顾与21世纪展望——孔子诞辰2545周年纪念与国际学术讨论会发言综述》，《中国史研究动态》1995年第1期。
③《论语·学而》。
④《周易·乾·彖辞》。

描述，如果人人都能加强自身的道德修养，并且身体力行，那就会创造一个和谐的大同社会，这个社会是“天下为公”的社会，有着和谐人际关系的社会，是真正和平宁静的社会。

“和为贵”的思想在东西方文明中，在全人类的精神中都是共通的。巴黎市中心有一个“协和广场”，1795年法国国民议会通令命名时，就是出于对人间冲突的厌恶，对社会和谐的向往。莱斯特·皮尔顿认为，人类正在进入“一个不同文明必须学会在和平交往中共同生活的时代，相互学习，研究彼此的历史、理想、艺术和文化，丰富彼此的生活。否则，在这个拥挤不堪的窄小世界里，便会出现误解、紧张、冲突和灾难”。[①] 就是在亨廷顿的文章中，也包含着“和为贵”的思想。他说，要在多文明的世界里维护和平，“各文明的人民应寻求和扩大与其他文明共有的价值观、制度和实践”。[②] 在漫长的人类历史中，“和为贵”的思想在国际关系中只能发挥很有限的作用，冲突和战争则大行其道，这是因为缺乏必要的社会历史条件。

人类进入新的千年，世界形势发生了很大的变化。经济全球化是一种神奇的力量，它实际上把全人类卷入和平与发展的潮流之中。跨国界、跨民族、跨文明的生态危机使地球村的所有居民成为命运共同体。两次世界大战的惨痛经历和大量核武器存在的现实，每时每刻都提醒人们要维护和平。多种文明的全球交流不但使人们感受到民族的差异性，而且使人们更深切感受到人类文明的共同性，从而把人们从民族狭隘性和文明狭隘性的小天地中解放出来，自觉地以“和为贵”的精神去处理我们面对的各种世界难题。可以肯定地说，在人类走进新世纪的时候，多极世界和为贵，多彩文明和为贵，正在成为人们的共识，成为正确处理国际关系发展的大智慧。

总之，生物的多样性，是宇宙之宝。文明的多样性，是人类之福。在这丰富多彩的世界中，“文明冲突论”只会误导人们走上罪恶的战争之路，而“和为贵”的精神，将指引人们精心保护自然的和谐，努力实现人与自然的和谐，不断促进不同民族、不同国家、不同文明的和谐，共同创造“万国咸宁”

①转引自亨廷顿《文明的冲突与世界秩序的重建》，新华出版社1998年版，第372页。
②同上，第370页。

的美好世界。

2001 年，是联合国倡导的“不同文明对话年”。当年，中国共产党鲜明地提出了尊重世界文明多样性的主张，强调世界是丰富多彩的。各国人民走过了不同的历史发展道路，有着不同的文化背景、社会制度和价值观，延续着不同的生活方式。这种多样性正是世界充满竞赛、活力和创新的根本原因。各国之间应该加强交流和了解，在相互尊重和平等相待的基础上共同前进，而不应让这种多样性成为阻碍各国人民携手共进的隔阂，更不应人为地从中挑起对立和冲突。尊重和发展世界文明的多样性，并在这种多样性中找到共同利益之所在，是人类社会向前发展的伟大动力。江泽民在七一讲话中，再次重申了尊重世界文明多样性的主张，指出：“各国文明的多样性，是人类社会的基本特征，也是人类文明进步的动力。应尊重各国的历史文化、社会制度和发展模式，承认世界多样性的现实。世界各种文明和社会制度，应长期共存，在竞争比较中取长补短，在求同存异中共同发展。”

2001 年 11 月中旬，在斐济进行正式友好访问的全国政协主席李瑞环会见斐济总统伊洛伊洛时也有这样的精彩讲话：应当承认，各种文明之间确有差异。差异往往是民族存在的理由。正是这种差异使世界丰富多彩。假如世界上万事万物都一模一样，那还有什么意思？各种文明都应当相互尊重，相互学习，求同存异，和谐共存。这一系列论述，提出了如何处理中国与外部世界各种矛盾关系、如何走在世界文明前列需要注意的一个大课题。

可以说，21 世纪国际战略关系的一个大课题，是如何处理不同文明类型之间的关系问题。[①]

当今世界，不同国家经济、政治关系的背后，都潜藏着一种文明类型之间的关系。由于地理、人文、经济、社会、历史等各方面的原因，世界上形成了不同类型的文明，从而使整个人类文明表现出多样性的特点。多样性是

①世界上不同国家，在经济、政治关系的背后，都潜藏着一种文明类型之间的关系。各种文明类型，到底是兼容的，还是冲突的？到底是应该取长补短，互相学习，还是惟我独尊，恃强凌弱？这个问题不解决，世界上的矛盾和冲突就会不断。所以，处理不同文明之间的关系，应该及时地纳入到我们的全球战略当中。

促进世界文明发展进步的一个积极和重要的因素。每一种类型的文明都会从其他文明中汲取养分，同时，也会给其他文明以不同程度的影响。人类文明正是在多样性的交流、融会中不断前进的。各种文明既有自己的特点，又有许多人类共同的东西。经过长期的交流，这类共同的成分会越来越多，从而成为人类文明共同和基本的财富。世界文明的总体内容和价值，正是这种不同文明普遍性和多样性的统一。普遍性寓于多样性之中，多样性也离不开普遍性。在多样性中形成和融会普遍性，这可以说是人类文明发展的一个基本规律。

在几千年的人类文明发展史上，各种文明之间的关系曾经处于非常复杂的状态。很多能够友好相处，平等交流，互相学习，自然交融。但也有一些，由于相互之间的差异，曾经对于国家、民族间的矛盾冲突起了推波助澜的作用，有的甚至成为对外扩张和侵略的旗号。当今世界，经济和科技的全球化迅猛发展，文化的交流和发展也越来越广泛和深入。在这种情况下，各种文明的相互关系也出现了许多新的情况和特点。从主流的一面看，由于各国文化交流的扩大，交通和通讯工具的改进，信息传输的增大和快捷，各国文化互相学习、互相借鉴，出现了加速融合的趋势。世界文明的精华，不断扩展到全球的各个角落，为整个人类所共享。但从另一面看，我们也不能不注意到，在世界不同文明的关系中也存在着一些不健康乃至很危险的倾向。某些发达国家，抱有根深蒂固的“西方文明优越论”，企图把少数国家与广大发展中国家的矛盾归结为优秀文明与落后文明的冲突，以此证明新霸权主义的合理性和必要性。他们依仗经济、科技力量的优势，极力推行西方的价值观。我们在国际关系中所受到的挑战，我们党面临的“西化”“分化”的危险，从深层次来说，就在于西方价值观的压力和渗透。

因此，处在世界不同文明的碰撞之中，我们必须树立一种科学的文明观。要充分认识到，每一种文明都要学会与其他文明共存共处，要加强对外交流，互相学习，求同存异，取长补短。每个国家都有权选择自己的社会制度、发展战略、生活方式和文化价值。国与国之间的关系主要应该从国家自身的战略利益出发，着眼于长远的战略利益。社会制度和意识形态的差别不应成为发展相互关系的障碍。中国尊重每个国家自己的选择，不把自己的社会制度和意识形态强加于人，同时也绝不允许别国把自己的社会制度和意识形态强加于我。每个国家都应该超越社会制度和意识形态的差异，相互尊重，友好相处。在争取建立国际政治、经济新秩序的同时，应该争取建立国际文明的新秩序。

我们党要始终代表中国先进生产力的发展要求、代表中国先进文化的前进方向，立足的是中国，着眼的是世界。无论是生产力还是文化，都不能关起门来发展，更不能关起门来孤芳自赏。能不能代表？代表得好不好？都要在坚持以中国土壤为根基的同时，到世界舞台上去比较、竞争。

世界文明发展的历史事实告诉我们，多样性历来是世界文明的一个基本特质，也是促进人类文明进步的一个积极和重要的因素。不同文明类型之间的差异，既有矛盾、冲突的一面，也有统一、共存的一面。国际关系中发生的各种冲突，其根本原因，是现实的利益矛盾。文明的冲突可能是背景之一，但一般都不是根本和直接的原因。西方一些学者和政治家夸大文明冲突的作用，把当代国际关系中的冲突都归结为文明的冲突，是不正确的。特别是他们往往抱有根深蒂固的“西方文明优越论”的观点，企图把少数国家与广大发展中国家的矛盾归结为优秀文明与落后文明的冲突，以此证明新霸权主义的合理性和必要性。这更是危险的。对此，我们不能不给予必要的揭露和抵制。

当然，同时我们也要看到，不同文明之间，确实也有差异、矛盾、冲突的一面。当代世界，西方文明确实也正在日益侵蚀着其他文明，甚至危及其他文明类型的生存。所以，在努力建立国际政治和经济新秩序的同时，我们需要及时和响亮地提出一个建立国际文明新秩序的问题。①

建立国际文明新秩序，关键是要正确认识和处理世界文明的多样性。每一种文明都要加强对外交流。对由此出现的“文明冲突”，要具体分析，既不可妄自尊大，也不可妄自菲薄。世界上每一种文明都要学会与其他文明共处共存，求同存异．互相学习，取长补短，共同发展。不能自以为优越、高

① “建立国际文明新秩序”是中共中央党校科研部李忠杰先生于1995年1月在《文汇报》发表的文章中提出来的。他认为，在当代世界，仅仅提出建立国际政治、经济新秩序是不够的，还必须加上一个：建立国际文明新秩序。

贵，而对别的文明类型的国家和人民横加指责，随意干涉。人类世界是丰富多彩的，各国都有权选择符合本国国情的社会制度、发展战略、生活方式和文化价值。国与国之间的关系主要应该从国家自身的战略利益出发，着眼于长远的战略利益。社会制度和意识形态的差别不应成为发展相互关系的障碍。中国尊重每个国家自己的选择，不把自己的社会制度和意识形态强加于人，同时也绝不允许别国把自己的社会制度和意识形态强加于我。各国应超越社会制度和意识形态的差异，相互尊重，友好相处。各国在通过电视、广播、电影、书籍、软件、音像制品、国际互联网、电讯工具等进行信息和文化交流的过程中，应该建立和遵循必要的规则，并且注意保护各国文明的特色。

如何看待国际环境和国际政治斗争的影响，涉及到一个如何正确认识和对待人类文明多样性的根本问题。世界上不同国家，在经济、政治关系的背后，都潜藏着一种文明类型之间的关系。在人类漫长的历史过程中，逐步形成了不同的文明类型。它们都在不同程度上对人类的共同文明做出了贡献。各种文明之间，既有矛盾、冲突的一面，也有统一、共存的一面。人类必须正确认识这种文明的多样性，并处理好它们之间的关系。国际关系中发生的各种冲突，其根本原因，是现实的利益矛盾。文明的冲突可能是背景之一，但一般都不是根本和直接的原因。

对于我们自己来说，要善于在开放的环境中处理好与其他文明类型的关系，积极主动地加强与其他文明的交流。对由此可能出现的“文明冲突”，要清醒认识，具体分析；既不可妄自尊大，也不可妄自菲薄。

在如何正确认识和对待人类文明多样性的根本问题上，应该要注意以下几点：

1. 多样性是世界文明的一个基本特质，也是促进世界文明进步发展的一个积极而重要的因素

世界文明发展的历史事实告诉我们，多样性是世界文明的一个基本特质。从古到今的人类社会，从来就没有出现过一个大一统惟一的文明类型。相反，不同区域、不同时期、不同传统的人类社会共同体，总是在社会的生产方式、生活方式和思想方式以及相应的语言、哲学、科学、文学艺术、伦理、宗教、公共机构、国家、政治、法律、技术等文化体系方面，表现出不

同程度的独特性。这种独特性并不排斥人类文明的共同性和普遍性。但某些体系较高程度的独特性，却足以构成一些独特的文明类型。[①] 问题在于对这种多样性文明的价值评价。世界文明的多样性不仅是一个客观存在的事实，而且是促进世界文明进步发展的一个积极和重要的因素。关于人类起源是多源还是一源，尚难定论，但人类文明的发展却无可置疑的是多线条的。每种文明都有其独特的历史发展过程。这种发展并不排斥其他文明的发展，也不必然地以其他文明的衰亡为前提。相反，各种文明的发展可以是并行不悖的。当然，任何文明都不能自我封闭，自我封闭必然导致自身的衰落。事实上，只要有社会生活的联系和交往，不同群体的人类之间就会有文化上的交流和相互影响。随着人类活动区域的扩大，交通和通讯工具的改进，人类在经济、文化、社会活动方面的联系日益增多，不同类型文明之间的交流、影响、吸收、融合过程也会越来越广泛，越来越普遍，越来越深入。不管人们主观上意愿如何，客观上，每一种类型的文明都会从其他文明中汲取养分，同时，也会给其他文明以不同程度的影响。[②] 人类文明，正是在这种多样性的交流、融会、统一中不断前进的。不同类型的文明，既有其独到的特征和表现形式，又有许多人类共同的东西。经过长期的交流，这类共同的成分越来越多，它们就构成人类文明的共同和基本的财富。如从宗教哲学上看，佛教、基督教、印度教、伊斯兰教、犹太教、锡克教和道教等，都对人类与环境的关系、处理社会关系的准则、婚姻家庭的规范、生活的目标和意义等，提出了许多共同的观点，从而具有某些共同的价值。世界文明的总体内容和价值，正是这种不同文明普遍性和多样性的统一，它既是由各种文明中的共同价值组成的，又是由不同文明色彩纷呈的多样性予以丰富、融会、促进和发展的。因此，普遍性寓于多样性之中，多样性也离不开普遍性，在多样性

---

①英国历史学家汤因比从现存的西欧文明、远东文明、基督教文明上溯到古代，列举了21种文明的类型。虽然他的分类和阐释不能说完全科学，但却毋庸置疑地肯定了世界文明多样性的存在。亨廷顿当然也不否定这种多样性，他认为："村落、地域、族群、民族性、宗教团体，在不同层次的文化特殊性上，都有其独特之处。""尽管文化的界域很少像一国界那般鲜明，但是文化的区别却是实实在在的。"他的文明冲突论，实际上就是以不同类型文明的存在为前提的。

②比如，东方民族的许多重要发明，如阿拉伯数字、指南针、火药和纸等，曾经给西方文明以决定性的影响。伊斯兰文明与西方长达数世纪的交流，给中世纪欧洲在数学、科学、医药和农业方面的发展打下了基础。到近现代，迅速崛起的西方文明给东方国家以很大影响，而东方文明也仍然以不同方式给西方以一定影响。例如，中医中药这一纯粹中国的东西，如今已受到西方许多人的欢迎。

中形成和融会普遍性，这可以说是人类文明发展的一个基本规律。从这个意义上来说，多样性首先是一个积极的因素。

2．正确看待文明类型的差异。各类文明之间既有矛盾、冲突的一面，又有统一、共存的一面

多样性当然意味着差异。不仅有内容、形式的差异，而且就历史的某一个横截面而言，世界上各种文明类型往往有发展水平和程度的差异。但这种差异不能成为评价各文明类型对人类文明所做贡献的惟一标准，更不能成为某种所谓“先进”文明压制甚至消灭所谓“落后”文明的理由。人类文明的发展是不平衡的。在不同的历史条件下，往往有某种文明居于比较领先的地位，但随着历史条件的变异，这种地位往往会由新的其他类型的文明所取代，由此而造成新的历史横截面中新的文明格局。这种变动延续不断，所以历史上先后出现的各种文明类型，很少是始终处于领先地位的。当古埃及文明已相当发达时，希腊与罗马文明还处于很低的层次。而希腊文明，在古代显然比中欧北欧的文明更为优越，但随着时间的推移，中欧与北欧文明又超过了希腊文明。一种文明处于衰退状态时，不能否认其历史上对世界文明所做的贡献；一种文明比较先进时，也没有理由妄自尊大，摆出一副舍我其谁的架势。古代巴比伦文明，虽然后来衰落了，但它的文明成就，如其创造的楔形文字，编制汉谟拉比法典，测出圆周率为3，确定太阴历法并设置闰月等，谁能否认其对人类的贡献？当中国文明经历了五千年的发展历史，并曾长期在世界上处于领先地位时，今日的“美国文明”当时还不知在何处，但又有谁能借这种差异而否认美利坚民族生存、发展的权利？即使在同一时代，无论较为先进的文明类型，还是相对落后的文明体系，都可以对世界文明做出自己的贡献，都有自己值得珍视的精华。后进的文明要向先进的文明学习，并抛弃自己的糟粕，但没有必要妄自菲薄；而先进的文明则要帮助落后的文明，但没有理由以“文明霸主”自居，鄙视其他文明的国家和民族。

不同类型的文明之间有差异，在一定条件下当然会发生摩擦和冲突，由此，也就可能构成亨廷顿所说的“文明的冲突”。这种冲突的深刻性、广泛性和持久性是不能低估的。但应该注意的是，这种“文明的冲突”只是各种文明类型相互关系中的一个方面，而不是其全部内容。各类文明既有矛盾、冲

突的一面，又有统一、共存的一面。只讲一面，不讲另一面，是不符合事实的。我们政策的出发点，应该是促进各种文明的相互理解、相互尊重、相互学习、相互吸收，做到共同发展，共同繁荣，而不是有意无意地扩大各类文明之间的矛盾、冲突，甚至排斥、压制某一些文明的发展。

事实上，"文明之间的冲突"如果仅仅限于"文明之间的冲突"，它并不可能造成一种文明"消灭"另一种文明的结果，任何较大类型的文明是不可能被外来文明消灭的。历史上如果有什么文明衰落的话，那主要还在于自身内部的原因；而如果有什么外部力量的作用，那么这种外力只能是"野蛮的暴力"，而不会是"文明的威力"。文明之间的差异可以缩小，但不能打着"传播先进文明"的旗号，去入侵、统治和摧残处于较落后文明状态的其他民族。

3. 国际冲突的根本原因是现实的利益矛盾。文明的冲突是其背景之一，但不是根本和直接的原因

历史上，人类各个部族、民族、国家、地区之间曾经发生过无数的战争和暴力冲突。如果从其社会历史根源来分析，当然有文化冲突的因素在内。但严格来说，文化或文明的冲突，只是造成某些战争或暴力冲突的背景之一，而这些战争或暴力冲突的最直接、最主要、最根本原因，还在于利益，在于经济利益或某种程度上国家、民族利益的矛盾，在于某些社会势力追求财富、土地、权力，扩张自身利益的贪欲。历史上发生的许多宗教战争，形式上是不同宗教教派之间的冲突，文化冲突的色彩很浓，但究其实质，仍离不开物质经济利益。近现代西方列强对亚非拉广大地区的殖民侵略，往往打着传播文明的旗号，但实际上谁都不难发现它们掠夺财富、抢占市场、剥削和奴役殖民地人民的真实目的。否则，为什么要杀戮那么多土著居民？为什么要将千百万黑人变为奴隶？为什么要向中国输出鸦片，甚至将人类文明的瑰宝圆明园付之一炬？这些强盗的行径与"传播"文明有何共同之处？战后几十年来苏美之间的对抗，意识形态固然是一个重要原因，但意识形态的背后还是利益的争夺。美国积极推行遏制政策或"超越遏制"的和平演变政策，根本目的还是为了维护自己在世界上的霸主地位。持续多年的阿以冲突，固然是具有不同文化、宗教背景的民族之间的冲突，但谁不清楚他们争夺的焦点是中东的土地、河流，是各自国家的领土范围，是耶路撒冷的归属

问题呢？

其实，人类历史上的各种暴力冲突，并不仅仅发生在不同文明类型的民族和国家之间，实际上还大量发生在相同文明类型的国家之间。几百年来，欧洲国家之间的战争频繁发生，但在某种程度上它们都具有共同的文化背景。欧洲君主们互相联姻，在外交上常以兄弟相称，但在战场上的厮杀却丝毫也不逊色。所以，亨廷顿也承认，以往的王侯相争、民族国家相争、与意识形态相争之间的冲突，“大抵是西方文化的内部冲突。冷战如此，两次世界大战也如此，较早的17世纪、18世纪乃至19世纪的战争皆如此。”很显然，文明的冲突不是各种暴力冲突的根本和直接的原因。也不是不同文明相互关系的惟一方面。用“文明的冲突”来概括文明类型之间的全部关系并总结各种冲突的模式，是不全面的。那么，在冷战结束以后，文明的冲突是否将取代政治冲突、经济冲突而成为国际政治的新的主要模式呢？这要做具体分析。应该承认，不同文明类型价值观之间的摩擦会在深层次上制约着不同国家、民族、地区间的政治、经济、外交关系，由发达国家代表的西方文明将会依仗其经济优势不断侵蚀各种非西方文明。这种冲突构成国际政治中一种内在的应力结构，也构成非西方文明面临的一种现实的威胁。但是，文明的冲突一般均表现在不同生产方式，生活方式和思想方式的摩擦和碰撞中，它带有一种潜移默化的特点。如果说在世界政治事务中发生什么外部形式的冲突，那么，可以断言，其主要的原因仍然是基于现实的利益。亨廷顿所认为的文化断层线内的各种冲突，可能具有更多的文化背景和“文明冲突”的色彩，这种背景和色彩将会使这些地区的冲突更加复杂、更难以解决。但归根结底，它们仍然不可能超越政治经济的现实利益而真的成为什么纯粹“文明的冲突”。只要现实的利益问题得以解决，一切文明或文化问题的雾纱都会消退。

实际上，正如国际上很多专家指出的，在过去、当今以及可以预见的未来，以美国为首的西方国家企图支配其他国家的霸权主义政策，才是世界许多冲突的祸根。美国是世界排名第一的军事大国和军火输出大国。美国自恃财大气粗，盲目地自以为“文明优越”，以世界领导者和世界警察自居，到处指手画脚，无端地干涉别国内政，挑起各民族、国家的内部冲突，动辄进行封锁、制裁。而且蛮横地奉行双重标准，对人一套，对己一套，霸气十足。

这种貌似“先进”实质粗野的“文明”，人为地加剧了美中之间的矛盾，造成了不少国家的经济困难和社会灾难，更造成了不少地区的动荡不安。相反，对于那些非西方文明类型的民族和国家来说，尽管它们与西方文明之间存在着深刻的差异和矛盾，但在现有的世界战略格局和力量对比关系下，怎么可能设想它们会主动向西方国家挑起事端、扩大冲突？西方国家有意散布各种所谓“中国威胁”、“儒教威胁”、“伊斯兰威胁”等传言，完全忽视了客观存在的世界现实，甚至有悖于国际政治的常识。其目的无非是把引发国际冲突或动荡的责任推向别人，借以掩饰自己的霸权主义政策。

4. 每一种文明都要有开放心态，加强对外交流

强调世界文明的多样性，肯定多样性的积极意义，要求尊重这种多样性，并不意味着世界上的各种文明类型都要自我封闭，拒绝与其他文明类型的交流。每种文明都要不断地与其他文明进行信息、能量、资源的流通和交换，才能始终保持旺盛的生命力，否则，就会自生自灭，走上衰退、消亡的道路。

在当今世界上，随着科学技术的迅猛发展、通讯和交通工具的日益发达以及经济文化交流的不断扩大，人类社会生活的国际化已经发展到一个新的阶段，世界已经形成了一个小小的地球村。任何国家、任何文明都不可能在闭关自守、与世隔绝的状态下生存和发展。所以，对外开放已是当今世界发展的共同趋势。每一种文明都要加强与其他文明的交流，都要善于向其他文明学习，同时，还要不断抛弃自身落后于时代的东西。在这种过程中，不可避免地会出现不同文明的碰撞和冲突。而且西方文明对东方文明的影响和侵蚀也必然会加大。对此，我们必须要有充分和清醒的认识。要区分不同的情况，采取不同的态度。既不可妄自尊大，也不可妄自菲薄。西方文明实力雄厚，影响巨大，有许多值得我们学习的东西。认真研究学习和借鉴其科学技术、管理方法、市场经济的规则和方法等文明的精华，是我们当前突出的任务。另一方面，也应该注意，大量的事实已经证明，在世界各国走向现代化的过程中，西方文明并不是一种最健康、最完善、最积极、最有效的文明类型。相反，东方文明虽然有其弱点，但在强调集体主义、互助互爱、情感、家庭、秩序等方面的价值、观念，却不断证明其不仅对于经济的现代化，而

且对于人类社会的全面进步，特别是创造良好的生活质量、保持人与大自然的和谐平衡、维护社会各个层面的稳定等，都具有不可比拟的积极作用，而这些正是崇尚极端个人主义、自由主义的西方文明所缺乏的。所以，东方国家和民族应该有充分的自信力，相信自己的文明不会被西方同化，而只会在兼收并蓄、熔东西方文明精华于一炉之后，焕发出更大的光彩，对现代化建设起更大的促进作用。

5. 世界上每一种文明都要学会与其他文明共处，建立国际文明新秩序，是当代国际民主政治的一项突出任务

大自然是千姿百态、丰富多彩的。正因为其形态、质地、色彩、运动的多样性，才使得自然的世界充满了生机和活力。同样，人类文明也是千姿百态、丰富多彩的。惟有这种多样性，才促进了人类文明的融会、发展和进步。世界文明的多样性，不仅是一种客观存在，而且有益于世界文明的进步。所以，世界上每一种文明都要学会与其他文明共处、共存，学会从别的文明汲收养分，而不是自以为优越、高贵，而对别的文明类型的国家和人民指手画脚，横施暴力。[①] 尊重其他类型的文明，不将自己的意志强加于人，这将是未来世界保持和平与稳定的一个重要因素和条件。在这个意义上，和平共处的原则，不仅在国际政治领域，而且在文明类型关系上，都是适用的。努力建立国际文明的新秩序，这应该是当前及今后在建立国际政治和国际经济新秩序之外又一项突出的任务。

当前，围绕着和平与发展问题，世界存在着错综复杂的矛盾。正确地认识和分析这些矛盾，是我们确定政策和策略的前提。[②] 为了推动形成比较有利于我国现代化建设的国际环境，我们必须全面审视矛盾全局，科学分析

①亨廷顿似乎为了弥补自己观点的缺陷，后来又发表一篇题为《每种文明必须学会与其他文明共存》的文章。他批评某些西欧人认为世界其他地方的人们也应该“像我们一样”反映了西欧的傲慢，并认为这种想法本身就是引起“文明的冲突”的因素。亨廷顿认为，现代化并不意味就是西欧化，那种设想印度教徒与伊斯兰教徒、俄罗斯人与塔吉克人、日本人与美国人都可以属于西欧规定的一种普遍的文明，这只是脱离现实的想法而已。亨廷顿的这种观点我们是赞同的，因为它比较现实和客观。

②世界矛盾按不同类型国家之间的关系划分，有东西矛盾、南北矛盾、西西矛盾、南南矛盾等等；按状态划分，有战争与和平的矛盾、贫穷与发展前矛盾等等；按需要解决的课题划分，有人与自然的矛盾、需求与资源的矛盾等等；按社会制度和意识形态划分，有社会主义与资本主义的矛盾，各种民族主义、宗教极端主义的矛盾等等；按国际政治力量之间的关系划分，有单极与多极的矛盾、霸权主义强权政治与世界人民的矛盾等等。

各种矛盾关系，准确地估量我们在这些矛盾中的地位，采取恰当的战略和策略，因势利导，利用矛盾，促使矛盾向着有利于我们的方向转化。要防止把我们自己卷入到世界矛盾的中心和旋涡中去，失去战略上的主动权。

主要参考文献

总论：

《马克思恩格斯全集》第1、3、23、24、25、26、46、47卷，北京：人民出版社，1974 — 1980年。

《马克思恩格斯选集》（1—4卷），人民出版社，1972年5月第1版。

《马克思恩格斯论无神论宗教和教会》，郑天星编，北京：华文出版社，1991年版。

《马克思主义民族思想史》，王炳煜、王力著，北京：中央民族大学出版社，1998年2月第1版。

《马克思主义民族理论经典导读》，何润著，北京：中央民族大学出版社，1998年11月第1版。

《马克思恩格斯论民族问题》，中国社会科学院民族研究所编，北京：民族出版社，1987年10月第1版。

马克思:《资本论》，人民出版社，1972年版。

恩格斯:《在伦敦举行的解放人民庆祝大会》,《马克思恩格斯论民族问题》，民族出版社，1987年版，上册。

《列宁选集》，第1 — 4卷。北京：人民出版社，1995年版。

《列宁论民族问题和民族殖民地问题》，人民出版社，1960年舨。

《列宁论民族问题》（上、下册），中国社会科学院民族研究所编，北京：民族出版社，1987年12月第1版。

《斯大林论民族问题》（上、下册），中国社会科学院民族研究所编，北京：民族出版社，1990年4月第1版。

《毛泽东选集》第1 — 8卷，北京：人民出版社，1999年版。

《邓小平文选》第2、3卷，北京：人民出版社，1993年版。

《孙中山全集》，北京：中华书局，1981年版。孙中山:《论中国国民之品格》。

林语堂:《吾国与吾民》，北京：宝文堂书店，1998年12月第1版。

第一部分：

世界银行:《1997年世界发展报告：变革世界中的政府》，中国财政经济出版社，1997年版。

世界银行:《1998/1999年世界发展报告：知识与发展》，中国财政经济出版社，1999年版。

世界银行:《碧水蓝天：展望21世纪的中国环境》，北京：中国财政经济出版社，1997年版。

世界银行:《中国的参与：与全球经济的一体化》，北京：中国财政经济出版社，1998年版。

世界银行:《中国经济：治理通胀，深化改革》，北京：中国财政经济出版社，1996年版。

世界银行:《2020年的中国》，北京：中国财政经济出版社，1997年版。

国际货币基金组织:《世界经济展望》，中国金融出版社，1997年版。

国际发展问题独立委员会:《争取世界的生存》，中国对外翻译出版公司，1980年版。

南方委员会:《对南方的挑战》，中国对外翻译出版公司，1991年版。

《中国国际竞争力发展报告》(1996年)，北京：中国人民大学出版社，1997年版。

胡鞍钢:《中国发展前景》，杭州：浙江人民出版社，1999年版。

李成勋主编:《1996－2050：中国经济社会主义发展战略——走向现代化的构想》，北京出版社，1997年6月第1版。

第二部分：

[法]雅克·阿达著:《经济全球化》，何竞等译，北京：中央编译出版社，

2000 年版。

李长久:《经济全球化的进展、内涵和影响》，载于《世界经济》，1997 年第 7 期。

李杨:《金融全球化：原因和事实》，载于《国际经济评论》，1999 年第 11 期。

李琮:《论经济全球化》，载于《中国社会科学》，1995 年第 1 期。

李琮:《经济全球化的新发展》，载于《世界经济》，1996 年第 11 期。

黄仁伟、肖樱林:《试论全球化与资本流动的双重作用》，载于《世界经济研究》，1999 年第 11 期。

经济全球化丛书:《经济全球化福兮？祸兮》，刘力、章彰著，中国社会出版社，1999 年 7 月第 1 版。

[德]汉斯一彼得·马丁、哈拉尔特·舒曼:《全球化陷阱——对民主和福利的进攻》，张世鹏等译，北京：中央编译出版社，1998 年版。

[德]格拉德·博克斯贝格、哈拉德·克里门塔著:《全球化的十大谎言》，新华出版社，2000 年 1 月第 1 版。

[德]奥斯卡·拉封丹、克里斯塔·米勒:《不要恐惧全球化：人人富裕和就业》，柴方国译，北京：改革出版社，2000 年版。

唐任五:《“全球一体化”的神话：发展中国家的陷阱》，载于《世界经济与政治》，1998 年第 12 期。

蒋宏实:《世界经济一体化发展的六大特点》，载于《国外科学情况》，1996 年第 1 期。

罗肇鸿:《世界经济全球化一体化与制度创新》，载于《世界经济》，1996 年第 19 期。

贝毅、曲进刚:《知识经济与全球一体化》，载于《世界经济与政治》，1998 年第 8 期。

[美]乔治·洛奇:《全球化的管理——相互依存时代的全球化趋势》，胡延泓译，新世纪前瞻丛书，上海译文出版社，1998 年 12 月第 1 版。

王怀宁著:《经济信息化时代》，中国社会科学出版社，1997 年 12 月第 1 版。

菲德尔·卡斯特罗著:《全球化与现代资本主义》，王玫、邓兰珍、王洪勋、范墨贤译，当代世界社会主义研究丛书，社会科学文献出版社，2000年11月第1版。

纪玉祥:《全球化与当代资本主义的新变化》，载于《马克思主义与现实》，1998年第6期。

张德修、王跃生等主编:《大波动：世界经济全球化的冲击》，经济日报出版社，1999年9月第1版。

俞可平:《全球化时代的“社会主义”》，北京：中央编译出版社,1998年版。

俞可平:《全球化时代的“马克思主义”》，北京：中央编译出版社，1998年版。

王宁、薛晓源:《全球化与后殖民批评》，北京：中央编译出版社，1998年版。

张世鹏、殷叙彝:《全球化时代的资本主义》，北京：中央编译出版社，1998年版。

胡元粹、薛晓源:《全球化与中国》，北京：中央编译出版社，1998年版。

王列、杨冬雪:《全球化与世界》，北京：中央编译出版社，1998年版。

伍贻康:《全球村落：一体化进程中的世界经济》，上海：上海社会科学院出版社、高等教育出版社，1999年版。

[美]G．帕斯卡尔·扎卡里:《我是“全球人”——无国界生存者宣言》，林振熙、刘鸿基、衷爽译，新华出版社，2000年1月第1版。

李坤望、刘重力主编:《经济全球化：过程、趋势与对策》，经济科学出版社，2000年9月第1版。

郑通汉:《经济全球化中的国家经济安全问题》，国防大学出版社，1999年9月第1版。

乌杰主编:《经济全球化与国家整体发展》，华文出版社,1999年8月第1版。

叶红:《论经济全球化与国家的关系》，载于《世界经济研究》，1998年第1期。

张世鹏:《关于经济全球化研究的几个问题》，载于《国外理论动态》，1998年第3期。

[英]约翰. H. 邓宁:《全球化经济若干反论之调和》，载于《国际贸易问

题》，1996 年第 3 期。

刘力：《经济全球化：发展中国家后来居上的必由之路》，载于《国际经济评论》，1997 年第 11 — 12 期。

[英] 保罗·克鲁格曼：《全球化有着什么样的影响》，载于《经济译文》，1997 年第 1 期。

韩德强：《碰撞：全球化陷阱与中国现实选择》，经济管理出版社，2000 年 1 月第 1 版。

刘力：《经济全球化中国的出路何在》，经济全球化丛书，中国社会出版社，1999 年 7 月第 1 版。

丁一凡：《大潮流：经济全球化与中国面临的挑战》，中国发展出版社，1998 年 5 月第 1 版。

赵伟：《经济全球化：我国从中得到的利益与面临的问题》，载于《国际经贸探索》，1999 年第 1 期。

陈宝森：《经济全球化与中国面临的机遇和挑战》，载于《太平洋学报》，1994 年第 2 期。

陈漓高主编：《经济全球化与中国的对外开放》，面向 21 世纪国际经济前沿问题论丛，经济科学出版社，2001 年 1 月第 1 版。

薛荣哲：《走向世界的思考——经济全球化与山西对外开放》，北京：人民出版社，1998 年 12 月第 1 版。

第三部分：

吕元礼：《亚洲价值观：新加坡政治的诠释》，江西人民出版社，2002 年 6 月第 1 版。

《杜维明教授谈东西方价值观》，1995 年 4 月 9 日《联合早报》。

袁木等：《震撼世界的亚洲金融危机》，当代中国出版社，1998 年版。

冯绍雷：《东亚金融危机与冷战后国际格局的转型》，载于《亚洲评论》，1998 年第 7 期。

朱文辉：《东亚金融危机与世界经济格局》，载于《战略管理》，1998 年第 1 期。

法里德、扎卡里亚:《文化决定命运——立光耀访谈录》,见刘军宁:《经济民主与经济自由》,三联书店,1997年6月北京第1版。

董乐山:《文化的误读》,中国社会科学出版社,1997年3月第1版。

庄礼伟:《亚洲的高度》,广东旅游出版社,1999年6月第1版。

杜维明:《新加坡的挑战》,三联书店,1989年10月第1版。

《马来西亚总理马哈蒂尔演讲集》,世界知识出版社,1999年5月第1版。

刘梦溪:《21世纪的挑战:亚洲价值的反省》。

谷源洋、周圣葵、谈世中:《亚洲四小龙起飞始末》,经济科学出版社,1992年版。

罗元铮:《太平洋经济共同体》,中国财政经济出版社,1981年版。

中国现代国际关系研究所、浙江省亚太研究所编:《世界经济区域化与亚太经济合作》,时事出版社,1992年5月第1版。

刘家骥编著:《世界经济区域化浪潮》,立信会计出版社,1996年11月第1版。

《儒家基本价值观应上升为国家意识》,1988年10月20日《联合早报》。

《他的思想,塑造了新加坡》,1997年10月12日《联合早报》。

《拥有亚洲价值观社会并不一定缺乏透明度》,1998年1月30日《联合早报》。

《亚洲经济转变决定未来的文化影响》,1995年2月6日《联合早报》。

李慎之:《亚洲价值与全球价值》,南方日报出版社,2000年1月第1版。

许通美:《探究世界秩序》,中央编译出版社,1999年6月第1版。

王士录、王国平著:《从东盟到大东盟——东盟30年发展研究》,世界知识出版社,1998年3月第1版。

刘浩、冯涛:《金融投机家》,经济管理出版社,1997年1月第1版。

王先庆编著:《金融狂飙——东南亚金融危机实录》,广东经济出版社,1998年1月第1版。

赵良、刘克、高松涛:《一江祸水向东流——东南亚金融动荡的回顾与防范》,改革出版社,1998年3月第1版。

李罗力主编:《金融风暴——东南亚金融危机透视》,贵州人民出版社,

1997 年 10 月第 1 版。

李罗力主编:《金融风暴续篇：第二冲击波——从东南亚金融风暴到全球经济大变局》，贵州人民出版社，1998 年 2 月第 1 版。

乔治·索罗斯、拜伦·伟恩、克涅斯蒂娜·科南:《索罗斯：走在股市曲线前面的人》，真如译，海南出版社，1997 年 11 月第 1 版。

张纪康主编:《索罗斯与金融风暴》，四川人民出版社，1997 年 12 月第 1 版。

盛斯编著:《索罗斯和他的三十条秘密商规：狙击全世界》，中国城市出版社，1997 年 12 月第 1 版。

第四部分：

[英] 汤因比:《文明经受着考验》，浙江人民出版社，1988 年版。

盛洪著:《为万世开太平—— 一个经济学家对文明问题的思考》，北京大学出版社，1999 年 1 月第 1 版。

《跨文化对话》(1 — 4 集)，上海文化出版社，1998、1999、2000、2001 年刊。

《文化的冲突与融合》，北京大学出版社，1997 年 5 月第 1 版。

中国社会科学杂志社编:《社会转型：多文化、多民族社会》，社会科学文献出版社，2000 年 12 月第 1 版。

中国社会科学院“世界文明”课题组编:《国际文化思潮评论》，中国社会科学出版社，1999 年 5 月第 1 版。

[美] 塞缪尔·亨廷顿:《文明的冲突与世界秩序的重建》，周琪、刘绯、张立平、王圆译，新华出版社，1998 年 3 月第 1 版。

[德] 哈拉尔德·米勒:《文明的共存——对塞缪尔·亨廷顿“文明冲突论”的批判》，郦红、那滨译，新华出版社，2002 年 2 月第 1 版。

[德] 海因里希·贝克、吉塞拉·希密尔贝尔主编:《文明：从“冲突”走向和平》，吴向宏译，中国社会科学出版社，1998 年 8 月第 1 版。

[英] 哈米什·麦克雷:《2020 年的世界——对未来实力、文化和繁荣的展望》，达洲、沈伯根译，新华出版社，1998 年 2 月第 1 版。

[美] 罗兰·罗伯森:《全球化社会理论和全球文化》，梁光严译，上海人

民出版社，2000年3月第1版。

王天玺:《多极世界和为贵——兼评亨廷顿“文明冲突论”》,《求是》杂志，2003年4月第2期。

王辑思主编:《文明与国际政治——中国学者评亨廷顿的文明冲突论》，当代国际政治丛书，上海人民出版社，1995年12月第1版。

岳介先主编:《世纪的交融与选择》，安徽大学出版社，1997年7月第1版。

干春松:《现代化与文化选择》，江西人民出版社，1998年8月第1版。

爱德华·W·萨义德:《东方学》，王宇根译，生活·读书·新知三联书店，1999年5月第1版。

宋强、张藏藏、侨边等:《中国可以说不——冷战后时代的政治与情感抉择》，北京：中华工商联合出版社，1996年5月第1版。

房宁、王小东、宋强等:《全球化阴影下的中国之路》，北京：中国社会科学出版社，1999年11月第1版。

第五部分：

吴仕民主编:《民族问题概论》，四川人民出版社，1999年7月第2版。

本书编写组:《当代世界民族宗教》，中共中央党校出版社，2001年4月第1版。

邢东田:《当今世界宗教热》，北京：华夏出版社，1995年1月第1版。

戴康生主编:《当代新兴宗教》，东方出版社，1999年12月第1版。

缪家福、张庆和主编:《世纪之交的民族宗教》，1999年6月第1版。

尹筑光、茆永福主编:《新疆民族关系研究》，新疆人民出版社，1996年7月第1版。

[日]吉野耕作:《民族理论的展开与课题》,《民族译丛》，1989年第1期。

王戈柳等:《当前民族理论研究的几个热点》,《民族团结》，1990年第11期刊。

[苏]伊凡·麦斯特连柯:《苏共各个时期的民族政策》，人民出版社，1983年版。

[苏]尼·切博克·萨罗夫、伊·切博克·萨罗娃:《民族·种族·文化》，

赵俊智、金天明译，东方出版社，1989 年 4 月第 1 版。

苏联科学院社会学研究所主编:《苏联社会学》，张桐、许洪声、陈平栽、刘清华译，华夏出版社，1989 年 3 月第 1 版。

贾春增:《当代苏联社会学（1917 — 1989）》，时事出版社，1992 年 8 月第 1 版。

杨希钺、金宗美、胡传荣编著:《民族矛盾与苏联解体》，上海外语教育出版社，1997 年 8 月第 1 版。

吴楚克:《民族主义幽灵与苏联裂变》，中国人民大学出版社，2002 年 7 月第 1 版。

《南斯拉夫联邦解体中的民族危机》，郝时远主编，四川民族出版社，1993 年 12 月第 1 版。

林精华:《民族主义的意义与悖论——20、21 世纪之交俄罗斯文化转型问题研究》，人民出版社，2002 年 4 月第 1 版。

安启念:《东方国家的社会主义跳跃与文化滞后——俄罗斯文化与列宁主义问题》，北京：中国人民大学出版社，1994 年 8 月第 1 版。

[苏] 米·谢·戈尔巴乔夫:《改革与新思维》，苏群译，新华出版社，1987 年 12 月第 1 版。

杨可、孙湘瑞:《现代俄罗斯大众文化》，中国经济出版社，2000 年 1 月第 1 版。

马龙闪:《苏联文化体制沿改史》，中国社会科学出版社，1996年4月第1版。

何明远:《统一没商量》，国防大学出版社，2001 年 1 月第 1 版。

中国现代国际关系研究所民族与宗教研究中心编:《全球民族问题大聚焦》，时事出版社，2001 年 5 月第 1 版。

朱伦:《民族共治论》,《中国社会科学》，2001 年第 6 期。

第六部分：

金宜久主编:《伊斯兰教与世界政治》，社会科学文献出版社，1996 年 11 月第 1 版。

张秉民主编《近代伊斯兰思潮》，宁夏人民出版社，1998 年 9 月第 1 版。

杨灏城、朱克柔主编:《当代中东热点问题的历史探索——宗教与世俗》人民出版社，2000 年 9 月第 1 版。

王京烈主编:《动荡中东多视角分析》，世界知识出版社，1996 年 9 月第 1 版。

杨启辰、杨华主编:《中国伊斯兰教的历史发展和现状》，1999 年 10 月第 1 版。

[美] 托马斯·李普曼:《伊斯兰教与穆斯林世界》，新华出版社，1985 年 9 月第 1 版。

[美] 马吉德·法赫里:《伊斯兰哲学史》，上海外语教育出版社，1992 年 2 月第 1 版。

[美] 希提:《阿拉伯通史》(上、下册)，商务印书馆，1979 年 12 月第 1 版。

[英]C·H·詹森:《战斗的伊斯兰》，商务印书馆，1983 年 11 月第 1 版。

甘肃省民族研究所编:《伊斯兰教在中国》，宁夏人民出版社，1982 年 9 月第 1 版。

金宜久主编:《伊斯兰教史》，中国社会科学出版社，1990 年 8 月第 1 版。

金宜久主编:《伊斯兰教与世界政治》，社会科学文献出版社，1996 年 11 月第 1 版。

彭树智:《现代民族主义运动史》，西北大学出版社，1987 年 12 月第 1 版。

肖宪:《当代伊斯兰复兴运动》，中国社会科学出版社。

陈中耀:《阿拉伯哲学》，上海外语教育出版社，1995 年 10 月第 1 版。

李振中、王家瑛主编:《阿拉伯哲学史》，北京语言学院出版社，1995 年 9 月第 1 版。

后 记

这是国家社会科学基金项目:《全球化与民族文化多样性》(批准号:99BM2016、验收号:20040539)的最终研究成果。

记得一位哲人说过，19世纪的人们最爱谈论“启蒙”；20世纪的人们最爱谈论“文化”；如果这样来看，那么，21世纪的人们最爱谈论的话题就是“全球化”。某一件事情或某个概念之所以经常被人提起，除表明这件事或概念的重要性外，还意味着要么这件事很简单，谁都可以说两句；要么很复杂，总也说不清。但无论哪种原因，一个明智的人似乎都不应该再费口舌，因为其结局无非是徒劳地增加一些废话而已。不过，我涉足文化问题的研究却并非如上述两种情况。1999年，我申报国家社会科学基金课题《全球化与民族文化多样性》获准立项。从获准立项的那一天开始，我就仿佛陷进了沼泽地，越陷越深，有时又像被抛进了大海，始终看不见陆地，甚至觉得自己就犹如西西弗斯推巨石上山，推上去又滚下来，永无止境。当我从电脑上取下最后一页稿纸时，我才真正意识到，我毕竟已经走出了那片沼泽地。呈现在大家面前的就是我近五年来思索的一个成果。

在我思考和研究的写作过程中，也遭受过一些小小的挫折。我为课题做准备而辛苦积累了近30万字的调研材料、个案资料，我花费近半年时间，辛苦录入的数据材料，由于计算机感染病毒，所有数据在顷刻间丢失殆尽。在以后的时间里，在补充大量调查材料的基础上完成了研究，课题在呈报省社科规划办审查以后，课题评审组的专家提出了一些值得重视的意见，于是我对前稿进行重新组织结构和进一步的充实、修改，删除了一些章节和内容，又补充了一些章节和内容。今天的成果可以说是在一片废墟上重新开始的。

在我做课题调研时，由于涉及问题比较深层与自己知识局限的矛盾，给我的研究带来一定困难，是我的许多领导给了我一个宽松的学术环境。我的许多同学、好友给我提供了许多精神上的帮助。因此，在课题完成之际，站在晴朗的天空下，我的心充满了感激。如果没有这些朋友和师长的悉心指导和教诲，我是无法完成这份答卷的。因此，我真诚地感谢所有在精神上、生活上、学习上给过我帮助、真诚关怀和帮助过我的同学和朋友。正是从诸多朋友和师长的指导和帮助中，我不断获得新的动力、新的启示和借鉴，使我的课题得以完成。

本课题的研究自始至终得到了我所供职的中共云南省委党校、云南行政学院的支持和关心。陈一之、杨宗德、赵常清等人，他们既是领导亦是我学术上的挚友，为本课题的完成提供了许多必要的支持和帮助。李晓楠、吉永生两位学友在课题前期论证时有一些有益的思想贡献，还有件事必须一提，我爱人苏迎春早年厦门大学的同学周峰先生，当得知本书出版经费遇到一些困难时，慷慨解囊，从经济上给予了一定资助。储秀芬女士为课题手稿的打印付出了辛勤的劳动。这些都是值得我铭记在心的，在此一并致以真诚的谢意。

最后，以本书的出版来慰藉一直关注我成长的母亲以及所有的爱我的亲人，在我最困难的时候，是他们为我忧、为我苦、为我乐。我的妻子默默地为我的工作做出了许多牺牲，还有我深爱的儿子，正在莫斯科大学新闻系留学的他用不断成长的故事和他的风华意气感动着我，让我时时体会到生命的美丽和人生的真正意义。合上文稿的最后一页，生活又翻开了新的篇章，而我们对生活的探索，每天都将是新的。

作者谨识

2005 年春节于滇池之滨